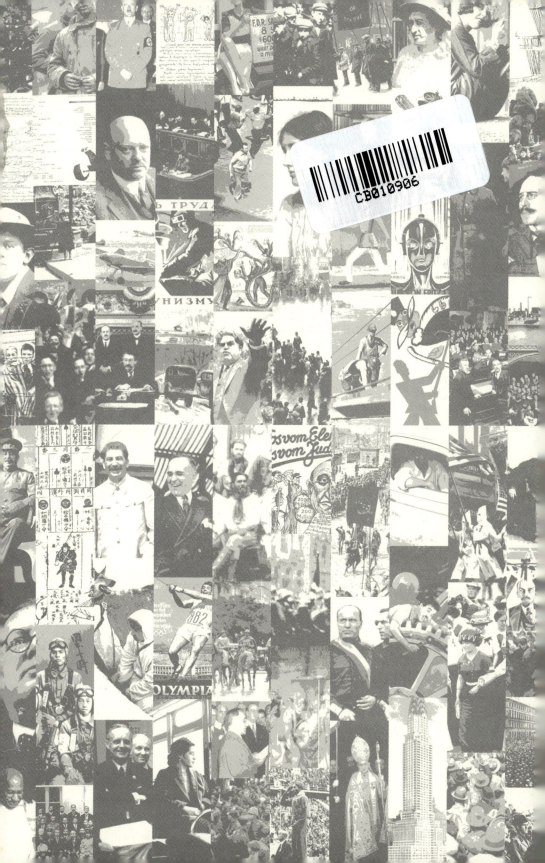

LIBERDADE VERSUS IGUALDADE

Demétrio Magnoli e Elaine Senise Barbosa

O MUNDO EM DESORDEM

VOL.1 1914-1945

LIBERDADE VERSUS IGUALDADE

Demétrio Magnoli e Elaine Senise Barbosa

O MUNDO EM DESORDEM

VOL.1 1914-1945

EDITORA RECORD

RIO DE JANEIRO · SÃO PAULO

2011

CIP-BRASIL. CATALOGAÇÃO-NA-FONTE
SINDICATO NACIONAL DOS EDITORES DE LIVROS, RJ

M176m
v.1

Magnoli, Demétrio, 1958-
Liberdade versus igualdade – vol I. O mundo em desordem.(1914-1945) / Demétrio Magnoli e Elaine Senise Barbosa. – Rio de Janeiro: Record, 2011.

ISBN 978-85-01-09224-3

1. Guerras – História – Século XX. 2. História moderna – Século XX. I. Título. II. Barbosa, Elaine Senise

10-6478   CDD: 940.3
                                                         CDU: 94(100)"1914/1945"

Copyright © 2011 by Demétrio Magnoli e Elaine Senise Barbosa

Projeto gráfico de miolo e capa: Sérgio Campante
Texto revisado de segundo o novo Acordo Ortográfico da Língua Portuguesa

Direitos exclusivos desta edição reservados pela
EDITORA RECORD LTDA.
Rua Argentina 171 – 20921-380 – Rio de Janeiro, RJ – Tel. 2585-2000

Impresso no Brasil

ISBN 978-85-01-09224-3

Seja um leitor preferencial Record.
Cadastre-se e receba informações sobre nossos lançamentos e nossas promoções.

Atendimento e venda direta ao leitor:
mdireto@record.com.br ou (21) 2585-2002.

SUMÁRIO

Liberdade versus Igualdade

VOLUME I
O mundo em desordem (1914-45)

Introdução: A herança de duas revoluções 9

A grande guerra e as ilusões perdidas [1914-1928] 15

Da euforia nacionalista à desolação existencial 17

O comunismo renascido: Rússia, Alemanha, Hungria 35

A Rússia de John Reed 53

Lenin *versus* Rosa Luxemburgo 73

A Terceira Internacional e o futuro da humanidade 89

[*Suffragettes* e socialistas] 109

A segunda morte de Adam Smith [1929-1932] 121
A falsa primavera liberal dos anos 1920 123
Crash 143
Todos contra todos: o colapso do mercado mundial 165
J. M. Keynes e a falência da "mão invisível" 181
[Le Corbusier: A nova ordem da arquitetura] 199

Depressão [1933-1938] 213
F. D. Roosevelt e o New Deal 215
Benito Mussolini e os fascismos 233
Hitler e o nazismo 253
J. Stalin e o "socialismo real" 275
Getúlio Vargas e a reinvenção do Brasil 293
A mestiçagem e a identidade brasileira 313
[Hannah Arendt e o totalitarismo] 331

Visões do futuro, em meio à destruição [1939-1945]............ 343
    Paz perpétua 345
    O pacto dos totalitarismos: Hitler e Stalin 365
    O Japão e a "esfera de coprosperidade" do Leste 383
    W. Churchill e a aliança das potências marítimas 403
    [Os significados de Hiroxima] 421

Bibliografia 435
Créditos das imagens 447
Índice Onomástico 449

Introdução

Já era noite. O brilho das estrelas e o suave clarão da lua se refletiam na neve. O Regimento Pavlovsk, em uniforme de campanha, estava formado à margem do canal. Sua banda tocava a Marselhesa sob a aclamação dos soldados. Os camponeses desfraldaram a bandeira vermelha (...) na qual pouco antes se havia bordado, com letras douradas, a seguinte inscrição: "Viva a união das massas trabalhadoras revolucionárias!" Seguindo-a, vinham outras bandeiras; na do soviete distrital da fábrica Putilov lia-se: "Curvamo-nos a esse pavilhão a fim de criar a fraternidade de todos os povos." [1]

Não foi principalmente a Internacional, hino socialista, mas a Marselhesa, que acompanhou as jornadas revolucionárias da Rússia de 1917. Quan-

---

1 REED, John. Ten days that shook the world. Nova York, International Publishers, 1919.

do, no 7 de novembro (25 de outubro, pelo antigo calendário juliano) daquele ano, os bolcheviques tomaram o poder em Petrogrado, narrou-se o evento como a sequência inevitável da Revolução Francesa de 1789. A nossa era histórica se afigurava como uma longa transição entre o poder dos homens de "sangue azul" e a sociedade sem Estado ou classes sociais prometida pelos comunistas.

Relida à distância de quase um século, a célebre narrativa de John Reed parece não só o eco de um passado muito distante como, ainda, a expressão de um olhar estrábico. A Revolução Russa se imaginou como o segundo, definitivo, assalto à Bastilha, mas decorreu efetivamente de um acidente circunstancial: o colapso do império dos czares, acelerado pelo desastre político e militar na Grande Guerra. Os bolcheviques tomaram o poder em novembro à frente das tropas amotinadas na retaguarda, não de um grandioso movimento internacional do proletariado. A dissonância entre a consciência dos protagonistas, traduzida nas páginas do relato de Reed, e as circunstâncias históricas objetivas ficaria patente nos anos seguintes: o proletariado europeu não seguiu os comunistas mas, na sua vasta maioria, os social-democratas apontados por Lenin como traidores da causa revolucionária.

E, contudo, a consciência dos protagonistas tem relevância. Não apenas os líderes bolcheviques e o jornalista americano que compartilhava a doutrina comunista, mas os operários, camponeses e soldados sublevados na Rússia se viam como sucessores dos revolucionários de 1789. Cantava-se a Marselhesa por isso. Lenin gostava da metáfora do "trem da História" pelo mesmo motivo: da estação de Paris, o tal trem seguira para a de Petrogrado, uma escala provisória na revolução europeia e mundial.

Mas a Revolução Francesa tinha uma mensagem tripartida – Liberdade, Igualdade, Fraternidade. A liberdade significava, essencialmente, o fim do absolutismo e um governo baseado na vontade do povo. A igualdade veiculava a ideia de ruptura com um sistema de privilégios baseados no "sangue", isto é, no berço. A fraternidade sintetizava os dois ideais anteriores: a comunhão de cidadãos livres, iguais perante a lei. O estandarte tríplice está na raiz das duas grandes "famílias" políticas contemporâneas. O "partido dos liberais" se apoderou do princípio da liberdade, traduzindo-o sob a forma dos direitos individuais, que compreendem os direitos políticos e as liberdades econômicas. O "partido dos socialistas", por seu lado, apoderou-se do princípio da igualdade, convertendo-o numa plataforma de direitos coletivos econômicos e sociais.

A história política contemporânea pode ser narrada como uma competição entre esses "partidos" para moldar as sociedades segundo um princípio preponderante. Liberdade e igualdade, que nasceram juntas, tendem a desdobrar-se em programas divergentes e, no limite, excludentes entre si. O princípio da liberdade, aplicado à esfera da economia, se baseia na desigualdade de classes que separa os detentores de meios de produção dos possuidores apenas de sua força de trabalho. Levada a extremos, a liberdade econômica acirra as desigualdades sociais e deixa ao desamparo a camada inferior da pirâmide de renda. O princípio da igualdade, por sua vez, se expressa antes de tudo na tributação progressiva, que é uma limitação da liberdade econômica de dispor do patrimônio. Conduzido ao extremo, tal princípio restringe ferozmente as liberdades de empreender, investir e contratar mão de obra pela imposição de severas regulamentações.

Não há harmonia entre liberdade e igualdade. Desde o século XIX, o desacordo dinamiza a concorrência entre liberais e socialistas. No centro dessa dinâmica, emergiram partidos moderados, de centro-direita ou centro-esquerda, que empurram o pêndulo um pouco mais para um lado ou para o outro. Nas margens, cristalizaram-se partidos radicais, que consagram seus esforços à extinção de um ou de outro dos princípios. A Revolução Russa começou como um grande levante popular contra o antigo regime mas, tumultuosos meses depois, entregou o poder a um partido que, em nome da igualdade, extinguiria completamente a liberdade. Nesse sentido, o assalto ao Palácio de Inverno de 1917 não foi a continuação da queda da Bastilha de 1789, mas a sua negação.

A primeira metade do século XX também conheceu a negação da negação, na forma da Escola Austríaca de economistas liberais, que desenvolveu o paradigma do individualismo até suas consequências mais radicais. Os neoclássicos libertários não fizeram apenas a crítica do marxismo. Foram muito além: definiram a liberdade como fruto da economia de mercado e declararam o intervencionismo estatal como equivalente da tirania. A busca da igualdade, segundo essa crítica, não passaria da pavimentação de uma estrada para a servidão coletiva. O "Palácio de Inverno" seria o próprio Estado, o Leviatã que se ergueria contra a criatividade dos indivíduos e contra o processo econômico de produção de riqueza social.

O pensamento dos austríacos alcançou um zênite nos 1920, até sofrer o choque destrutivo do *crash* da Bolsa de Nova York. Sob o signo da depressão mundial, o Leviatã emergiu nas sociedades ocidentais como o salvador de economias destroçadas pelo desencontro estrutural entre os polos da oferta e da procura. Nos Estados Unidos, núcleo propagador da crise, as certezas liberais se dissolveram como gelo ao sol, dando lugar a um novo consenso político representado pelo New Deal de Franklin Roosevelt. O pensamento econômico dominante conheceu uma reviravolta, entronizando como ortodoxia adventícia as ideias de John Keynes. Ludwig von Mises e os demais liberais libertários caíram num demorado ocaso, que perdurou ainda por três décadas depois do encerramento da Segunda Guerra Mundial.

Paul Klee pintou o *Angelus Novus* em 1920, sob o impacto ainda tão próximo da Grande Guerra. O filósofo alemão Walter Benjamin o comentou num pequeno texto escrito em 1940, na França ocupada, pouco antes de tentar escapar do regime de Vichy. O texto, que estava com Benjamin, foi salvo e chegou por correio até Hannah Arendt, alcançando finalmente Theodor Adorno, o responsável por sua publicação. Eis a passagem:

> *Uma pintura de Klee denominada* Angelus Novus *mostra um anjo como se estivesse prestes a se afastar de algo que contempla fixamente. (...) É uma figuração do anjo da História. Seu rosto está voltado para o passado. Onde nós percebemos uma cadeia de acontecimentos, ele enxerga uma catástrofe única que amontoa ruínas e as arremessa a seus pés. O anjo gostaria de ficar, acordar os mortos e refazer a unidade do que foi esmagado. Mas uma tempestade sopra do Paraíso; ela capturou suas asas com tal violência que o anjo é incapaz de fechá-las. A tempestade o impele irresistivelmente ao futuro, para o qual suas costas estão voltadas, enquanto a pilha de detritos cresce, diante dele, em direção ao céu. Aquilo que chamamos progresso é essa tempestade.*[2]

---

2 BENJAMIN, Walter. "On the concept of history", 1940. Walter Benjamin Archive. Marxists Internet Archive.

Toda a metade inicial do século, da eclosão da Grande Guerra às explosões atômicas de Hiroxima e Nagasaki, pode ser interpretada como uma "catástrofe única", uma incomensurável "pilha de detritos". No ponto intermediário dessa catástrofe, emergiram, um após o outro, os totalitarismos stalinista e nazista. Klee não os conhecia quando pintou o *Angelus Novus*, mas sua arte acabou sendo capturada na teia de um deles: em 1937, diversas de suas obras foram exibidas na mostra de "arte degenerada" promovida pelo nazismo. Benjamin, por sua vez, começou a fugir do nazismo em 1933, na hora do incêndio do Reichstag, e suicidou-se ainda tentando escapar, em Portbou, no lado espanhol da fronteira com a França, quando caiu nas mãos da polícia franquista.

Os dois totalitarismos refletiram um zênite, exacerbado e descontrolado, do poder do Leviatã. Na URSS, sob a tirania de Joseph Stalin, as liberdades políticas e econômicas desapareceram juntas. Sob a bandeira da revolução proletária, e com o apoio militante da maior parte da intelectualidade de esquerda ocidental, o partido-Estado se entregou às maiores farsas judiciais da história, destruindo as lideranças originais da Revolução Russa, e à montagem do sistema concentracionário do Gulag. Na Alemanha de Hitler, sob os estandartes do ultranacionalismo e da supremacia ariana, prepararam-se as agressões que culminaram na guerra total e nos campos de extermínio.

O stalinismo foi dissecado antes mesmo de sua cristalização por escritores soviéticos que rompiam com a ortodoxia do partido. Depois, figuras como Victor Serge, Arthur Koestler e George Orwell se destacaram da muralha de pedra dos "companheiros de viagem" da URSS para traçar os contornos da monstruosidade que se erguera na "pátria do socialismo". Mas coube a Arendt identificar um fenômeno único, ainda que diferenciado, nos regimes de Stalin e Hitler. A aliança dos dois ditadores, firmada em 1939, que propiciou à Alemanha a oportunidade para a agressão à Polônia, o toque do clarim da guerra mundial, não representava apenas uma coalizão circunstancial.

A "pilha de detritos" começa na guerra de trincheiras nos campos encharcados da Europa e no ruído do canhonaço do cruzador *Aurora*, na Rússia de 1917, e se completa com a abertura dos portões de Auschwitz e os cogumelos atômicos sobre o Japão, em 1945. A "catástrofe única", num paradoxo aparente, também proporcionou clarões luminosos, rupturas criativas fundamentais, na cultura e nas artes. Tristan Tzara anunciou a "abolição do futuro" no manifesto de fundação do Dada. André Breton construiu uma ponte entre arte e psicanálise no Manifesto Surrealista. O Comissariado do Povo para a Educação da Rússia soviética alçou o construtivismo à condição de política oficial, sem atentar para os riscos da estatização da arte. O vanguardismo russo inspirou a Bauhaus, numa Alemanha dilacerada onde nasceria o nazismo, mas feneceu na URSS até ser aplastado pela nova ortodoxia do realismo socialista. O *art déco*, um nome arranjado muito mais tarde, comprimiu todas as rupturas e acomodou-as ao gosto médio, batendo-as no liquidificador da moda.

Na Rússia, a vanguarda artística subordinou seu destino à política, rejeitando explicitamente o princípio da inviolabilidade de consciência. O resultado final foi a sujeição ao partido que se identificara com o Estado – e o banimento, quando não o extermínio físico, da arte dissidente. Na Alemanha social-democrata de Weimar, tentou-se uma conciliação entre a "função social" da arte e a independência dos produtores de arte. A via intermediária perdurou até a ascensão do nazismo, que crismou toda a arte moderna como uma degeneração. Fora dos territórios totalitários, a vanguarda se diluiu nas águas do mercado, que não tem partido nem ideologia.

Victor Serge, um rebelde sem pátria, saltou de revolução em revolução e de uma tragédia a outra durante toda a metade inicial do século XX, até que um ataque cardíaco fatal o colheu na poltrona de um táxi, na Cidade do México, em 1947. O antistalinista de esquerda, que chegou a colaborar com Leon Trotski mas acabou por se afastar do mais célebre exilado russo, definiu o seu tempo como a "meia-noite do século". Serge morreu sem nada, exceto umas poucas notas amassadas no bolso, e seu enterro foi pago por uma coleta entre amigos. A "meia-noite" dos totalitarismos se estendeu até quase a data de sua morte, mas os clarões proporcionados por pensadores geniais, sonhadores, doutrinários e ideólogos nunca deixaram de lançar flashes de luz em meio à sólida escuridão.

A GRANDE GUERRA E AS ILUSÕES PERDIDAS
1914-1928

Da euforia nacionalista à desolação existencial

Edimburgo, capital da Escócia e um dos berços da Revolução Industrial, ostenta o título de morada do homem que teria inspirado a história de Dr. Jekyll e Mr. Hyde, escrita por Robert Louis Stevenson e publicada em 1886. Deacon William Brodie era um marceneiro respeitável e ativo membro da comunidade que mantinha uma vida de amantes e diversões com dinheiro roubado, até ser descoberto e executado em 1788. A história foi uma expressão literária da nova realidade industrial e urbana que tomava conta da paisagem europeia. Seu sucesso se deveu à identificação de um público de massa com aquela trama que concentrava alguns dilemas da modernidade, como a consciência da ambiguidade humana, cujo inconsciente estava sendo descoberto pela psicanálise, e o poder dado pelo conhecimento. A mesma temática, em outro patamar literário, aparece no *Fausto* de Goethe.

O médico e o monstro fazia parte de um novo estilo narrativo, o das histórias de terror, assim como *Frankenstein*, *Jack, o estripador*, *Drácula* e os contos de Edgard Allan Poe. Não é coincidência o fato de terem surgido na mesma época. Suas histórias revelam a face aterrorizante da cidade industrial que crescia rapidamente, com números imensos de pessoas dividindo e disputando espaços e empregos, enquanto se dissolviam os vínculos sociais que prendiam mulheres e homens às tradições, trazendo consigo as vertigens da liberdade individual e da solidão. A multidão surgia como entidade física, social e psicológica e tornava-se objeto de referências artísticas e culturais. E era em meio a essa torrente de pessoas ensimesmadas que espreitavam os criminosos, os monstros e tudo o mais que a mente humana pudesse traduzir em imagens a fim de exorcizar seus novos temores.

A indústria, aclamada pelo pensamento liberal como o caminho para a expansão ilimitada da produção de riquezas e da prosperidade humana, revelou-se capaz de produzir também um novo tipo de pobreza, mais chocante e concentrada do que aquela vista em pequenas doses nos vilarejos, quando ainda se sabia o nome dos miseráveis e eles eram parte da caridade paroquial; a pobreza contemporânea era impessoal e fria, como relatavam os que se aventuravam pelos bairros populares como o East End londrino, visitado por Friedrich Engels e descrito em *A situação da classe trabalhadora na Inglaterra*, e também pelo escritor americano Jack London, outro socialista:

> Da calçada imunda recolhiam e comiam pedaços de laranja, cascas de maçã e restos de cachos de uva. (...) Os dois conversavam. Não eram idiotas, apenas velhos. Com as vísceras impregnadas dos detritos catados na rua, naturalmente conversavam sobre a revolução sangrenta. Conversavam como anarquistas fanáticos e loucos conversariam. (...) Pobres idiotas! Não é com gente assim que nascem as revoluções. Quando estiverem mortos e reduzidos a pó, o que não vai demorar, outros idiotas falarão da revolução sangrenta enquanto catam detritos da calçada encharcada de cuspe da Mile End Road e caminham para o abrigo de Poplar.[1]

---

1 LONDON, Jack. *O povo do abismo: Fome e miséria no coração do império britânico – uma reportagem do início do século XX*. São Paulo, Editora Fundação Perseu Abramo, 2004, p. 129.

O adensamento criou problemas práticos de administração pública, uma vez que as epidemias e incêndios que pontuaram a vida das cidades antigas passavam a representar ameaças de verdadeiras catástrofes na hora do surgimento das primeiras metrópoles com mais de um milhão de pessoas. Logo, o planejamento urbano, tendo Edimburgo novamente como cidade pioneira, reorganizou os espaços das cidades, deixando esses bairros pobres distantes dos olhares daqueles que prosperavam.

Para a burguesia e as classes médias em ascensão, o século XIX foi um tempo idílico representado pelo triunfo da filosofia liberal. A industrialização revolucionava não só a organização da produção e do trabalho, como também as formas de sociabilidade, graças ao assalariamento do trabalho. A cada pessoa era atribuído um valor, medido pelo trabalho, e ela era "livre" para fazer o que quisesse. Ideias simples que geravam grandes fortunas e impérios financeiros que faliam por más ideias, a mobilidade social prometida pela sociedade de classes impulsionava as pessoas a vencer, superar, alcançar, estabelecendo uma moralidade baseada em crescente pragmatismo.

Por trás da aparente ordem da sociedade burguesa, havia uma tensão psíquica permanente causada pela expectativa de sucesso material e domínio dos códigos sociais. Viver na cidade impunha uma nova ética e novos comportamentos. Aquela tensão era extravasada pela fantasia do horror, na forma do indivíduo que perdia a razão e dava vazão aos seus mais baixos instintos.

A ideologia da "missão civilizadora do homem branco", fundamental na expansão imperial na Ásia e na África, decorreu da apropriação, pela política, daquilo que, a princípio, estava relacionado à filosofia e às ciências naturais do século XVIII: a tentativa de estabelecer classificações e hierarquias dos povos e suas culturas, bem característica da especulação iluminista. O recurso às forças da Natureza, ou de Deus, dependendo do público, ajudava a explicar por que a igualdade e a liberdade não podiam abranger a todos, em função de questões como "inferioridade racial" e "primitivismo cultural". Ocupar o primeiro lugar na escala evolutiva era motivo de grande orgulho para os europeus de então. Ao mesmo tempo, a polaridade entre civilização e primitivismo contribuía para configurar a consciência de uma identidade europeia, compartilhada principalmente pelas elites nacionais – isto é, por pessoas que liam os mesmos livros, ouviam a mesma música, compareciam aos mesmos teatros.

No entanto, havia uma distância cada vez maior entre essa identidade europeia e o discurso nacionalista que ganhava força política, no rastro das revoluções liberais que haviam abalado a Europa na primeira metade do século XIX. A conquista da liberdade e igualdade civis, acompanhada do alargamento do direito de voto, enfraqueceu as autoridades tradicionais, incluindo as eclesiásticas. Ao mesmo tempo, as novas faces da desigualdade social favoreciam a expansão das ideias socialistas e a conclamação à união dos operários do mundo.

Então, o movimento da ideologia lançava um olhar idealizado sobre o passado e a terra natal, erigindo a nova religião da nação, à qual todos os cidadãos deveriam devotar-se. Os laços do passado vivido, real e individual eram substituídos por laços de sangue e cultura coletivos, que surgiam sustentados pela "ciência da História". Muito pouco havia de comum entre a burguesia e as camadas populares ou entre citadinos e camponeses, mas o nacionalismo, disseminado nas escolas públicas pela introdução do alistamento militar obrigatório e por todo um novo e poderoso aparato estatal, conclamava aqueles filhos da pátria a trabalhar arduamente em nome do prestígio, da influência e dos interesses da "nação".

O discurso de rivalidades nacionalistas não estava de acordo com aquilo que enxergavam economistas e políticos. *A grande ilusão*, um livro de grande sucesso do jornalista liberal inglês Norman Angell, lançado em 1911, discutia o resultado prático das últimas guerras no continente e afirmava que o nível de internacionalização do sistema de crédito impediria que uma guerra pudesse se instalar por longo tempo e forçava os dirigentes políticos à paz ou à dissuasão. A opinião era sustentada por fatos concretos que refletiam o avanço nas áreas de comunicação e transporte e levaram os Estados a negociar as primeiras regulamentações e organizações supranacionais sobre trens e navegação oceânica.

A impressão da guerra como um fantasma imaterial, uma falsa ameaça, decorria da ausência de grandes conflitos na Europa desde o final das Guerras Napoleônicas. A exceção mais relevante, a Guerra Franco-Prussiana de 1870-1, durara apenas seis meses e destacara-se não pela mortalidade de soldados, mas pelo massacre de civis, os *communards,* que tomaram o poder em Paris em nome do socialismo depois de defenderem a cidade sitiada pelo exército inimigo. No mais, os governos europeus seguiam a cartilha política do equilíbrio de poder ditada em Viena e acreditavam – demasiadamente, como se veria em 1914 – que a diplomacia, os acordos e mesmo os laços de parentesco entre os reis impediriam a deflagração de uma guerra geral que não interessava a ninguém.

À sombra de uma nova liberdade individual e política, as nações europeias celebravam uma economia e uma ética visceralmente ligadas às ideias de competição e, sobretudo, superação. Enquanto os trabalhadores, uma gente feia e suja, eram confinados nas franjas invisíveis das cidades, o darwinismo social atribuía a miséria à hereditariedade. A pobreza era um problema individual. Nessa linha de pensamento, surgiu *O homem delinquente*, de 1876, do médico italiano Cesare Lombroso, que identificava a *stigmata* do criminoso em traços anatômicos e associava a delinquência a linhagens de sangue. Por outro lado, uma visão aristocrática ainda persistia, associando-se agora à ideia de herança sanguínea de um comportamento superior. É o que vemos acontecer na história do pobre e encantador órfão Oliver Twist, escrita por Charles Dickens, cujo final feliz se deve à circunstância de que em suas veias corria sangue azul.

A Grande Guerra

A *Belle époque* terminou subitamente no 28 de junho de 1914, o dia do assassinato de Francisco Ferdinando, herdeiro do trono da Áustria-Hungria, pelo jovem sérvio Gavrilo Princip. Aquele ato de terror perpetrado em Sarajevo, nos turbulentos mas periféricos Bálcãs, empurrou as potências para a guerra geral que ninguém desejava.

"A substância verdadeira da guerra atual é um conflito entre Grã-Bretanha, França e Alemanha pela divisão de colônias e pela pilhagem dos países rivais", escreveu o bolchevique russo Lenin em 1915, numa conferência de sua corrente política revolucionária.[2] A "guerra imperialista" converteu-se num dogma de manual e, com o tempo, sedimentou-se quase como lugar-comum. Mas os governantes e diplomatas da época sabiam que nenhuma colônia valia uma guerra europeia e, mesmo nas crises coloniais mais graves, como Fachoda, em 1898, entre britânicos e franceses, ou o Marrocos, entre 1904 e 1911, entre franceses e alemães, todos os atores se empenharam em esterilizar no campo da retórica as infladas paixões nacionalistas.

A guerra que ninguém queria estava inscrita na lógica de ferro das alianças militares desenhadas desde a renúncia do primeiro-ministro alemão Otto von Bismarck, em 1890. A Áustria-Hungria declarou guerra à Sérvia um mês depois do atentado terrorista, provocando as reações previstas nos tratados solenes. No 30 de julho, a Rússia, ligada aos sérvios pelo pan-eslavismo, apresentou sua declaração de guerra à Áustria-Hungria. No 1º de agosto, de acordo com os compromissos da Tríplice Aliança, a Alemanha perfilou-se ao lado dos austríacos, declarando guerra aos russos. Na sequência, funcionaram os compromissos da Tríplice Entente e a França prometeu lutar ao lado da Rússia. No 3 de agosto, o governo imperial alemão declarou guerra à França e invadiu a Bélgica. No dia seguinte, a Grã-Bretanha declarou guerra às Potências Centrais. A longa paz de um século dava lugar à guerra europeia, um evento cíclico mas banido desde o encerramento de sua última irrupção, na forma das Guerras Napoleônicas.

O Congresso de Viena, em 1815, inaugurara a era de paz e a alicerçara sobre o princípio do equilíbrio de poder. A ordem europeia se organizara como uma acomodação dos interesses das quatro potências continentais – França, Rússia, Prússia e Áustria – sob os olhares atentos da Grã-Bretanha, a potência marítima engajada no grande projeto da estabilidade geopolítica. A glo-

---

2   LENIN, V. I. "Conference of the foreign sections of the R.S.-D.L.P.". *Sotsial-Demokrat*, nº 40, 29 de março de 1915. In: *The imperialist war: the struggle against social chauvinism and social pacifism*. International Publishers, 1930, p. 146.

riosa arquitetura estratégica de Viena permaneceu quase intacta até o sismo da Guerra Franco-Prussiana e da unificação alemã de 1871. Mas o delicado desenho do equilíbrio não podia conter a nova potência da Europa Central.

A inteligência de Bismarck protelou o desmoronamento por duas décadas. Para isolar a França, que alimentava o desejo de revanche, o genial alemão firmou um tratado público de aliança com a Áustria e um pacto secreto com a Rússia. O jogo do "chanceler de ferro" reforçou o pragmatismo da geração de estadistas da *Belle époque*, fazendo-os acreditar que, enfim, tudo seria resolvido por meio de negociações – como convinha a gente civilizada.

Mas o congelamento do desequilíbrio não podia perdurar mais tempo. A França queria recuperar a Alsácia e a Lorena, a Rússia temia uma expansão alemã sobre a Polônia, e a Grã-Bretanha, que não tinha ambições territoriais, tremia diante da ascensão econômica e militar da Alemanha. Quando Bismarck finalmente se afastou, a valsa das potências foi interrompida de repente. Então, a Alemanha reafirmou sua aliança com a Áustria, a Rússia rompeu o pacto que já não era secreto e inclinou-se na direção da França. Pesarosamente, a Grã-Bretanha constatou a dissolução das bases da ordem europeia e abandonou a posição de árbitro que ocupara desde os dias luminosos de Viena. A Europa estava pronta para a guerra que ninguém desejava.

Uma fagulha única seria suficiente para incendiar a pilha de gravetos secos amontoada nas décadas precedentes. A célebre Questão Balcânica, agravada pelo confronto entre o nacionalismo sérvio e o decadente Império Austro-Húngaro, proporcionou o cenário para o começo do incêndio. Gavrilo Princip não matou apenas um herdeiro, mas toda uma ordem geopolítica anacrônica.

A eclosão da guerra foi comemorada nas ruas das grandes cidades europeias. Todos os governos e as principais correntes políticas de cada nação nutriam a certeza de que a mobilização seria rápida e seguida de triunfante vitória. O segundo semestre de 1914 foi marcado por explosões de fervor cívico e delírio nacionalista, em manifestações, discursos e deboches contra os inimigos, que congregavam homens, mulheres e crianças de todas as classes sociais. Finalmente chegara o momento de cada indivíduo se sacrificar pela pátria. Em várias localidades, os homens fizeram longas filas para se alistar voluntariamente. A guerra era uma felicidade!

Era fácil acreditar na guerra como uma forma moderna de seleção natural. Difícil era imaginar que não se estava do lado mais forte e vitorioso. Quando os alemães comemoraram o anúncio da guerra contra a Tríplice Entente sua confiança era inabalável.

A Alemanha tinha um plano de ataque elaborado desde 1906. O Plano Schlieffen previa uma manobra em pinça para vencer os franceses em uma guerra rápida. Uma das linhas de invasão passava pela Bélgica, cuja neutralidade foi violada no ato inicial do grande conflito. De repente, irromperam notícias sobre fatos chocantes, quase inconcebíveis. O relato é do jornalista brasileiro Julio Mesquita, nas páginas do jornal O Estado de S. Paulo de 31 de agosto de 1914:

> [...] tinha falado Lord Grey. Foi para denunciar a incrível selvageria de Louvain. Incrível, dizemos bem: a cidade indefesa, desarmada; as mulheres e as crianças removidas para destino ignorado; os homens fuzilados; as casas destruídas a bombas; incendiada a biblioteca; reduzida a ruínas uma igreja, que era um primor de arte. (...) Aquilo não é da Alemanha, da culta Alemanha, da terra de Kant e de Goethe.[3]

---

3   MESQUITA, Julio. *A guerra (1914-1918)*. São Paulo, *O Estado de S. Paulo*/Terceiro Nome, 2002, vol. 1, p. 71.

A guerra que inaugurou o século XX mal completara um mês e exibia um grau de violência inaudito, que só faria crescer nos anos seguintes. (Olhamos hoje para o comentário perplexo do jornalista e é impossível não pensar em como o ser humano se aprimorou muito no quesito destruição durante o século passado. Mal sabia ele que os ataques inesquecíveis a civis ainda estavam por acontecer...)

A guerra total

O pensamento militar também fora renovado pelas transformações tecnológicas e científicas do século XIX e, mais ainda, pelo fogo intenso do nacionalismo. Dois arautos destacados do novo tempo e das novas ideias sobre a guerra eram Charles Ardant du Picq e Friedrich von Bernhardi.

O francês Ardant du Picq morreu na Guerra Franco-Prussiana comandando sua tropa. Seus escritos foram organizados postumamente em *Estudos sobre o combate* e focavam os aspectos psicológicos da guerra, ou seja, a importância do elemento humano no desenvolvimento das batalhas, sobretudo em cenários de forças semelhantes. Para ele, a vitória exigia a convicção moral da superioridade perante o inimigo: era o que os franceses daquela geração chamavam de *élan*, a força vital, o desejo de conquista. Do ponto de vista militar, era o espírito ofensivo, fortemente dependente da capacidade de coesão dos combatentes, o *espírito de corpo*. Levando em conta as novas condições bélicas, Du Picq destacava a necessidade de manter um poder de fogo muito potente e prolongado a fim de sustentar a ofensiva de infantaria.

Joseph Joffre, um jovem oficial do exército sitiado em Paris em 1870, na Guerra Franco-Prusiana, tornou-se chefe do Estado-Maior francês na Grande Guerra. Ele e outros de sua geração interpretaram as ideias de Ardant du Picq como justificativa da *offensive à outrance* (ofensiva a qualquer custo) e como condenação absoluta da operação tática de recuo, que nada seria senão expressão de fraqueza. A recuperação da Alsácia e Lorena e do orgulho nacional francês teriam de passar por esse caminho.

O prussiano Friedrich von Bernhardi, general e historiador, escreveu *Alemanha na próxima guerra*, de 1912, uma obra apoiada na concepção evolucionista das raças e da história. Segundo ele, "guerra é uma necessidade biológica da máxima importância, um elemento regulador na vida humana que não pode ser eliminado, pois sem ela seguirá um desenvolvimento doentio, o qual exclui cada avanço da raça, e portanto toda a real civilização".[4] Lançado no ano da segunda crise do Marrocos, o livro repercutia a frustração da opinião pública com o desfecho da disputa com a França. Cidadãos e políticos estavam propensos a concordar com as críticas de Bernhardi, que desdenhava das ações conciliadoras dos diplomatas, exaltando os benefícios da guerra para a humanidade. Se havia uma aliança franco-russa ameaçando o Reich, a solução era partir para a guerra total, implacável, submetendo todos os imperativos morais ao objetivo primordial da vitória.

Os belgas foram os primeiros a descobrir o significado da guerra total. Vilarejos e pequenas cidades foram bombardeadas pelos zepelins; populações deslocadas; mulheres e crianças levadas embora, homens fuzilados, artilharia pesada. Liège, Arras, Ypres, cidades construídas pelo esforço humano durante quase mil anos, foram arrasadas em dias graças ao poder concedido pela ciência e pela tecnologia. As cidades do nordeste da França que não puderam se defender tiveram destinos semelhantes.

A ideia de vitória total sobre o adversário, e portanto de guerra total, foi a novidade que a Primeira Guerra Mundial apresentou ao século XX. É a partir dela que se encontram explicações para a violência e a durabilidade do conflito, especialmente após a Batalha do Marne, em 1915, quando os franceses conseguiram conter a ofensiva alemã pondo fim às chances de um desenlace rápido como previsto no Plano Schlieffen. A vitória foi boa para o *élan* francês, mas impôs a trincheira como realidade militar e o desgaste do inimigo como estratégia geral de conflito, cada bloco acreditando em sua capacidade de suportar o esforço de guerra por mais tempo.

Depois do Marne, desenrolaram-se três anos de uma carnificina que marcou para sempre seus contemporâneos, expondo uma escala de mortalidade impensável antes da revolução industrial. Outra novidade da Primeira Guerra: o valor humano, tão enfatizado por Ardant Du Picq, tornou-se secundário em

---

4   BERNHARDI, Friedrich von. *Germany and the next war.* Nova York, 1914. H-net: Humanities and Social Science.

face do incrível poder dos novos armamentos. As vitórias militares, ao longo de todo o século XX, estariam com os detentores da tecnologia mais avançada. A lógica militar baseada em ataques pesados e definidores e o desenvolvimento de armamentos mais potentes resultaram em batalhas com números apavorantes de mortos, na casa de 300 mil, 500 mil, 700 mil.

Todos os homens, igualmente, conviveram com piolhos, pulgas, sarnas, ratos, frio, desconforto, medo, mas essas eram condições aceitáveis em um quadro de guerra. O difícil era entender o emprego de armas voltadas para a produção não apenas da morte mas, sobretudo, do terror, como as armas químicas, utilizadas desde o início pelos alemães, ainda em solo belga, e depois copiadas pelas forças da Entente: brometo xílico (gás lacrimejante), cloro (mata por afogamento), mostarda (queima as paredes do pulmão e faz vomitá-las), fosgênio (queima profundamente a pele). A deformação por queimadura, a agonia da morte lenta e dolorosa, os relatos dramáticos causaram uma repulsa tão grande que o primeiro acordo internacional assinado depois da Grande Guerra foi exatamente o que baniu o uso de armas químicas, em 1925.

A tecnologia, ostentada como prova da superioridade do "homem branco" frente às "outras raças", acabou usada contra os próprios criadores, mostrando que na nova era militar não havia limites. A criança que observa poderia indagar: qual o sentido de começar tudo de novo se nada mais é seguro?

Os zepelins foram usados para lançar bombas sobre as cidades, com a finalidade de causar destruição e pânico entre a população civil (lembre-se: a vitória está no coração dos homens). Eles transportavam cargas de 3.600 quilos de explosivos e os *raids* eram feitos por três ou quatro aparelhos simultaneamente (destrutivo, mas longe dos cem aviões usados em média nos *raids* da Segunda Guerra).

Os submarinos (*u-boot*, em alemão, *u-boat*, em inglês) foram usados pelos alemães para dificultar o comércio e o envio de suprimentos para os países inimigos. O afundamento do navio cargueiro inglês *Lusitânia*, em maio de 1915, sob o argumento de que transportava armas para os combatentes, deixou quase 1.900 mortos e foi fortemente criticado, sobretudo pelos Estados Unidos, que temiam ter seus interesses comerciais prejudicados por um conflito no qual não era parte.

O governo alemão recuou temporariamente, mas a partir de 1917 estendeu a guerra total aos países neutros, voltando a afundar navios mercantes. A mobilização da opinião pública americana contra esses crimes bem como os interesses comerciais e financeiros ameaçados por uma possível derrota da Tríplice Entente acabaram provocando a declaração de guerra dos Estados Unidos à Alemanha.

A unidade patriótica começou a desmoronar naquele ano, quando combatentes, civis e especialmente as correntes de esquerda do movimento socialista, passaram a expressar abertamente sua insatisfação. A primavera de 1917 iniciou-se com a queda de Nicolau II e a proclamação da república na Rússia, e prosseguiu com uma série de atos de motins e protestos entre as tropas francesas, que provocaram a queda do marechal Joffre, o voluntarista. Na França e na Alemanha, cresciam as agitações de grupos pacifistas, geralmente socialistas, que faziam campanhas nas fábricas contra a guerra e cantavam o hino da Internacional em suas passeatas. Os soldados amotinados cantavam a mesma música.

A propaganda, filha da concorrência industrial, era um elemento novo no universo da política e foi essencial para a manutenção da coesão social. Logo, as técnicas de linguagem da propaganda capturaram os cartazes e filmes informativos, reconstituindo-os com base nos conhecimentos sobre a mente humana trazidos à luz pela psicologia. A criação de símbolos visuais, cançonetas, slogans e bônus de guerra ajudava a representar a unidade que o discurso nacionalista dizia existir. O pressuposto da guerra total orientava uma propaganda destinada a exacerbar o ódio ao inimigo. O nacionalismo forneceu os estereótipos e o evolucionismo enfocou o problema como a luta pela sobrevivência: ao vencedor, as batatas!

A unidade de toda a nação na guerra total – eis a meta de uma propaganda de guerra que já aprendera a criar mitos históricos. Tomemos o célebre episódio dos táxis de Paris. O jornalista Gilles Lapouge sintetiza o relato clássico:

> No começo de setembro de 1914, o rolo compressor alemão esmagou Paris. O exército francês não mais se aguentava, e os reforços não conseguiam chegar até a linha do Marne. E foi nesse momento de longa agonia que o gênio francês – esse talento sutil, leve, indecifrável e imprevisível, pelo qual todos os franceses se sentem responsáveis e do qual se sentem donos – teve um desses achados que fazem da história da França um verdadeiro conto de fadas: os generais fizeram um apelo a todos os táxis de Paris – e, aos milhares, seus heroicos motoristas responderam ao chamado da Pátria. (...) E regimentos inteiros desciam desses táxis, sacavam de seus fuzis, atiravam – e transpunham as barreiras alemãs. Foi o chamado "milagre do Marne". [5]

O episódio, habilmente explorado pela propaganda de guerra, ficou marcado na memória dos franceses. Um daqueles táxis está exposto no Museu dos Inválidos, em Paris, como um relicário pátrio. Contudo, Lapouge resolveu investigar melhor o evento e descobriu que as coisas haviam sido bastante superdimensionadas. O fato é que o general Joseph Gallieni mobilizou um grande número de táxis parisienses para transportar cerca de 4 mil soldados até o *front*, mas o gesto criativo teve papel relativamente marginal no resultado da batalha. Não existiu, afinal de contas, nenhum "milagre do Marne".

A guerra de desgaste acabou revelando as vantagens acumuladas pela França e pela Grã-Bretanha desde a época das Guerras Napoleônicas. A administração das finanças públicas era um dos pontos cruciais, porque uma inflação fora de controle implicaria a perda de apoio social, como ficou comprovado pelos exemplos russo e alemão. A entrada dos Estados Unidos na guerra revelou-se

---

5   MESQUITA, Julio. *A guerra (1914-1918)*. Op. cit; vol.1, p. 18.

fatal para as Potências Centrais, que não tinham como fazer frente às novas capacidades bélicas do inimigo. Na Alemanha, greves industriais e manifestações populares dissiparam o que restava da coesão nacional. No dia 9 de novembro de 1918, o imperador Guilherme II cedeu à pressão imensa e abdicou do trono. O governo provisório republicano assinou a rendição dois dias depois.

"Mal-estar na civilização"

A Grande Guerra atravessou como um obus a alma ocidental, espalhando estilhaços por toda a cultura do século XX. A contabilidade da guerra explica. Nove milhões de pessoas morreram e 30 milhões foram feridas. Os franceses perderam mais de um quinto da população masculina em idade militar. A presença dos mutilados na vida cotidiana se tornaria a lembrança mais assustadora do poder de destruição da guerra industrial. Em certos casos, as deformações eram tão terríveis que, em nome do bem-estar dos demais, determinou-se o isolamento dos mutilados. Ali começou a se desenvolver a cirurgia plástica,

 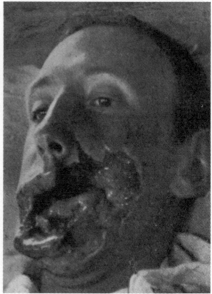

A cirurgia plástica, atualmente tão associada à busca por um ideal estético de beleza, foi desenvolvida para fins humanitários. Ela visava à reintegração social daqueles que tiveram suas faces – e identidades – completamente destruídas pela nova guerra tecnológica. A mesma ciência que destruía também ajudava a curar.

com a promessa de devolver aos pacientes a humanidade que lhes havia sido arrancada junto com a pele.

A morte também alcançou os bem-nascidos, ceifando uma geração de líderes e empreendedores cujos sonhos de juventude ficaram nos campos de batalha, junto com os dos homens comuns. Na Grã-Bretanha, morreram um quarto dos alunos de Oxford e Cambridge com idade até 25 anos que se alistaram em 1914. Os anos do pós-guerra foram particularmente difíceis para as mulheres, que, além de perderem maridos, filhos, noivos e namorados, foram obrigadas a se adaptar às novas condições econômicas pelo ingresso no mercado de trabalho e pela renúncia ao ideal da devoção ao lar.

Hugo Ball, um desertor alemão, abriu a janela das artes para a paisagem de escombros civilizatórios desenhada pela Grande Guerra. O jovem ator, formado em Filosofia, tinha 29 anos quando se alistou, logo no início da mobilização para a guerra contra a Tríplice Entente. Depois de participar da invasão da Bélgica, abandonou a farda e partiu para a Suíça, cuja neutralidade funcionava como um chamariz, atraindo artistas e intelectuais. Instalado em Zurique, Ball se juntou ao poeta Richard Huelsenbeck, ao escultor Hans Arp e à *performer* Emmy Hennings, sua esposa, para dar vida ao Cabaret Voltaire, um ponto de encontro literário e artístico que seria o berço do Movimento Dada.

Em meados de 1917, Ball partiu para Paris por motivos pessoais. No mesmo instante chegava a Zurique o poeta e ensaísta romeno Tristan Tzara, um jovem com pouco mais de vinte anos que rapidamente assumiu a liderança do grupo. Da sua pena surgiu o mais famoso dos manifestos dadaístas, o terceiro, redigido no último ano da guerra:

> *Abolição da lógica, dança dos impotentes de criação: Dada; (...) cada objeto, todos os objetos, sentimentos e obscuridades, cada fenômeno e o choque preciso de linhas paralelas são armas na batalha: Dada; a abolição da memória: Dada; a abolição da arqueologia: Dada; a abolição dos profetas: Dada; a abolição do futuro: Dada; a absoluta e inquestionável fé em cada deus que é o produto da espontaneidade: Dada.* [6]

---

6   HOFMANN, Irene E. *Documents of Dada and Surrealism: Dada and Surrealist Journals in the Mary Reynolds Collection*. Ryerson and Burnham Libraries, The Art Institute of Chicago, p. 6.

Com a guerra, as atenções se deslocaram para a obscura mente humana revelada pela psicanálise de Sigmund Freud. Estrutura, forma, modelo, cânones – nada! Apenas a liberdade de criar e expressar as angústias e inquietações da mente, em uma civilização que se descobriu efêmera.

Abolição da lógica e do futuro: aquelas palavras diziam tudo. Não devia sobrar ruína em cima de ruína. O sentido de um movimento tão contrário aos padrões estabelecidos e às convenções artísticas da *Belle époque* foi perfeitamente traduzido pelo ilustrador romeno Marcel Janco, também integrante do grupo de Zurique:

> *Nós havíamos perdido a confiança em nossa cultura. Tudo tinha de ser demolido. Nós começaríamos novamente depois da tábula rasa. No Cabaret Voltaire nós começamos chocando a burguesia, demolindo sua ideia de arte, atacando o senso comum, a opinião pública, educação, instituições, museus, bom gosto, em resumo, toda a ordem dominante.* [7]

A agressividade do Movimento Dada foi uma resposta instintiva daquela geração que foi do céu aos infernos em alguns poucos anos e fez questão de expressar todas as suas angústias e reações contrárias à "ordem burguesa" responsável pela carnificina. Naquele ambiente, frutificavam as ideias do vienense

---

7 HOFMANN, Irene E. *Documents of Dada and Surrealism: Dada and Surrealist Journals in the Mary Reynolds Collection*. Op. cit., p. 3.

Sigmund Freud, estabelecia-se um diálogo entre arte e psicanálise e os artistas desafiavam os limites da linguagem convencional a fim de identificar os sinais daquele novo e assustador ente do conhecimento humano chamado inconsciente. A ordem social, os valores religiosos, os simples gestos, tudo começou a ser pensado em termos de aparências, de máscaras sociais, de sublimação e repressão, trazendo um relativismo que era o oposto da postura autoconfiante da *Belle époque*.

Outra proposta demolidora incorporada pelo Dada foram os *ready-made* criados em 1913 pelo francês Marcel Duchamp, que assim designou qualquer objeto industrializado e de consumo popular que, por opção do artista, adquiria o status de arte. Ao apresentar um mictório invertido e batizá-lo de *Fonte*, em 1917, Duchamp fazia uma crítica radical ao sistema de arte e às convenções da arte acadêmica.

Uma importante plataforma para a difusão do Movimento Dada foram os jornais, criados em diferentes cidades da Europa e em Nova York, reunindo produções, experimentações e discussões sobre arte, linguagem, sonhos de todos aqueles que compartilhavam o sentimento do "mal-estar na civilização".[8] Em Zurique, primeiro Ball, e depois Tzara, organizaram uma revista que revolucionou tanto as formas da linguagem como as próprias concepções tipográficas vigentes. A publicação só atingiu o número 4-5, de maio de 1919, que contou com a colaboração de nomes como Francis Picabia, André Breton e Jean Cocteau. Depois, o grupo de Zurique se desfez em consequência do término da guerra e do retorno dos exilados a seus países de origem.

O Dada persistiu, mas como uma antissemente. Seu primeiro fruto surgiu em 1924, quando André Breton publicou o Manifesto Surrealista, uma proposta mais radical de viagem introspectiva e liberação dos instintos reprimidos, em clara relação com a psicanálise. Havia ambições políticas na proposta de Breton, que foi pessoalmente atraído pelo marxismo. Entre o Manifesto Dada e o Manifesto Surrealista, os pilares da Europa liberal seriam sacudidos pelas tempestades da revolução.

---

8 *Mal-estar na civilização* foi escrito por Sigmund Freud em 1929 e lançado no ano seguinte. Nele, o pai da psicanálise discutia a importância da repressão dos instintos para a obra da civilização e o significado dela no cerceamento das potencialidades do indivíduo.

O comunismo renascido: Rússia, Alemanha, Hungria

O cruzador *Aurora* é um navio de sorte. Na desastrosa batalha de Tsushima, em maio de 1905, ele escapou de ser afundado pelos japoneses junto com a maior parte das embarcações russas e internou-se em Manila. Na noite gelada de 7 de novembro de 1917 (25 de outubro, pelo antigo calendário juliano), cumprindo uma ordem revolucionária do bolchevique Trotski, a tripulação do *Aurora* o conduziu pelo estuário do rio Neva e disparou tiros de festim contra o Palácio de Inverno, a sede do governo, em São Petersburgo (então Petrogrado). Na mesma noite, não muito depois, no Instituto Smolni, uma antiga escola czarista para damas de sangue azul onde se reunia o Congresso dos Sovietes (conselhos operários), Lenin declarou a transferência do poder para o seu partido. Hoje, o símbolo flutuante da Revolução de Outubro é um navio-museu atracado no Neva. No seu casco venerável, recém-casados quebram garrafas de champanhe para desejar que a sorte os acompanhe.

35

Outubro foi a segunda revolução de 1917. Sete meses antes, uma insurreição popular quase espontânea derrubara o czar (imperador), abrindo caminho para a instalação de um governo provisório de coalizão. Os bolcheviques (comunistas) fizeram oposição ao governo provisório e cavalgaram a onda revolucionária que se avolumava com as derrotas na guerra mundial e o colapso econômico. "Paz, terra e pão" – a consigna irredutível lhes deu a maioria entre os trabalhadores industriais e os soldados das duas grandes cidades da Rússia, onde se jogava o futuro do império dos czares. Quando o *Aurora* disparou seus tiros de festim, todos os centros de poder de Petrogrado e Moscou já se encontravam sob controle de destacamentos bolcheviques. O plano conspiratório, urdido em silêncio, é mais parecido com um golpe do que com uma revolução. "Golpe de Outubro" – eis como os partidos derrotados, com alguma razão, batizaram a vitória de Lenin e Trotski.

No seu pronunciamento triunfal perante o Congresso dos Sovietes, Trotski definiu a retirada dos socialistas moderados como um percurso rumo à "lata de lixo da História". Ele falava de uma entidade que se escreve com maiúscula: a História de Karl Marx e Friedrich Engels, comandada por leis inexoráveis, tantas vezes metaforizada pela imagem de um trem cujos trilhos conduzem à estação do Futuro. Os líderes de Outubro interpretavam o caos

O *Aurora*, no rio Neva, Petrogrado, 1917. As metáforas do trem que se dirige à estação do comunismo, do navio que ruma para o porto da redenção, do cruzador que alveja o palácio dos privilégios condensam a visão marxista da seta da História.

da história real, plena de imprevisibilidade e acaso, como uma mera película ilusória que recobria a própria História. Guerra, crise e fome faziam parte da película contingente; o seu triunfo, de uma necessidade profunda, prevista cientificamente por Marx quase setenta anos antes. O golpe era uma revolução: a Revolução.

O Manifesto Comunista, de 1848, começava com a frase célebre: "Um espectro ronda a Europa – o espectro do comunismo." Encerrava-se com o apelo igualmente célebre: "Que as classes dominantes tremam ante a ideia de uma revolução comunista. Os proletários nada têm a perder a não ser as suas correntes. Têm um mundo a ganhar. Proletários de todo o mundo, uni-vos!"[1] Duas décadas depois da Revolução de Outubro, na condição de exilado no México, um anjo caído do comboio do "socialismo real", Trotski escreveu um prefácio a uma nova edição do Manifesto. No texto, apontou como um trecho envelhecido do programa de Marx e Engels a profecia da transformação da revolução alemã de 1848 em revolução proletária. De fato, o profeta imaginou que as revoluções liberais da "primavera dos povos" na Europa se converteriam no introito da própria Revolução.

Trotski atribuiu o erro a uma "subestimação das possibilidades futuras latentes no capitalismo".[2] Era fácil enxergá-las, *a posteriori*. Entre o Manifesto Comunista e a grande guerra europeia, desencadeou-se o ciclo de uma globalização pioneira, impulsionada pelas inovações tecnológicas na siderurgia e pela difusão das ferrovias e da navegação a vapor. Sob o empuxo dos investimentos no exterior e da aventura imperial europeia, constituiu-se um mercado mundial unificado. O crescimento da riqueza, temperado pelo movimento sindical, propiciava a criação de leis trabalhistas e uma gradual incorporação da nata da classe operária à esfera do consumo. Trotski, que era um observador arguto da realidade, concluiu que o "desenvolvimento do capitalismo acelerou ao extremo o crescimento de legiões de técnicos, administradores, empregados comerciais – em suma, a chamada 'nova classe média'".[3]

---

1 MARX, Karl & ENGELS, Friedrich. *The communist manifesto*. Londres, W. Reeves, 1888.

2 TROTSKI, Leon. "Ninety years of the Communist Manifesto". In: *Fourth International*. Nova York, vol. IX, n° 1, janeiro/fevereiro 1948.

3 TROTSKI, Leon. "Ninety years of the Communist Manifesto". Op. cit.

Nada disso tinha sido previsto no Manifesto de 1848. No lugar de sociedades polarizadas entre uma diminuta burguesia e um oceano ascendente do proletariado industrial, surgiam formações complexas, esparramadas em estágios intermediários e dinamizadas pela expansão da riqueza. O "espectro do comunismo" adormecera, exceto pelo levante da Comuna de Paris, em 1871, que foi interpretado corretamente por Marx como um gesto glorioso, mas isolado: um heroico "assalto ao Céu", sem chance de triunfar, provocado pela circunstância excepcional da derrota francesa na Guerra Franco-Prussiana.

A Primeira Internacional (Associação Internacional dos Trabalhadores), fundada em 1864, reunia umas dezenas de pequenos grupos anarquistas e socialistas europeus. Naquele ano, em nome do Comitê Central da Internacional, Marx dirigiu uma carta a Abraham Lincoln, de congratulações pela reeleição à presidência dos Estados Unidos, meses antes da vitória da União na Guerra de Secessão. "Os trabalhadores da Europa sabem com certeza que, assim como a Guerra de Independência iniciou uma nova era de ascensão da classe média, a Guerra Americana Antiescravista fará o mesmo pela classe trabalhadora."[4] A "classe média" da carta era uma referência eufemística à burguesia. O texto a Lincoln sintetizava a visão da história como seta do progresso, que se dirigia, numa marcha mundial, ao ideal socialista da igualdade entre os homens.

A Segunda Internacional (Internacional Socialista), fundada por Engels em 1889, no auge do ciclo longo de expansão do capitalismo, foi o leito dos grandes partidos social-democratas da Alemanha, Áustria, França, Grã-Bretanha e Rússia, que fincaram a bandeira do marxismo na vida política da Europa. Mas os líderes desses partidos, que tinham atrás de si um eleitorado crescente, respeitáveis bancadas parlamentares e um forte movimento sindical, acreditavam cada vez menos na ideia da revolução proletária. Os seus chefes mais destacados, como Karl Kautsky, que depois da morte de Engels organizou os últimos volumes de *O capital*, de Marx, e Eduard Bernstein, o primeiro teórico da transição indolor para o socialismo, começaram a romper com a tradição do "assalto ao Céu". Nascia ali o embrião da social-democracia reformista europeia.

---

4   MARX, Karl. "Carta da Associação Internacional dos Trabalhadores a Abraham Lincoln, presidente dos Estados Unidos da América", 1864.

O Primeiro Congresso da Internacional Comunista (Moscou, 1919) reuniu-se no auge da crise revolucionária europeia que se seguiu à Grande Guerra. Mas a nova Internacional nascia sob um centro nacional: a Rússia bolchevique, que faria dela uma máquina de sua política externa.

Uma cisão era inevitável – e eclodiu na hora da deflagração da grande guerra. Os dirigentes oficiais da Internacional Socialista decidiram dar apoio a seus governos na emergência da guerra, pondo a pátria acima da classe social. Um grito de revolta partiu de contestadores minoritários como Karl Liebknecht, um dos fundadores do partido alemão, da germano-polonesa Rosa Luxemburgo e dos russos Lenin e Trotski. O venerável Kautski foi crismado como um "renegado" e Bernstein, como um "traidor". "O principal inimigo está em casa!", era o título de um panfleto ilegal contra a guerra escrito por Liebknecht em 1915. "Abaixo a guerra! Viva a revolução": sob essa consigna, uma nova organização internacional começou a ser articulada.

A Terceira Internacional (Internacional Comunista, ou Comintern) surgiu a partir das dissidências nos partidos social-democratas. Mas a chama que deu vida aos agrupamentos comunistas minoritários foi o triunfo dos bolcheviques em 1917. Na Rússia, a Internacional Socialista era representada pelos mencheviques – aqueles mesmos que Trotski condenou à "lata de lixo da História". Os bolcheviques vitoriosos reuniram em torno de si os que se mantinham fiéis ao dogma da Revolução e fundaram o Comintern em Moscou, num dia frio de março de 1919.

A Revolução Russa foi o "assalto ao Céu" que deu certo. Tanto quanto a Comuna de Paris, uma guerra desastrosa constituiu o pano de fundo contingente para a tomada do poder pelos comunistas. Pouca gente apostaria uma nota de baixo valor na sobrevivência do governo de Lenin, ainda mais quando as forças contrarrevolucionárias deflagraram a Guerra Civil, em 1918. Mas os bolcheviques venceram uma vez mais, em meio à fome e à ruína. Enquanto eles lutavam desesperadamente para conservar a cidadela conquistada, novas revoluções pipocavam na Europa, que os enchiam de esperanças. O "espectro do comunismo" estava de volta.

Comunistas contra social-democratas

Brest-Litovsk (hoje Brest, cidade na Bielorrússia próxima à fronteira polonesa) foi o lugar onde representantes da Alemanha e da Rússia se reuniram, no início de 1918, para negociar a paz em separado. O poder bolchevique, à frente de um exército em debandada, cumpria a promessa de encerrar a participação do país na grande guerra. Trotski, plenipotenciário à conferência, atravessou os campos nevados da frente de batalha e quase não encontrou soldados russos. Karl Radek, o dirigente bolchevique que viajava com Trotski, levava na bagagem folhetos revolucionários destinados aos soldados alemães – e começou a distribuí-los já na estação ferroviária de Brest-Litovsk, uma área sob ocupação inimiga, diante do olhar atônito dos diplomatas e oficiais alemães encarregados de recepcionar as contrapartes russas. A revolução na Alemanha: esse era o sonho acalentado pelos assaltantes do Céu isolados na imensa Rússia.

O governo russo desmobilizou oficialmente o exército já quase inexistente. Subvertendo os costumes diplomáticos, Trotski converteu a conferência de paz numa tribuna de denúncia tanto do "imperialismo alemão" quanto das potências ocidentais. De uma posição de fraqueza extrema, ele adiava a conclusão de um tratado, expunha a natureza farsesca das declarações do inimigo sobre uma paz justa e clamava pela revolução europeia. Exasperados, os alemães renegaram o armistício e retomaram as hostilidades, avançando as tropas sobre vilas e cidades indefesas. No fim, em março, convencido de que o aguardado levante proletário na Alemanha não o acudiria a tempo de salvar a Rússia vermelha, o governo de Lenin firmou um tratado draconiano imposto pelo inimigo.

O levante alemão não era uma miragem, mas só eclodiu quando a aliança política de sustentação da continuidade da guerra se estilhaçou. O ponto de partida foi a divisão do Partido Social-Democrata (SPD), em janeiro de 1917, quando Kautski e Bernstein se juntaram à ala esquerda num manifesto contra a guerra – e foram expulsos do partido pelo líder Friedrich Ebert. Da cisão nasceu o Partido Social-Democrata Independente (USPD), no interior do qual se articulou a Liga Spartacus, a tendência comunista de Liebknecht e Luxemburgo. O lance seguinte decorreu da entrada dos Estados Unidos na guerra, em abril, que provocou uma divisão nos partidos conservadores e a aprovação de uma resolução parlamentar por "uma paz sem anexações e sem reparações".

O desenlace veio em setembro, com o reconhecimento oficial de que as forças alemãs recuavam nas principais frentes. Formou-se então um novo gabinete de coalizão que comunicou sua disposição de aceitar os "14 Pontos" do programa de paz de Woodrow Wilson. No 4 de novembro, um motim dos marinheiros da frota de Kiel transferiu para as ruas os debates sobre a guerra e sobre o próprio futuro da Alemanha. A fagulha logo se espalhou e se formaram conselhos de operários e soldados nas cidades do norte alemão. Um ano quase exato se passara desde o ribombar dos tiros do *Aurora* diante do Palácio de Inverno.

As coisas andaram em passo acelerado. O SPD convidou o USPD a formar um novo governo e convocou uma greve geral pelo fim da monarquia. O primeiro-ministro pediu demissão e anunciou a abdicação do imperador, proclamou-se uma república, cuja natureza era incerta a tal ponto que Liebknecht a declarou "socialista", e formou-se um gabinete de seis "comissários do povo" respaldados por uma assembleia de delegados dos conselhos de operários e soldados de Berlim. Duas visões do futuro delinearam-se no gabinete revolucionário: os social-democratas queriam a convocação de uma Assembleia Constituinte, que expressaria a "democracia do povo inteiro", enquanto os comunistas erguiam a palavra de ordem do "poder para os conselhos", de acordo com o modelo soviético da Rússia.

No turbilhão revolucionário de 1917, os mencheviques russos perderam para os bolcheviques a disputa pela influência sobre os trabalhadores industriais. Na Alemanha, os social-democratas, que ocupavam o lugar dos mencheviques, conservaram o seu predomínio. A prova disso veio no congresso de delegados de conselhos de todo o país, em dezembro, quando uma resolução que exigia a transferência do poder para os conselhos foi derrotada por ampla margem. Aquela decisão – e o que estava por trás dela – separou o futuro da Alemanha do da Rússia vermelha.

Na autocrática Rússia czarista nunca existira um parlamento com poderes, nem eleições livres genuínas. Nenhuma das duas facções social-democratas – os mencheviques e os bolcheviques – se estabeleceu como um grande partido institucional. Na hora da insurreição popular do início de 1917, elas tinham influência política mais ou menos equivalente. Nos meses seguintes, os bolcheviques conquistaram a hegemonia entre os operários e soldados das cidades principais e assumiram o controle dos sovietes. O poder soviético nascido do "golpe de Outubro" foi a consequência do desmoronamento do Estado autocrático.

A Alemanha imperial estava longe de configurar uma democracia plena. As liberdades políticas oscilavam ao sabor das conjunturas e dos ciclos de leis de censura e medidas de exceção contra os socialistas. Mas existia um parlamento de verdade, realizavam-se eleições livres, a imprensa social-democrata era uma instituição nacional e os sindicatos dispunham de forte capacidade de mobilização. Nesse ambiente, o SPD deitara raízes profundas, tanto no parlamento quanto no movimento sindical – e a vanguarda operária não estava propensa a substituir as liberdades conquistadas ao longo de décadas por um sistema de governo baseado em sovietes. A democracia, mesmo se incompleta, funcionava como um escudo contra o programa da "ditadura do proletariado".

No inverno de 1918, o Estado imperial alemão desmoronou, como desmoronara antes a Rússia dos czares. O vácuo de poder gerado pelo colapso só não foi ocupado por um sistema soviético em virtude da influência da facção social-democrata majoritária, ligada à Segunda Internacional. Os líderes social-democratas não interpretavam a democracia como um instrumento da burguesia, mas como um bem coletivo. Os operários e soldados concordaram com eles, mas isso não deteve a Liga Spartacus.

O confronto decisivo delineou-se com a divisão do exército. De um lado, soldados organizados pela Liga Spartacus mobilizavam-se pela reeleição dos conselhos de base, infringindo a disciplina militar. De outro, oficiais contrarrevolucionários formavam os *Freikorps*, regimentos irregulares que agiam à margem do comando oficial. Uma rebelião de marinheiros estacionados em Berlim, às vésperas do Natal, provocou o ingresso intimidatório de duas divisões dos *Freikorps* na capital, com autorização do primeiro-ministro Ebert. Os comissários do povo do USPD se demitiram e o gabinete inteiro ficou nas mãos do SPD. Enquanto isso, a Liga Spartacus e outros grupos de esquerda se reuniam no congresso de fundação do Partido Comunista da Alemanha (KPD).

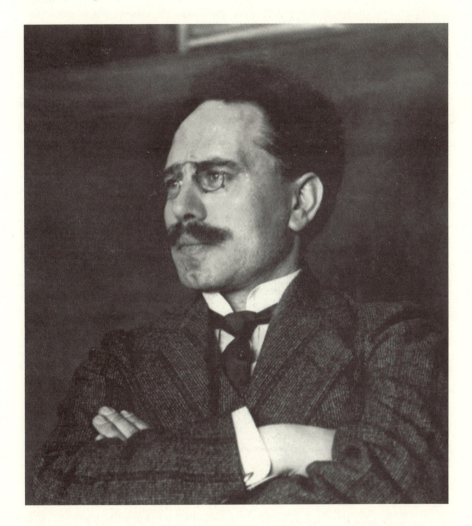

Do balcão de um palácio real em Berlim, Karl Liebknecht proclamou uma República Socialista Livre na Alemanha, a 9 de novembro de 1918, horas depois da proclamação da República de Weimar, no Reichstag. Mas a Alemanha não era a Rússia: os trabalhadores ficaram com os social-democratas e com o poder parlamentar, rejeitando os sovietes.

Um "assalto ao Céu" foi lançado nos primeiros dias de janeiro de 1919, com o chamado à insurreição emitido por Liebknecht, contra uma Luxemburgo que via na tentativa uma aventura condenada ao desastre. Manifestações de massas tomaram as ruas. Operários e soldados ocuparam prédios públicos e jornais. Os *Freikorps* entregaram-se à repressão, que não economizou brutalidades. No dia 15 de janeiro, Luxemburgo e Liebknecht foram capturados e fuzilados. Lançou-se o corpo da primeira no canal Landwehr; entregou-se o do segundo num necrotério. O comandante que ordenou os assassinatos sustentou mais tarde uma versão nunca confirmada segundo a qual a diretiva se originara do próprio chefe de governo.

Quatro dias após os assassinatos, durante o recuo da maré insurrecional, realizaram-se as eleições para a Assembleia Constituinte. O SPD obteve 11,5 milhões de votos, tanto quanto os partidos conservadores da antiga coalizão pela paz. A direita ficou com 4,5 milhões. Na esquerda, o USPD fez 2,3 milhões, enquanto o KPD optou pelo boicote. Os social-democratas constituíram o primeiro gabinete da República de Weimar e, diante da recusa do USPD de integrá-lo, formaram uma coligação com os conservadores moderados.

A oscilação do pêndulo revolucionário refletiu-se na trajetória de Bernstein, um dos autores dos programas adotados pela social-democracia alemã nos congressos de Gotha (1875) e Erfurt (1891), que sofreram críticas severas de Marx e Engels pelas suas inclinações rumo ao reformismo e ao gradualismo. O velho teórico surpreendeu a direção do SPD ao juntar-se ao USPD, mas retornou ao partido que ajudara a fundar na hora da insurreição da Liga Spartacus. Em 1920, aos setenta anos, recuperou sua cadeira no Reichstag (o parlamento alemão) e, pouco mais tarde, escreveu um curto artigo sobre as revoluções Russa e Alemã. O seu diagnóstico:

> *A rebelião na Rússia, no 7 de novembro de 1917, e a revolta na Alemanha que alcançou seu ápice no 9 de novembro de 1918 são tão diferentes nas suas natureza e ideologia que dificilmente se podem definir as duas pela mesma palavra "revolução". (...) No 7 de novembro de 1917 ocorreu um típico* coup d'état *(...) – uma rebelião contra a Revolução e contra os eventos revolucionários. A Revolução foi assassinada por um partido despótico, que foi capaz de reter o poder por meio de uma ditadura militar.*

(...) A nova situação política criada na Alemanha no 9 de novembro de 1918 não realizou o que era esperado por muitos de seus participantes. (...) Contudo, não é só na forma que a atual república difere do finado Império. (...) A revolução não apenas deu aos trabalhadores alemães direitos políticos, como elevou suas condições sociais.[5]

Bernstein nem sequer citou a insurreição da Liga Spartacus. A sua Revolução era um processo de expansão gradual das liberdades e de reforma social.

Na ponta das baionetas...

A guerra europeia desmontou a arquitetura geopolítica da Europa Central. A ruína dos impérios, que desabavam como castelos de areia, abriu um curto período propício à realização da velha profecia revolucionária de Marx e Engels. Dois meses apenas se passaram entre a revolta da Liga Spartacus na Alemanha e a revolução que proclamou uma república soviética na Hungria.

O Império Austro-Húngaro entrou em colapso com a derrota na guerra. No último dia de outubro de 1918, uma revolução eclodiu em Budapeste. A Hungria se separou da Áustria, tornando-se uma república. Enquanto nascia o novo Estado, num hotel de Moscou surgia o Partido Comunista Húngaro, constituído por comunistas exilados e prisioneiros de guerra esquerdistas. O líder do partido, Béla Kun, era um jornalista de 32 anos, já célebre por uma corajosa turbulência evidenciada tanto em polêmicas intelectuais rumorosas quanto em inúmeros duelos.

Kun inspirou-se no exemplo de Sándor Petöfi, o poeta nacional húngaro que liderou a revolução liberal de 1848. Na sua visão, como na de Marx, existia uma única revolução, ou uma revolução permanente, que conduziria a humanidade da Queda da Bastilha até a estação ferroviária final da igualdade comunista. A crise social e econômica da nova república húngara desmoralizava o governo do conde Mihály Károlyi e radicalizava correntes do Partido

---

5   BERNSTEIN, Eduard. "On the Russian and German revolutions". In: *Justice*, 7 de dezembro de 1922, p. 4.

Social-Democrata, que não aceitavam a participação do partido no gabinete de coalizão e migravam em massa para o comunismo.

No 20 de fevereiro de 1919, uma manifestação comunista atacou os escritórios do jornal social-democrata. Seguiu-se violenta repressão e a prisão de líderes comunistas, inclusive Kun. Os trabalhadores organizados, os desempregados e os soldados desmobilizados se voltavam para o partido que prometia a revolução e apontava a Rússia vermelha como um modelo exemplar. No 20 de março, o gabinete de governo renunciou, os social-democratas se uniram aos comunistas num novo partido, o Partido Socialista Húngaro, e anunciaram simultaneamente a demissão de Károlyi e a constituição de uma República Soviética.

Na Hungria, não existiam conselhos operários. A revolução assumia a curiosa forma de uma coligação partidária e parlamentar – uma troca de gabinete, típica dos regimes parlamentaristas. Mas, no nome e na intenção de Kun, o novo ministro do Exterior, porém líder de fato do governo revolucionário, implantava-se o poder dos sovietes. A História, com maiúscula, puxaria o trem sozinha, preenchendo os nomes pomposos com os quais se batizavam as instituições do país.

A República Soviética adotou um amplo programa de reformas democráticas e abolição de privilégios nobiliárquicos. Nacionalizou a indústria e os bancos. Decretou uma reforma agrária. Mas alcançou um apoio popular vasto ao engajar-se na aventura militar de restauração das antigas fronteiras da Grande Hungria, prometendo incorporar territórios povoados por húngaros étnicos na Tchecoslováquia e na Romênia. O nacionalismo tomava o lugar do comunismo no discurso dos revolucionários de Kun.

A campanha na chamada Alta Hungria, o oriente eslovaco que então pertencia à Tchecoslováquia, obteve sucesso e inflamou as paixões patrióticas. No auge da radicalização, o governo revolucionário embarcou em seguida na tentativa insensata de impedir a união da Transilvânia com a Romênia.

A união era o desejo majoritário da população da Transilvânia e tinha o beneplácito das grandes potências reunidas na Conferência de Paz de Paris, que se orientavam pelo "princípio das nacionalidades" do presidente americano Wilson. Mas a perda do território ofendia os sentimentos nacionais húngaros, e o ato derradeiro do gabinete pré-revolucionário de Károlyi havia sido a rejeição de um ultimato das potências pela aceitação do inevitável. Kun não foi posto diante de um ultimato e teve a chance de negociar a entrega da Transilvânia pelo reconhecimento internacional da Hungria soviética. Escolheu a via da "guerra revolucionária" – e perdeu tudo.

O líder comunista húngaro apelava aos sentimentos nacionalistas em seu próprio país, enquanto denunciava os nacionalistas tchecoslovacos e romenos e clamava por insurreições proletárias em todo o antigo Império Austro-Húngaro. A ambivalência o conduziu a um beco sem saída. No início de maio, após pesadas derrotas no *front* de batalha, e sem poder contar com a sonhada ajuda do Exército Vermelho russo, que combatia desesperadamente contra os "brancos", a Hungria pediu a paz. Os romenos só concederam um armistício e logo a guerra foi reiniciada. A 3 de agosto, cercadas, as tropas húngaras começaram a se render e no dia seguinte as forças romenas entraram em Budapeste.

A Hungria soviética desmoronou. Kun fugiu da capital horas antes da chegada dos romenos, foi capturado em Viena e depois trocado por prisioneiros de guerra austríacos que estavam em mãos da Rússia. Na URSS, tornou-se um alto dirigente do Comintern e envolveu-se nas lutas faccionais que acompanharam a consolidação da ditadura de Josef Stalin. Em 1937, no curso de um dos grandes expurgos stalinistas, foi aprisionado e executado sob a falsa acusação de "trotskismo".

O líder da Revolução Húngara sabia o motivo de fundo do fracasso de 1919. Num texto de 1923, destinado a incensar os bolcheviques russos, Kun escreveu: "Para além da derrota militar no *front*, a queda da revolução foi acelerada pela influência oscilante da social-democracia sobre a classe trabalhadora húngara."[6] A afirmação, que usava "social-democracia" com o sentido antigo, indicando o partido dos marxistas, deve ser interpretada como uma confissão: na Hungria, como na Alemanha, a revolução proletária fracassara em virtude da carência de apoio do proletariado.

A ideia de que a revolução poderia ser exportada, na ponta das baionetas dos novos exércitos vermelhos, não ficou circunscrita à Hungria de Kun. No ambiente da euforia causada pela onda de levantes operários na Europa Central e pelas vitórias do Exército Vermelho na Guerra Civil Russa, Lenin sonhou

---

6   KUN, Bela. "Discipline and centralised leadership". In: *The Communist Review*. Londres, vol. 3, nᵒˢ 9-10, janeiro/fevereiro 1923.

Budapeste em tempo de revolução, 1919. Béla Kun escreveu, em 1918, que a Hungria encaminhava-se para uma "ditadura capitalista", e que, "da ditadura escancarada da classe capitalista, o caminho é curto para a escancarada ditadura do proletariado". A sua República Soviética Húngara duraria 133 dias, implodindo sob o peso da derrota militar.

expandir o poder soviético para a Polônia. O desastre resultante fechou o ciclo de insurreições inaugurado pelos disparos do *Aurora*.

A Polônia cessou de existir como Estado soberano em 1795, como resultado da terceira partição promovida por russos, prussianos e austro-húngaros, e só foi reconstituída com a rendição da Alemanha, em novembro de 1918, quando crepitava a guerra entre "vermelhos" e "brancos" na Rússia soviética. Josef Klemens Pilsudski, o chefe de Estado que mais tarde se converteria em ditador polonês, enxergou naquele conflito uma oportunidade única para restaurar o antigo domínio da Polônia sobre a Ucrânia – e ordenou que suas forças avançassem sobre o oeste ucraniano. Lenin, por seu lado, enxergou no envolvimento polonês uma chance para exportar a revolução até a Polônia e além, reacendendo a chama da insurreição numa Europa que se estabilizava após a queda da República soviética da Hungria.

Na primavera de 1920, os bolcheviques deram as cartas. Depois de bater os "brancos" na Ucrânia oriental, o Exército Vermelho avançou para o ocidente e obteve vitórias retumbantes contra as forças polonesas. A essa altura, como ocorrera com a Hungria de Kun, o nacionalismo unia os russos de todas as colorações políticas, inclusive os conservadores, que traduziam a guerra contra os poloneses católicos como uma cruzada cristã circunstancialmente dirigida por comunistas. No verão, Varsóvia se encontrava ao alcance da vanguarda do Exército Vermelho. Então, Trotski e Lenin divergiram.

Trotski temia as consequências políticas de uma tentativa de invadir a capital polonesa e desconfiava da ideia de substituir uma revolução proletária por uma ocupação militar. Ele sugeriu ao Bureau Político bolchevique aceitar a mediação proposta pelos britânicos e, simultaneamente, incentivar um levante operário polonês. Lenin, porém, apoiado pela maioria da direção do partido, imaginava que os trabalhadores poloneses receberiam os soldados vermelhos russos como salvadores.

A razão estava com Trotski. Na Batalha de Varsóvia, travada em agosto, Pilsudski mobilizou o patriotismo polonês e impôs uma derrota incontestável às forças comandadas pelo lendário general vermelho Mikhail Tukathevski. O "milagre no Vístula", como o episódio se eternizou no imaginário nacional da Polônia, deixou 10 mil russos mortos e 66 mil prisioneiros. O Exército Vermelho recuou desorganizadamente, assinou-se um armistício e, pelo Tratado de Riga, a Polônia restabeleceu sua fronteira oriental anterior à terceira partição.

O ciclo da insurreição se fechava. A Rússia soviética permaneceria isolada pelo quarto de século seguinte, como um bastião solitário da revolução europeia.

Liberdade na ditadura

Marx e Engels imaginaram a revolução proletária como um processo internacional, mas comandado pelas potências industriais europeias. Os operários alemães, britânicos e franceses, à frente de sociedades economicamente avançadas, liderariam a passagem do comboio do mundo pelo túnel que conduziria ao futuro socialista. Os bolcheviques da Rússia, fiéis a esse credo, viram a si mesmos como uma inesperada e efêmera vanguarda. Eles tinham sido postos na frente por uma improvável circunstância, uma ironia passageira da História. A sua revolução seria o estampido do levante geral europeu. De Petrogrado e Moscou, o *Aurora* partiria para Berlim, Londres e Paris, disparando novos obuses da anunciação.

A história frustrou a História. A maré revolucionária recuou, depois de se quebrar contra a relativa indiferença da maioria do proletariado na Alemanha, na Hungria e na Polônia. Os bolcheviques entenderam, aos poucos e dolorosamente, que ficariam isolados, ao menos por um bom tempo, na Rússia atrasada, rural e "bárbara". Ninguém ainda falava no "socialismo num só país", uma noção que repugnaria os líderes do Outubro de 1917. Mas o cenário que emergiu após a derrota na Batalha de Varsóvia lhes impunha um ajuste mental para o qual não estavam preparados.

Os bolcheviques, isolados na Rússia, fundaram a Internacional Comunista dois meses após a derrota do levante da Liga Spartacus na Alemanha. A

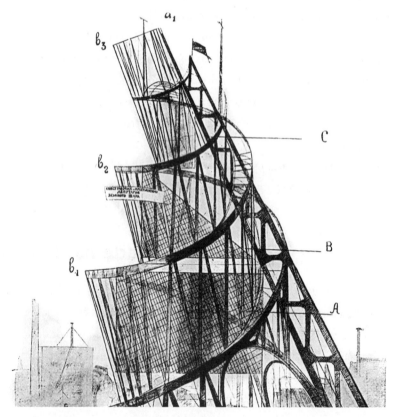

Projeto da Torre Tatlin, do construtivista Vladimir Tatlin, imaginada como futura sede da Internacional Comunista. A vanguarda artística revolucionária formulou um teorema impossível de conciliação entre a liberdade da arte, o poder de Estado e a utopia comunista.

nova Internacional foi projetada para dirigir grandes partidos operários, substituindo a Internacional Socialista "falida" e herdando a honorável tradição do marxismo. Eles provavelmente não declarariam a ruptura total com a velha social-democracia se soubessem que os assassinatos de Liebknecht e Luxemburgo sinalizavam o recuo geral da maré revolucionária. Contudo, seguiram em frente, embalados muito mais por suas ilusões do que por uma análise fria das circunstâncias adversas.

A nova Internacional era obra dos bolcheviques triunfantes na Rússia, em torno dos quais orbitavam correntes minoritárias, em muitos casos irrelevantes, de comunistas rompidos com os partidos social-democratas europeus. A experiência revolucionária russa, marcada pela Guerra Civil e pela embrionária ditadura de partido único, começou a ser exibida como doutrina política virtuosa, não como fruto da adversidade e da necessidade. No manifesto de apresentação da Internacional Comunista ao mundo, adotado a 6 de março de 1919, Trotski escreveu:

> Todo o mundo burguês acusa os comunistas de destruição da liberdade e da democracia política. Essas são mentiras. Assumindo o poder, o proletariado apenas descobre a completa impossibilidade de empregar os métodos da democracia burguesa e cria as condições e as formas de uma nova e muito superior democracia dos trabalhadores (...). Esse aparato é representado pelos Conselhos Operários. Os velhos partidos, as velhas organizações sindicais comprovaram, nas suas conferências principais, sua incapacidade não apenas de solucionar mas mesmo de entender as tarefas postas pela nova época. (...) Por meio dos Conselhos, a classe trabalhadora, tendo conquistado o poder, exercerá seu poder sobre todas as esferas da vida econômica e cultural do país, como faz agora na Rússia.[7]

A democracia começava a ser acompanhada pela qualificação "burguesa" e a ditadura de um só partido se convertia na "democracia dos trabalhadores". Da guerra e das revoluções frustradas, emergia o comunismo do século XX.

---

7   TROTSKI, Leon. "Manifesto of the Communist International to the workers of the world". In: TROTSKI, Leon. *The first five years of the Communist International*. Londres, New Park, 1973.

A Rússia de John Reed

Ann Veronica, de H. G. Wells, publicado em 1909, é a narrativa ficcional da conversão de uma jovem inocente na "nova mulher": o ideal feminista da mulher independente, que prosseguia os estudos, estabelecia uma carreira profissional e lutava pelo direito de voto. O jovem americano John Reed, "Jack", como todos o chamavam, nascido numa família abastada, aluno relapso de Harvard, mas nadador, orador da turma e poeta diletante, delineou suas ideias lendo Wells e outros autores de inclinações socialistas. "Jack" viveu pouco e intensamente. Morreu de tifo, em Moscou, em 1920, aos 32 anos, deixando como legados um dos dois insignificantes partidos comunistas dos Estados Unidos e uma longa reportagem clássica, que nunca morrerá: *Dez dias que abalaram o mundo*.

Reed tornou-se um radical ao ingressar na redação de *The Masses*, uma revista mensal socialista dirigida por Max Eastman. O *The Masses* e a boemia de Greenwich Village, em Nova York, eram fenômenos inseparáveis, num país em acelerada mutação, agitado por greves operárias e pela luta em prol do sufrágio feminino. Um ano antes da eclosão da Grande Guerra, Reed tomou a palavra num comício de apoio a trabalhadores industriais de Nova Jersey em greve, o que lhe valeu a primeira de inúmeras curtas experiências na prisão e uma ligação política com o Industrial Workers of the World, o embrião jamais desenvolvido de uma central sindical revolucionária nos Estados Unidos.

No mesmo ano de 1913, alcançou notoriedade jornalística como correspondente do *Metropolitan Magazine* no México, onde se desenrolava a louca aventura da revolução popular de Emiliano Zapata e Pancho Villa. "Jack" acompanhou durante alguns meses as forças de Villa, um homem que lhe produziu forte impressão, e escreveu reportagens inspiradas, reunidas no livro *México insurgente*.

Entre a revolução no México e a Revolução Russa, Reed fez escala na Grande Guerra, que interpretou como um choque entre os interesses comerciais das potências. Na Europa, naquele início de hostilidades, as paixões pa-

Pancho Villa "foi um fora da lei por vinte e dois anos", escreveu John Reed em *México insurgente*. "Quando era um garoto de dezesseis matou um funcionário do governo e teve de fugir para as montanhas. Em si mesmo, aquilo não o tornaria um fora da lei por muito tempo no México, onde a vida humana é barata; mas como refugiado ele cometeu o crime imperdoável de roubar gado dos ricos *hacendados*."

trióticas arrastavam quase todos num mesmo turbilhão, inclusive a maioria dos social-democratas da Segunda Internacional. O jovem jornalista não era, ainda, exatamente um comunista, mas assistia aos eventos como observador externo – e, especificamente, como um americano que devotava completo desprezo pelos velhos nacionalismos europeus. Embora se declarasse um socialista e nutrisse a esperança de que a carnificina abrisse caminho para profundas reformas sociais, ele denunciava como farsa a descrição anglo-francesa da guerra como confronto entre o liberalismo e a tirania. Quem eram, afinal, aqueles liberais que, de braços dados com a Rússia, conclamavam à luta contra o *Kaiser* alemão?

"Jack" não passou nem perto do *front*. Ele acompanhou a guerra de Paris, Londres e Berlim, entre bebedeiras, prostíbulos e romances de ocasião. Na capital alemã, passou longas horas numa entrevista desoladora com um Karl Liebknecht que deplorava a "traição" patriótica dos social-democratas. Depois, em 1915, retornou à Europa em guerra, viajando pelos Bálcãs, pela Romênia e pela Bielorrússia. Duas vezes foi preso sob a falsa suspeita de espionagem e nas duas escapou em virtude das providenciais interferências dos embaixadores americano e britânico.

De volta a Nova York, Reed se apaixonou por Louise Bryant, uma feminista que oscilava entre o anarquismo e o marxismo. Ela seria a mulher dos poucos anos que restavam em sua vida. O casal se juntou ao dramaturgo Eugene O'Neill para alugar um chalé em Provincetown, na ponta de Cape Cod, em Massachusetts. Por um tempo curto, em meio a escritores e dramaturgos que veraneavam e apresentavam peças de vanguarda na vila, alternaram dias de tórrida paixão com casos incidentais plenamente admitidos sob o princípio do amor livre. Tudo se tornou mais turbulento quando Louise expandiu o princípio até o ponto de iniciar um romance com O'Neill, ferindo os sentimentos de Reed. Uma briga e uns meses depois, em novembro de 1916, "Jack" e Louise contraíram matrimônio e juraram amor eterno.

Woodrow Wilson disputou a reeleição sob uma plataforma de reformas progressistas e Reed decidiu apoiar o presidente democrata que prometia conservar os Estados Unidos fora da guerra europeia. A promessa seria logo quebrada e, enquanto o entusiasmo pela guerra se espalhava no país, estreitavam-se os espaços para a publicação dos artigos de Reed. Na Europa, os comunistas em

Louise Bryant e John Reed, nos meses loucos de Cape Cod. Na Rússia bolchevique, eles passariam da palavra à ação – e experimentariam a sensação de serem estrangeiros no seu próprio sonho.

ruptura com a Segunda Internacional se declaravam pelo "derrotismo revolucionário", o que se traduzia pela meta de transformação da "guerra imperialista" em revolução. Nos Estados Unidos, poupados da crise social e política que devastava os países em guerra, a agitação revolucionária praticamente inexistia. Em meados de agosto de 1917, "Jack" embarcou com Louise para a Europa, em busca de um mundo no qual não se sentisse um estrangeiro ideológico.

Os dois seguiam com documentos de jornalistas. O destino era a Rússia e o trajeto reproduzia o de Lenin, que partira meses antes de trem, de Helsinque, e desembarcara na Estação Finlândia, em Petrogrado. O líder bolchevique anunciara, ainda na estação de chegada, as suas Teses de Abril, um programa de transferência do poder de Estado do governo dos socialistas moderados para os sovietes de operários e soldados. Reed não tinha nada para anunciar e nenhuma intenção de agir como um jornalista profissional. Ele pretendia unir-se à Revolução e, como um oráculo do futuro socialista da humanidade, narrá-la para o mundo.

Petrogrado, sob um céu pardacento

A cidade imensa, sob um céu pardacento de chuva, envolvida por um frio implacável, caminhava, caminhava sempre, cada vez mais depressa. Para onde?[1]

Dez dias que abalaram o mundo é a mais célebre narrativa da tomada do poder pelos bolcheviques. O Reed que a escreveu era, num certo sentido, um observador externo. Estrangeiro, americano, intelectual radical, ele não possuía a vivência dos chefes bolcheviques no movimento internacional socialista, com suas ramificações na política operária e no sindicalismo, com suas intensas lutas faccionais e mutáveis hierarquias de líderes ou ideólogos. Contudo, de certo modo, justamente por isso, faltava-lhe o traço da objetividade. "Jack" assumiu o ponto de vista dos bolcheviques, mesmo antes de chegar à Rússia e sem uma reflexão maior. Ele sabia para onde caminhava a pardacenta Petrogrado: a cidade imensa rumava para o porto de seu desejo.

No março de 1917, uma revolução clássica derrubou a monarquia na Rússia.[2] O povo tomou as ruas da capital, impulsionado pelas greves e manifestações dos trabalhadores da indústria. O czar ordenou que batalhões de soldados reprimissem as manifestações. As tropas mataram pessoas, mas por pouco tempo, até começarem a desertar ou a se juntar aos revoltosos. O czar abdicou e se formaram dois órgãos de poder, um Governo Provisório baseado na maioria da Duma (o parlamento consultivo da Rússia czarista) e o Soviete de Petrogrado, que competiam pela autoridade e, por algum tempo, mantiveram relações de tensa cooperação.

Todo o tenso, emocionante relato de Reed está voltado para apresentar a Revolução de Outubro como uma segunda revolução clássica. Ele contrasta, em passagens escritas com vigor e maestria, uma natureza inclemente, pesada, plúmbea, do inverno que se aproxima na cidade erguida por Pedro I (o Grande), com a agitação incessante dos operários, soldados e jovens ativistas em

---

1 REED, John. *Ten days that shook the world*. Nova York, International Publishers, 1919.

2 Os eventos revolucionários ocorreram entre 8 e 12 de março, ou entre 23 e 27 de fevereiro, pelo antigo calendário juliano então adotado na Rússia. Esta primeira revolução de 1917 ficou conhecida como Revolução de Fevereiro.

busca de notícias e à espera de ação. Cita os manifestos, as proclamações, trechos de artigos e discursos da imprensa revolucionária. Nas suas páginas, estão as palavras dos líderes bolcheviques e também as dos socialistas moderados que sairiam de cena.

Aquele era um tempo de técnicas industriais anteriores à automação e, portanto, de fábricas imensas, como a Putilov, de Petrogrado. "Jack" descreve a sua sensação "maravilhosa" ao ver os 40 mil operários da Putilov escutando oradores "social-democratas, socialistas revolucionários, anarquistas, qualquer um, e qualquer coisa que tivessem a dizer, pelo tempo que falassem!".[3] As revoluções, desde a Francesa de 1789, convertem imaginariamente a história num objeto acessível a todos, em algo como uma massa de modelar, que pode ser esculpida à vontade e pela vontade de uma coletividade mobilizada. Na Rússia de 1917, uma ampla vanguarda estava engajada na agitação revolucionária, mas Reed enxergava nela o país inteiro: "Durante meses, em Petrogrado e em toda a Rússia, cada esquina era uma tribuna pública."[4]

Entretanto, o americano apaixonado pela Revolução era um jornalista. No meio de seu relato, aqui e ali se encontram as pistas do que de fato aconteceu nos célebres dez dias de Outubro. Involuntariamente, "Jack" conta a história de um golpe de Estado.

As jornadas revolucionárias de março haviam criado um primeiro governo provisório de coalizão, chefiado pelo príncipe Georgy Lvov. Em julho, uma tentativa de golpe contrarrevolucionário conduzida pelo general Lavr Kornilov, comandante em chefe das forças armadas, foi derrotada por uma frente de partidos de esquerda, que distribuiu armas aos trabalhadores de Petrogrado. Lvov renunciou, enfraquecido, e a chefia do gabinete passou às mãos de Alexander Kerensky, um socialista moderado.

O segundo governo provisório, como o primeiro, baseava-se no apoio dos sovietes de toda a Rússia, eleitos após a derrubada do czar e representados por um comitê central executivo (Tsik) que estava sob controle dos dois partidos socialistas moderados (a facção menchevique dos Social-Democratas e o Partido Socialista Revolucionário). O Tsik almejava entregar o poder a uma

---

3   REED, John. Op. cit.

4   REED, John. Op. cit.

Assembleia Constituinte. Os bolcheviques exigiam que o poder ficasse com os sovietes, renovados por meio de um novo congresso pan-russo.

A disputa concentrava-se na fonte da soberania. Os socialistas moderados enxergavam a revolução como uma transição entre o Estado monárquico e uma república alicerçada sobre a democracia representativa, expressão da soberania do "povo inteiro". Os bolcheviques enxergavam outro ponto de chegada: um Estado socialista, alicerçado sobre a democracia direta soviética, expressão da soberania do "proletariado". Naturalmente, Kerensky e os seus imaginavam que seriam majoritários na futura Constituinte, enquanto Lenin confiava na conquista de uma maioria bolchevique num II Congresso Pan-Russo dos Sovietes.

O governo provisório não pretendia convocar um novo congresso soviético e, com o agravamento da crise social e militar, adiou as eleições da Constituinte. O intervalo entre julho e outubro propiciou a expansão da influên-

Leon Trotski, no Soviete de Petrogrado, 1917. Os bolcheviques completaram a ruptura do marxismo com a democracia representativa, conferindo uma forma à ditadura do proletariado: as assembleias de operários e soldados. No fim da jornada, chegaram à ditadura totalitária.

cia dos bolcheviques entre os operários e soldados. Nos sovietes das maiores cidades, o partido de Lenin desbancava os moderados com as promessas de retirar a Rússia da guerra, dar pão aos trabalhadores e distribuir a terra entre os camponeses. Mas foi o controle bolchevique sobre a guarnição militar de Petrogrado que definiu o desenlace.

Reed conta quase tudo que é preciso saber sobre a preparação e a defla-gração do golpe de Estado, mas sua própria ilusão configura uma narrativa na qual isso fica quase oculto sob a torrente de conclamações revolucionárias dos bolcheviques. O jornalista relata que os bolcheviques convocaram, à revelia do Tsik, o II Congresso Pan-Russo dos Sovietes – e que os partidos socialistas mode-rados procuravam impedir a eleição de delegados e impugnar os delegados elei-tos. A abertura do congresso dos sovietes de operários e soldados, inicialmente marcada para 2 de novembro, foi adiada para 7 de novembro em virtude de que o quórum não seria atingido no prazo previsto. Os socialistas moderados reagi-ram convocando um congresso dos sovietes camponeses, no qual imaginavam ter maioria, para 13 de dezembro. O impasse seria solucionado pela via militar.

Petrogrado abrigava uma guarnição de 60 mil soldados que haviam se unido ao levante de março, desempenhando papel decisivo na derrubada da monarquia. A guarnição frustrara o golpe de julho ensaiado por Kornilov e, depois daquele evento, passara a seguir os bolcheviques. No 23 de outubro, após uma batalha naval no Báltico entre forças russas e alemãs, o governo pro-visório anunciou o plano de evacuar a capital, transferindo a sede do poder para Moscou. Era uma operação de recuo derivada do cenário da guerra ou uma tentativa de destruir o centro de poder revolucionário dos bolcheviques? De qualquer modo, o plano foi abandonado em virtude da oposição dos bol-cheviques, que ameaçavam tomar o controle da cidade e organizar a sua defesa. No lugar dele, o governo provisório tentou mover a guarnição vermelha para o *front*, substituindo-a por tropas leais. A guarnição rejeitou a ordem e declarou ser sua missão a defesa da revolução.

É Reed que conta:

> *"No dia 25 de outubro, o Comitê Central dos Sovietes, de portas fechadas, discutiu a formação de um comitê militar especial para resolver a questão. No dia seguinte, a seção de soldados do Soviete de Petrogrado nomeou um*

comitê que, imediatamente, declarou o boicote à imprensa burguesa (...).
A 28, na sessão pública do Soviete de Petrogrado, Trotski propôs que se
sancionasse a formação do Comitê Militar Revolucionário."

Os três comitês mencionados eram o mesmo: uma organização de comando paralelo da guarnição de Petrogrado, criada sob o pretexto de solucionar o impasse em torno da ordem governamental de que fosse transferida para o *front*. No 3 de novembro realizou-se uma assembleia de soldados da capital. A resolução da assembleia dizia, segundo o relato de Reed: "A guarnição de Petrogrado saúda o Comitê Militar Revolucionário e promete-lhe prestar integral apoio em todos os atos, a fim de se unir, intimamente, na frente e na retaguarda, na defesa dos interesses da Revolução."[5]

A ferramenta do golpe de Estado estava pronta. Era um comitê formalmente designado pelo Soviete de Petrogrado, mas dirigido na prática por Lenin e Trotski. No dia 3 de novembro, definiu-se o plano de ação numa reunião fechada dos dirigentes bolcheviques. Um deles passou a "Jack" uma síntese da intervenção de Lenin. Ele havia dito:

"O dia 6 de novembro será cedo demais. Precisamos ter uma base em toda a Rússia para nos lançarmos à insurreição. A 6, os delegados ao Congresso, na sua maioria, ainda não estarão aqui, ainda não terão chegado. Por outro lado, no dia 8, será tarde demais. Isso porque o Congresso já estará organizado e é muito difícil fazer uma grande assembleia popular se decidir, de uma hora para outra, entrar numa ação decisiva. Devemos, portanto, dar o golpe no dia 7, dia em que o Congresso se reúne, de modo a podermos dizer: Eis o poder em nossas mãos! Que irão vocês fazer dele?"[6]

Boicotado pelos socialistas moderados, o congresso pan-russo teria maioria bolchevique. Mesmo assim, Lenin não pretendia deixar a decisão crucial ao órgão de poder selecionado como legítimo por seu partido. Os delegados deveriam apenas legitimar o golpe desfechado previamente, a partir de uma ação militar.

---

5   REED, John. Op. cit.

6   REED, John. Op. cit.

Dito e feito. O congresso recebeu o poder das mãos dos bolcheviques e o transferiu de volta para eles, constituindo um novo governo, de "comissários do povo", encabeçado por Lenin. Uma facção esquerdista dos socialistas revolucionários se juntou ao governo bolchevique. Os socialistas moderados abandonaram o congresso denunciando o golpe de Estado. Por um tempo curto, mencheviques e socialistas revolucionários tentaram fazer oposição, sob restrições cada vez mais severas, até serem banidos durante a Guerra Civil. O poder bolchevique, que se anunciava como uma aurora libertadora, sedimentou-se na forma de uma ordem totalitária de partido único.

Rebeldes e comissários

"Jack" não era um russo, embora se pensasse um bolchevique. Ele precisava conciliar suas identidades de americano e revolucionário. Essa necessidade íntima o conduziu a imaginar que a revolução saltaria meio mundo, da Rússia para os Estados Unidos, levada pelo seu desejo. Depois de trabalhar para o governo bolchevique na tradução de decretos e proclamações para o inglês, de testemunhar a dissolução da Constituinte e de se juntar à Guarda Vermelha, decidiu retornar aos Estados Unidos, meses após o retorno de Louise.

Numa Nova York tomada pelo clima patriótico da guerra e pouco receptiva a um arauto da Rússia vermelha que fizera a paz em separado, Reed enfrentou processos pendentes contra *The Masses* e detenções provocadas pelas suas atividades de agitador em comícios comunistas. Enquanto isso, a Guerra Civil crepitava no antigo império dos czares e suas fagulhas provocavam pequenos incêndios ideológicos.

Na estepe ucraniana, o antigo celeiro de cereais da Rússia imperial, ganhava forma um levante camponês contra o regime fantoche dos alemães e contra os exércitos "brancos" que fustigavam a Rússia bolchevique. O líder do levante era Nestor Ivanovich Makhno, um anarquista nascido em 1888 numa pobre família camponesa e libertado de uma sentença perpétua pela Revolução de Fevereiro. Antes da Revolução de Outubro, Makhno dirigiu um soviete operário e camponês local. Depois dela, à frente de pequenos bandos guerrilheiros, colaborou com o governo bolchevique e impôs ao inimigo derrotas surpreendentes.

Sob a bandeira negra do makhnovismo, os anarquistas oscilaram entre a aliança e o confronto com os comunistas. Da experiência, Makhno extraiu suas conclusões: "O fato de que o Estado moderno é a forma organizacional de uma autoridade baseada no arbítrio e na violência sobre a vida social dos trabalhadores não depende de ele ser *burguês* ou *proletário*."

A cooperação azedou meses depois, com a Paz de Brest-Litovsk e a entrega da Ucrânia à Alemanha, um gesto que Makhno traduziu como abominável traição. Sem alternativas militares, ele fugiu para Moscou, onde encontrou-se com o velho anarquista Piotr Kropotkin, a quem idolatrava – e que, desde o início da grande guerra, em 1914, enxergava os bolcheviques como "agentes alemães". Também manteve uma tensa reunião com Lenin no Kremlin, que terminou com uma oferta de auxílio para o seu retorno clandestino à Ucrânia. Dois meses antes da reunião, na noite de 11 para 12 de abril de 1918, por ordem de Felix Dzerzinski, o chefe da Cheka, a nova polícia política soviética, uma força de 5 mil soldados tomara os prédios de Moscou ocupados pela Milícia Negra anarquista, desarmando vinte grupos e fazendo meio milhar de prisões.

De volta à Ucrânia, Makhno congregou os bandos de revoltosos num exército guerrilheiro, que passou a seguir a sua bandeira negra e obteve sucessivos triunfos contra as forças austríacas de ocupação e os exércitos "brancos". O líder anarquista figurava na consciência dos camponeses ucranianos como uma reencarnação de Stenka Razin ou de Emelian Pugachev, lendários líderes cossacos de levantes contra a nobreza czarista nos séculos XVII e XVIII. Os cossacos do vale do rio Don formaram um povo cioso de sua autonomia e de suas tradições militares e igualitaristas. Eles serviram aos czares, em destacamentos especiais, muito temidos pela disciplina e ferocidade, e se revoltavam de tempos em tempos contra os desmandos do poder central. Os makhnovistas não eram cossacos, mas ergueram-se sobre essa herança, que sustentava a promessa de terra e liberdade.

Num depoimento sobre a sua reunião com Lenin, Makhno registrou um diálogo esclarecedor:

> *Com seu talento peculiar, Lenin esforçou-se para formular as questões de modo que eu pudesse responder ponto por ponto. Por exemplo, a questão: "Como os camponeses de sua região entenderam o slogan Todo o poder aos sovietes nas aldeias?, Lenin repetiu três vezes. Ele ficou atônito com minha resposta: "Os camponeses entenderam o slogan de seu próprio modo. De acordo com a interpretação deles, todo o poder, em todas as áreas da vida, deve se identificar com a vontade consciente e o desejo do povo trabalhador (...)." "Você pensa que esse modo de interpretar nosso slogan é correto?", indagou Lenin. "Sim", respondi. "Bem, então os camponeses de sua região estão infectados pelo anarquismo."*[7]

Lenin não podia aceitar uma tradução "espontaneísta" da consigna bolchevique, isto é, uma compreensão do poder soviético da qual estava ausente a referência obrigatória ao papel histórico do partido revolucionário. O fosso, profundo, intransponível, foi disfarçado por um acordo efêmero de cooperação contra o exército "branco" do general Anton Denikin, após o encerramento da guerra europeia e a retirada das forças alemãs e austríacas. Contudo, na primavera de 1919, a cisão política se tornou irreparável. O exército "negro" makhnovista liberou a região meridional ucraniana de Guliaipólie e organizou um congresso das confederações anarquistas dedicado a estabelecer um poder

---

7   MAKHNO, Nestor. "My visit to the Kremlin". Kate Sharpley Library, 1993.

autônomo. O congresso atacou a noção de ditadura do proletariado e a ideia de que seria necessário um período autoritário de transição até o comunismo. A imprensa soviética abandonou de imediato os elogios à "coragem revolucionária" dos makhnovistas e passou a qualificá-los como "bandidos".

As relações entre bolcheviques e anarquistas da Ucrânia desceram rapidamente uma ladeira íngreme. O governo de Lenin proibiu um novo congresso makhnovista, que se realizou mesmo assim. Agentes da polícia política que tentavam matar Makhno foram presos e executados. Os anarquistas convidaram os soldados do Exército Vermelho para mais um congresso, exasperando Trotski, então comandante geral das forças oficiais na Guerra Civil, que pôs Makhno fora da lei, proibiu o encontro e enviou tropas para dissolver as comunas camponesas. Na sequência, uma ofensiva de Denikin destruiu a base de poder de Guliaipólie.

A luta comum contra um Denikin que avançava na direção de Moscou provocou uma nova aliança, a partir de setembro de 1919, rompida pelos bolcheviques no inverno, após a derrota do general "branco". No ano seguinte, os "vermelhos" de Trotski e os "negros" de Makhno combateram uns aos outros,

A Liga das Nações foi fundada a 25 de janeiro de 1919, em Paris, sob a égide do "princípio das nacionalidades" de Wilson, na hora da dissolução dos impérios europeus. A vitória bolchevique na Guerra Civil evitou a fragmentação do antigo Império Russo, que se transfigurou na URSS comunista.

em batalhas ferozes atravessadas por uma epidemia de tifo, que impuseram aos anarquistas o retorno à guerra de guerrilha.

As hostilidades cessaram quando, em outubro, o general "branco" Piotr Wrangel, sucessor de Denikin, lançou uma ofensiva geral a partir da Crimeia. Os bolcheviques ofereceram anistia aos makhnovistas e liberdade de expressão para os anarquistas em toda a Rússia, em troca da cooperação militar. Aquela áliança derradeira durou pouco mais de um mês. Afastado o perigo de Wrangel, e com a Guerra Civil perto do final, Trotski ordenou um ataque a Guliaipólie.

O comando makhnovista foi preso e diversos dirigentes anarquistas foram fuzilados de imediato. Makhno escapou e, com um bando de companheiros devastados, vagueou durante meses pela estepe, atravessou o rio Dnieper, alcançou a Romênia e, dali, seguiu para o exílio em Paris. O chefe guerrilheiro ucraniano ainda editou um jornal anarquista e trabalhou como carpinteiro na capital francesa, até morrer de tuberculose, com meros 45 anos, em 1934. Perto do túmulo onde estão as suas cinzas, no cemitério Père-Lachaise, encontra-se a tumba coletiva dos líderes da Comuna de Paris de 1871.

As primeiras neves do final da primavera de 1919 tingiam Moscou de branco quando Reed retornou à Rússia. Na estepe ucraniana, "vermelhos" e "negros" selavam seu derradeiro acordo, antes do longo conflito que estabeleceria o poder bolchevique na terra de Makhno. Nos Estados Unidos, meses antes, o grupo de esquerda fora expulso do Partido Socialista e cindira-se em duas facções, que originaram os rivais Partido Comunista do Trabalho, de Reed, e Partido Comunista da América. Os manifestos de ambos os partidos, um dos quais escrito por "Jack", faziam a defesa do dogma da ditadura do proletariado.

No último ano de sua vida, Reed trocou as condições de ativista radical e jornalista pela de funcionário da recém-fundada Internacional Comunista. A escolha não foi sua, mas das circunstâncias. Depois de ver negado seu pedido de reconhecimento do Partido Comunista do Trabalho como seção única e oficial do Comintern nos Estados Unidos, ele tentou voltar a seu país, mas foi preso na fronteira da Finlândia e submetido a prolongados maus-tratos.

Finalmente solto, retornou a Moscou e participou do II Congresso da Internacional Comunista, uma ocasião na qual sentiu na pele o significado do "centralismo democrático". Sempre um radical, ele tentou contestar a linha oficial, emanada de Grigory Zinoviev e Karl Radek, que admitia o recuo da maré revolucionária na Europa, mas foi brutalmente isolado. Só então, e apenas por esse motivo, começou a dar ouvidos à sua amiga Emma Goldman, uma anarquista lituano-americana exilada em Petrogrado.

Goldman chegara à Rússia em dezembro de 1919, fugindo da perseguição política nos Estados Unidos. Seu entusiasmo pelo regime bolchevique desfizera-se rapidamente numa grande desilusão. Os anarquistas russos estavam sendo forçados ao silêncio, agora de modo definitivo. Makhno combatia, numa luta sem esperança, contra as forças muito superiores do Exército Vermelho. Os funcionários "vermelhos" adoravam falar-lhe com desprezo das "liberdades burguesas", em especial daquela que ela mais amava – a liberdade de expressão.

A experiência da desilusão converteu-se num pequeno livro. Nele se encontra o relato de uma representação teatral épica da vitória da Revolução Russa, encenada para uma multidão, a céu aberto, no 1º de maio de 1920, em Petrogrado:

> *A encenação foi comovente ao extremo. Mas a vasta massa permaneceu silenciosa. Ouviu-se apenas um débil aplauso da grande multidão. (...) Como explicar a estonteante falta de reação? Quando falei a respeito com Lisa Zorin, ela disse que aquelas pessoas haviam vivido de fato a Revolução de Outubro – e que a* performance *necessariamente esmaecia diante da realidade de 1917. Mas minha pequena vizinha comunista ofereceu uma versão diferente. "As pessoas sofreram tantos desapontamentos desde Outubro de 1917", ela disse, "que a Revolução perdeu todo o significado para elas. A peça teve o efeito de tornar mais pungente o desapontamento delas."* [8]

A desilusão de Reed derivou menos de princípios violados e muito mais de seu orgulho pessoal menosprezado. Por ordem de Radek, um soturno "Jack" seguiu para Baku, no longínquo Azerbaijão, para participar de um Congresso dos Povos do Oriente organizado pelo Comintern, bem na hora em que Louise chegava a Petrogrado com o intuito de revê-lo após tanto tempo.

Eles se reencontraram em Moscou, em setembro de 1920. Reed levou Louise a exposições e teatros. O país da Revolução, arruinado, faminto, foi

---

8   GOLDMAN, Emma. *My disillusionment in Russia*. Nova York, Doubleday, Page & Company, 1923.

colocado num breve parênteses. Desembaraçando-se de um ceticismo que o acompanhava havia meses, conduziu-a para conhecer os chefes da Rússia vermelha, inclusive Lenin e Trotski. Logo caiu doente, acometido pelo tifo. Louise não saiu do lado da cama do enfermo até o último minuto. No 17 de outubro, "Jack" morreu. Durante sete dias, seu corpo permaneceu exposto no Templo do Trabalho, em Moscou, guardado por 14 soldados do Exército Vermelho. Após uma cerimônia solene de cremação, suas cinzas foram depositadas na muralha norte do Kremlin, lugar reservado aos heróis e mártires revolucionários.

Ofensiva sobre o gelo

John G. Wright, nascido Joseph Vanzler, em Samarcanda, no Uzbequistão que então pertencia ao Império Russo, possivelmente em 1902, emigrou com a mãe para Boston, nos Estados Unidos, estudou química em Harvard e ingressou na facção internacional trotskista em 1933. Anos depois, escreveu um ensaio sobre a revolta de Kronstadt de 1921, o último levante anarquista contra o regime bolchevique. Wright era intelectual e poliglota, ideólogo do Socialist Workers Party, o partido trotskista americano. Seu ensaio nada tem de extraordinário, a não ser o fato de oferecer a síntese mais clara da interpretação bolchevique sobre a revolta. Ele escreveu:

> A suposição de que soldados e marinheiros se engajaram numa insurreição sob o slogan político abstrato de "sovietes livres" é absurda em si mesma (...). Aquelas pessoas só poderiam ter se movido para uma insurreição sob o impulso de profundas necessidades econômicas e interesses. Eram as necessidades e interesses dos pais e irmãos daqueles marinheiros e soldados – isto é, de camponeses como mercadores de alimentos e matérias-primas. Em outras palavras, o motim foi a expressão da reação pequeno-burguesa contra as dificuldades e privações impostas pela revolução proletária.[9]

---

9 WRIGHT, John G. "The truth about Kronstadt". In: *The New International*, vol. IV, nº 2, fevereiro de 1938.

A base naval de Kronstadt, quartel-general da Armada do Báltico, se tornara ao longo de 1917 uma extensão política das fábricas vermelhas de Petrogrado. Os marinheiros da fortaleza passaram a seguir Trotski, Anatoly Lunacharski e outros agitadores bolcheviques logo depois das jornadas revolucionárias de fevereiro, ocuparam a linha de frente das manifestações de julho e formaram a vanguarda do golpe de Outubro. De Kronstadt, partira o *Aurora* rumo ao Palácio de Inverno. Mas tudo mudara nos intensos trinta meses seguintes, de guerra civil, carências extremas e desilusão.

Petrogrado perdera dois terços de sua população. Da guarnição de Kronstadt, que tantas vezes carregara nos ombros os oradores bolcheviques, poucos restavam. A maioria dos marinheiros daquela geração fora deslocada para as frentes da guerra civil e para o serviço nas instituições soviéticas – ou perecera. A revolta eclodiu em março de 1921, no final de um inverno de dor, fome e morte. Os anarquistas dirigiam a massa de novos recrutas, que refletiam o estado de ânimo de uma Rússia cansada dos bolcheviques.

A ditadura do proletariado rompera o elo original com a democracia operária. O partido de Lenin só permanecia no poder porque congelara os sovietes, impedindo a renovação das suas direções pelo mecanismo de eleições livres. Os bolcheviques exerciam uma ditadura do partido, em nome do proletariado mas sem sua delegação. Na vanguarda de operários e soldados, as consignas anarquistas de uma "terceira revolução" e da restauração de "sovietes livres" se tornavam cada vez mais populares. Em Kronstadt, elas formavam um programa político amplamente majoritário.

A interpretação de Wright, expressão de um cânone formulado no calor da hora pelos bolcheviques, não passa de uma manipulação da linguagem marxista para sublimar os fatos, produzindo uma narrativa essencialmente ideológica. Os novos líderes anarquistas de Kronstadt exercíam influência crescente sobre os trabalhadores de Petrogrado e fizeram-se assembleias conjuntas de marinheiros e operários. No seu manifesto, os revoltosos exigiam eleições livres para os sovietes, liberdade de expressão e propaganda, abolição do controle partidário bolchevique sobre as forças armadas, libertação dos presos políticos, eliminação dos sistemas de militarização do trabalho, autonomia para os camponeses cultivarem as suas terras e comercializarem os frutos de seu trabalho. O partido de Lenin prometera cada uma dessas coisas em 1917.

A revolta começou no primeiro dia de março, enquanto se realizava um congresso bolchevique. Mikhail Kalinin, o presidente da República Soviética, foi à fortaleza e, numa assembleia, brandiu ameaças contra os marinheiros. Os chefes bolcheviques acusaram falsamente os amotinados de serem dirigidos por líderes "brancos". No 5 de março, Trotski chegou a Petrogrado e exigiu a rendição incondicional do mesmo Kronstadt que ele qualificara, em dias mais felizes, como "orgulho e glória da Revolução".[10] Os insurretos o ignoraram, contando com o fator tempo: mais algumas semanas e a baía da Finlândia começaria a descongelar, o que tornaria a fortaleza uma posição praticamente inexpugnável.

"Abaixo a tirania bolchevique" – era essa a palavra de ordem dos comícios dos marinheiros. Numa Rússia que nem começara a curar as feridas da Guerra Civil, era um tempo de sublevações camponesas regionais contra as requisições forçadas de alimentos e de pequenos motins anarquistas. Lenin e os seus concluíram que não podiam exibir fraqueza diante de Kronstadt, sob pena de enfrentarem uma nova contestação geral ao poder soviético. A 7 de março, sob o comando do general Tukathevski, as forças da ordem começaram o ataque.

Envoltos em lençóis brancos, os soldados se lançaram a uma ousada travessia a pé da baía coberta por um gelo já pouco espesso. Os canhões da artilharia de Kronstadt abriam fogo na planura alva pontilhada pelos vultos imprecisos dos atacantes, perfurando a superfície congelada. Centenas de homens foram tragados pelo mar gélido, naquela que seria descrita como a mais cruel das batalhas da Guerra Civil. Uma tempestade de neve, no 17 de março, ocultou o avanço da coluna que, finalmente, escalou as muralhas da fortaleza e franqueou os portões para os invasores. A feroz batalha final durou dois dias e deixou mais de 1,5 mil mortos, entre os quais cerca de mil rebeldes. Por uma dessas trágicas ironias, o dia da rendição de Kronstadt coincidiu com as celebrações bolcheviques, em toda a Rússia, do quinquagésimo aniversário da Comuna de Paris.

---

10 DEUTSCHER, Isaac. *Trotski, o profeta armado (1879-1921)*. Rio de Janeiro, Civilização Brasileira, 2005, p. 609.

O massacre dos revoltosos de Kronstadt, "orgulho e glória da Revolução", fechou a primeira etapa da Revolução Bolchevique. Dez dias antes do desenlace, um apelo radiofônico dos marinheiros dizia: "Nossa causa é justa: queremos o poder dos sovietes, não de partidos. Queremos a livre eleição de representantes das massas trabalhadoras."

O espírito de 1917 afogou-se diante de Kronstadt, na baía da Finlândia em vias de descongelamento. Daquele dia em diante, o poder dos sovietes se converteu unicamente numa fórmula vazia, invocada como alusão equívoca ao poder ditatorial do partido bolchevique.

Lenin *versus* Rosa Luxemburgo

Lenin e Trotski se encontraram pela primeira vez numa manhã cinzenta de outubro de 1902, em Londres. O segundo, um jovem de 22 anos que fugira da deportação na Sibéria, acabava de chegar da Rússia para se encontrar com o líder do jornal social-democrata *Iskra*, dez anos mais velho. No mesmo dia, Lenin conduziu o visitante a um passeio pelos lugares históricos da capital britânica, apresentando-os do seguinte modo: "Esta é a Westminster *deles*" ou "Este é o Museu Britânico *deles*".[1] O "deles" não era uma referência nacional, aos ingleses, mas a indicação de uma fronteira de classe. A tradição, a cultura, para Lenin, não eram patrimônios comuns da humanidade, mas propriedades da "burguesia".

No ano seguinte, reuniu-se o congresso que fundou de fato o Partido Social-Democrata Russo,

---

1 DEUTSCHER, Isaac. *Trotski, o profeta armado (1879-1921)*. Rio de Janeiro, Civilização Brasileira, 2005, p. 88.

apenas proclamado anos antes. O congresso fundador também dividiu o partido marxista nas facções bolchevique (os "homens da maioria") e menchevique (os "homens da minoria"). Todos eles, contudo, concordavam que a futura Revolução Russa cumpriria, antes de tudo, a função de destruir a autocracia czarista – e desaguaria numa Assembleia Constituinte destinada a erguer um novo Estado.

Georgi Plekhanov, o venerado teórico pioneiro do marxismo russo, que se alinharia com os mencheviques e, em 1917, envelhecido e quase irrelevante, ficaria na oposição radical ao golpe de Outubro, tomou a palavra para afirmar a precedência da Revolução sobre as instituições parlamentares. Disse que, na hipótese da eleição de uma Constituinte hostil ao poder revolucionário, ela deveria ser fechada pela força, como fizera Oliver Cromwell na Inglaterra setecentista. Para horror de Plekhanov, os bolcheviques triunfantes seguiram exatamente a sua recomendação, em janeiro de 1918.

A convocação de uma Assembleia Constituinte era um dos escassos itens de consenso entre os partidos políticos russos após a derrubada da monarquia, nas jornadas revolucionárias de março de 1917. O governo provisório de Kerensky adiou a convocação, sob o argumento de que as eleições deveriam se realizar apenas depois do fim da guerra. Os bolcheviques insistiram na realização da Constituinte, denunciando o adiamento, mas conservaram sempre a bandeira central da entrega de todo o poder aos sovietes. Finalmente, as eleições foram marcadas para o 25 de novembro, mas antes disso o partido de Lenin tomou o poder.

Na hora da tomada do poder, os bolcheviques continuaram a proclamar fidelidade à ideia de que caberia à Constituinte a tarefa de moldar o novo Estado. A resolução do II Congresso Pan-Russo dos Sovietes que formou o governo de Lenin o definiu como um conselho "provisório" de comissários do povo, destinado a perdurar até a reunião da Assembleia Constituinte.

Menos de três semanas separaram o golpe bolchevique de 7 de novembro das eleições para a Constituinte. O II Congresso Pan-Russo dos Sovietes, reunido no dia do golpe de Outubro, representava um pouco menos de 20 milhões de eleitores. O partido de Lenin alcançara a maioria naquele universo. Mas, para a Constituinte, votaram quase 42 milhões de pessoas, inclusive a nobreza, a classe média e os camponeses, que não estavam representados no congresso dos sovietes. Os bolcheviques conseguiram 9,8 milhões de votos, quase 24% do total. O Partido Socialista Revolucionário, de amplas bases rurais, fez 41%, e seus aliados mencheviques, já desmoralizados, pouco mais de 3%. O Partido Constitucional Democrático (cadetes), de centro, alcançou quase 5%. Dezenas de pequenos agrupamentos socialistas, liberais e regionais dividiram o restante dos votos.

A composição da Assembleia expressava a maioria política da coalizão derrubada pelo golpe de Outubro. Isoladamente, os socialistas-revolucionários tinham 370 cadeiras de um total de 750 e, sem dificuldades, formariam com os 15 mencheviques eleitos um gabinete de governo. Na visão dos bolcheviques, a força avassaladora dos números da Rússia rural ameaçava afogar a vanguarda revolucionária dos trabalhadores das grandes cidades. Os bolcheviques dominavam Petrogrado e Moscou, onde obtiveram mais votos que a soma dos sufrágios dos socialistas-revolucionários e dos cadetes. Mas as duas capitais não refletiam o estado de espírito do país...

Primeira e única sessão da Assembleia Constituinte na Rússia, a 5 de janeiro de 1918. Os bolcheviques não tinham a maioria do povo, mas apenas uma maioria circunstancial nos sovietes. A "ditadura do proletariado" seria a ditadura de um partido, descrito como a consciência da História.

A hipótese formulada por Plekhanov em 1903 parecia cumprir-se em 1917. Logo que emergiram os resultados eleitorais, o governo soviético começou a emitir sinais de inconformismo, oferecendo pistas daquilo que sucederia. A reunião da Assembleia eleita foi adiada. Da base naval de Kronstadt, os marinheiros fizeram chegar o recado de que só reconheceriam uma Constituinte alinhada à realidade política surgida da Revolução de Outubro. O governo colocou o partido dos cadetes fora da lei e ordenou a prisão de seus líderes. Lenin, por sua vez, publicou um artigo no qual declarava que "uma república dos soviets é uma forma mais elevada de democracia que a república burguesa convencional com uma Assembleia Constituinte".[2] O artigo também sugeria que não havia verdadeira legitimidade numa Constituinte eleita com base em listas definidas antes da Revolução de Outubro – e concluía sombriamente com um alarme sobre o risco de uma "contrarrevolução" dos cadetes.

Os "inimigos do povo"

A sessão inaugural da Assembleia Constituinte foi aberta na tarde de 5 de janeiro de 1918, no imponente Palácio Tauride, em Petrogrado. Naquela manhã, uma numerosa manifestação popular em apoio à Assembleia fora dispersada a tiros pelas forças do governo. O dirigente bolchevique Iakov Sverdlov subiu à tribuna e chamou a Constituinte a referendar, de imediato, todos os principais atos e declarações adotados pelo governo soviético. Era o mesmo que pedir uma resolução de autodissolução de um órgão supostamente investido do poder de organizar o novo Estado.

A maioria ignorou Sverdlov e passou à eleição do presidente da Assembleia, escolhendo um socialista-revolucionário. O menchevique Irakli Tsereteli conclamou a uma conciliação no quadro da Constituinte, criticou a ideia de uma ditadura da minoria e apresentou um programa de reformas democráticas. A bancada bolchevique reagiu com a leitura de uma nota escrita por Lenin: "Não desejando (...) dissimular os crimes dos inimigos do povo, declaramos

---

2 LENIN, Vladimir Ilicht. "Theses on the Constituent Assembly". In: *Pravda*, nº 213, 26 de dezembro de 1917.

que nos retiramos da Assembleia Constituinte, atribuindo ao regime dos sovietes a decisão definitiva sobre a atitude a adotar com relação à parcela contrarrevolucionária desta Assembleia."[3]

Antes do raiar do dia seguinte, um decreto governamental dissolveu a Constituinte e os deputados que chegavam para a segunda sessão encontraram lacradas as portas do Palácio Tauride. Os socialistas-revolucionários e os mencheviques ainda tentaram reinstalar a Assembleia e algumas sessões secretas ocorreram em Petrogrado e, depois, em Kiev, a capital ucraniana. Contudo, logo o governo soviético assumiu o controle de Kiev e o órgão banido deixou efetivamente de existir. Os dois partidos decidiram retornar aos sovietes, imaginando esperançosamente que conseguiriam maioria no congresso pan-russo seguinte. Nunca mais, porém, em toda a história soviética, seriam realizadas eleições livres para os conselhos de operários, soldados e camponeses.

Não coube a nenhum socialista moderado, mas a Rosa Luxemburgo, a mais completa crítica da dissolução da Constituinte. Numa obra escrita em 1918, a revolucionária germano-polonesa se dedicou a rebater os argumentos formulados pelos líderes bolcheviques para sustentar a instauração de um regime baseado na hegemonia do partido revolucionário.

Trotski definira os órgãos de representação popular como espelhos do passado e, portanto, obstáculos para o desenvolvimento da revolução proletária. Luxemburgo contesta esse conceito, evidenciando historicamente que a dinâmica de mudança social impregna as assembleias eleitas, impulsionando-as a adotar programas revolucionários. Os seus exemplos são o Long Parliament inglês, convocado em 1640, que entraria em colisão com a monarquia e abriria as portas para a proclamação republicana da Commonwealth, e os Estados-Gerais chamados por Luís XVI para autorizar o aumento da tributação, que deflagrariam a Revolução Francesa.

A divergência entre Luxemburgo e os bolcheviques não era superficial ou circunstancial, mas de princípio:

> *Certamente, todas as instituições democráticas têm suas limitações e fragilidades, traços que sem dúvida compartilham com todas as demais instituições humanas. Mas o remédio que Trotski e Lenin encon-*

---

3 SERGE, Victor. *O ano I da Revolução Russa*. São Paulo, Ensaio, 1993, p. 144.

traram – a eliminação da própria democracia – é pior que a doença
que supostamente deveria curar, pois bloqueia a única fonte viva da
qual emana a correção de todas as inerentes fragilidades das institui-
ções sociais. Tal fonte é a ativa, insubordinada e enérgica vida política
das amplas massas do povo.[4]

O tema de fundo de Luxemburgo não era a Constituinte, mas o significado da liberdade. A sua crítica essencial ao bolchevismo constitui uma antevisão do totalitarismo soviético:

Liberdade apenas para os partidários do governo, apenas para os in-
tegrantes de um partido – não importa o quão numerosos eles sejam
– não é liberdade de modo nenhum. Liberdade é, apenas e exclusiva-
mente, a liberdade dos que pensam de modo diferente. Não em virtu-
de de algum fanático conceito de "justiça", mas porque tudo o que é
instrutivo, benéfico e purificador na liberdade política depende dessa
característica essencial – e o seu valor desaparece quando a "liberdade"
se converte em privilégio.[5]

O capítulo final do pequeno livro de Luxemburgo sobre a Revolução Russa intitula-se "Democracia e ditadura". É uma tentativa de acertar as contas tanto com os social-democratas reformistas quanto com os bolcheviques. Ela registra que a contraposição entre democracia e ditadura constitui o cerne da argumentação tanto de Kautski quanto de Lenin – com a diferença de que eles escolhem polos opostos da alternativa. O primeiro enxerga a democracia ("burguesa") como antídoto contra a revolução socialista. O segundo visualiza a ditadura ("proletária") como um sistema superior, que deve substituir as instituições representativas "formais". Luxemburgo, por sua vez, rejeita os termos da equação excludente, propondo que se interprete a ditadura do proletariado como uma extensão da democracia representativa.

Na prática, qual é o significado da "ditadura do proletariado" de Luxemburgo? A sua resposta:

---

4   LUXEMBURGO, Rosa. *The Russian Revolution*. Nova York, Workers Age Publishers, 1940.

5   LUXEMBURG, Rosa. Op. cit.

> *Sim, ditadura! Mas essa ditadura consiste numa maneira de aplicar a democracia, não na sua eliminação – em enérgicos, resolutos ataques contra os direitos enraizados e as relações econômicas da sociedade burguesa, sem os quais não é possível realizar a transformação socialista. Mas essa ditadura deve ser o trabalho da classe, não de uma pequena minoria dirigente que age em nome da classe.*[6]

A revolucionária germano-polonesa acreditava que a classe trabalhadora, em condições de ampla liberdade, escolheria a via do socialismo – e conquistaria a maioria do povo para o seu programa. Por certo não era uma sonhadora frívola e podia imaginar que o caminho seria pontuado por oscilações e recuos. Mas confiava profundamente no "crescente treinamento político da massa do povo", proporcionado pelo exercício pleno das liberdades.

E se a Constituinte russa desaguasse na formação de um governo dos socialistas moderados? A sua resposta implícita é que os bolcheviques deveriam aceitar isso como um estágio no aprendizado político da classe traba-

"Liberdade é, apenas e exclusivamente, a liberdade dos que pensam de modo diferente." O assassinato de Rosa Luxemburgo, na Alemanha, protegeu a Rússia Soviética da crítica comunista.

---

6   LUXEMBURG, Rosa. Op. cit.

lhadora e entregar as rédeas do país aos derrotados nos eventos de Outubro. Lenin e Trotski não podiam admitir tal solução. Na visão deles, os socialistas-revolucionários e os mencheviques nada mais eram que "inimigos do povo" – e o povo não estava autorizado a pensar de modo distinto. A "ditadura do proletariado" que edificaram era a ditadura do seu próprio partido. Na Rússia soviética, dali em diante, a liberdade seria um privilégio.

O destino dos mencheviques

Trotski alinhou-se com os mencheviques no congresso de 1903 do Partido Social-Democrata. Logo depois, afastou-se deles e tentou, sem sucesso, conciliar as duas facções do marxismo russo. Nesse período, publicou num jornal ucraniano a resenha de um livro que, como tantos outros, exaltava a suposta excepcionalidade da Grande Rússia e celebrava as virtudes dos intelectuais russos. O texto deplorava a pobreza material do país, que ele interpretava como a fonte última da configuração de um Estado autocrático, leviatânico, todo-poderoso. A Rússia carecia da sofisticação do pensamento europeu, que emanava da antiga vida urbana de sociedades menos dependentes de um poder central tirânico:

> (...) o modo de vida complexo e torneado que, à base do feudalismo, cresceu na Europa (...) não surgiu em nosso solo. Faltava-lhe o essencial para isso, não podíamos custear tal modo de vida (...). Mil anos vivemos numa humilde cabana de madeira, tapando suas frestas com capim – poderíamos sonhar com arcos e espirais góticas?[7]

Nessa história profunda, dos tempos longos, estariam enterradas as raízes de uma vida intelectual a um só tempo pobre e presunçosa. Trotski certamente pensava que os efeitos das carências russas repercutiam também no partido dos marxistas e, naqueles anos, muitas vezes apontou Lenin como um autocrata disposto a sufocar o intercâmbio de ideias no interior da social-democracia.

---

7   DEUTSCHER, Isaac. *Trotski, o profeta armado (1879-1921)*. Rio de Janeiro, Civilização Brasileira, 2005, p. 237.

O que ele não podia prever era a futura transfiguração do Estado leviatânico dos czares no Leviatã vermelho gerado no ventre da Revolução Russa. E, provavelmente, recuaria horrorizado se lhe contassem que ele mesmo comandaria o embrião do novo Leviatã.

Os mencheviques se desmancharam como corrente política ao longo de 1917, vacilando diante da contrarrevolução que tentava restaurar a velha ordem e traindo a promessa solene de retirar a Rússia de uma guerra desastrosa. Mas quase todos ficaram com seus princípios depois de Outubro, rejeitando as alternativas polares de adesão ao poder soviético ou de alinhamento com os exércitos "brancos". A fidelidade aos princípios lhes valeu o isolamento e a solidão. Eles caminharam, voluntariamente, para a "lata de lixo da História".

Tsereteli, um dos ministros de Kerensky, escapou à ordem de prisão dos bolcheviques triunfantes fugindo para a sua Geórgia natal, que ainda não estava sob poder soviético, e obtendo um assento parlamentar. O governo de Lenin tomou a Geórgia em 1921 e Tsereteli exilou-se em Paris dois anos mais tarde, mantendo-se em oposição tanto aos bolcheviques quanto aos ultranacionalistas georgianos. Politicamente isolado, retirou-se da vida pública e mudou-se para os Estados Unidos onde morreria em 1959.

Julius Martov, o líder da esquerda menchevique e colaborador mais próximo de Lenin até a cisão de 1903, tentou inutilmente evitar a participação de seus companheiros no gabinete de Kerensky e foi o alvo direto da célebre frase de Trotski sobre a "lata de lixo da História". Ele ainda permaneceu na Rússia por quase três anos, oferecendo apoio aos bolcheviques na Guerra Civil mas denunciando o estiolamento das liberdades públicas. Depois, seguiu para o exílio em Berlim, onde morreria em 1923, antes de completar cinquenta anos. Na capital alemã, criou o *Socialist Messenger*, o jornal dos exilados mencheviques.

Fiodor Dan, o principal dirigente menchevique no Soviete de Petrogrado em 1917, integrou a bancada do seu partido na Assembleia Constituinte, articulou a oposição socialista ao governo de Lenin e foi preso e enviado para o exílio em 1921. De Nova York, duas décadas mais tarde, anunciou seu apoio à URSS na guerra contra a Alemanha nazista e publicou um livro no qual argumentava que, apesar de tudo, a ditadura de Stalin funcionava como parteira do socialismo.

Matvey Skobelev, ministro do Trabalho de Kerensky, fugiu para o seu Azerbaijão natal, ainda autônomo, após o golpe de Outubro. A reanexação do país pela Rússia, após a Guerra Civil, obrigou-o a fugir para Paris. Contudo, ao contrário de seus companheiros, ele reconciliou-se com os bolcheviques em 1922, alinhou-se com Stalin e assumiu cargos de direção no aparato de comércio exterior da URSS. Como tantos outros fiéis do ditador, foi preso e fuzilado no Grande Expurgo de 1938.

No seu texto de juventude, sobre os "arcos e espirais góticas" da Europa medieval, Trotski contrastara o passado rural da Rússia à dinâmica urbana do feudalismo europeu para alcançar conclusões políticas. Na imensa Rússia, engajada na conquista dos espaços vazios da Sibéria, os recursos se concentraram nas mãos de um Estado tirânico, que absorvia todo o oxigênio disponível. Na Europa medieval, pelo contrário, o poder se dispersara em várias instâncias, ensejando o desenvolvimento do comércio e o surgimento das cidades, "o berço de pedra do Terceiro Estado". O contraste estendia-se, sob novas formas, depois dos eventos cataclísmicos de 1917. Na Rússia soviética, os bolcheviques encastelavam-se no Leviatã enfeitado de bandeiras vermelhas, suprimindo as oposições e todas as vozes dissonantes. Na Europa, após a passagem da onda de rebeliões comunistas, estabelecia-se uma vida parlamentar ampliada que girava em torno do conflito organizado entre os partidos liberais e a social-democracia.

Os mencheviques deixaram a cena silenciosamente e quase não restaram vestígios da corrente principal da social-democracia russa. Enquanto isso, na Europa, os partidos da Segunda Internacional alargavam suas bases eleitorais, fixando-se como elementos permanentes de constelações políticas sinuosas e complexas. Na Alemanha, o SPD, patrono de toda a social-democracia, formou com partidos de centro a chamada "Coalizão de Weimar" e participou de gabinetes de governo até a ascensão nazista. Na vizinha Áustria, o Partido Social-Democrata conheceu sucesso ainda maior, tornando-se o maior partido do país e liderando uma grande coalizão de governo em 1919.

A maré social-democrata não se circunscrevia à Europa Central. Na Grã-Bretanha, o Partido Trabalhista, seção da Internacional Socialista, formou um gabinete apoiado pelos liberais em 1924. Na França, os socialistas constituíram o Cartel das Esquerdas, uma coalizão com o centrista Partido Radical, e apoiaram gabinetes liderados pelos radicais.

O reformismo social-democrata mudou a face de quase todos os países europeus. Os seus parlamentares patrocinaram a introdução de leis de proteção

Cartaz de estreia de *Metrópolis*, filme expressionista de Fritz Lang, de 1927. Na ficção distópica de Lang, a sociedade futura divide-se numa elite de administradores e numa massa de trabalhadores deserdados. Na hora da stalinização da URSS e seis anos antes da ascensão de Hitler, a obra deixava entrever os contornos políticos do totalitarismo.

aos trabalhadores e de sistemas de seguridade social. Também defenderam, com sucesso, a ampliação dos direitos de voto e conseguiram derrubar inúmeras restrições à atividade sindical. No fim das contas, o gradualismo preconizado por Bernstein converteu-se na doutrina comum da Segunda Internacional e numa eficaz mola de amortecimento do conflito de classes nas nações europeias.

Nada disso evitaria a ascensão dos fascismos e do nazismo. Mesmo assim, foi naqueles anos, e por oposição à Rússia da "ditadura do proletariado", que se definiram os contornos políticos e sociais da Europa do século XX.

A arte derramada na rua

A ópera *Vitória sobre o solo* estreou em São Petersburgo em 1913, um ano antes de a capital ser rebatizada como Petrogrado. Era uma obra modernista, do brilhante futurismo russo, que descrevia trajetórias entre literatura, pintura e música. O público odiou, assim como a crítica. Kasimir Malevich, autor do *design* de palco, produziu um desenho de fundo composto por um quadrado dividido diagonalmente num triângulo preto e num branco. Nascia ali o Suprematismo, um movimento artístico engajado na edificação de uma gramática da pura geometria das formas, que evoluíam no tempo e num espaço não euclidiano.

O Suprematismo inspirava-se nos desenvolvimentos da matemática e nas tecnologias de uma era industrial em rápida mutação. O Manifesto dos suprematistas assegurava, logo no início, que "a arte ocupa um lugar definido na hierarquia dos fenômenos e pode ser investigada cientificamente" por meio da "ciência da cultura artística".[8] Na visão de Malevich, a esfera da arte corresponde a um "mundo não objetivo", possui larga autonomia e pode ser estudada como uma totalidade significativa. Ele e seus companheiros interpretaram a Revolução Russa como uma oportunidade histórica para a libertação da arte e dos artistas, que finalmente poderiam furar as muralhas dos museus e alcançar o espaço infinito das ruas.

Formas geométricas só alcançam a plenitude quando se exprimem no mundo tridimensional. Bebendo na fonte do Suprematismo, Alexander Rodchenko, escultor, *designer* e fotógrafo, e Vladimir Tatlin, pintor e arquiteto, deflagraram no ano louco de 1917 o movimento do Construtivismo. A ideia era fundir o método produtivo industrial com as concepções artísticas inauguradas pelo grupo de Malevich para fazer uma arquitetura pública. O novo regime soviético, representado pelo intelectual bolchevique Lunacharski, o irrequieto comissário do povo para a educação, converteu a ideia em política oficial.

Os construtivistas ocuparam os postos de direção do departamento artístico no comissariado de Lunacharski e, enquanto a Guerra Civil rugia, editaram a revista *Arte da Comuna*. Em Moscou, foi fundado o Instituto de Cultura Artística, uma escola de arte e técnica que refletia as tendências do movimento. O pintor Wassily Kandinski, seu primeiro diretor, sobreviveu apenas alguns meses à atmosfera carregada de doutrinação ideológica e, em 1921, preferiu retornar à Alemanha, onde cursara a Academia de Belas-Artes.

---

8   MALEVICH, Kasimir. *The non-objective world – the Manifesto of Suprematism*. North Chelmsford, Courier Dover, 2003, p. 11.

O núcleo do movimento seguiu em frente, promovendo exposições e tentando instaurar uma arquitetura industrial alinhada aos princípios revolucionários. O projeto icônico emanado dessa tentativa foi a Torre Tatlin, uma sede da Terceira Internacional que jamais ultrapassou o estágio de modelo. A dupla hélice de aço e vidro, que teria altura de 400 metros, seria constituída por diferentes elementos geométricos em rotação a variadas velocidades e abrigaria bibliotecas, salas de conferências e um centro de comunicações. A arte deveria servir à vida e à revolução internacional, sem contudo abdicar de sua própria autonomia.

Naqueles anos heroicos da Revolução Russa, o construtivismo conviveu com um movimento paralelo, que foi o Proletkult (do russo *proletarskaya kultura*, ou cultura proletária). O principal teórico do movimento, Alexander Bogdanov, sustentava a ideia de criação de uma cultura e uma arte novas, libertas da herança burguesa e feitas por produtores proletários. O Proletkult conseguiu financiamento oficial, mas permaneceu independente do Partido Comunista. Uma sede foi estabelecida no Palácio da Cultura Proletária, um antigo e imponente edifício da avenida Nevsky, em Petrogrado, e criaram-se inúmeras oficinas em diferentes cidades, dedicadas a promover o surgimento de escritores e artistas populares. Previsivelmente, as obras emanadas dessa tentativa constituíam imitações vulgares do realismo e do naturalismo "burgueses".

Os líderes bolcheviques mais esclarecidos não se deixaram impressionar pelas proclamações revolucionárias da vanguarda artística russa. Trotski publicou, em 1924, um livro de crítica aos vanguardistas que jogava um balde de água fria na pretensão da ruptura com a tradição "burguesa". O capítulo dedicado ao futurismo contrastava o movimento italiano, que se inclinou na direção do fascismo, com o russo, que teria sido resgatado para a luz do sol pela irrupção revolucionária. Contudo, tanto um como o outro seriam expressões da agitação e das ilusões da pequena burguesia. No fundo, o futurismo era o fruto rebelde de uma longa tradição que deveria, finalmente, ser aberta à fruição do proletariado:

> *A classe trabalhadora não deve e não pode romper com a tradição literária, pois ela não está presa nos grilhões de tal tradição. A classe trabalhadora não conhece a antiga literatura e ainda deve dialogar com ela, ainda deve dominar Puchkin e absorvê-lo, de modo a superá-lo. (...)*

Existe um niilismo boêmio na exagerada rejeição futurista do passado, mas não uma atitude revolucionária e proletária. Nós, marxistas, vivemos no interior das tradições e não deixamos de ser revolucionários por esse motivo.[9]

Apesar disso, Trotski tinha certa simpatia pelos escritores futuristas e pelos artistas do construtivismo, que ele enxergava como componentes evolutivos da tradição cultural. Muito diferente era sua avaliação do Proletkult e do programa de invenção de uma cultura proletária.

As sociedades antiga, medieval e burguesa demoraram séculos para articular expressões literárias e artísticas representativas de suas épocas históricas. As catedrais góticas coagulam a "experiência arquitetônica da humanidade desde o tempo das cavernas e combinam essa experiência num novo estilo que expressa a cultura de sua própria época". Os palácios renascentistas italianos deitam raízes no gótico mas bebem nas fontes da arquitetura romana e mourisca, "aplicando tudo isso para as condições e necessidades da nova comunidade urbana". O poder proletário não teria tempo para se apropriar criativamente de toda a tradição cultural humana, pois figuraria apenas como uma transição rumo à sociedade sem classes do comunismo. Assim, rótulos como "literatura proletária" e "cultura proletária" não tinham sentido: "falseiam perspectivas, violam proporções, distorcem padrões e cultivam a arrogância em pequenos círculos."[10]

O Proletkult perdeu força em meados dos anos 1920, vitimado pela era mais arejada iniciada com a Nova Política Econômica (NEP), que substituiu o chamado "comunismo de guerra" e restabeleceu alguns mecanismos da economia de mercado. Os construtivistas diversificaram sua intervenção. O poeta Vladimir Maiakovski e o crítico Osip Brik fundaram a revista *LEF*, órgão da Frente de Esquerda para as Artes, que reuniu a ala militante e revolucionária dos vanguardistas russos. Na *LEF*, apareceram artigos celebrados dos cineastas Sergei Eisenstein e Dziga Vertov, do dramaturgo Isaac Babel e do escritor Boris Pasternak.

Com a NEP, surgiu uma inovadora produção de cartazes publicitários que faziam o marketing de bens das cooperativas de trabalhadores, ajudando-as a concorrer com os negócios privados. O cinema de vanguarda atraiu

---

9   TROTSKI, Leon. *Literature and Revolution*. Nova York, Russell & Russell, 1957.

10   TROTSKI, Leon. Op. cit.

Cartaz de propaganda política de Vladimir Maiakovski. Os artistas revolucionários soviéticos serviam aos interesses do poder de Estado. Logo, eles conheceriam as consequências do insustentável paradoxo.

artistas como Rodchenko, que desenhou animações para um filme de Dziga Vertov, e Aleksandra Ekster, que produziu as ambientações para a ficção científica *Aelita*. Mas, sobretudo, Vertov e Eisenstein formularam os princípios da montagem e da edição, rompendo a narrativa linear por meio de cortes rápidos e produzindo contrastes, choques e metáforas a partir da justaposição de duas imagens que, vistas em separado, pouco significavam.

Os cineastas revolucionários trabalhavam no interior de uma insanável contradição. O programa construtivista se alicerçava sobre a ideia de uma completa liberdade criativa. Na mesa de montagem, juntando fragmentos de película, eles fabricavam "a realidade ilusória da tela", que "não estava amarrada à realidade".[11] Mas, na realidade, seu trabalho, como o dos demais artistas de vanguarda da Rússia vermelha, dependia do financiamento estatal – ou seja, da vontade do partido que detinha o monopólio do poder.

A tensão passou despercebida por algum tempo, enquanto os vanguardistas nutriam a ilusão de que tanto eles quanto os bolcheviques funcionavam como componentes paralelos e harmônicos do "trem da história" na sua viagem em direção ao comunismo. Naquele tempo, durante a Guerra Civil, os cineastas aceitavam de bom grado a tarefa de fazer filmes curtos de agitação política (os *agitki*) exibidos diante de trens de propaganda que percorriam as províncias e as frentes de combate. Anos depois, as coisas começaram a mudar e os artistas tiveram de optar entre a fidelidade à arte livre e a fidelidade ao poder soviético. A primeira opção implicava a dissidência, a prisão, o exílio ou a morte. A segunda exigia subordinar "a realidade ilusória da tela" à realidade inventada pelos donos do poder.

Capa da LEF, órgão da vanguarda construtivista russa. Fora do mercado, que abominavam, os artistas de esquerda eram financiados pelo Estado. A revista morreu em 1929, quando os financiadores já exigiam uma obediência integral à nova ordem do stalinismo.

---

11 FURHAMMAR, Leif & ISAKSSON, Folke. *Cinema e política*. Rio de Janeiro, Paz e Terra, 1976, p. 14.

A Terceira Internacional e o futuro da humanidade

O II Congresso da Internacional Comunista reuniu-se em Petrogrado no verão de 1920. As revoluções alemã e húngara haviam sido derrotadas nos dois anos precedentes. Na Rússia, terminara a Guerra Civil, mas o país estava devastado, faminto e triste. Pouco mais tarde, o "comunismo de guerra" daria lugar à NEP, uma estratégia indispensável de sobrevivência do poder bolchevique. Num paradoxo aparente, a NEP restaurava alguns direitos econômicos, enquanto se suprimiam os exíguos direitos políticos remanescentes e eram proibidas as atividades dos mencheviques, socialistas-revolucionários e anarquistas. Um informe de Lenin sobre as condições de admissão à Terceira Internacional delineava o chamado "centralismo democrático" na organização mundial comunista.

O informe registrava que a Segunda Internacional estava "destruída", um diagnóstico obviamente falso, e alertava para a inclinação de partidos e grupos "centristas" a abandonar a velha organização e se juntar à nova. "A Internacional Comunista, de certo modo, está na moda", algo que ofereceria uma confirmação de que ela "ganhou a simpatia da vasta maioria dos trabalhadores conscientes ao redor do mundo" mas, ao mesmo tempo, a colocava diante do "perigo de diluição pelo influxo de grupos inconstantes e irresolutos". Para prevenir tal risco, o líder definia uma lista de condições de admissão que implicavam, no fundo, a submissão dos partidos aderentes à direção do centro bolchevique.

A condição de número 13 determinava: "Nesse período de aguda guerra civil, os partidos comunistas só podem exercer seu dever se organizados do modo mais centralizado, se submetidos a uma disciplina de ferro que se aproxima da disciplina militar, e se possuem centros diretivos fortes e com autoridade, investidos da confiança unânime da base." A condição seguinte a complementava, indicando um método que logo seria convertido ao estatuto de dogma: "Partidos comunistas em países nos quais os comunistas podem conduzir legalmente suas atividades devem conduzir expurgos periódicos de filiados (refiliações) com a finalidade de eliminar sistematicamente os elementos pequeno-burgueses que inevitavelmente percolam até o interior do partido."[1] Isso significava que a direção comunista esculpia sua própria base de militantes, suprimindo as dissidências internas e afogando a crítica.

A resolução configurou o Comintern como um polvo formado pelo centro soviético e por incontáveis braços espalhados pelo mundo, que eram os partidos comunistas. Provavelmente Lenin não imaginava que as suas condições de admissão serviriam como fundamento para os ciclos de violentos expurgos promovidos mais tarde por Stalin no Partido Comunista da União Soviética (PCUS) e também nos mais diversos partidos comunistas. Mas, apesar de invocar um argumento circunstancial (o tal "período de aguda guerra civil"), Lenin estava sendo fiel a si mesmo – isto é, a uma concepção sobre a história, a política e o partido que o acompanhava desde os velhos tempos de seu exílio londrino.

O cisma entre bolcheviques e mencheviques, no congresso fundador de 1903, decorrera de uma mistura de rixas pessoais com uma divergência de fundo

---

1 LENIN, Vladimir Ilicht. "Terms of admission into Communist International". In: *The Second Congress of the Communist International, Verbatum report*. Petrogrado, Communist International, 1921.

sobre o princípio da organização partidária. Na época, o conteúdo da divergência não estava plenamente esclarecido na consciência dos próprios protagonistas e o debate degenerou em pesadas trocas de acusações. A minoria enxergou em Lenin uma personalidade autocrática, intransigente, avessa ao livre intercâmbio de ideias. Tudo isso era verdade, mas havia algo mais: o líder bolchevique acreditava que o partido marxista era o detentor da chave da História – e que os guardiões dessa chave preciosa só podiam ser os dirigentes do partido.

A noção de que um grupo de iluminados possui um saber especial sobre o futuro e tem a missão de substituir a consciência da maioria pela sua própria estava profundamente enraizada na história russa. Os socialistas do movimento *narodnik* (populista), que emergiu na década de 1870, inicialmente tentaram ensinar seu programa aos camponeses mas logo desistiram daquilo e se entregaram ao terrorismo. O pequeno grupo Narodnaya Volya ("Vontade do Povo") fez três tentativas de matar o czar Alexandre II, obtendo sucesso em 1881, num atentado a bomba contra a carruagem imperial, em São Petersburgo. Em 1887, quando Lenin atravessava o final da adolescência, seu irmão mais velho foi enforcado por participar do frustrado atentado contra o czar Alexandre III.

Lenin aprendeu sua lição sobre a ineficácia do terrorismo. Os social-democratas surgiram como alternativa aos populistas, criticando seu "substituísmo" e edificando um partido que almejava o apoio da maioria dos trabalhadores. Mas o "substituísmo" estava lá, de uma forma diferente e mais sofisticada. Todos os social-democratas partilhavam a crença de que o partido marxista estava fadado a dirigir os trabalhadores rumo à estação redentora do socialismo. Lenin conduzia essa crença às suas conclusões mais radicais. Se há uma verdade prévia, revelada pelos textos marxistas, então o partido deveria ser organizado de cima para baixo, como um reflexo do saber revolucionário. O partido falaria em nome da classe, e a direção do partido falaria em nome do partido.

Trotski intuiu o sentido da tragédia. No congresso do cisma, ficou ao lado dos mencheviques, mas poucos meses depois rompeu com eles e distanciou-se das duas facções. Num folheto dedicado a explicar sua posição, criticou a noção de um partido fechado, rigidamente centralizado, que "se colocaria no lugar das classes trabalhadoras", e foi adiante, procurando as consequências da concepção leninista:

Os métodos de Lenin podem levar ao seguinte: a organização do partido [sua liderança] coloca-se a princípio no lugar do partido como um todo; em seguida, o Comitê Central coloca-se no lugar da liderança; finalmente, um único "ditador" coloca-se no lugar do Comitê Central...[2]

A trajetória dos bolcheviques, até a ascensão de Stalin, estava profetizada naquele texto de um Trotski que tinha apenas 24 anos de idade. Contudo, o profeta renunciou à sua intuição genial, reconciliou-se com os bolcheviques, adotou como dogma a concepção partidária de Lenin e se converteu na vítima mais célebre dos expurgos de Stalin.

Estátua a Felix Dzerzinski, erguida em 1958 na praça Lubianka, em Moscou. Nascido numa família da nobreza polonesa, culto e sofisticado, Dzerzinski foi o primeiro diretor da Cheka, nome original da polícia política soviética. Ele mantinha um retrato de Rosa Luxemburgo na parede de seu escritório, do qual emanavam as ordens de execuções, prisões e torturas do "Terror Vermelho", durante a Guerra Civil russa.

---

2   DEUTSCHER, Isaac. *Trotski, o profeta armado (1879-1921)*. Rio de Janeiro, Civilização Brasileira, 2005, p. 122.

"Meu Partido, certo ou errado"

O partido bolchevique colocou-se "no lugar das classes trabalhadoras" durante a Guerra Civil, quando se completou a supressão dos demais partidos de esquerda. Lenin deixou a vida política ativa após o segundo de três derrames cerebrais, em dezembro de 1922, e Stalin organizou com Zinoviev e Lev Kamenev um triunvirato que passou a dar as cartas no partido. Desse modo, a "organização do partido" subordinava a base militante e o próprio Comitê Central, preparando a ascensão final do "ditador".

O primeiro passo na escalada que conduziria Stalin ao poder absoluto foi dado ainda antes disso, sob a forma do projeto da nova Constituição do Estado soviético. A Constituição de 1918, da Federação Soviética de Repúblicas, conferia ampla autonomia às nacionalidades não russas, o que abrangia até mesmo o direito de secessão de suas repúblicas. O projeto constitucional de Stalin, aprovado após a retirada de Lenin e sob protestos de Trotski, converteu a Federação na União das Repúblicas Socialistas Soviéticas (URSS), transformando em letra morta o princípio da autonomia das nacionalidades. A Grande Rússia ressurgia nas roupagens de um "império vermelho", fraudando as promessas bolcheviques solenes de 1917. A centralização do Estado implicava também a concentração do poder partidário: dali em diante, os bolcheviques das repúblicas não russas ficariam submetidos ao núcleo dirigente de Moscou.

Lenin morreu no início de 1924 e seu testamento, que continha um duro ataque a Stalin e uma condenação específica do "chauvinismo grão-russo", não foi publicado. Trotski já se encontrava isolado na liderança bolchevique e sob fogo cerrado do triunvirato, que o acusava de "desvio pequeno-burguês do leninismo". Poucos meses depois, reuniu-se o XIII Congresso partidário e Zinoviev exigiu dele uma "retratação", ou seja, a renúncia às posições que vinha sustentando nos dois anos anteriores. O acusado rejeitou a exigência, mas envolveu a recusa num raciocínio com terríveis implicações:

> *Camaradas, nenhum de nós deseja estar certo, ou pode estar certo, contra o Partido. Em última análise, o Partido está sempre certo, porque é o único instrumento histórico que a classe trabalhadora tem para*

a solução de suas tarefas fundamentais. (...) Só podemos ter razão com o Partido e através do Partido, porque a História não criou nenhuma outra forma para a realização do nosso direito. Os ingleses têm um lema: "Meu país, certo ou errado." Com muito maior justificação, podemos dizer: "Meu Partido, certo ou errado."[3]

"O Partido está sempre certo" – a mensagem de Trotski não podia fazer sentido para ninguém que imaginasse a verdade política como algo relativo, numa história aberta para o futuro desconhecido. Mas fazia todo o sentido para uma plateia de dirigentes comunistas que, ao longo de suas vidas, haviam aprendido a interpretar a si mesmos como portadores de uma verdade histórica absoluta.

O Partido, com maiúscula, não podia ser comparado aos demais partidos, meros representantes de coalizões de interesses em choque com a correnteza da História. Aquele particular Partido era o veículo – o único, insubstituível veículo – da redenção comunista de toda a humanidade. O "patriotismo do Partido" tinha um significado muito mais profundo e um alcance incomparavelmente maior do que o patriotismo comum dos nacionalistas.

O discurso de Trotski escancarava um paradoxo insolúvel, que dilacera o marxismo. Marx enxergou a sua própria filosofia da história como o mais avançado dos frutos da modernidade. Num certo sentido, ele tinha razão. Revolução, antes da modernidade, era o movimento cíclico de eterno retorno: reiteração infindável de uma trajetória conhecida. As Luzes instauraram a noção de Revolução como ruptura com o passado: criação e invenção do futuro. O marxismo fez disso o alicerce de uma interpretação da história humana. Mas, simultaneamente, produziu uma negação completa da modernidade ao apagar a chama do livre-arbítrio.

O pensamento pré-moderno diz que os indivíduos não podem escapar aos grilhões do destino. A tradição, a fé, a sabedoria dos antigos, as regras da comunidade – todas essas diversas figurações do destino prendem o indivíduo nas suas teias, determinando o que cada um pensa e aquilo que faz ou pode fazer. A modernidade rompeu tais grilhões e desfez a teia da tradição, ofere-

---

3 DEUTSCHER, Isaac. *Trotski, o profeta desarmado (1921-1929)*. Rio de Janeiro, Civilização Brasileira, 2005, p. 176.

cendo um palco para a expressão da vontade e da criatividade dos indivíduos. O marxismo engatou a marcha a ré, instaurando novamente a primazia do destino, ao determinar o rumo e o sentido da História. Esse ato de revolta contra a modernidade representou uma anulação do indivíduo: o verdadeiro comunista rema um barco que não controla e não pode ter razão senão "com o Partido e através do Partido".

Os funerais de Lenin, organizados por Stalin, contrariaram os desejos expressos do principal líder bolchevique. Depois de pomposas cerimônias, o corpo embalsamado de Lenin foi exposto à visitação pública, numa tumba de mármore erguida junto à muralha do Kremlin. O partido bolchevique conhecera uma transformação radical nos anos seguintes à Guerra Civil. Por cima, todos os postos estratégicos estavam ocupados por dirigentes fiéis a Stalin. Por baixo, campanhas oficiais de recrutamento em massa haviam substituído a velha guarda de militantes por uma massa de aderentes que buscavam a sombra do poder. O culto a Lenin servia como veículo de legitimação da nova direção suprema, constituída pelos triúnviros. Textos de Marx e passagens de discursos de Lenin, cuidadosamente selecionados de acordo com as circunstâncias, eram apresentados como dogmas políticos. As palavras dos novos chefes deviam ser ouvidas como traduções rigorosas daqueles dogmas.

O triunvirato foi apenas a etapa inicial na trajetória de ascensão do "ditador" que substituiria o Comitê Central, o partido e as classes trabalhadoras. Logo, Stalin aliou-se a Nikolai Bukharin, o principal teórico da NEP, para isolar Kamenev e Zinoviev. Os dois antigos triúnviros caídos em desgraça se uniram a Trotski para formar uma facção oposicionista, mas a lógica inflexível enunciada pelo próprio Trotski condenava de antemão as vozes dissidentes. Se o partido possui a verdade histórica e tem o direito de proibir as atividades dos demais partidos, como contestar o axioma de que a direção do partido expressa legitimamente essa verdade histórica?

A Oposição Unida foi submetida a uma permanente campanha de desmoralização, que ressoava com força avassaladora no interior de um partido avesso ao debate e à divergência. No décimo ano da Revolução, em outubro de 1927, Stalin fez votar a expulsão dos três líderes oposicionistas do Comitê Central. Em seguida, eles foram expulsos do próprio partido, no ato inicial de um primeiro grande expurgo de militantes. Kamenev e Zinoviev seriam read-

Funerais de Lenin, na Praça Vermelha, no gelado janeiro de 1924. Um mausoléu de mármore, ao lado das muralhas do Kremlin, passou a guardar seu cadáver embalsamado. O culto ao líder da Revolução de Outubro refletia a força, a permanência, do passado russo na vida da URSS.

mitidos poucos meses mais tarde, mediante a apresentação de cartas públicas de retratação. Trotski, que não se submeteu, seguiria para o exílio interno, em Alma Ata, no Cazaquistão, e depois para o exílio externo, numa ilha turca no mar de Mármara.

As memórias de um militante revolucionário que acompanhou a dissidência trotskista lançam intensos jatos de luz sobre os dilemas lancinantes daqueles tempos. Em Viena, trabalhando para o Comintern, Victor Serge tentava conciliar duas lealdades:

> *Eu tomava partido pela oposição do PC russo, (...) largamente inspirada por Trotski. Começava na Rússia uma luta cuja gravidade ninguém ainda avaliava. (...) quarenta e seis velhos militantes indicavam ao Comitê Central dois tipos de perigos: a fraqueza da indústria, incapaz de satisfazer às necessidades do campo, e a opressiva ditadura dos gabinetes. (...) Reuníamo-nos discretamente num subúrbio para ler e comentar essas páginas vivas. Depois, amarrados pela disciplina e obrigados pelo pão cotidiano, reimprimíamos interminavelmente em nossos jornais as*

*mesmas condenações banais e nauseantes a tudo que sabíamos ser ver-
dadeiro. Valia a pena ser revolucionário para fazer essas coisas?*[4]

Serge bem que tentara, com todas as suas forças. Nascido em Bruxelas, filho de exilados russos anticzaristas, ele alinhara-se na juventude aos anarquistas, mas juntara-se aos bolcheviques em 1919, logo após chegar à Rússia. Suas
desilusões começaram com o ataque a Kronstadt, aumentaram com a repressão
política dos anos do "comunismo de guerra" e explodiram com a expulsão de
Trotski. Então, uniu-se à Oposição de Esquerda trotskista e, clandestinamente,
voltou à URSS para organizar os oposicionistas. Acabou preso numa solitária
na Lubianka, a sede da polícia política em Moscou, e enviado para um campo
de trabalho forçado em Orenburg, no vale do rio Ural. Os anos no Gulag originaram *É meia-noite no século*, um romance atravessado de lucidez e dor, cujo
título sintetiza a tragédia aberta pela Revolução Russa.

A dissensão como traição

Os quatro primeiros congressos da Internacional Comunista trans-
correram sob a atmosfera das grandes expectativas depositadas na revolução proletária europeia. Os encontros prolongaram a tradição de livres e
acirrados debates entre os dirigentes marxistas. No terceiro congresso, em
1921, Lenin e Trotski tiveram de usar todo o seu poder de persuasão para
derrotar uma corrente ultraesquerdista que não admitia nenhuma cooperação tática com os social-democratas e tinha entre seus expoentes Zinoviev, o secretário-geral da Internacional, Bukharin e Béla Kun. A democracia, que era negada aos "de fora" na Rússia soviética, parecia um direito
inquestionável para os "de dentro".

Contudo, depois da morte de Lenin, Stalin estendeu sua influência à Internacional e a esta aplicou os métodos de controle que começava a utilizar
no partido russo. Bukharin, numa reviravolta teórica completa, passara do ra-
dicalismo esquerdista à condição de arauto da NEP, e sugerira, num texto de

---

4   SERGE, Victor. *Memórias de um revolucionário*. São Paulo, Companhia das Letras,
1987, pp. 220-221.

1925, que a URSS estava fadada a permanecer isolada por um longo período, no qual ergueria sozinha uma sociedade socialista. No início do ano seguinte, a tese do "socialismo num só país", até então impensável para os bolcheviques, sedimentou-se como política oficial num artigo assinado por Stalin. Era o início de uma profunda reorientação, com amplas consequências.

Antes da tese, ao menos em princípio, o partido russo não se distinguia dos demais por nenhum estatuto especial. Depois dela, a URSS passou a representar a "pátria do socialismo" e o partido russo foi convertido na sentinela de uma casamata gloriosa, cercada por inimigos, que prefigurava o futuro da humanidade. A "defesa da URSS", que para todos os efeitos significava a submissão absoluta à linha definida por Moscou, se transformou em algo como uma obrigação sacrossanta dos comunistas de todo o mundo.

O argumento aparece em inúmeros documentos do Comintern, mas ganhou formulação definitiva numa resolução programática adotada pelo VI Congresso, em 1928. Nela, a URSS era descrita como "a terra da ditadura do proletariado (...) e de uma nova cultura em marcha sob a bandeira do marxismo", o que a alçava à condição de "base do movimento mundial de todas as classes oprimidas, centro da revolução internacional e maior fator da história do mundo". Consequentemente, o "proletariado internacional" tinha o dever de "facilitar o trabalho de construção socialista na URSS e defendê-la contra os ataques das potências capitalistas por todos os meios ao seu alcance". Na linguagem codificada do stalinismo, era o mesmo que consagrar um princípio de fidelidade cega dos comunistas do exterior ao "ditador" instalado no Kremlin.

A Segunda Internacional cresceu e espraiou-se junto com a extensão da democracia parlamentar na Europa. Na lógica da vida parlamentar, o debate, a divergência são tão normais como retoricamente dramáticos, e todos compartilham a crença de que não produzirão nenhuma ruptura profunda na ordem das coisas. Os partidos social-democratas e a Internacional Socialista espelharam, nos seus hábitos internos, o padrão polidamente democrático dos parlamentos. A Terceira Internacional, pelo contrário, nasceu na contramão da democracia parlamentar, desprezando-a como se fora uma relíquia de um mundo em extinção. Os partidos comunistas se espelharam na Rússia soviética, que passara a interpretar a divergência como traição e as correntes faccionais como agrupamentos de conspiradores. Na chamada conferência das Três

Internacionais, em Berlim, em 1922, que reuniu dirigentes de partidos social-democratas, centristas e comunistas, os primeiros e os segundos pediram a cessação das perseguições políticas na Rússia. Bukharin viu naquilo mais uma confirmação de que os reformistas haviam renunciado de vez ao socialismo.

Moscou, mesmo antes da consolidação da ditadura de Stalin, precisava de partidos disciplinados – ou seja, partidos de funcionários. Mas tais partidos não eram bons para fazer revoluções. Isso ficou evidenciado na Alemanha, em 1923. A crise se precipitou com a ocupação francesa da região do Ruhr, que desencadeou manifestações nacionalistas contra o Tratado de Versalhes, e aprofundou-se com o descontrole inflacionário, que atingiu o clímax em poucos meses. A agitação entre os trabalhadores conduziu a seção berlinense do Partido Comunista a propor uma insurreição. Contudo, o principal dirigente do partido alemão, Heinrich Brandler, um discípulo de Rosa Luxemburgo, temia ser envolvido numa aventura e reproduzir os desastrosos levantes de 1918 e 1921. Ele então apelou ao saber revolucionário de Moscou.

O tema provocou divisões na direção da Internacional Comunista e no Bureau Político bolchevique. Zinoviev, o chefe da Internacional, estimulou os alemães a agir. Trotski, ainda influente mas já em declínio, insistiu para que se marcasse uma data da insurreição. Marcaram-na para o 25 de outubro, de modo a coincidir com o sexto aniversário da tomada do poder na Rússia. (Era, é claro, uma falsa coincidência, pois o aniversário seria apenas no 7 de novembro, de acordo com o calendário vigente.) Brandler, que não se via como "um Lenin alemão", pediu que a liderança geral ficasse a cargo de um russo, de preferência Trotski, mas o triunvirato bolchevique, temendo entregar uma Alemanha vermelha a seu desafeto, indicou Radek e Yuri Piatakov.[5] As considerações de prestígio burocrático e o medo de agir sem a aprovação do alto cercavam a projetada insurreição de um halo farsesco.

A farsa fez seu curso até o fim. O levante devia começar na Saxônia, onde Brandler tinha um posto ministerial num governo regional de coalizão. Mas a crise social amainara e a moeda rumava para a estabilidade. Além disso, o arsenal da Saxônia estava vazio e o governo central enviou uma expedição mi-

---

5 Radek e Piatakov integravam a corrente ligada a Trotski no partido bolchevique. Indicando-os, os triúnviros imaginavam ganhar os louros, em caso de triunfo, ou lançar a culpa sobre os "trotskistas", em caso de derrota.

Manifestação contra o Tratado de Versalhes, na Alemanha, em 1923. Naquele ano, fracassou a terceira tentativa de levante comunista, engendrada como um golpe sob comando de Moscou. Fechava-se a onda da revolução europeia, deflagrada pela Grande Guerra.

litar para esmagar a província rebelada. Brandler suspendeu a insurreição, mas sua ordem não alcançou a tempo a seção comunista de Hamburgo, que fez o levante na data prevista, lutou sozinha e foi aplastada.

Na Rússia, os triúnviros e Trotski trocaram recriminações. No partido alemão, a desmoralização abriu caminho para a substituição de Brandler por homens de estrita confiança de Moscou. A humilhante derrota na Alemanha serviu como moldura para a emergência da tese do "socialismo num só país". Também abriu a longa era dos expurgos na Terceira Internacional, que já não podia sonhar com nenhum grau de autonomia em face do "centro revolucionário" de Moscou. No V Congresso da Internacional, o pobre Brandler serviu como bode expiatório e foi apresentado, de modo farsesco, como um "trotskista". Ruth Fischer, uma jovem líder do partido alemão, ficou encarregada da excomunhão. "Esse congresso (...) deve preparar e trilhar o caminho que leva a um único partido bolchevique mundial", proclamou.[6]

---

6 DEUTSCHER, Isaac. *Trotski, o profeta desarmado (1921-1929)*. Rio de Janeiro, Civilização Brasileira, 2005, p. 184.

Antes do V Congresso, Zinoviev dissolvera os comitês centrais dos partidos comunistas da Alemanha, França e Polônia, substituindo dirigentes fundadores do movimento por funcionários fiéis ao triunvirato. Tais decisões arbitrárias certamente encontrariam resistência em partidos fortes e confiantes, com amplas raízes na classe trabalhadora. Mas a Internacional não era formada por partidos desse tipo. Ao contrário das expectativas de Lenin, as correntes radicais desprendidas da Segunda Internacional continuaram minoritárias, numa conjuntura de recuo generalizado da maré revolucionária. Os funcionários e quadros médios dos partidos comunistas estavam prontos a ceder à vontade de Moscou, imolando os dirigentes caídos em desgraça, se era esse o preço de suas carreiras nos aparatos partidários.

Julius Alpari, húngaro, redator de *Inprekorr*, publicação da Terceira Internacional, é menos que uma nota de rodapé na história do comunismo, mas sua confidência irônica registrada nas memórias de Victor Serge reflete o ambiente propiciador dos expurgos. Ele disse, referindo-se à sua atitude diante dos falsos debates na Internacional amestrada: "Quando uma mulher bonita diz não, isso pode significar sim; (...) quando um diplomata diz sim, pode significar não; quando eu digo sim ou não, isso não significa nem sim nem não..."[7]

Os expurgos nos partidos comunistas se sucederam, avançando da Europa para a Ásia e a América Latina. Na sua forma, eles obedeciam ritualmente aos ciclos dos expurgos no partido bolchevique, que vitimaram os trotskistas e, depois, os zinovievistas e bukharinistas. Mas, com algumas exceções notáveis, tais facções eram muito diminutas ou inexistentes fora da URSS. Os nomes serviam apenas como rótulos de excomunhão. A ordem era tratar a menor divergência em relação à linha oficial de Moscou como crime de alta traição.

A política, de modo geral, é dissensão, divergência organizada segundo regras de convivência aceitas por todos. A Terceira Internacional suprimia a política ao igualar a dissensão à traição. O futuro da humanidade, tal como anunciado pelo partido da Revolução Russa, não passava de uma revolta contra a proclamação moderna das liberdades de crença e expressão. Quase todo o restante do século XX seria atravessado pelo dilema de saber se aquela proclamação perduraria ou daria lugar ao paradigma do totalitarismo.

---

7   SERGE, Victor. Op. cit.

Benito Mussolini, ainda primeiro-ministro, discursa perante o Parlamento, em Roma, em 1925. Meses depois, ele se converteria no Duce, completando a transformação da Itália em um Estado fascista. A velha ordem liberal europeia desmoronava em câmera lenta.

O filósofo Isaiah Berlin iluminou o cerne lógico da ditadura do partido utópico. Depois de reconhecer que "as utopias têm o seu valor", pois ampliam os horizontes da imaginação humana, evidenciou o perigo contido na busca ilimitada de uma sociedade ideal:

> (...) se realmente acreditamos que tal solução é possível, então com certeza nenhum preço será alto demais para obtê-la: tornar a humanidade justa, feliz, criativa e harmoniosa para sempre – que preço será alto demais para isso? (...) Como conheço o único caminho verdadeiro até a solução definitiva dos problemas da sociedade, sei como conduzir a caravana humana; e já que você ignora o que sei, não lhe é permitido ter a liberdade de escolha, mesmo dentro dos limites mais estritos, se o objetivo deve ser alcançado.[8]

A liberdade transformou-se no verdadeiro inimigo da Internacional Comunista.

---

8   BERLIN, Isaiah. *Limites da utopia*. São Paulo, Companhia das Letras, 1991, p. 24.

A arte não precisa de nós

Maiakovski morreu três vezes. Depois da Revolução, assistiu impassível ao início da exclusão ideológica de artistas de vanguarda, optando pela fidelidade política em detrimento da liberdade da arte. Em 14 de abril de 1930, suicidou-se em Moscou com um tiro de uma pistola Mauser, num tempo em que vários de seus companheiros da vanguarda russa cumpriam penas nos campos do Gulag e a censura stalinista já o atingia. Pouco mais tarde, sua amada Lily Brik solicitou a Stalin a publicação das obras completas do poeta – e o ditador aquiesceu, declarando constituir um "crime" a indiferença perante a arte de Maiakovski.

O mais conhecido representante da vanguarda artística russa viveu bem, no conforto proporcionado pelo estatuto de poeta oficial, durante a primeira década da Revolução, mas não suportou o fardo por mais tempo. Suas peças *O percevejo* (1928) e *A casa de banhos* (1930) foram censuradas temporariamente, pois insinuavam críticas à burocracia comunista. Nesta última, inventara-se uma máquina do tempo que teria a função de acelerar discursos políticos aborrecidos. A Mulher Fosforescente, uma enviada do ano 2030, chega à URSS e se decepciona com o que vê. Um burocrata soviético almeja avançar no tempo, mas é rejeitado pelo futuro e indaga se tipos como ele seriam descartados pelo comunismo.

Os artistas do construtivismo começaram a ser acusados de produzir obras desligadas da realidade popular e de difícil compreensão. Logo, tais reclamações, oriundas da alta burocracia soviética, adquiriram os tons de uma condenação teórica: a arte que eles faziam refletiria as tendências da vanguarda "burguesa" pré-revolucionária. Na hora do suicídio de Maiakovski já se usava o ominoso adjetivo "degenerada" para crismar a arte de vanguarda. Somente alguns anos depois Adolf Hitler lançaria mão do mesmo adjetivo para definir, por oposição, os padrões estéticos do nazismo.

A vanguarda russa foi dizimada sob os golpes da ortodoxia política crescente, que a substituiria pelos comportados artistas-funcionários do chamado Realismo Socialista. Malevich sentiu a chegada de um túnel escuro em 1927. Naquele ano, viajou à Polônia e à Alemanha acompanhando uma exposição retrospectiva de sua obra e retornou à URSS sem suas telas. Não muito depois, o regime stalinista confiscou suas obras remanescentes. Ele foi proibido de expor e acusado de produzir uma arte impura, que não servia aos trabalhadores e ao socialismo. Na sua réplica, disse que a arte não precisa servir a ninguém e a nenhum objetivo externo a ela. A arte não necessita de nós e nunca necessitou, desde que as estrelas primordiais brilharam no céu, declarou desafiadoramente.

O banimento oficial atingiu também o escritor e crítico Osip Brik, marido de Lily, a amante de Maiakovski. Brik nunca pensou na arte como um território autônomo e, em 1920, chegou a alistar-se na Cheka, a polícia política da Rússia bolchevique. Contudo, no final daquela década, sofreu perseguições políticas e retraiu-se prudentemente, passando a escrever artigos sobre o finado e reabilitado Maiakovski.

O dramaturgo Alexander Tairov, aclamado diretor do Teatro de Câmara, caiu em desgraça no mesmo ano em que as telas de Malevich foram banidas na URSS. Em 1929, Stalin em pessoa rotulou uma de suas montagens como "burguesa", deflagrando uma saraivada de virulentos ataques da imprensa oficial. Em 1933, o primeiro-ministro Vyacheslav Molotov condenou outra de suas montagens, declarando-a uma falsificação da história russa, e o Teatro de Câmara foi enviado à Sibéria, para encenar nas cidades perdidas da mineração. Pior sorte coube ao também dramaturgo Sergei Tretiakov, tradutor do jovem Bertolt Brecht para o russo e coeditor da revista *Nova LEF*, a sucessora da *LEF*, preso e executado em 1937 sob a bizarra mas cada vez mais disseminada acusação de espionagem.

Outra vítima fatal foi Vsevolod Meyerhold, diretor do célebre Teatro Meyerhold, um expoente do construtivismo cênico e algoz da tradição academicista. Ele dirigiu a primeira montagem de *A casa de banhos* e logo depois se tornou alvo da investida stalinista contra a arte de vanguarda. Seu teatro foi fechado em 1938. Então, aos 75 anos, num gesto de coragem, o velho e doente Konstantin Stanislavski convidou-o a dirigir sua companhia. O novo trabalho durou apenas até junho de 1939, quando Meyerhold foi preso, torturado e forçado a assinar uma confissão de colaboração com serviços secretos estrangeiros. No início de 1940, um pelotão de fuzilamento cumpriu sua sentença de morte. Quinze anos depois, com a desestalinização, todas as acusações foram oficialmente retiradas.

"Preferimos o teatro com arte mas sem público a um teatro com público mas sem arte", disse Meyerhold, desafiando a tradição realista de Stanislavski. Nos anos finais, sob perseguição do regime stalinista, Meyerhold aceitou o convite generoso de Stanislavski para assumir a direção de sua companhia.

O construtivismo nasceu na Rússia revolucionária, mas não encontrou nela um ambiente propício para evoluir. Seus princípios originais deitaram raízes na Alemanha social-democrata da República de Weimar, inspirando o movimento da Bauhaus. Kandinski funcionou como uma ponte entre a Rússia e a Alemanha: afastado pelos ideólogos radicais do Instituto de Cultura Artística de Moscou, tornou-se professor na escola Bauhaus, fundada por Walter Gropius em 1919.

O movimento alemão sofreu influências diversas dos modernistas russos. As fontes da Bauhaus se encontram na crença de que a arte deve servir às necessidades da sociedade e apropriar-se das novas técnicas industriais. O programa arquitetônico de Gropius exigia a ruptura com o classicismo e o ornamentalismo. Mas o fundador rejeitava explicitamente a politização da nova escola e nunca se envolveu nas turbulentas disputas ideológicas da época.

Unidade de forma e função – essa ideia construtivista é a chave do "edifício do futuro" da Bauhaus. O arquiteto Erich Mendelsohn expressou-a do seguinte modo, numa correspondência à esposa: "Certamente, o elemento primário é a função, mas a função sem os condimentos permanece mera construção. Mais do que nunca permaneço com o meu programa de reconciliação, no qual a beleza e a utilidade se juntam."[9]

O Manifesto do movimento, escrito por Gropius, clamava pelo fim das barreiras que separavam arquitetos, escultores e pintores e pelo reconhecimento do valor da técnica:

O artista é um artífice na sua forma mais elevada. Em raros momentos de inspiração, que escapam ao controle de sua vontade, a graça dos céus pode fazer seu trabalho florescer como arte. Mas a proficiência no seu ofício é essencial para todo artista. Nela repousa uma fonte da imaginação criativa."[10]

Na escola de Gropius, não existiam catedráticos e discípulos, mas mestres e aprendizes. Numa instituição sempre carente de dinheiro, cultuava-se a criatividade e a descontração. Aprendia-se construção, cor, composição e experimentava-se o uso e a combinação de materiais diversos, como concreto, vidro, pedra, madeira e aço. Paul Klee e Kandinski produziram algumas de suas melhores obras gráficas na Bauhaus.

A compreensão das propriedades construtivas dos novos materiais sintéticos, como o aço, o concreto e o vidro, constituía um dos objetivos centrais da Bauhaus. Tratava-se de fazer uso deles para reduzir o volume e a massa total das edificações, eximindo as paredes de suas antigas funções estruturais. Desse modo, era possível criar espaços interiores amplos, substituir a janela por extensas áreas envidraçadas, aproveitando plenamente a iluminação natural, e implantar pátios e jardins sobre a laje plana das coberturas. A tecnologia, em si mesma, identificava-se com um programa construtivo – ou seja, com uma ideologia.

A política, no seu sentido mais amplo, informava o movimento Bauhaus. As técnicas industriais de produção em larga escala, estandardização e pa-

---

9 GAY, Peter. *A cultura de Weimar*. Rio de Janeiro, Paz e Terra, 1978.

10 GROPIUS, Walter. Bauhaus Manifesto 1919.

Conjunto habitacional no estilo Bauhaus, na Alemanha. Gropius rejeitou as guerras doutrinárias permanentes do vanguardismo russo, fazendo uma opção política pluralista. O seu movimento nasceu de uma oportunidade efêmera, oferecida pelo precário intervalo entre a guerra e o totalitarismo que se coagulou como a República de Weimar.

dronização permitiam a redução dos custos construtivos. O conforto podia finalmente chegar aos edifícios fabris e à moradia popular. Contudo, a missão dos arquitetos modernistas não consistia em exaltar a mecanização, mas em subordiná-la aos interesses da fruição humana, conferindo a cada edificação um conteúdo formal e um significado próprio:

> A repetição de partes estandardizadas e o uso de materiais idênticos em diferentes edifícios terão o mesmo tipo de sóbrio efeito coordenador no aspecto de nossas cidades que a uniformidade de tipo no vestuário moderno tem sobre a vida social. Mas isso não restringirá, em nenhum sentido, a liberdade de desenho do arquiteto. Pois, embora cada casa e bloco de apartamentos suportem a inconfundível marca de nosso tempo, sempre persistirá, como nas roupas que usamos, liberdade suficiente para que o indivíduo encontre expressão de sua própria personalidade.[11]

A democracia de massas do século XX, com a sua difícil busca de um equilíbrio entre coletivismo e individualismo, era a fonte política da vanguarda alemã reunida em torno da Bauhaus.

---

11 GROPIUS, Walter. *The new architecture and the Bauhaus*. Cambridge, The MIT Press, 1965, p. 40.

SUFFRAGETTES E SOCIALISTAS

É quase um segredo, mas foi uma mobilização de operárias que desencadeou as jornadas de fevereiro da Revolução Russa. É Trotski quem conta:

> *O dia 23 de fevereiro era o Dia Internacional da Mulher. (...) as operárias têxteis de diversas fábricas abandonaram o trabalho e enviaram delegadas aos metalúrgicos, solicitando-lhes que apoiassem a greve. Foi "contra a vontade", escreve Kayurov, que os bolcheviques entraram na greve, secundados pelos operários mencheviques e socialistas revolucionários. (...) É evidente que a Revolução de Fevereiro foi iniciada pelos elementos de base, que ultrapassaram a resistência de suas próprias organizações revolucionárias, e que esta iniciativa foi espontaneamente tomada pela camada proletária mais explorada e oprimida que as demais – as operárias da indústria têxtil, entre as quais, deve-se supor, estavam incluídas numerosas mulheres casadas com soldados. O impulso decisivo originou-se das intermináveis esperas nas portas das padarias.* [1]

---

[1] TROTSKI, Leon. *A história da Revolução Russa: A queda do czarismo.* Rio de Janeiro, Paz e Terra, 1977, pp. 102-103.

Cento e vinte e oito anos antes, quando o lema da Revolução Francesa – "Liberdade, igualdade, fraternidade" – apenas começava a ecoar pelas ruas de Paris, já era possível ver as mulheres reunidas aos homens em seu protesto contra a crise e em favor de reformas. Jules Michelet afirma, em sua *História da Revolução Francesa*, que coube às mulheres, nos momentos decisivos, como mães em desespero por sua prole, empurrar os homens para a ação. Sem elas e sua marcha a Versalhes para "buscar o padeiro e a padeira" no dia 5 de outubro de 1789, talvez Luís XVI jamais tivesse assinado a Declaração de Direitos do Homem e do Cidadão e tampouco a corte teria sido transferida para Paris.

As mulheres lutaram pelos interesses do povo, em 1789 e 1917. Mas, entre uma revolução e outra, a Francesa e a Russa, assistiu-se ao nascimento do movimento feminista. Em boa parte do século XIX, foram as concepções liberais que orientaram as reivindicações das mulheres em sua luta para escapar ao pátrio poder e se tornarem cidadãs plenas. A conquista do voto aparecia como o ápice da emancipação.

A família Pankhurst está entre as precursoras do movimento feminista na Inglaterra. A mãe, Emmeline, e a filha, Cristabel, ajudaram a fundar a União Política e Social das Mulheres (WSPU). Após participar durante alguns anos do Partido Trabalhista Independente (LPI), o WSPU desligou-se em 1907, acusando a falta de apoio para a causa do voto feminino. As suffragettes britânicas tinham a seu favor o fato de pertencerem ao grupo de mulheres escolarizadas e oriundas de ambientes mais liberais.

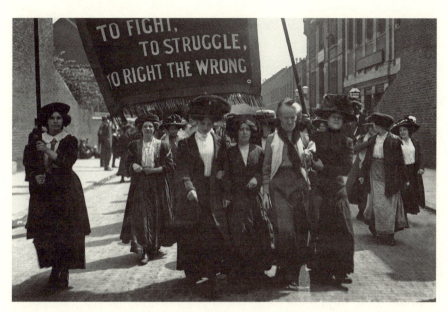

A filha caçula de Emmeline Pankhurst, Sylvia, escolheu o East London, o lado pobre e operário, para militar pela causa feminina, mas não só o voto, também o casamento, a educação, a saúde e a maternidade. Em 1914 as posições políticas de Sylvia causaram o seu desligamento da União Política e Social das Mulheres (WSPU). Em 1920 ela participou da fundação do Partido Comunista na Grã-Bretanha. Os problemas da mulher-operária não se restringiam ao direito de voto.

Entretanto, o feminismo também seria atingido pelo mesmo dilema que impregnava a sociedade contemporânea: liberdade ou igualdade? Como reconheceu o líder bolchevique, as mulheres pertenciam à "camada proletária mais explorada e oprimida" e desde cedo aderiram aos ideais do socialismo, participando ativamente da organização de sindicatos, federações e jornais. As socialistas também desejavam votar, mas suas ambições iam além das conquistas individuais. Elas estavam seguras de que a construção de uma nova ordem social e econômica se ligava à completa mudança de paradigma nas relações entre mulheres e homens. A diferença de objetivos – educação e voto, de um lado, o fim do capitalismo, de outro – dividiria o movimento feminista no berço.

As mulheres querem liberdade

O resultado final da Revolução Francesa, para as mulheres, ficou expresso na ordenação jurídica mais importante produzida pelo liberalismo, o Código Civil Napoleônico, de 1804. Essa lei, que foi modelo para legislações de muitos outros países, partia do princípio da subordinação da mulher ao homem, obrigando, por exemplo, a esposa a sempre concordar com seu côn-juge, de cuja autorização dependia para poder trabalhar ou iniciar uma ação legal. O único avanço trazido pelo Código decorreu da definitiva separação entre Igreja e Estado. A prerrogativa de legislar sobre as relações familiares, instituindo o casamento civil e o divórcio, passava às mãos do Estado. Se por um lado se desnudava o aspecto econômico do contrato de casamento, ne-gociado minuciosamente pelos pais, por outro se deixava uma porta aberta para as mulheres alcançarem a liberdade, principalmente se provenientes de famílias liberais.

Foram essas felizardas as primeiras a questionar, com suas palavras ou exemplos, a validade do pátrio poder e a santificada relação entre mulheres e maternidade. Seguindo a via do liberalismo, reivindicavam sua condição de indivíduos capazes de contribuir para o progresso da ordem social devido ao mérito pessoal. Em comum, todas tiveram acesso à educação e fizeram desse um ponto central em suas reivindicações.

A britânica Mary Wollstonecraft, nascida em 1759, tornou-se uma espé-cie de grande matriarca da história do feminismo. Ela abandonou a casa pa-terna aos 19 anos para viver com um homem mais velho, de quem se separou dois anos depois. Trabalhou como professora, 'escreveu sobre educação e foi editora de uma revista literária. Após um rápido casamento, em 1796, passou a viver com William Godwin, um precursor do anarquismo e da literatura de terror. Eles tiveram uma filha, Mary, cujo parto acabaria provocando a morte da mãe semanas depois. Adulta e casada, Mary Shelley escreveria *Frankenstein*.

A obra mais famosa de Mary Wollstonecraft é *A reivindicação dos direi-tos da mulher*, publicada em 1792. O foco de suas reflexões estava na submis-são das mulheres aos homens. Para ela, o progresso da sociedade dependia do progresso de homens e mulheres, a educação era o principal instrumento para a emancipação feminina e o casamento era uma espécie de escravidão consentida.

Além de repercutir entre outras mulheres, essas ideias também ganha-ram o apoio do reformador social e fundador do movimento cooperativista Robert Owen, que traria a questão da mulher para o rol das preocupações políticas. O Movimento Cartista, que varreu a Inglaterra na década de 1830 exigindo a reforma do sistema eleitoral, queria o voto universal masculino. Contudo, uma de suas correntes, a União Nacional da Classe Trabalhadora, já reivindicava o voto universal para ambos os sexos. Mas o tema só ganhou ares de respeitabilidade quando o liberal John Stuart Mill escreveu *A sujeição das mulheres*, em 1869. Numa época em que a inferioridade física e intelectual das mulheres era vista como fato tão natural quanto divino por cientistas e religiosos, Mill defendeu a igualdade de capacidades entre os sexos e tachou de irracionais e atrasadas as afirmações em contrário.

Enquanto esse debate ganhava força, algumas mulheres começaram a agir de acordo com suas convicções, rompendo com as convenções sociais e frequentemente pagando um preço alto por isso. A aristocrata francesa Amandine-Aurore-Lucile Dupin, vulgo George Sand, abandonou o marido para se tornar a primeira escritora a viver de seu trabalho. Seus folhetins eram narrativas românticas nas quais o verdadeiro amor finalmente triunfava sobre as convenções sociais. Ela se vestia como homem e fumava charuto em público, provocando escândalo na sociedade parisiense.

A aristocrata franco-espanhola Flora Tristan, avó do pintor Paul Gauguin, começou a trabalhar muito cedo, após a morte do pai, um evento que lançou a família à miséria. Casou-se por necessidade e, para escapar ao tédio da relação sem amor, decidiu estudar. Abandonou o marido violento para lutar por reformas sociais, tendo sido a primeira pessoa a relacionar a emancipação das mulheres à emancipação da classe trabalhadora e a propor a criação de uma associação internacional da classe trabalhadora.

Louise Michel é um mito na história do proletariado francês. Nascida de uma tão comum relação entre o filho do patrão e a empregada doméstica, criada pelos avós paternos, tornou-se professora. Colecionou problemas profissionais por se recusar a fazer o juramento de fidelidade ao imperador. Vestiu o uniforme da Guarda Nacional para lutar na Comuna de Paris, em 1871, em nome dos ideais igualitários e do anarquismo. Presa e deportada, voltou ao país dez anos depois e retomou sua militância com igual intensidade, viajando por toda a França e proferindo palestras para trabalhadores, entre uma detenção e outra. Sua morte causou forte comoção e seu enterro atraiu multidões, paralisando Paris.

De certo modo, as pioneiras do feminismo são tributárias do romantismo e do nacionalismo. O ideal do amor romântico, ao qual as moças aspiravam, ajudou a pôr em xeque o casamento por conveniência. O projeto nacionalista da uniformidade se traduziu na expansão do ensino público, obrigatório e gratuito, para ambos os sexos. A educação conferiu às mulheres, especialmente da classe média em expansão, a oportunidade de trabalhar como vendedoras, atendentes e secretárias, reduzindo o alcance do pátrio poder e assegurando a independência econômica que permitia adiar o casamento ou mesmo recusá-lo.

Paris parou para acompanhar o enterro de Louise Michel naquele 10 de janeiro de 1905. Entre seus amigos, Georges Clemenceau, o político que ajudou a negociar a anistia que permitiu à *communard* retornar do exílio; Jules Guesde e Paul Lafargue, fundadores do Partido Comunista francês; e Victor Hugo, grande admirador da mulher que gostava de usar o pseudônimo de Enjolras, nome de um líder revolucionário na trama de *Les Misérables*, e a quem ele dedica o poema *Viro major*, comparando-a aos heróis que lutam pelo povo.

Voto e cidadania

A luta pelo voto foi o foco das diversas entidades, comitês e jornais criados a partir da segunda metade do século XIX por mulheres das classes média e alta. Segundo consta, em 1906 o jornal *Daily Mail* chamou as defensoras do voto feminino de *suffragettes*, com uma conotação claramente pejorativa. A expressão caiu no gosto das militantes e passou a identificar as mais radicais, ou seja, as que saíam às ruas para se manifestar, em ações cada vez mais combativas, até atingir o ápice em 1913, quando Emily Davison pôs fim à própria vida atirando-se sob as patas do cavalo do rei inglês Jorge V a fim de chamar a atenção para a questão do voto feminino.

Paralelamente, outra temática mobilizava um número ainda maior de mulheres, embora com um nítido recorte de classe: a luta pelos direitos trabalhistas e contra a superexploração a que estavam submetidas. As novas organizações de mulheres socialistas não inscreveram nas suas agendas originais o tema do voto feminino, mas o incorporaram à medida que crescia o movimento sufragista. A ideia de "pagamento igual para trabalho igual", uma ousadia sugerida apenas pelas mais radicais, não teve a aprovação nem dos dirigentes sindicais, nem da massa dos trabalhadores, e só bem mais tarde se converteu em reivindicação geral.

Instituíram-se datas de mobilização geral das mulheres trabalhadoras, embora estas variassem de acordo com o local. Oficialmente, foi no II Congresso Internacional de Mulheres Socialistas, em Copenhague, em 1910, que surgiu a ideia de se criar um Dia Internacional da Mulher, nos moldes do Primeiro de Maio, para concentrar atos políticos em favor dos direitos das mulheres. A autora da proposta foi a alemã Clara Zetkin, dirigente do Partido Social-Democrata e amiga de Rosa Luxemburgo, com quem participaria da criação da Liga Spartacus e, depois, do Partido Comunista da Alemanha, pelo qual se elegeu deputada.

Datas de comemoração, lembrança e luta são símbolos poderosos. Zetkin não sugeriu uma data para o Dia da Mulher e, nos primeiros anos, a comemoração se realizava em datas diversas nos diferentes países. Não se sabe ao certo como a celebração acabou se fixando internacionalmente no 8 de março. Mas a divergência entre a mais provável origem histórica da data e a narrativa predominante sobre esta evidencia um combate subterrâneo pela apropriação de um "lugar de memória".

Na Rússia, em 1917, celebrou-se o Dia da Mulher no 8 de março (23 de fevereiro pelo calendário juliano adotado no império dos czares). Naquele dia, as operárias têxteis deflagraram a Revolução de Fevereiro – e esse fato tem tudo para ser a origem da generalização da data. Curiosamente, porém, no imaginário do movimento feminista, a data acabou sendo associada a um evento diferente, ocorrido nos Estados Unidos, em 1911, mas no 25 de março: o incêndio na fábrica têxtil Triangle Shirtwaist Co. que matou mais de uma centena de operárias, rotineiramente trancadas para cumprir a jornada completa de trabalho.

Foram muitos os incêndios registrados em fábricas têxteis nos Estados Unidos provocados pela associação entre materiais altamente inflamáveis, iluminação a querosene e portas trancadas para evitar que as operárias abandonassem as oficinas antes do término dos longuíssimos expedientes. Centenas de mulheres morreram antes que os governos estaduais criassem as primeiras leis referentes à segurança e à salubridade nos locais de trabalho.

A greve na Rússia remete à revolução e ao socialismo. O trágico incêndio nos Estados Unidos remete aos direitos gerais dos trabalhadores e à exploração sem travas da força de trabalho feminina, mas não necessariamente à luta anticapitalista. A memória fabricada tem sentido e significado, sobretudo por aquilo que deixa na sombra.

A eclosão da Primeira Guerra Mundial e a entrada maciça das mulheres em setores de trabalho até então exclusivamente masculinos foram um divisor de águas. Se os homens sofriam nas trincheiras e morriam lutando, as mulheres, sobretudo as da classe média, sofriam pela perda da segurança que durante séculos haviam sido ensinadas a buscar no matrimônio e na submissão aos pais e maridos. A partir daquele momento, a sobrevivência da família estava em suas mãos. Ao mesmo tempo, paradoxalmente, elas conquistavam uma liberdade inédita e podiam afinal decidir suas próprias vidas.

Encerrado o conflito, os governos encontraram dificuldades para justificar a falta de direitos políticos a quem agora tinha autonomia econômica. As leis eleitorais começaram a se adaptar à nova realidade, a princípio concedendo o direito de voto apenas às casadas ou alfabetizadas, para depois atingir a universalidade. Dinamarca e Islândia aceitaram o voto feminino em 1915. Na Rússia, o voto chegou com a Revolução. Na Grã-Bretanha, Áustria, Alemanha e Canadá, em 1918. Estados Unidos e Holanda, em 1919. No Brasil, em 1932, ampliado em 1934 pela constituição varguista. Na França, contudo, as mulheres tiveram que esperar até o fim da Segunda Guerra Mundial e, em alguns cantões suíços, até 1971.

Quem são os inimigos?

Rosa Luxemburgo sempre recusou qualquer função estritamente ligada às mulheres no Partido Social-Democrata alemão. Ela reconhecia a importância da luta das mulheres para a emancipação geral do proletariado, mas não via com bons olhos as reivindicações exclusivas. Em 1912, quando da celebração do Dia Internacional da Mulher, deixou clara a opinião geral das socialistas sobre as *suffragettes*:

Se o problema se circunscreve ao voto das senhoras burguesas, então o Estado capitalista esperará disso apenas um apoio efetivo para as políticas da reação. A maioria dessas mulheres burguesas que atuam como leoas na luta contra as "prerrogativas masculinas" agiriam como dóceis carneiros, alinhando-se à reação conservadora e clerical se tivessem o direito de votar. De fato, elas seriam certamente bem mais reacionárias que a parcela masculina de sua própria classe. Postas de lado as poucas que têm empregos ou profissões, as mulheres da burguesia não tomam parte na produção social. Nada são senão coconsumidoras da mais-valia que seus maridos extraem do proletariado. São parasitas dos parasitas do corpo social. E consumidores são comumente ainda mais raivosos e cruéis na defesa de seus "direitos" à vida parasita que os agentes diretos da dominação e exploração de classe.[2]

Efetivamente, as associações de *suffragettes* tenderam a se desvincular de qualquer proposta revolucionária, reafirmando sua adesão ao *status quo* e condenando a Revolução Russa. Para elas, a emancipação feminina não dependia de nenhuma ruptura violenta com a ordem existente.

A Revolução Russa, por outro lado, incorporou a problemática feminina desde os primeiros instantes. Deve-se à figura de Alexandra Kollontai, a única mulher eleita para o Comitê Central bolchevique em 1917, o encaminhamento de reformas referentes às mulheres e às relações familiares. Kollontai tornou-se conhecida pela defesa do amor livre, que separava a sexualidade da instituição do casamento, considerado uma instituição essencialmente burguesa. Quanto aos filhos, eles deveriam ser criados de forma mais coletiva, e não como propriedade dos pais. Na condição de comissária para Assuntos de Bem-Estar Social, Kollontai fundou o Departamento Feminino do Partido Comunista (conhecido pela sigla Zhenotdel). As novas leis criadas pelo Estado soviético estabeleceram a igualdade plena entre mulheres e homens, acabaram com a distinção de direitos entre filhos legítimos e ilegítimos, deram a ambos os cônjuges a possibilidade de requerer o divórcio.

---

2   LUXEMBURGO, Rosa. *Women's suffrage and class struggle.* Second Social Democratic Women's Rally, Stuttgart, 12 de maio de 1912.

Entretanto, o processo de reformas sociais acabaria sendo atropelado pelas disputas de poder no interior do Partido Comunista. Mesmo antes da instalação da ditadura stalinista, com a fundação da Terceira Internacional e a imposição do "centralismo democrático", a questão feminina seria suprimida do horizonte das preocupações bolcheviques e o Zhenotdel seria fechado em 1930.

O grande triunfo da conquista do direito de voto acabou desarticulando o movimento feminista liberal. Suas principais lideranças buscaram caminhos na vida política normal, aderindo individualmente aos partidos políticos existentes. Ao mesmo tempo, as socialistas (mas não as anarquistas) se renderam a uma modalidade cruel de realismo político e, em nome da defesa da União Soviética, a "pátria do socialismo", retrocederam ao silêncio no que dizia respeito à luta das mulheres.

Suffragettes e socialistas ocuparam o centro do palco político no largo período que se estende entre as últimas décadas do século XIX e o final dos anos 1920. Depois, a questão feminina submergiu no oceano da política, para voltar a emergir, sob novas formas, na década de 1960. Nas democracias ocidentais, os códigos civis continuaram a sofrer reformas até o fim do século, assegurando lentamente a igualdade legal de direitos. Em muitos outros países, as mulheres continuam a figurar como cidadãos de segunda classe. Na vida real, no trabalho e no casamento, antigas reivindicações permanecem relevantes, no mundo inteiro. As mensagens de George Sand, Flora Tristan, Louise Michel, Alexandra Kollontai e tantas outras não perderam atualidade.

A SEGUNDA MORTE DE ADAM SMITH
1929-1932

I

A falsa primavera liberal dos anos 1920

O pensamento econômico conheceu uma revolução crucial na década de 1870. Num intervalo de poucos anos, trabalhando separadamente, o inglês William Stanley Jevons, o francês Léon Walras e o austríaco Carl Menger fundaram a economia como disciplina positiva, superando a época heroica da economia política clássica.

O paradigma dominante até aquela revolução fora estabelecido pelo escocês Adam Smith e pelos ingleses David Ricardo e John Stuart Mill, os "pais fundadores" do liberalismo econômico, entre o final do século XVIII e meados do século XIX. Eles representavam, no espelho das doutrinas econômicas, a emergência da Grã-Bretanha como maior potência, numa época ainda marcada pelas doutrinas protecionistas precedentes. Suas obras tinham caráter normativo, delineando o programa histórico liberal. Sob o rótulo da "economia política", tratavam da dinâmica dos ciclos econômicos, do desenvolvimento tecnológico, da acumulação de riquezas e da distribuição de renda e poder entre as classes sociais.

Jevons, Walras e Menger ergueram-se sobre os ombros dos predecessores clássicos, num mundo cada vez mais interconectado pelo comércio e pelos fluxos de investimentos internacionais. O liberalismo triunfara e eles eram um fruto do triunfo. A Revolução Neoclássica, como ficou conhecido o empreendimento da trinca, transferiu o foco do pensamento econômico do produtor para o consumidor, interpretando a demanda como o motor verdadeiro da economia e do progresso. Seus tratados substituíam o rótulo da "economia política" pelo da "economia", pois o combate ideológico se encerrara. Eles abordavam os temas da utilidade marginal dos bens, do equilíbrio dos mercados e da distribuição da renda entre indivíduos como biólogos interpretam a trama da vida na esfera da natureza.

Atrás dos neoclássicos, desenrolava-se a aventura mundial da "primeira globalização". O ciclo de expansão econômica iniciado em 1848 se prolongou até o início da década de 1870. Naquele ciclo, segundo Eric Hobsbawm, "o mundo tornou-se capitalista" e uma significativa minoria de países se converteu em economias industriais.[1] A expansão econômica criou o cenário para uma ampliação inédita do comércio internacional e, ainda mais importante, para uma explosão dos investimentos no estrangeiro. O mundo inteiro se transformava na arena do jogo do capital, numa vertigem de modernização até hoje inigualada, que mudava a vida de milhões de pessoas.

As empresas britânicas, seguidas de longe pelas da França, da Alemanha, da Holanda e dos Estados Unidos, semeavam ferrovias, portos, canais, telégrafos, usinas elétricas e sistemas de iluminação pública no Leste Europeu, na Ásia, na Oceania, na América Latina e na África. A lã da Austrália e da Argentina abastecia a indústria têxtil. Os manufaturados europeus encontravam caminho até os portos marítimos e fluviais da China. A borracha natural interligava a Amazônia a Londres e Nova York. O chá da Índia criava novos hábitos de consumo na Grã-Bretanha. O cobre do Chile e da Zâmbia, o estanho da Bolívia, o ouro da África do Sul supriam uma demanda sempre maior da Europa e dos Estados Unidos. O café do Brasil, uma droga de propriedades estimulantes, se disseminava nos mercados em expansão das novas metrópoles industriais.

---

1 HOBSBAWM, Eric J. *A era do capital (1848-1875)*. Rio de Janeiro, Paz e Terra, 1982, p. 49.

A "primeira globalização" foi o tempo, ainda, das grandes migrações europeias rumo às Américas, à Oceânia e à África meridional. Sob o impacto do crescimento demográfico derivado da retração da mortalidade, do êxodo rural causado pelo aumento da produtividade agrícola e dos excedentes de trabalhadores produzidos pela destruição da manufatura doméstica, a Europa transbordava e povoava novas terras. Os Estados Unidos, isoladamente, receberam mais de 40 milhões de imigrantes em algo como meio século. A onda avassaladora submergiu a Argentina primordial, dos gaúchos, reinventando-a extensivamente. A Austrália, o Uruguai, o Brasil meridional e a África do Sul se converteram também em "novas Europas".

O surgimento de um mercado mundial densamente articulado estimulou a expansão imperial das potências europeias. Os britânicos completaram a conquista da Índia em meados do século XIX, enquanto os franceses se lançavam ao domínio da Indochina. Na Conferência de Berlim, de 1885, os estadistas europeus deflagraram a chamada "partilha da África", que foi concluída em cerca de duas décadas com a implantação de fronteiras coloniais por todo o continente. No Extremo Oriente, o Japão incorporou-se ao jogo imperial na Guerra Sino-Japonesa de 1895 e, uma década mais tarde, com o avanço sobre a Coreia. O Império Britânico realizou sua I Conferência Colonial em 1887, em Londres, na ocasião do jubileu de ouro da rainha Vitória, iniciando uma tradição que perduraria durante exato meio século.

O ciclo da "primeira globalização" se encerrou com a Grande Guerra e a Revolução Russa, os marcos catastróficos do início verdadeiro do século XX. Depois daqueles eventos, debaixo das aparências exteriores do retorno à normalidade, evidenciaram-se mudanças nos grandes equilíbrios econômicos e geopolíticos mundiais.

Os Estados Unidos já ocupavam, desde a virada do século, o lugar de maior potência industrial, e a Alemanha também ultrapassara a Grã-Bretanha. O petróleo emergia como combustível estratégico, substituindo o carvão até mesmo na honorável marinha de guerra britânica e acendendo o interesse por lugares como a Pérsia e a Mesopotâmia, que era unificada pelos britânicos como o Iraque. A indústria do automóvel nascia no ano da eclosão da Grande Guerra, com a implantação da linha de montagem de Henry Ford. As ideias de inovação e ruptura apareciam como os pontos cardeais de um capitalismo em ebulição.

Propaganda dos automóveis da Ford, nos anos 1920. A doutrina da economia liberal alcançou seu zênite na Áustria, a partir das ideias de Carl Menger e Ludwig von Mises. A prática econômica liberal, contudo, encontrou um solo mais fértil do outro lado do Atlântico, nos Estados Unidos, uma terra livre de privilégios tradicionais e direitos corporativos.

O programa libertário

Dos três economistas geniais da geração de 1870, apenas um se perpetuou numa corrente definida de pensamento que influenciaria profundamente o século XX. A Escola Austríaca emanou em linha direta das ideias de Carl Menger, desenvolvidas e ampliadas por Ludwig von Mises. Nos anos 1920, ela constituiu o saber econômico dominante. O *crash* da Bolsa de Nova York, de 1929, e a Grande Depressão a feriram quase mortalmente, e seus arautos refugiaram-se numa caverna durante o meio século do reinado incontestável de John Keynes e do keynesianismo.

Os austríacos desprezavam a noção de que se pudessem deduzir teorias econômicas de estruturas objetivas. Só acreditavam nos indivíduos, ou seja, nas escolhas subjetivas e nas iniciativas econômicas de pessoas reais, que agem sob o impulso de seus interesses. As teorias econômicas emanariam exclusivamente da compreensão dos princípios que regem as ações humanas.

O começo de tudo estava na atribuição de valor aos produtos. David Ricardo inventara a teoria do valor-trabalho, segundo a qual o valor de uma mercadoria expressaria a quantidade de trabalho social necessária para produzi-la. Marx elaborara toda sua crítica do capitalismo em torno dessa teoria tomada de empréstimo dos clássicos. Menger retrucara que o valor nada tem de essencial – é algo de natureza inteiramente subjetiva, dependendo da percepção das pessoas sobre a utilidade marginal da mercadoria. "O valor dos bens decorre da sua relação com as nossas necessidades e não é inerente aos próprios bens."[2] O novo edifício conceitual se erguia acima desse alicerce.

Por que a água, fonte da vida, vale menos, muito menos, que os diamantes? De acordo com a revolução marginalista, o célebre paradoxo tem uma explicação simples e elegante. Só são bens econômicos aqueles cuja demanda supera a oferta. O valor decorre, então, do desejo dos indivíduos de se apoderar de uma nova quantidade do bem disponível no mercado. O ar que respiramos é, obviamente, útil, mas não é um bem econômico em virtude de sua abundância. Em condições de relativa abundância de água, um litro a mais do produto tem pouco valor. Em contrapartida, cada diamante a mais posto à venda terá um alto valor, que deriva da escassez geral da pedra preciosa. Contudo, todo o cenário pode se alterar se introduzimos a hipótese da escassez de água experimentada por exploradores perambulando num deserto. Nesse caso, poucas gotas do líquido adquirem um valor incalculável, muito superior ao do diamante.

A Revolução Russa e o advento da planificação econômica central na URSS recolocaram o marxismo no centro do debate econômico. Os fundadores da Escola Austríaca se dedicaram à refutação da narrativa contida em *O capital*, conferindo especial atenção à teoria da mais-valia, que apresenta o trabalho não pago como fonte do lucro e do próprio capital. Eugen von Böhm-Bawerk, um dos mais notáveis seguidores de Menger, qualificou o sistema econômico marxista como "um emaranhado confuso de afirmações arbitrárias e conflitantes" e expressou a sua "admiração sincera" pela "habilidade com que Marx apresentou de maneira aceitável um processo tão errado".[3]

---

2 MENGER, Carl. *Principles of economics*. Auburn, Ludwig von Mises Institute, 2007, p. 120.

3 CONSTANTINO, Rodrigo. *Economia do indivíduo: o legado da Escola Austríaca*. São Paulo, Instituto Ludwig von Mises Brasil, 2009, pp. 21-22.

Mas, acima de tudo, os austríacos se consagraram à defesa intransigente da liberdade econômica.

Mises foi o expositor mais destacado da doutrina dos neoclássicos libertários. Sua obra monumental, *Ação humana: Um tratado de economia*, só foi lançada depois da Segunda Guerra Mundial, mas ele publicou, nos anos 1920, um livro sobre o socialismo, um sobre o liberalismo e, no ano do *crash* da Bolsa de Nova York, o *Crítica do intervencionismo*. Na sua visão, a liberdade nasce na esfera econômica e a função principal dos governos consiste em preservar a moldura política para a operação dos mercados. As intervenções estatais na economia não são apenas ineficazes, mas prejudiciais para o conjunto da sociedade.

O capitalismo é comandado pela vontade dos consumidores e assegurou o maior salto no nível de vida da massa da população registrado em toda a história humana. O mercado é o cenário de realização de escolhas livres pelos indivíduos e sua supressão equivale à anulação da própria liberdade. O intervencionismo estatal é uma expropriação de direitos dos consumidores e conduz à servidão. Os investimentos externos são necessários para complementar a poupança interna e geram desenvolvimento. A inflação é uma doença, derivada do excesso de dinheiro em circulação, e sua cura exige a limitação dos gastos públicos. Os preceitos sintetizados por Mises formaram o programa dos liberais do século XX.

O livro de Mises sobre o socialismo foi publicado originalmente em 1922, meses após o lançamento de *Ulisses*, de James Joyce, e meses antes da proclamação da URSS. Na introdução, encontra-se a seguinte constatação: "A palavra 'capitalismo' expressa, para a nossa época, a síntese de todo o pecado. Mesmo os oponentes do socialismo estão dominados pelas ideias socialistas."[4] Mises enxergava a doutrina socialista como produto da atividade dos intelectuais, não como reflexo das lutas operárias, e acreditava que ideias deviam ser combatidas com ideias. Do seu ponto de vista, não existia diferença essencial entre os comunistas e os social-democratas, pois ambos consideravam a ordem socialista moral e eticamente superior à propriedade privada dos meios de produção. Os nacionalistas fariam parte também da família dos socialistas, pois

---

4 MISES, Ludwig von. *Socialism: An economic and sociological analysis*. New Haven, Yale University Press, 1951, p. 25.

Ludwig von Mises não enxergou senão discordâncias marginais na cisão entre comunistas e social-democratas. Os comunistas, num certo momento, não enxergariam mais que divergências secundárias no conflito entre social-democratas e fascistas.

sustentavam o intervencionismo econômico e almejavam combiná-lo com o imperialismo. "Aqueles que se alinham com os princípios do liberalismo (...) são realmente poucos."[5]

Era um diagnóstico aparentemente paradoxal, numa década marcada pela reignição dos motores da economia capitalista, após as destruições da guerra mundial, e pelo crescimento acelerado das novas indústrias organizadas ao redor do petróleo e do automóvel. Mas ele exprimia as profundas mudanças experimentadas no intervalo entre o início da "primeira globalização" e os anos 1920, um período no qual os social-democratas se transferiram da periferia da vida política para o seu núcleo, uma legislação trabalhista cada vez mais intrincada limitava a liberdade econômica dos empresários e as rivalidades nacionalistas ameaçavam o livre-cambismo.

O tom de Mises não era típico de um partido hegemônico mas, pelo contrário, o de uma corrente minoritária ciosa de seus princípios e disposta a combater sem tréguas por um programa quase incompreendido. Os socialistas, de

---

5 MISES, Ludwig von. Op. cit., pp. 26-27.

diversos matizes, responsabilizavam o mercado pelas injustiças, desigualdades e miséria. O liberalismo exaltava o mercado e a livre iniciativa, apontando o Estado como a fonte do mal.

Socialismo, para Mises, significava "destrucionismo", ou seja, "consumo de capital", "o aumento do consumo das massas à custa da riqueza em capital existente, sacrificando portanto o futuro ao presente".[6] Uma ordem socialista só poderia existir temporariamente, pela pilhagem do que a civilização produziu antes, ao longo de milhares de anos. As reformas social-democratas, geradoras de "fragmentos de socialismo" no interior de uma ordem econômica capitalista, poderiam se realizar e permanecer, mas sempre cobrando o preço de uma erosão da riqueza social e, portanto, de uma redução no ritmo do desenvolvimento econômico.

O empreendedor revolucionário

Teoria do dinheiro e do crédito, de Mises, publicado em 1912, contém a primeira formulação do argumento dos austríacos sobre os ciclos econômicos. Mais tarde, no ano do *crash* da Bolsa de Nova York, Friedrich von Hayek desenvolveria inteiramente a teoria austríaca sobre os ciclos econômicos.

Basicamente, na visão dos seguidores de Menger, a ruptura do processo de crescimento da economia decorreria da interferência externa provocada por uma forte expansão do crédito. O excesso de crédito, expresso em oferta abundante de dinheiro, funcionaria como uma armadilha, paralisando o discernimento dos investidores. Diante de uma sinalização errônea sobre o verdadeiro custo do capital, os investidores adotariam decisões erradas, implantando negócios incapazes de gerar lucros. As crises configurariam correções promovidas pelo mercado, que se iniciariam com uma súbita contração do crédito e prosseguiriam pela desvalorização dos negócios criados durante a etapa prévia de irracional euforia.

A teoria austríaca constitui uma crítica dos bancos centrais, que tenderiam a conservar taxas de juros muito baixas ao longo de longos períodos, con-

---

6   MISES, Ludwig von. Op. cit., p. 456.

tribuindo desse modo para o excesso de oferta de dinheiro e para a formação de "bolhas" de crédito. Os liberais radicais enxergavam nos bancos centrais o pecado de princípio da intervenção estatal na economia. Atuando como representantes de um poder político interessado em oferecer benesses para elites associadas de banqueiros ou empresários industriais, os bancos centrais estariam quase sempre inclinados a adiar a hora inevitável da elevação dos juros, amplificando a euforia de crédito e involuntariamente agravando as crises.

Os austríacos podem ter se enganado sobre aspectos cruciais dos ciclos econômicos, como acreditam, por razões distintas, economistas liberais como Milton Friedman e keynesianos como Paul Krugman. Contudo, os livros de história econômica registrarão para sempre que, contrariando a opinião hegemônica dos economistas e dos investidores da época, Hayek alertou em fevereiro de 1929 para a iminência de um grande colapso.

As fundações da economia neoclássica residem na teoria do equilíbrio geral, que derivou da obra de Walras. De acordo com ela, o modelo adequado para a compreensão da economia se assenta no pressuposto de que todos os preços se encontram, a longo prazo, em equilíbrio. Tal modelo exprime a imagem de uma economia essencialmente estática – ou, dito de outro modo, de uma economia que se expande e progride sem mudanças estruturais. Joseph Schumpeter revolucionou por dentro o pensamento liberal ao contestar o equilíbrio geral, perfurando-o pela introdução da noção paradoxal de "destruição criadora".[7]

Schumpeter nasceu na Morávia (hoje República Tcheca) em 1883, na idade de ouro do Império Austro-Húngaro, foi aluno de Böhm-Bawerk na Viena da *Belle époque* e leu avidamente a obra de Walras, que considerava o maior de todos os economistas. Antes de alcançar os quarenta anos, serviu como ministro das Finanças e, em seguida, presidiu o Banco Biedermann, que faliu acompanhando uma crise regional dos negócios. Sem dinheiro, retornou à vida acadêmica, ensinando em Bonn e Harvard, mas nunca se encaixaria no molde do típico professor universitário. Ele era, por natureza e impulso, um *self-made man* com pendores aristocráticos. Todas as manhãs, despendia uma

---

7   A expressão surgiu apenas em *Capitalismo, socialismo e democracia*, obra publicada em 1942, mas a noção que a sustenta percorre todo o pensamento schumpeteriano.

hora para se vestir e não raro emergia na universidade com calças de equitação. Nos cafés, divertia os colegas com histórias libertinas sobre orgias, completadas por descrições de técnicas sexuais heterodoxas.

Em vida, Schumpeter foi reconhecido como um economista de talento e criatividade, mas a glória veio mais de três décadas depois de sua morte. Em 1983, a revista *Forbes* o declarou um guia melhor do que Keynes para a compreensão da tumultuosa economia mundial. Pouco mais tarde, o keynesiano John Kenneth Galbraith, um progressista com inclinações social-democratas, o classificou como "o mais sofisticado conservador deste século".[8]

A obra mais original de Schumpeter foi lançada em 1911. *Teoria do desenvolvimento econômico* apresentava sua concepção do empreendedor, a figura que promovia novas combinações de tecnologia e gestão empresarial, provocando um salto de eficiência no mundo dos negócios e estabelecendo um paradigma a ser copiado. Contudo, a visão schumpeteriana se completou mais tarde, assumindo a forma de uma crítica do equilíbrio walrasiano.

Schumpeter argumentou que Walras descrevera a situação estacionária da economia, mas não a dinâmica do desenvolvimento econômico, que decorria da intervenção do empreendedor inovador. Ironicamente, as muralhas da sua tese foram erguidas na URSS, por Nikolai Kondratieff, o mais brilhante dos teóricos da NEP, que seria executado no auge dos grandes expurgos de Stalin, no final dos anos 1930.

Kondratieff publicou em 1925 a sua principal obra, que sugeria a existência de "superciclos" com cerca de meio século de duração nas economias industriais capitalistas. O russo coligira e analisara uma vasta quantidade de dados sobre preços, juros e inflação. Seus "superciclos" podiam ser plotados num gráfico como ondas longas, constituídas por uma etapa inicial de expansão do produto, um patamar de estabilização, uma etapa de regressão e uma crise final, que funcionava como ponto de partida para a nova onda. Em 1927, Schumpeter ofereceu uma explicação original para os "superciclos" e batizou-os como "ondas de Kondra".

Na visão schumpeteriana, o ciclo longo começa com a introdução de um conjunto de novas tecnologias que alteram o equilíbrio dos mercados em favor

---

8   McCLOSKEY, Deirdre N. "Talking capitalism: Schumpeter and Galbraith", p. 5.

dos empresários inovadores. A etapa de expansão se caracteriza por elevados lucros, conquista de mercados, ampliação da base de consumidores e eliminação de produtores anacrônicos. A difusão das inovações acirra a concorrência e reduz as margens de lucro, configurando o platô de estabilização. Na etapa seguinte, verifica-se uma retração geral das oportunidades de investimento lucrativo, que anuncia a crise de fim de ciclo.

Um "superciclo" teria se iniciado no fim do século XVIII, sob o influxo da energia hidráulica, da indústria têxtil e da siderurgia, prolongando-se até meados do século XIX, quando dá lugar à onda de inovações da máquina a vapor, das ferrovias e do aço. As primeiras obras de Schumpeter coincidiram com a emergência da terceira "onda de Kondratieff", marcada pela difusão da energia elétrica, a consolidação da indústria do automóvel e o desenvolvimento da petroquímica.

Desigualdade, desequilíbrio e turbulência formam o ambiente do progresso. Os empresários inovadores, com sangue nos olhos, buscam oportunidades num chão que desmorona sob seus pés. Na hora da crise, despontam os investidores de sucesso do novo ciclo, que são empresários audazes, desviantes, capazes de desafiar um consenso em decadência. Quase do nada, surgem impérios empresariais. Mas, na maioria das vezes, os inovadores ousados são as próprias empresas monopolistas, que se reinventam e criam os motores do progresso.

O período entre as guerras assinalou, nos Estados Unidos, tanto uma consolidação das empresas monopolistas quanto severas tentativas de ruptura de monopólios por meios legais. Schumpeter nadou contra a forte corrente de opinião contrária aos monopólios, argumentando que as inovações de sucesso conferem, ao menos temporariamente, o controle de mercados pelos detentores das novas tecnologias. A busca de lucros de monopólio funcionaria como um incentivo insubstituível para a inovação. Legislar contra empresas monopolistas seria, em muitos casos, brincar com o progresso, enfraquecendo o impulso renovador que inventa a riqueza.

A investigação empírica e histórica da economia constitui o núcleo da obra schumpeteriana. O economista estudou a fundo a evolução das indústrias têxtil e siderúrgica, a revolução ferroviária nos Estados Unidos, o advento da eletricidade e a emergência da indústria do automóvel. Ford e seu Modelo T, essa "grande novidade", estão entre as suas ilustrações exemplares da pulsão de ruptura e inovação do capitalismo.

Ford tentou inovar e fracassou duas vezes, antes de triunfar tão completamente a ponto de assentar a pedra fundamental do capitalismo do século XX. A produção de automóveis consiste numa combinação de diversas inovações, como o motor a combustão interna, as novas técnicas siderúrgicas, o uso de peças padronizadas, o emprego de máquinas-ferramentas e a organização da linha de montagem. O triunfo de Ford decorreu de sua capacidade de articular todos esses elementos preexistentes na fabricação em série de uma mercadoria acessível à massa de potenciais consumidores. O primeiro Modelo T, de 1908, custava 850 dólares, contra 5.450 dólares do Packard; a versão de 1912 custava 600 dólares e, em 1924, meros 290 dólares.

Mesmo assim, a Ford Motor Co. não se converteu em empresa monopolista. Enquanto esta expandia o mercado automobilístico, William C. Durant reunia empresas diversas na General Motors Co. No início dos anos 1920, o engenheiro Alfred Sloan assumiu a presidência da empresa e traçou uma estratégia brilhante para competir com a poderosa rival. Numa ponta, Sloan entregou-se à concepção de um leque de modelos diferenciados, na potência e no estilo do *design*, apostando na segmentação do mercado. Na outra, criou um banco de crédito para o consumidor, financiando a aquisição de seus automóveis em parcelas mensais. Em 1925, ano da fundação da Chrysler Co., as vendas da General Motors ultrapassavam as da Ford, sinalizando o dobre de finados do Modelo T e a introdução do Modelo A. Inovação, explicava Schumpeter, não significa sempre uma novidade tecnológica. Muitas vezes, ela se expressa por uma nova concepção de negócios amparada em operações financeiras.

Ford imaginava-se um reformador social, não um mero capitão de indústria. No início de 1914, ele anunciou que passaria a pagar cinco dólares por dia aos operários qualificados, mais que dobrando os salários. Ao mesmo tempo, reduziu a jornada para oito horas diárias, numa semana de seis dias. Doze anos mais tarde, o sábado foi declarado dia de folga, o que originou a semana de quarenta horas de trabalho. Banqueiros e capitães da indústria criticaram as iniciativas, argumentando que estabeleciam padrões tendentes a eliminar o lucro. Ford retrucou dizendo que não se tratava, exatamente, de aumento de salários, mas de repartição de lucros. Seu objetivo estratégico era alçar os operários à condição de consumidores de automóveis.

Manifestação da central sindical Industrial Workers of the World (IWW), nos Estados Unidos. O sindicalismo revolucionário tomou o lugar do comunismo, no país que inventava o consumo de massas. Por esse motivo, ironicamente, os marxistas nunca escaparam à periferia da vida política americana.

O empreendedor schumpeteriano não polemizou apenas com outros capitalistas, mas também com os sindicatos, que enxergava como obstáculos no caminho do progresso. Os dirigentes sindicais combatiam os ganhos de produtividade, responsabilizando-os pela contração da oferta de empregos. Ford retorquia com o argumento de que o aumento da eficiência em determinada indústria gerava riqueza e ampliava o consumo, propiciando o surgimento de novas indústrias e uma expansão do emprego no conjunto da economia. O debate ideológico refletia a tensão real e crescente entre a empresa e os sindicatos. Sob o comando de seu fundador, a Ford Motor Co. desenvolveu táticas diversas de intimidação contra os sindicalistas, que perduraram até a Segunda Guerra Mundial.

Um sonho americano

A expressão "sonho americano" aparentemente foi utilizada pela primeira vez no livro *Epic of America*, de James Truslow Adams, publicado em 1931. De Adams em diante, a noção de singularidade que se coagula no "sonho americano" ganhou diversas interpretações, geralmente enraizadas na célebre passagem da Declaração de Independência, que diz que "todos os homens foram criados iguais" e compartilham os direitos à vida, à liberdade e à busca da felicidade. Os Estados Unidos, república rebelada contra a Europa monárquica, prometiam abolir as distinções de sangue e os privilégios de nascimento. Na fronteira aberta à colonização, cada um podia almejar a condição de senhor de sua própria terra e de seu destino.

Adams descreveu o "sonho de uma vida melhor, mais rica e mais feliz para todos os nossos cidadãos, de todas as classes".[9] Procurando defini-lo melhor, fez uma referência direta, embora retoricamente negativa, a algo bem mais trivial: o advento do consumo de massas. De modo específico, relacionou o sonho a "veículos a motor" e "melhores salários", para em seguida explicar que se tratava de uma meta nacional mais profunda: uma ordem social baseada na igualdade e na justiça.

A conexão entre os valores consagrados pelos Pais Fundadores e a oportunidade democrática de participar do mercado de consumo representou a grande novidade das duas primeiras décadas do século XX. O *boom* econômico que se seguiu à Primeira Guerra Mundial não pode ser representado por uma curva de expansão contínua. Em 1921, a economia dos Estados Unidos experimentou uma contração cataclísmica, ainda que efêmera, e ao longo de todo aquele decênio a agropecuária conheceu dolorosa estagnação. Mas a maioria dos americanos testemunhava o nascimento de uma era palpitante, de mudanças extraordinárias e cintilantes novidades.

A revista *Time*, primeiro semanário noticioso americano, chegou às bancas em março de 1923.[10] Herman Hollerith, um engenheiro e estatístico, inventor do cartão perfurado que permitira uma tabulação rápida dos dados dos censos demográficos americanos de 1890 e 1900, lançara os fundamentos da computação. A sua empresa, a Tabulating Machine Co., foi uma das predecessoras da International Business Machines Co., a IBM, fundada em 1924.

---

9 CULLEN, Jim. *The American dream: A short history of an idea that shaped a nation.* Nova York, Oxford University Press, 2003, p. 4.

10 Um dos artigos daquela edição inaugural reportava rumores sobre a imposição de uma faixa de 50 milhas de largura no lado mexicano da fronteira onde seria aplicada a Lei Seca vigente nos Estados Unidos.

Nos anos seguintes, surgiu o cartão perfurado elétrico que se converteria em padrão mundial durante meio século.

Numa fazenda coberta de neve de Auburn, em Massachusetts, em meados de março de 1926, o físico Robert H. Goddard lançou, sem publicidade ou fanfarra, o primeiro foguete propelido por uma mistura de gasolina e oxigênio líquido. O artefato batizado Nell voou durante menos de três segundos e atingiu altura inferior a 13 metros, mas mostrou o caminho para o desenvolvimento da ciência dos foguetes. Goddard começava a se vingar de um editorial galhofeiro publicado em 1920 pelo *New York Times*, que ridicularizara suas ideias sobre a exploração científica da Lua. O jornal esperou meio século, até o pouso lunar pioneiro da *Apollo 11*, para retratar-se plenamente, honrando a memória do cientista visionário.

No mesmo ano do voo do Nell, mas no final do outono, estabeleceu-se a Rota 66, a rodovia que conectou Chicago a Los Angeles, ao longo de quase 4 mil quilômetros. A estrada assinalou o início da era das viagens automobilísticas de longa distância e o concomitante declínio do transporte ferroviário de passageiros. Depois do *crash* de 1929, nos tempos amargos das tempestades de areia nas planícies centrais, a Rota 66 serviu de corredor para a última grande onda migratória rumo ao oeste. Também atualizou o espírito da fronteira, com seus horizontes sem fim agora associados ao automóvel, inspirando a célebre *(Get your kicks on) Route 66*, de Bobby Troup, composta em 1946 e gravada, entre outros, por Nat King Cole, Chuck Berry, Jerry Lee Lewis, Bob Dylan e pelos Rolling Stones.

Uma revolução nas comunicações estava em marcha. Enquanto as nações europeias se engajavam nas batalhas iniciais da Grande Guerra, acontecia nos Estados Unidos, entre Nova York e São Francisco, a primeira chamada telefônica de costa a costa. Mais de dez anos depois, em 1927, por meio de um aparelho da Bell Telephone Co., inaugurava-se a ligação telefônica entre Nova York e Londres. Em seguida, a companhia realizou com sucesso a primeira demonstração de longa distância da televisão, transmitindo uma imagem do então secretário do Comércio, Herbert Hoover.

No mesmo ano, o jovem Charles Lindbergh atravessou pela primeira vez o Atlântico num voo sem escalas pilotando o monomotor *Spirit of St. Louis* entre Nova York e Paris. A façanha do desconhecido piloto lhe valeu um belo

A mítica Rota 66, nos anos 1930, propiciou uma terceira "marcha para o Oeste". Depois da era das diligências e da aventura das ferrovias transcontinentais, o automóvel associava-se à ideia da fronteira. Hollywood, em Los Angeles, no ponto de chegada da Rota 66, já se consolidara como o dínamo da indústria global do cinema.

prêmio em dinheiro e surpreendeu a todos, pois o desafio vitimara alguns famosos ases franceses e americanos da época. Depois do feito sensacional, Lindbergh se tornou um incansável promotor da aviação comercial, que dava seus passos inaugurais com a fundação da Pan American World Airways (Pan Am) e o início das rotas regulares de passageiros e correio aéreo.

Hollywood se tornou sinônimo de cinema em 1915, com o lançamento de *O nascimento de uma nação*, o filme de D. W. Griffith, que deplorava a concessão de direitos de cidadania aos negros do Sul após a Guerra de Secessão e fazia a apologia dos "cavaleiros" da Klu Klux Klan. Em 1924, uma fusão de três estúdios dava origem à Metro-Goldwin-Mayer (MGM), e em seguida se consolidava a Universal Studios. Apenas um pouco antes, os irmãos Walt e Roy Disney, filhos de um imigrante canadense de pais irlandeses, estabeleciam seu estúdio. Em 1928, no desenho animado *Plane czary*, surgiria o personagem Mickey Mouse.

Nos Estados Unidos, ao contrário do que acontecia na Europa, comunistas, anarquistas e socialistas só existiam como seitas marginais, e o próprio movimento sindical permanecia quase fora da lei. Greves e manifestações operárias degeneravam em violentos confrontos com a polícia e prisões de ativistas. No 20 de abril de 1914, depois de 14 meses de greve dos mineiros de carvão das três maiores minas do Colorado, uma das quais controlada pela família Rockefeller, um dia inteiro de batalha entre a Guarda Nacional e um acampamento ocupado por 1.200 operários e familiares em Ludlow deixou vinte mortos, inclusive 11 crianças. Depois do massacre, as greves se espalharam por todo o estado, mas nem assim a União dos Trabalhadores Mineiros da América (UMWA) conseguiu ser reconhecida.

O liberalismo econômico dos anos 1920 foi plasmado sobre uma paisagem política profundamente conservadora. O Movimento da Sobriedade, uma corrente antiga, nascida logo depois da Revolução Americana, que advogava o comedimento na ingestão de bebidas alcoólicas, ressurgira com força, encontrando terreno fértil na pregação de diversas igrejas cristãs em prol de um "retorno" à pureza e à religiosidade. A velha meta da sobriedade traduzira-se como uma exigência radical de banimento do comércio de álcool.

O Congresso eleito em 1916 exibia uma larga maioria de proibicionistas. A santa aliança contra o álcool formava um arco político improvável, unindo metodistas, batistas, presbiterianos, quacres, progressistas, dirigentes das Klu Klux Klan e lideranças cívicas negras. Em 1919, essa heteróclita maioria aprovou uma emenda constitucional e a chamada Lei Seca, que proibiu a produção, o comércio e o transporte de bebidas alcoólicas em todo o país. O pecado, banido da superfície, encontrou naturalmente os atalhos do subterrâneo. Durante os 13 anos em que vigorou a Lei Seca, floresceu o comércio ilegal de bebidas, desenvolveram-se como nunca os negócios mafiosos em Chicago e prosperaram as destilarias do Canadá, do México e do Caribe.

O grande Gatsby, de F. Scott Fitzgerald, publicado em 1925, é a mais sofisticada tradução literária da "era do jazz", como o autor batizou aquele período de prosperidade e brilho que lhe parecia irresistivelmente atraente mas falso na sua essência. A sua abordagem do "sonho americano", tingida de desejo e admiração, deixa um rastro crítico quase impalpável. A fortuna de Jay Gatsby, o jovem milionário cujas redes de negócios estão envoltos pelas nuvens do mistério, é fruto do contrabando, e seu dinheiro novo não lhe assegura o amor de Daisy nem serve para comprar um lugar respeitável no mundo da elite de berço.

A Estátua da Liberdade, um presente da França, fora instalada na entrada da baía de Nova York em 1886 e, um quarto de século depois, no auge da onda de imigração europeia, o soneto "O novo colosso", de Emma Lazarus, fora gravado numa placa de bronze de seu pedestal. O soneto descreve os Estados Unidos como o porto dos imigrantes, aberto aos "pobres" e "desalentados" que atravessavam o oceano em busca da liberdade. Mas essa visão generosa se desvanecera depois da Grande Guerra e, em 1921, o ano do lançamento da NEP na URSS, o Congresso aprovou a Lei de Cotas que cortou bruscamente o grande ciclo da imigração.

Italiano, na época, era quase sinônimo para mafioso ou anarquista. A Lei de Cotas foi discutida enquanto se realizava o julgamento dos anarquistas Bartolomeo Vanzetti e Ferdinando Nicola Sacco, acusados pelo assassinato de duas pessoas durante um assalto. Num processo eivado de irregularidades e contaminado pelo preconceito de classe, os réus acabaram condenados à pena capital. Depois, ao longo da maior parte da década, sucederam-se protestos

Manifestação da campanha internacional em defesa dos anarquistas Sacco e Vanzetti, em 1927. Os dois réus estavam condenados de antemão, pela sua origem e pelas suas ideias. Não se sabe ao certo, até hoje, se eram culpados ou inocentes.

Cerimônia da Ku Klux Klan. A Confederação, derrotada em 1865, estava viva e promovia a sua vingança. Na Virgínia, em 1924, formulou-se a regra da gota de sangue única, expressão jurídica de uma narrativa identitária nacional baseada na raça. A Guerra Civil prosseguia, sob novas formas.

e apelos, sempre vãos. As execuções realizaram-se em agosto de 1927, sem a presença de um padre. As últimas palavras de Sacco foram um viva à anarquia. Nunca ficou esclarecido se eles eram realmente culpados.[11]

A discriminação experimentada por italianos, irlandeses e judeus podia ser amarga, mas não se comparava com a exclusão que sofriam os negros. No fim da Guerra de Secessão, com a chamada Reconstrução, interventores governaram os estados da antiga Confederação, introduzindo reformas voltadas para a concessão de direitos de cidadania aos antigos escravos e seus descendentes. Mas a Reconstrução se encerrara e as elites tradicionais reconquistaram os governos estaduais, reagindo às reformas pela introdução das leis de segregação racial.

Tais leis se disseminaram no início do século XX. Na Virgínia, em 1924, promulgara-se uma lei antimiscigenação que, para proibir uniões interraciais,

---

11 O escritor socialista Upton Sinclair, ativo participante da campanha por um novo julgamento, ouviu de um dos advogados de defesa que os anarquistas seriam culpados dos assassinatos. Contudo, ele descobriu depois que os condenados jamais admitiram culpa perante o advogado e que o testemunho continha indícios de falsidade.

estabelecia a regra da gota de sangue única. De acordo com ela, "o termo 'pessoa branca' deve se aplicar somente à pessoa que não tenha traço algum de qualquer sangue senão o caucasiano".[12] A lei da Virgínia se tornou um modelo e foi replicada em nada menos que trinta estados. No governo de Woodrow Wilson, a segregação racial se expandiu para a administração federal e, em repartições de Washington, barreiras físicas separavam os funcionários negros nos escritórios, nos refeitórios e nos banheiros.

---

12 MAGNOLI, Demétrio. *Uma gota de sangue – A história do pensamento racial*. São Paulo, Contexto, 2009, p. 120.

Crash

Nenhum fato ocorrido no século XX teve impacto tão direto na vida de seus contemporâneos quanto a quebra da Bolsa de Nova York no 24 de outubro de 1929. O dia do *crash* – a "Quinta-Feira Negra" – é ainda hoje o mais forte símbolo da instabilidade econômica inerente ao sistema capitalista. A imagem de investidores arruinados se suicidando nos Estados Unidos, ou das imensas filas de desempregados esperando pela distribuição de comida, era o exato oposto das cenas de euforia e hedonismo dos "loucos anos 20" que haviam impressionado o mundo inteiro, especialmente quando comparadas ao empobrecimento e desânimo que se abateram sobre as velhas potências da Europa.

Anedotas como as relatadas pelo economista John Kenneth Galbraith, segundo as quais os recepcionistas de hotel em Nova York recebiam novos hóspedes perguntando se o quarto era para dormir ou para pular; ou aquela dos amigos que se atiraram janela abaixo de mãos dadas, porque compraram ações em sociedade, dão a medida do impacto daqueles acontecimentos à época – e também de certo exagero com que foram tratados.

O simbolismo, que expressa uma memória social, embaçou a visão sobre a Crise de 29, e aquilo que era consequência passou a ser enxergado como causa. Sem dúvida, o *crash* inaugurou a Grande Depressão – cujo período inicial, entre 1929 e 1932, provocou um recuo de 50% no Produto Nacional Bruto dos Estados Unidos. Mas a quebra da Bolsa foi como a febre no corpo doente: ela indicava uma anomalia, mas era apenas um sintoma. A verdadeira causa do desastre se encontrava na crise de superprodução desencadeada por um modelo econômico concentrador e sem freios, que começara a emitir sinais de esgotamento meses antes do colapso financeiro.

Os Estados Unidos só foram reconhecidos como a maior potência industrial após a intervenção na grande guerra europeia. Além do apoio decisivo para a vitória da Tríplice Entente, o país se revelou capaz de abastecer os mercados internacionais, transformando seu déficit comercial com a Europa em superávit e acumulando aproximadamente 40% das reservas mundiais de ouro em seu território.

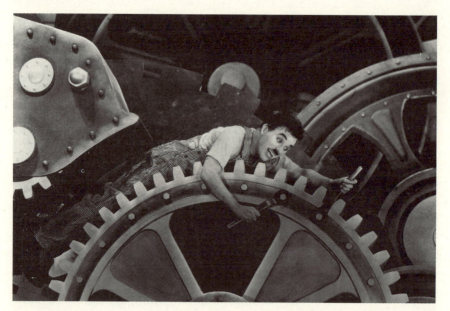

Tempos Modernos tornou-se o filme mais representativo dessa era de acelerada industrialização propiciada por inovações técnicas e administrativas, na qual a abundância e a miséria cresciam em iguais proporções. Havendo estreado em 1936, o último filme mudo de Chaplin mostrou a força de uma imagem: o homem engolido pelas engrenagens da fábrica era a síntese do *crash*.

Entretanto, a nação não se mostrava interessada em assumir um papel de liderança internacional. O isolacionismo era um traço marcante na visão de mundo americana desde a Guerra de Independência e estava formalmente expresso no famoso lema da Doutrina Monroe: "A América para os americanos." Woodrow Wilson rompera com a tradição ao engajar o país na Primeira Guerra Mundial e ao liderar a criação da Liga das Nações nas conferências de paz de 1919. Mas o Senado se recusou a aprovar a adesão do país à nova instituição e, nas eleições de 1920, o descontentamento com a linha de ação presidencial resultou no largo triunfo do republicano Warren G. Harding.

A retomada do isolacionismo enfraqueceu de modo irremediável o poder da Liga das Nações para manter a paz. Internamente, levou o Legislativo e Executivo a adotarem um estreito protecionismo comercial, que teria papel significativo na redução das exportações americanas e na crise de superprodução. Na década de 1930, quando as tensões internacionais aumentaram em decorrência da ascensão dos regimes fascistas, o Congresso traduziu o temor da nação em face da possibilidade de se ver envolvida em uma nova guerra com a aprovação dos Atos de Neutralidade, que proibiam o governo da participação em conflitos externos ou em guerras civis estrangeiras.

Fechados em si mesmos, inebriados pelo nacionalismo, os americanos falariam dos "loucos anos 20", da "era do jazz" – ou, oficialmente, da "Nova Era" – para se referir ao ciclo de prosperidade que parecia ilimitada. Sob o influxo de duas inovações, a eletricidade e o sistema fordista de produção, a sociedade americana foi a primeira a vivenciar a era de consumo de massa. O acesso a bens anteriormente associados aos mais ricos, como os automóveis, e aos novos bens de consumo duráveis que não paravam de surgir contribuiu para materializar a crença no "sonho americano": a terra de oportunidades e liberdades aberta a todas as pessoas dispostas a trabalhar arduamente e a se arriscar.

A "missão cósmica de Vender"

Em 1922, o escritor Sinclair Lewis lançou *Babbitt*, romance que é considerado uma das melhores representações do cidadão de classe média daquele período. George Babbitt era corretor de imóveis em uma próspera cidade no interior do país chamada Zenith. Ele media seu sucesso e o de seus vizinhos pelos bens que adquiriam e ostentavam; seu Deus eram as máquinas; sua maior preocupação era ser aceito por todos como um membro respeitável da comunidade. Seu único problema, o tédio. Nas palavras de Sinclair Lewis:

> *O Herói Romântico deles todos já não era o cavaleiro andante, o poeta vagabundo, o cowboy, o aviador, nem mesmo o jovem e valente district attorney [uma espécie de promotor municipal], senão o grande gerente comercial que tinha uma Análise de Problemas Mercantis em cima do bureau recoberto de vidro, cujo título de nobreza era "Homem Dinâmico", e que se consagrava com seus jovens acólitos à missão cósmica de Vender – não de vender isto ou aquilo em particular, a esta ou àquela pessoa e para tal ou qual firma, mas Vender por Vender.*[1]

A sociedade consumista e conformista personificada no corretor espelhava uma espécie de ressaca cívica experimentada naquela década. Na vintena anterior – a "Era Progressista"–, as tensões sociais haviam aumentado muito devido à expansão das companhias monopolistas, que intensificaram a exploração dos trabalhadores e a concentração das riquezas. Em resposta, multiplicaram-se as greves e organizações sindicais (proibidas por lei), além dos movimentos de igrejas e intelectuais em prol de uma maior intervenção do Estado a fim de reduzir as desigualdades sociais e os abusos das grandes corporações. Nesse movimento crítico, identificavam-se duas vertentes: a socialista, trazida sobretudo pelos imigrantes e pautada pela crítica ao sistema capitalista, e a progressista, cujas propostas de reforma ecoavam os ideais cristãos de justiça social que haviam moldado a nação no século anterior.

A entrada do país na Grande Guerra fez do Estado forte uma necessidade prática. Para os progressistas, era a oportunidade de reorganizar a economia, submetendo-a a critérios mais racionais de produção, bem como para a criação de leis voltadas à conquista daquela justiça social. O discurso nacionalista se assentava sobre as noções de liberdade individual e democracia econômica.

Finda a guerra, a desmobilização das Forças Armadas fez subir as taxas

---

1   LEWIS, Sinclair. *Babbitt*. São Paulo, Abril Cultural, 1972, p. 168.

de desemprego, a inflação aumentou e um quadro recessivo afetou duramente alguns setores, como o agrícola, até 1921. O movimento operário intensificou suas ações grevistas a fim de ampliar as conquistas adquiridas durante o conflito e, nos casos mais radicais, agia sob inspiração direta dos acontecimentos da Rússia revolucionária. O aumento das tensões internas desencadeou um dos períodos mais repressivos na história dos Estados Unidos – a era da "caça aos vermelhos". O Estado instituiu a Lei de Espionagem em 1918, quando a guerra estava prestes a terminar, para justificar a censura e a repressão aos movimentos trabalhistas e sociais. Milhares de ativistas políticos foram presos e algumas centenas, deportados, como a anarquista Emma Goldman. O julgamento e a execução dos anarquistas italianos Sacco e Vanzetti se tornou emblemático daquele clima de intolerância.

Eis o contexto que explica a Lei Seca, de 1919, a Lei de Cotas para imigração, de 1921, e as inúmeras leis estaduais antimiscigenação racial, nos anos em que a Ku Klux Klan atingia o auge de sua força e influência. Ouçamos mais uma vez as ideias de George Babbitt e seus amigos:

– Não sei o que pensam estes pretos de hoje. Nunca respondem à gente com delicadeza.

– É um fato. Estão ficando de tal modo que já não têm o menor respeito pela gente. O crioulo de antigamente era um bom sujeito... sabia ficar no seu lugar... mas estes pretos de agora não querem saber mais de carregar bagagens nem colher algodão. Não senhor! Hão de ser advogados, professores e sei lá o que mais! Garanto-lhes que isto está se tornando um problema sério. Nós devíamos unir-nos para mostrar o seu lugar ao negro e ao amarelo também. Eu sou um sujeito sem o menor preconceito de raça. Sou o primeiro a aplaudir quando um preto faz carreira... desde que fique onde deve ficar e não tente usurpar a legítima autoridade e a capacidade comercial do homem branco.

– É isso mesmo! E outra coisa que precisamos fazer – disse o homem de chapéu de veludo (o homem chamava-se Koplinsky) – é impedir a entrada desses malditos estrangeiros no país. Graças a Deus que já começa

mos a fixar um limite à imigração. Esses italianos e o resto têm que ficar sabendo que isto aqui é um país de brancos e nós não precisamos deles.[2]

Esse quadro político e mental desempenhou um papel crucial na história da Crise de 29, pois o nacionalismo, convertido no mais estreito conformismo e aliado ao discurso de uma elite que enxergava a si mesma como o ápice das "raças evoluídas", calou os críticos que tentaram apontar para o pesadelo em que se transformava o sonho americano.

Miséria na abundância

Períodos de expansão seguidos de recessão não eram novidade para as economias capitalistas, e muitos estudiosos se debruçavam sobre o tema buscando compreender seus mecanismos. A crise do padrão ouro, no início da década, fora acompanhada por uma breve recessão e, na Europa, a atividade econômica apresentou pequenas e lentas taxas de crescimento ao longo dos anos 20. A excepcionalidade coubera aos Estados Unidos, beneficiados pela disponibilidade de recursos naturais, amplo mercado consumidor e novos padrões de organização empresarial.

Todavia, a um período de acelerado crescimento adviria um período de saturação. Um dos principais problemas era a tendência à concentração da riqueza nas corporações industriais e financeiras. O dinheiro era farto para os grandes. Entre 1899 e 1927, a expansão dos lucros do setor químico foi de 239%; para produtos têxteis e derivados, 449%; os lucros de produtos alimentícios aumentaram em 551%; os setores produtores de bens de capital foram ainda mais beneficiados: a lucratividade das indústrias siderúrgicas cresceu 780%, enquanto os lucros do setor de transportes e equipamentos conheceram ampliação de 969%.

Uma rede subterrânea entrelaçava a propriedade das corporações. Sob a capa de expedientes contábeis e financeiros (como a compra de debêntures), ocultava-se do público o fato de que os verdadeiros donos das principais empresas eram quase sempre os mesmos, formando uma casta oligopolista. Ainda em 1913, o presidente Wilson escreveu:

---

2 LEWIS, Sinclair. Op. cit., pp. 169-170.

A situação é a seguinte: um número relativamente pequeno de pessoas controla a matéria-prima neste país; um número relativamente pequeno de pessoas controla as fontes de energia hidráulica;[...] o mesmo número relativamente pequeno de pessoas controla as grandes ferrovias; mediante acordos feitos entre si, controlam os preços; o mesmo grupo de homens controla os maiores créditos do país[...] Os senhores do governo dos Estados Unidos são os capitalistas e os industriais dos Estados Unidos, combinados."[3]

Isso não era Lenin: era Wilson.

Na realidade, a prosperidade dos anos 20 foi alavancada pela expansão do crédito ao consumidor, que chegava a operar com taxas de juros superiores a 10% ao mês. A armadilha não demorou a revelar-se, pois se no começo da década uma euforia consumista estimulou a expansão da produção industrial e a redução dos preços, depois o alto endividamento dos compradores freou o consumo e desencadeou uma crise de superprodução, com a depreciação dos valores em geral.

Em um ambiente cada vez mais competitivo, a lógica da concorrência levava os empresários a reduzir ainda mais os custos de produção a partir do único elemento que efetivamente podiam controlar: o custo da mão de obra. Assim, as jornadas de trabalho eram ampliadas sem que os salários fossem reajustados e a pressão para que a produtividade aumentasse tinha a seu favor o crescente número de desempregados dispostos a aceitar quaisquer condições por um emprego. A ausência de redes de proteção social, somada à repressão pública e privada à organização dos trabalhadores, garantiu a manutenção das taxas de lucro dos empreendedores. Em 1929, enquanto 12 milhões de famílias (42% do total) recebiam 13% da renda nacional, 36 mil (ou 0,1%) recebiam os mesmos 13%.

Não é tarefa fácil alcançar a dimensão desse drama social porque, numa época de adoração dos magnatas, poucos estavam interessados em saber o que se passava com os pobres. Em tempos de darwinismo social, a pobreza era vista como expressão de fraqueza moral e inferioridade racial. Só nos anos 30,

---

3 HUBERMAN, Leo. *História da riqueza dos EUA (Nós, o povo)*. São Paulo, Brasiliense, 1987, p. 224.

quando os "homens de bem" chafurdaram na mesma lama, que essa atenção foi despertada, especialmente entre escritores e fotógrafos.

Emblemático é o romance *As vinhas da ira*, de John Steinbeck, publicado pela primeira vez em 1939 e responsável pelos prêmios Nobel e Pulitzer ganhos pelo autor. O livro narra o drama de uma família de meeiros de Oklahoma expulsos de sua terra quando o banco, dono das hipotecas, decide aumentar a produtividade com a moderna tecnologia dos tratores.

> *O sistema de arrendamento não dava mais certo. Um homem só, guiando um trator, podia tomar o lugar de 12 a 14 famílias inteiras. Pagava-se-lhes um salário e obtinha-se toda a colheita. Era o que iam fazer. Não gostavam de ter de fazê-lo, mas que remédio? Os monstros assim o exigiam. E não podiam se opor aos monstros.*[4]

Os "monstros" eram os bancos. Tangidos por eles, os protagonistas iniciam uma epopeia que resgatava a utopia do sonho americano: a marcha para o Oeste, que reunia os pobres e deserdados sedentos de terras e oportunidades para reconstruir suas vidas. A Califórnia figurava, então, como a última fronteira, mas apenas na imaginação daqueles excluídos. Ao atingir seu objetivo, eles descobrem que não havia mais terras sem donos.

A história de Steinbeck está ambientada nos anos 30. Mas a concentração fundiária vinha ocorrendo desde o início da década anterior, quando a queda continuada dos preços dos produtos agrícolas levou os fazendeiros a recorrer a empréstimos para modernizar a produção, hipotecando suas terras. O efeito, contudo, era o oposto ao desejado, pois quanto maior a oferta, menores eram os preços, tornando as dívidas impagáveis. As fazendas, então, investiam em mais tecnologia, a produção aumentava e os preços seguiam em queda, pressionando ainda mais os fazendeiros. Após o *crash,* a concentração se acelerou.

O republicano Herbert Hoover, eleito presidente em 1928, anunciava de peito estufado que nunca uma nação estivera tão perto de acabar com a pobreza de seu povo. O diagnóstico entrou para a ampla coleção das "famosas últimas palavras".

---

4   STEINBECK, John. *As vinhas da ira*. Rio de Janeiro, BestBolso, 2010, pp. 40-41

Milhares de pessoas tiveram que abandonar suas terras e lares e rodar sem rumo pelo país. "Os monstros" não se preocupavam com a vida e o sofrimento das pessoas, eles executavam as hipotecas e partiam deixando sonhos destruídos pelo caminho. Mas os dramas da vida real captaram a atenção de fotógrafos como Dorothea Lange, uma das primeiras a registrar o cotidiano dos excluídos do "sonho americano".

A febre especulativa

A palavra especular deriva de espelho, cuja propriedade é refletir o que é mirado. No campo das atividades financeiras, e do mercado de ações em particular, a especulação reflete as expectativas dos investidores diante do desempenho da economia no período futuro. Se as perspectivas são otimistas, a especulação aumenta: as apostas são maiores, assim como os riscos. Se as previsões não são boas, os indivíduos preferem manter seus capitais em aplicações seguras ou, simplesmente, "sob o colchão", o que esteriliza o dinheiro e reduz o financiamento de novos investimentos. Infelizmente para os investidores, existe muito de subjetivo nessas avaliações.

Sábios não são menos vítimas da subjetividade que os demais, como atesta a história de Irving Fischer, o mais importante economista dos Estados Unidos no início do século XX e um dos mais admirados pelos economistas da época, incluindo Keynes. Fischer se tornou um homem muito rico graças às suas teorias e análises, vendendo milhares de livros, fazendo consultorias empresariais e dando aulas na respeitada Universidade Yale. Como quase todos os "homens de visão", investiu sua fortuna em ações. Todavia, sua objetividade foi comprometida pela autoconfiança, pois no início de outubro de 1929 ele imaginou – e afirmou – que a cotação das ações permaneceria em patamares elevados por muito tempo. Poucas semanas mais tarde, o orgulhoso professor viu sua riqueza desaparecer sob os escombros do *crash*. Nos anos seguintes, viveu de favor na casa da cunhada, enquanto tentava entender em que ponto errara.

O incrível é que, ainda em 1928, economistas de Harvard alertaram para os riscos de uma recessão a partir do início de 1929. Eles se baseavam em dados que apontavam para a queda da produção em certos setores, bem como na diminuição dos investimentos produtivos em geral. Também chamavam a atenção para o aumento do número de hipotecas executadas e para o alto endividamento da população. Entretanto, como o inverno passou sem que nada especial tivesse ocorrido, o otimismo se manteve nas alturas, assim como a especulação financeira.

Os altos valores transacionados nos Estados Unidos contribuíam para aumentar a instabilidade do sistema financeiro internacional. Desde a crise do padrão ouro, os investidores haviam se tornado cautelosos, buscando economias mais estáveis para realizar seus investimentos. Os Estados Unidos se converteram no principal alvo dessas aplicações graças à vitalidade da Bolsa de Nova York, que superara a Bolsa de Londres em importância logo após a Grande Guerra. A concentração de capitais flutuantes em um único país desequilibrava a circulação de capitais em escala global. Esse desequilíbrio era mascarado por empréstimos americanos aos outros países. Entretanto, devido ao protecionismo comercial do credor, tornava-se cada vez mais difícil quitar os débitos, o que conduzia a novos empréstimos. Ao mesmo tempo, a lenta recuperação europeia fazia com que as operações de crédito fossem de curto prazo, deixando aberta a possibilidade de repatriar o capital rapidamente em caso de crise.

O sistema bancário dos Estados Unidos padecia de um problema de nascença: desde a independência se discutiam as vantagens e desvantagens de subordinar os bancos ao governo da União, prevalecendo a postura descentralizadora. O Sistema de Reserva Federal (Fed) só foi criado em 1913, e ainda assim com funções restritas. Uma delas era controlar a emissão da moeda, garantindo-lhe um valor único em todo o território nacional. Isso porque cabia às autoridades estaduais controlar a emissão de meios de pagamento – o que era feito através de licenças a bancos, financeiras e até farmácias! O país chegou a ter 30 mil diferentes "moedas", gerando tensão entre os estados do Leste, onde se localizavam os principais bancos e aos quais interessava uma moeda forte, e os estados agrícolas do Sul e do Oeste, com moedas inflacionadas porém necessárias à preservação do poder de compra e de investimento locais.

A outra função do Fed era assegurar a liquidez dos correntistas dos bancos associados ao sistema, em casos de crise. Funções fiscalizadoras e reguladoras eram fortemente combatidas, apesar da existência de milhares de bancos. Na análise de Galbraith:

> *Um fator contribuinte era o fato de que os bancos eram pequenos e locais, e consequentemente podiam acreditar no que especuladores acreditavam, sendo envolvidos pela mesma convicção eufórica de que os valores subiriam para sempre. O sistema bancário, tal como operava no século passado [o XIX] e mais tarde, estava bem organizado para expandir a oferta de moeda como exigia a especulação.*[5]

Nesse ambiente anárquico, começaram a se multiplicar as fraudes e as formas pouco éticas de especulação, justificadas pelos fabulosos lucros obtidos. Era nos pequenos bancos do interior que isso costumava ocorrer com maior frequência, porque muitos deles ainda estavam fora do Sistema de Reserva Federal. Concretamente, isso se traduzia, por exemplo, na emissão de empréstimos em valores muito superiores aos depósitos efetivos controlados pelo banco.

No campo da legalidade duvidosa, generalizou-se o chamado *call loan*. Baseava-se na prática do corretor de valores adiantar 90% do valor das ações ao

---

5   GALBRAITH, John Kenneth. *Moeda: De onde veio, para onde foi*. São Paulo, Novos Umbrais, 1983, p. 119.

comprador, que entrava com apenas 10%, enquanto empréstimos bancários forneciam os fundos necessários para alavancar a operação. Em dezembro de 1927, quatro bilhões de dólares eram movimentados em empréstimos dessa natureza; em junho de 1929, o valor havia saltado para sete bilhões e, no dia quatro de outubro, para oito e meio bilhões. O elevado montante de dinheiro necessário atraía investimentos estrangeiros, pressionando ainda mais o sistema financeiro internacional. Além disso, os bancos comerciais tomavam empréstimos do Sistema de Reserva Federal para financiar parte dessas operações, o que significava que o próprio Fed ajudava a financiar a especulação. Calcula-se, que dos cerca de 1,5 milhão de investidores na Bolsa de Nova York, 600 mil praticavam o *call loan*.

O céu não estava distante do inferno. Em setembro de 1929, o Índice Dow Jones registrou a marca histórica de 381,17 pontos para, em seguida, estacionar. Aparentemente, o elemento detonador do *crash* foi a falência do megaempresário inglês Clarence Charles Hatry, que constituíra um império explorando equipamentos fotográficos, caça-níqueis e diversas sociedades financeiras envolvidas em esquemas fraudulentos. Após ser denunciado tentando levantar empréstimos para cobrir negócios cujas garantias eram debêntures emitidas em duplicata, em 20 de setembro de 1929 a direção da Bolsa de Londres suspendeu todas as operações envolvendo suas firmas. Hatry foi julgado em dezembro e condenado a 14 anos de prisão.

Nos Estados Unidos, investidores alarmados começaram a se desfazer de suas aplicações e o Índice Dow Jones começou a cair a partir de três de outubro, um movimento que se acelerou após o dia 14. No 24, a "Quinta-Feira Negra", foram negociados 13 milhões em ações, enquanto o volume usual era de 4 milhões. Naquela mesma tarde, alguns banqueiros capitaneados por J. P. Morgan compraram grandes quantidades de ações e as cotações voltaram a subir. Entretanto, como a tendência de queda persistisse, na terça seguinte os banqueiros se desfizeram de suas ações e sobreveio o colapso final, com 16 milhões de ações negociadas. Foi a "Terça-Feira Negra".

A memória coletiva associa o *crash* à "Quinta-Feira Negra", mas o marco financeiro mais significativo é a terça seguinte. No fim de outubro, as perdas acumuladas atingiram a cifra de 15 bilhões de dólares. Até o final do ano, somados todos os tipos de títulos, as perdas chegaram a 40 bilhões.

Em frente ao Federal Hall, em Wall Street, sob o gesto protetor de George Washington, milhares de pessoas acompanharam a débâcle da Bolsa de Valores levar consigo as ilusões de enriquecimento fácil e prosperidade ilimitada.

O choque fulminante no coração do mercado financeiro internacional repercutiu de imediato no restante do planeta. Primeiro, com a falência de investidores estrangeiros que haviam aplicado seus capitais na Bolsa americana. A situação era particularmente grave quando se tratava de empresas, responsáveis por empregos, investimentos e pagamentos de grandes somas de impostos nos seus países de origem. Segundo, pela falência de americanos que possuíam negócios no exterior e repatriavam seu capital para cobrir outras perdas, sem grande sucesso. Terceiro, porque cessaram os empréstimos aos estrangeiros, ao mesmo tempo que venciam os empréstimos de curto prazo. Muitos bancos, sobretudo na Alemanha, Grã-Bretanha e Áustria, sucumbiram à desordem no mercado financeiro, e nem todos conseguiram se recuperar.

Todavia, à exceção da Alemanha, que se reerguera da crise inflacionária de 1923 escorada em ajuda americana, a tendência na Grã-Bretanha, Holanda, Escandinávia e Canadá foi uma depressão menos severa, com sinais de recuperação a partir de 1931. A França apresentou situação peculiar: a recessão foi mais sentida a partir da metade da década. Na América Latina, o *crash* afetou profundamente as economias exportadoras de *commodities*. Os efeitos da depressão atingiram de forma indireta as economias pré-industriais da África e da Ásia. Nas colônias, os governos metropolitanos trataram de elevar as cargas tributárias, a fim de drenar mais recursos para suas combalidas economias. O aumento da exploração contribuiria decisivamente para o crescimento dos movimentos anticolonialistas.

Uma nação deprimida

Os Estados Unidos sentiram os efeitos do *crash* durante toda a Grande Depressão. O conceito de depressão é aplicado pelos economistas a recessões muito prolongadas e sistêmicas, como a americana, que durou praticamente quatro anos antes que se iniciasse uma lenta, oscilante recuperação. Mas depressivo também foi o estado de espírito que se abateu sobre o país, pondo em xeque seu sistema de valores. O desânimo, a descrença representaram importante obstáculo psicológico para a superação dos problemas, assim como o excesso de confiança do período anterior havia contribuído para a própria crise.

A dificuldade para interromper o quadro de desaceleração econômica resultou, em parte, da manutenção dos cânones da economia liberal pelo governo de Hoover. Para os liberais, a crise era vista como um momento de ajuste da economia, servindo para eliminar as empresas menos competitivas e mal administradas, enquanto as mais fortes sobreviveriam e impulsionariam uma nova fase de expansão. A essa avaliação se somava o julgamento moral generalizado de que, enfim, os gananciosos estavam sendo punidos – e mereciam o castigo.

O ciclo da queda se autoalimentava, no ritmo da deflação. O empresariado cortava investimentos e reduzia os salários, a fim de baixar os custos de produção e preservar parte de seus lucros. Agindo assim, comprimia-se ainda mais o mercado consumidor. E os compradores, temerosos quanto ao futuro, adiavam seus gastos, especialmente ao se darem conta de que a espera era recompensada por preços cadentes.

Os bancos, profundamente envolvidos no processo especulativo, foram atingidos de modo direto pelo turbilhão. A insolvência de correntistas e dos tomadores de empréstimos provocou a execução de aproximadamente 33 mil hipotecas por dia até 1932. Tal situação, além de deixar famílias sem ter onde morar, atingiu também empresas, escritórios e lojas, cujas falências alastravam o desemprego. Aos bancos, todavia, não interessava acumular imóveis e sim vendê-los para recuperar o capital investido. Mas vender para quem?

Sem capital de giro, os bancos começaram a cair como dominós: em 1929, 659 deles fecharam suas portas; em 1930, 1.352; em 1931, 2.294. Ao primeiro sinal de instabilidade, os correntistas corriam para sacar seu dinheiro, provocando mais falências. Quando Franklin Delano Roosevelt assumiu a presidência, em 1933, outros 4.004 foram fechados. Centenas de *holdings* e trustes aos quais os bancos estavam associados foram afetados pela descapitalização, e muitos fecharam suas portas para sempre.

As estatísticas brutas oferecem uma paisagem superficial da Grande Depressão. Tomando-se como base o índice 100 para o ano de 1929, a produção industrial nos Estados Unidos caiu para 54 em 1932 e a fabricação de automóveis, para 26. O índice Down Jones recuou para 44,22 pontos em julho de 1932. O Produto Nacional Bruto reduziu-se à metade: de 80 para 40 bilhões de dólares. No mesmo intervalo, os salários diminuíram entre 50% e 60%, enquanto o desemprego atingia a cifra de 12 milhões de pessoas, para uma população de 126 milhões. Em algumas cidades, o desemprego alcançou 80% da população ativa. A coleta de impostos ficou tão comprometida que, em muitos lugares, as prefeituras suspenderam o pagamento de salários dos seus funcionários. Enquanto milhares de pessoas passavam fome, alimentos apodreciam nas fazendas sem sequer serem colhidos, pois o preço pago não valia a pena.

Os dados humanos falam mais alto que as estatísticas econômicas, embora sejam mais difíceis de serem avaliados. Para os que viviam na pobreza, a situação se tornou ainda mais difícil e, nesse grupo, a população negra foi a mais prejudicada. Os empregos, raros e mal remunerados, ficaram ainda mais difíceis. O trabalho doméstico, que empregava uma parcela significativa de mulheres negras, deixou de existir para grande parte delas, e muitas, sem opção, foram obrigadas a se prostituir. Se o ritmo frenético do jazz fora a expressão dos loucos anos 20 e da incorporação de elementos da cultura negra pelos brancos da classe média, nos anos 1930 seria a vez de o blues sair dos guetos e ganhar a alma entristecida da nação.

Não tem sentido comparar sofrimentos. Contudo, para os trabalhadores mais bem remunerados e para a classe média, o baque do *crash* deve ter sido mais chocante – afinal eles acreditavam ter ingressado na esfera dos eleitos do *American way of life* e, de repente, viram-se arremessados porta afora. Pior ainda, em uma sociedade que valorizava o mérito individual e o progresso pelo trabalho, as políticas assistenciais da Grande Depressão – os sopões para os pobres e similares – tiveram um efeito deletério, baixando ainda mais o moral das pessoas e quebrando-lhes o amor-próprio. É isso que retrata uma passagem de *As vinhas da ira*:

> *A gente tava quase morrendo de fome. Eu, meu marido e as crianças. E chovia muito. Alguém aconselhou a gente a procurar o Exército da Salvação. – Seu olhar tornou-se feroz. – A gente tava com muita fome, e eles se aproveitaram disso e fizeram com que a gente bajulasse eles pra obter um pouco de comida. Acabaram com toda a nossa dignidade, aqueles... tenho um ódio daquela gente que nem sei. (...) Nunca vi meu marido tão abatido, tão humilhado como naquele dia...*[6]

Nos primeiros meses de desemprego, as pessoas buscavam trabalho freneticamente, depois vinha o abatimento e, por fim, o isolamento social, pois todo contato se tornava uma exposição do fracasso individual. Muitas famílias foram destruídas em meio à crise: suicídios, abandono dos lares por maridos envergonhados de sua incapacidade de prover o sustento da família, filhos que partiam a fim de aliviar o fardo para os pais.

Famílias alugavam cômodos em suas casas a fim de dividir despesas. Dorothy Kahn, diretora executiva da Sociedade de Assistência aos Judeus, relatava o caso de uma família de dez pessoas que se tinha mudado para um apartamento de três quartos, onde já havia uma família de cinco pessoas. "Isto choca os membros dessa comissão, mas é uma ocorrência quase diária entre nós. Os vizinhos aceitam hóspedes. Estes dormem em cadeiras ou no chão."[7] Quem não tinha nem essa chance se juntava a outros sem-teto nas hoovervilles, os acampamentos assim batizados em homenagem ao estimado presidente Hoo-

---

6   STEINBECK, John. Op. cit., p. 403.

7   HUBERMAN, Leo. Op. cit., p. 235.

Cena comum durante a depressão: para economizar as despesas com combustível, muitos motoristas atrelaram seus carros a cavalos e mulas.

ver. Eles surgiam em terrenos baldios e eram erguidos com papelão, latão, tábuas, lonas e, às vezes, em carros velhos transformados em "lares".

A Rota 66, celebrizada mais tarde pelos *beatniks*, tornou-se uma espécie de escoadouro social, recebendo os excluídos que seguiam por ali até o mítico Oeste para depois retornar ainda mais desiludidos; uma multidão de esfarrapados e esfomeados que ia enterrando seus mortos ao longo do caminho. Já os solitários, sobretudo os homens, viviam como nômades, viajando ilegalmente nos trens e cruzando o país atrás de serviço ou praticando pequenos delitos aqui e ali. Quando, nos anos 1960, os *hippies* retomaram a ideia da aventura e associaram a liberdade aos trilhos dos trens abertos para o horizonte do Oeste, não imaginavam como a experiência de seus predecessores havia sido pouco romântica.

A Grande Depressão contribuiu para disseminar um comportamento escapista, manifesto na multiplicação dos jogos de azar e nas apostas em cavalos. Havia também todo tipo de concurso disputado por desempregados, como as maratonas de dança nas quais os casais deveriam vencer a própria exaustão em troca de comida e alguns dólares – isso na hipótese improvável de triunfarem. Horace McCoy tematizou o amargo espetáculo no romance *They shoot horses, don't they?*, de 1935, fonte do filme *A noite dos desesperados*, de Sydney Pollack. No terceiro ano da depressão, uma nação destroçada, desencantada com seus líderes e seus sábios, descrente dos próprios valores, clamava por um messias que a guiasse de volta à Terra Prometida.

Avida Dollars

André Breton, o pai do movimento surrealista, criou um anagrama com o nome do também surrealista Salvador Dalí: Avida Dollars. Para um revolucionário como Breton, era quase um insulto que o pintor espanhol se dispusesse a produzir obras de estrito apelo comercial. Ele pensava nas ilustrações para a revista *Vogue*, que serviam de suporte para a venda de sofisticados produtos como echarpes da Bergdorf Goodman e bolsas da Mark Cross, e na associação com a estilista italiana Elsa Schiaparelli para criar roupas destinadas ao consumo da "burguesia".

Gostasse ou não Breton, Schiaparelli foi uma estilista revolucionária, incorporando os princípios do surrealismo à alta costura. E muitas madames modernosas acharam o máximo usar um chapéu com a forma de sapato, criado por Elsa e Dalí. Esse deslocamento aparentemente estranho leva à pergunta: o que teria acontecido com o senso estético dos endinheirados após a Grande Guerra, que passaram a consumir o que a princípio tinham recusado com escândalo? O que era feito daquela arte acadêmica que os movimentos de vanguarda tanto criticaram e que era a própria imagem da arte da elite? E, afinal, o que acontecera com as próprias vanguardas?

De certo modo, as vanguardas foram absorvidas pela sociedade industrial. As novas tecnologias e seus meios de produção seduziram muitos artistas. Ao mesmo tempo, a indústria precisava estabelecer empatia com seus potenciais consumidores e isso seria mais fácil se fossem incorporados os signos e símbolos com os quais as pessoas das diferentes classes sociais pudessem se identificar, numa interminável simbiose. A arte forneceria os conteúdos para a nascente indústria cultural.

O movimento da *art déco* inaugurou a nova era. Ao contrário das vanguardas, com seus manifestos e ambições revolucionárias, a *art déco* não tinha nenhum programa político ou cultural, sendo pautada apenas pelo compromisso com a beleza e a funcionalidade. Nesse sentido, caracterizou-se pelo ecletismo, incorporando elementos do expressionismo, dadaísmo, cubismo, construtivismo, *art nouveau*, Bauhaus, futurismo – desde que aplicados às artes decorativas. Foi como se as dificuldades e sofrimentos trazidos pela guerra levassem as pessoas a desejar coisas leves e agradáveis e, na esteira do crescimento econômico dos anos 1920, acessíveis ao maior número possível de consumidores.

No quadro de recessão do pós-guerra, o luxo excessivo tornara-se "esnobe", "frívolo" e mesmo "impatriótico". A ambição dos criadores era baixar custos, encontrar a beleza nos novos materiais, tornar a arte acessível às massas, retirando-a de sua redoma. Na joalheria, por exemplo, pedras opacas e semipreciosas foram valorizadas em detrimento das pedras preciosas. Para a massa, surgiram as bijuterias.

O marco fundador foi a Exposição Internacional de Artes Decorativas e Industriais Modernas, em 1925, em Paris. O nome *art déco* emergiu muito mais tarde, nos anos 1960, para designar o movimento iniciado na França com a finalidade de tirar as artes decorativas da posição secundária que ocupavam até então. Apesar de nascido em ambiente europeu, foi nos Estados Unidos que a novidade deitou raízes mais profundas. Um dos motivos teria sido exatamente a falta de um passado de tradições acadêmicas, cuja inércia tendia a dificultar as inovações. A nova estética influenciou a arquitetura, o urbanismo, o mobiliário, o *design* de interiores, a publicidade, as artes gráficas e, em crescente associação com o cinema, a cenografia e a moda. Foi nessa época que surgiu o *prêt-à-porter*, a moda pronta, produzida em série, de baixo custo, para consumidores de todas as categorias sociais.

A linguagem da *art déco* exprimia o encantamento com a "era das máquinas", frequente em seus temas decorativos, assim como no uso de materiais sintéticos como aço inoxidável, alumínio, vidro, madeira compensada e baquelite. Um dos precursores da integração entre *design*, arte e funcionalidade foi Walter Gropius, fundador da Bauhaus na Alemanha e, mais tarde, professor na Universidade Harvard.

A sujeição da estética à indústria – tão facilmente reconhecida hoje no universo da moda – produziu expressões às vezes contraditórias na superfície, embora coerentes com seus pressupostos. Anos mais tarde, críticos rotulariam esse procedimento como *kitsch*. A imagem da mulher oferece uma ilustração da divergência. Nos "loucos anos 20", a figura da melindrosa de cabelos curtos, roupas retas e soltas (livre da opressão dos espartilhos e saiotes), fumando, dançando e rindo, imperava nos temas decorativos. Ela representava a Nova Mulher, que votava, trabalhava, praticava esportes e já não era escrava do poder patriarcal e da moral conservadora. Sob os efeitos da depressão, na década de 1930 tudo mudou. A rejeição ao excesso de liberalidades realimentou o discurso moralista – e a moda voltou a destacar as linhas femininas com cinturas altas e seios avolumados, obtidos graças às cintas elásticas e sutiãs com enchimentos. A roupa lembrava às mulheres que elas deveriam retomar seus papéis domésticos de mães e esposas, deixando para os homens o disputado mercado de trabalho.

O princípio da síntese de contrários – ou, mais ainda, da miscelânea – desponta no amálgama de traços futuristas e elementos estéticos relacionados a civilizações extintas. As descobertas arqueológicas, desde o final do século anterior, estimulavam a imaginação do público: zigurates mesopotâmicos, pirâmides maias, ruínas astecas, arianos na Índia – tudo tão... exótico! Ouviam-se ainda os ecos do romantismo, que cercavam a vida dos exploradores, homens destemidos e sábios. A *art déco* incorporou, como tema ou elementos de composição, figuras estilizadas das antigas civilizações desenterradas nos sítios arqueológicos.

A admiração pelo antigo nada tinha de saudosista. O futuro era desejado com mais intensidade ainda. Velocidade, força, autonomia perante a natureza – tudo tão... excitante! Uma contribuição original dos americanos para a *art déco* foi o chamado *streamline moderne*, ou seja, a incorporação dos novos traços aerodinâmicos advindos do desenvolvimento da aviação e balística aos objetos em geral. Torradeiras, geladeiras, edifícios, lustres – se a aparência for arredondada e, ao mesmo tempo, houver simetria e simplicidade de linhas, isso é *streamline*.

Da indústria à arte, e vice-versa. O *design* automobilístico seria claramente influenciado por essa alteração estilística. Carros de frente retangular e traços retos, como o Ford T, perderam espaço para as linhas arredondadas que marcariam os automóveis dos anos 1940 e 1950. Mas, como nada muda tão depressa, o primeiro modelo concebido sob o novo estilo, o Chrysler Airflow, lançado em 1933, foi um fracasso de vendas.

Mesmo tendo sido ultrapassado na condição de edifício mais alto do mundo apenas um ano após a sua construção, o Chrysler Building permaneceu como marco de uma era na qual o dinheiro corria fácil e os empresários acreditavam-se capazes de superar qualquer limite.

Contra o céu de Nova York se destacam os dois marcos mais ambiciosos daquela era de prosperidade, depressão e *art déco*. O Chrysler Building, iniciado em setembro de 1928, completou-se em maio de 1930. O Empire State Building começou a ser construído em janeiro daquele ano e foi inaugurado no 1º de maio de 1931. Ambos começaram a ser projetados antes do *crash*, no tempo do dinheiro farto, quando os empreendedores da metrópole se entregaram a uma competição para ver quem construiria o prédio mais alto do mundo.

O Chrysler é um dos mais importantes exemplos da aplicação da *art déco* à arquitetura. Seu perfil de linhas sóbrias e topo escalonado remete à forma dos zigurates, uma característica também presente no Empire State e muitos outros edifícios desse estilo. Mas é a coroa do topo, toda revestida de um aço brilhante, chamado Nirosta, que o torna especial. Seus arcos têm o desenho dos raios do sol, um motivo comum nas culturas antigas. Os cortes triangulares das janelas conferem ao conjunto a aparência da grelha de um radiador e, assim como outros elementos decorativos da fachada, se referem explicitamente aos modelos de automóveis Chrysler.

O Empire State foi construído para ser um prédio de escritórios, mas inaugurado em plena depressão, quase não conseguiu locatários. No seu primeiro ano de vida, a renda obtida com os ingressos para acesso ao terraço que dava vista para a cidade atingiu soma equivalente à dos aluguéis pagos. Durante duas décadas, o edifício permaneceu praticamente vazio, como símbolo de uma era de desperdício. Naqueles anos, os nova-iorquinos o rebatizaram de Empty State Building.

Todos contra todos: o colapso do mercado mundial

Se dermos crédito a Alan Greenspan, acreditaremos que o ouro não é apenas um metal, nem somente um símbolo célebre de riqueza, mas o veículo material indispensável da liberdade. "Ouro e liberdade econômica são inseparáveis", de tal modo que "cada um implica e requer o outro", escreveu o então presidente de uma firma de consultoria econômica, duas décadas antes de ser indicado para a chefia do Federal Reserve (Fed), o banco central americano, onde passaria outras duas décadas traindo seus textos ultraliberais da juventude.[1]

Segundo o argumento de Greenspan, que é o dos liberais libertários seguidores da Escola Austríaca, o padrão ouro funcionaria como um seguro contra a emissão de dinheiro pelos bancos centrais. O teorema inteiro pode ser expresso em três passos.

---

1 GREENSPAN, Alan. "Gold and economic freedom". In: RAND, Ayn. *Objectivist newsletter*, 1966.

Primeiro: o Estado intervencionista suga a riqueza social por meio da taxação, mas há nítidos limites políticos para o aumento de impostos. Segundo: para circundar esse problema, o Estado fabrica o dinheiro que financiará os gastos públicos, provocando inflação e, por meio desta, confiscando riqueza dos indivíduos. Terceiro: sob um perfeito padrão ouro, tal confisco seria impossível, em virtude do poder dos indivíduos de trocar o papel-moeda por ouro.

Mas, se o valor das moedas se conserva constante em relação ao ouro e as notas bancárias podem ser sempre convertidas no metal, os Estados estão praticamente impedidos de emitir dinheiro em cenários de crise e urgência, como as guerras. O período inaugural do padrão ouro na Grã-Bretanha entrou em colapso com as Guerras Napoleônicas, que provocaram sucessivas exigências de empréstimos do primeiro-ministro William Pitt ao Banco da Inglaterra. O colapso levou à instalação de uma comissão parlamentar consagrada a debater as causas da inflação.

Na Comissão Especial sobre o Alto Preço do Ouro despontou a figura de um corretor londrino de origem judaica que logo alcançaria a fama. Seu nome era David Ricardo e seus conselhos seriam decisivos na opção pelo que se batizaria oficialmente como padrão ouro. "Uma moeda, para ser perfeita, deve ser de valor absolutamente constante", pontificou Ricardo, que nutria escasso interesse pelas imperfeições do mundo real, como a guerra.[2] A sua opinião só venceu após a derrota de Napoleão Bonaparte, mas o triunfo não poderia ser mais completo. No diagnóstico de Keynes, o mais notório crítico do padrão ouro no século XX, Ricardo conquistara a Grã-Bretanha "tão completamente como a Santa Inquisição havia conquistado a Espanha".[3]

O padrão ouro foi restaurado na Grã-Bretanha em 1821, quando o país experimentava o ápice de seu poder comercial mundial, e difundiu-se internacionalmente durante o ciclo da "primeira globalização". A Holanda, outra pioneira da globalização, fixou sua moeda ao ouro um pouco antes, em 1818. A partir da década de 1870, o exemplo britânico foi seguido pelo Japão, pelo Império Alemão, pelos Estados Unidos, pela União Monetária Latina (França, Bélgica, Itália e

---

2 GALBRAITH, John Kenneth. *Moeda: de onde veio, para onde foi*. São Paulo, Pioneira, 1983, p. 40.

3 GALBRAITH, John Kenneth. Op. cit., p. 41.

Suíça), pela União Monetária Escandinava (Suécia, Noruega e Dinamarca), pela Espanha, pelo Império Austro-Húngaro e pela Rússia. Com a exceção dos Estados Unidos, que persistiram até 1913 no experimento de negócios bancários não regulamentados, os bancos centrais detentores do poder monopolista de emitir moeda surgiram paralelamente à adoção do padrão ouro.

Crises esporádicas provocavam suspensões temporárias do padrão ouro. Os Estados Unidos suspenderam a conversibilidade durante a Guerra de Secessão e alguns países europeus agiram de modo similar por curtos períodos, mas a era de estabilidade monetária perdurou, gloriosa, até a Grande Guerra. Em 1914, as reservas de ouro da Europa começaram a fluir descontroladamente para os Estados Unidos. Os europeus precisavam do trigo e do aço americanos para fazer a guerra e os investidores procuravam segurança na grande potência distante do conflito. O desequilíbrio destruiu o sistema nas duas pontas e, um após o outro, os governos suspenderam a conversibilidade.

As estrelas continuam a brilhar no firmamento muito tempo depois de sua implosão final. O padrão ouro morreu de fato na Grande Guerra, mas a memória de seu brilho conduziu os líderes políticos à aventura impossível, às vezes desastrosa, de restaurá-lo. Os Estados Unidos o fizeram antes de todos. Winston Churchill, então ministro do Tesouro britânico, retomou a conversibilidade em 1925, apenas um ano depois de Keynes qualificar o padrão ouro como "uma relíquia bárbara". A fim de atrair ouro de volta, a Grã-Bretanha se engajou na valorização da libra, o que teve efeitos recessivos em todo o Império Britânico. Para combater a hiperinflação, a Alemanha de Weimar criou uma nova moeda, o Reichmark. Contudo, sem ouro suficiente para lastreá-lo, o Reichmark teve seu valor fixado ao da libra, num expediente adotado também por outros países. No fim das contas, fora dos Estados Unidos não existiam reservas de ouro capazes de espelhar as notas bancárias em circulação. A estrela brilhava, mas já desaparecera do firmamento.

Uma lenda de manual assegura que a Grande Depressão dos anos 1930 decorreu, em linha direta, do *crash* da Bolsa de Nova York de 1929. A história econômica demonstrou, contudo, que o desastre genuíno começou quase três anos mais tarde, como fruto de uma cadeia de decisões adotadas pelos bancos centrais das grandes potências, nos dois lados do Atlântico. A nostalgia da "relíquia bárbara" desempenhou um papel crucial na organização da catástrofe.

Fachada das instalações provisórias do Museu de Arte Moderna de Nova York (MoMA), pouco antes de sua inauguração, a 7 de novembro de 1929, nove dias após a quebra da Bolsa, em Wall Street. Quadros de Van Gogh, Cézanne e Gauguin ocuparam os lugares centrais da exposição inaugural. Uma exposição de Van Gogh, em 1935, converteu-o no ícone da arte moderna.

Uma cruz de ouro

O Fed reagiu de forma burocrática ao pânico de outubro de 1929, pouco fazendo para restaurar o crédito, que secava rapidamente. Uma tragédia começou a tomar forma no fim de 1930, quando 608 bancos quebraram, entre os quais o Banco dos Estados Unidos, no qual se concentrava mais de um terço dos depósitos perdidos. O banco crucial poderia ser salvo por uma fusão, mas as negociações falharam diante de autoridades monetárias quase impassíveis. Nos meses seguintes, o Fed ateou fogo à palha seca, reduzindo a quantidade de crédito disponível.

A crise financeira desatada pelo *crash* era, sobretudo, de falta de liquidez. O Fed poderia vender parte de suas abundantes reservas de ouro para injetar crédito no mercado. Mas o fetiche do padrão ouro tinha efeitos paralisantes: nada se fazia que pudesse acarretar a desvalorização do metal e, portanto, também do dólar.

A SEGUNDA MORTE DE ADAM SMITH

O comportamento das finanças nas crises permanecia envolto em uma espessa camada de mistério, e os bancos centrais agiam por impulso. Certa vez, indagaram de Montagu Norman, presidente do Banco da Inglaterra entre 1920 e 1944, suas razões para adotar determinada política. A réplica, desconcertante: "Eu não tenho razões. Eu tenho instintos."[4] A Grã-Bretanha abandonou o padrão ouro em setembro de 1931, o que precipitou uma corrida aos bancos, na Europa e nos Estados Unidos, para converter notas bancárias em ouro. O Fed tinha reservas suficientes de ouro, mas cedeu ao instinto de preservá-las, aumentando a taxa básica de juros para sustentar o valor do dólar. O resultado, previsível, foi catastrófico para os bancos, que operavam com empréstimos crescentes do Fed. Entre agosto de 1931 e janeiro de 1932 a quebradeira tragou, impiedosa, 1.860 bancos.

No meio do caos, o Fed passou a oscilar como a agulha de uma bússola imprestável, adotando iniciativas incoerentes. Em abril de 1932, sob pressão política insuportável, o banco central finalmente realizou vultosas operações de venda de ouro, mas já era tarde e as falências bancárias prosseguiram. Enfrentando corridas aos bancos, as autoridades monetárias estaduais decretavam desesperados "feriados bancários", que concorriam para difundir o pânico. A confiança no sistema financeiro desaparecera e a queda parecia não ter fim.

Franklin D. Roosevelt derrotou fragorosamente o pobre republicano Hoover em novembro de 1932, conseguindo mais de 57% dos votos válidos e vencendo em 42 dos então 48 estados. Com o desenlace se espalhou o rumor de que o novo governo desvalorizaria o dólar. A manada de investidores e depositantes, americanos e estrangeiros, correu ao Fed para converter seus dólares em ouro. O banco central tentou conter o estouro por uma nova elevação da taxa de juros, injetando veneno nas veias de um sistema em coma. Os bancos que ainda nadavam contra a corrente foram arrastados violentamente para trás. Dois dias depois da posse de Roosevelt, no 6 de março de 1933, um "feriado bancário" nacional assinalou a morte de 2 mil bancos.

No total, ao longo da incrível sequência de erros das autoridades monetárias, desapareceram da paisagem 11 mil dos 25 mil bancos americanos.

---

4 "Lords of finance". *The Economist*, 8 de janeiro de 2009.

Obras da Golden Gate Bridge, em São Francisco, iniciadas em 1933 e completadas em 1937. Sob o impacto da depressão, a obra quase foi cancelada, por falta de fundos. A aquisição de todos as ações do projeto pelo Bank of America financiou a construção.

Junto com eles, evaporou o dinheiro e o crédito que irrigavam os negócios. Os bancos sobreviventes registravam depósitos superiores aos de antes da crise e a posse de moeda corrente nas mãos do público em geral aumentou em 31%. A contrapartida assustadora: os empréstimos minguaram em quase 50% e os depósitos totais nos bancos comerciais recuaram em 37%. Uma síntese da queda livre:

> *Os números absolutos revelam a dinâmica letal da "grande contração". Um aumento da moeda corrente nas mãos do público de US$ 1,2 bilhão foi conseguido ao custo de um declínio de US$ 15,6 bilhões de depósitos bancários, e um declínio de US$ 19,6 bilhões em empréstimos bancários, o equivalente a 19% do PIB de 1929.[5]*

O democrata William Jennings Bryan, que viria a ser secretário de Estado de Wilson, figurou entre os ferozes inimigos da adoção do padrão ouro

---

5 FERGUSON, Niall. *A ascensão do dinheiro*. São Paulo, Planeta do Brasil, 2009, p. 155.

nos Estados Unidos do final do século XIX. Num dos mais célebres discursos da história americana, pronunciado em 1896 perante a convenção nacional de seu partido, ele alertou contra o risco de "crucificar a humanidade numa cruz de ouro".[6] Às vésperas do grande pânico, o quarteto de chefes dos bancos centrais das potências – Benjamin Strong, do Fed, Norman, do Banco da Inglaterra, Émile Moreau, do Banco da França, e Hjalmar Schacht, do Riechsbank alemão – estava pronto a crucificar a humanidade na cruz dourada. Anos antes, um empréstimo organizado por Strong propiciara o retorno da Grã-Bretanha ao padrão ouro e, em 1927, um conselho de Norman persuadira o colega americano a reduzir as taxas de juros, estimulando a louca especulação no mercado acionário.

Strong morreu um ano antes do *crash* mas, na hora do pânico, seu sucessor e as contrapartes europeias agarraram-se instintivamente ao ouro e, por meio de irracionais elevações das taxas de juros, fabricaram a Grande Depressão. Num franco reconhecimento de culpa, o britânico Norman ofereceu, duas décadas mais tarde, o seguinte diagnóstico: "Não obtivemos absolutamente nada, a não ser coletar dinheiro de um monte de pobres-diabos e o espalhar aos quatro ventos."[7]

O dogma caiu pela força devastadora dos eventos. A Grã-Bretanha renunciou ao padrão ouro em 1931. Alemanha e Áustria, marcadas pelos traumas de hiperinflações recentes, se apegaram por mais algum tempo à âncora do metal, mas Hitler, apontado primeiro-ministro em 1933, desvalorizou a moeda e reduziu as taxas de juros. A França, atingida de modo menos letal, permaneceu fiel ao deus caído até 1936.

Nos Estados Unidos, Roosevelt ouviu os conselhos de Irving Fisher e de Keynes, que advogavam o abandono do padrão ouro, e aceitou o silogismo de um obscuro economista da Universidade de Cornell. George Warren imaginava que, se a queda continuada dos preços estava associada à recessão, então uma recuperação decorreria do aumento generalizado dos preços, ou seja, da desvalorização da moeda. Contrariando uma opinião ainda majoritária, in-

---

6   Bryan's "Cross of gold" Speech. History Matters.
7   "Lords of finance". *The Economist*, 8 de janeiro de 2009, op. cit.

clusive entre seus assessores, o presidente renunciou ao padrão ouro em abril de 1933 e começou a elevar o preço do metal, conduzindo-o rapidamente da cotação de 31,36 dólares por onça para a de 35 dólares por onça. A economia voltou, então, a andar para a frente.

A espiral em contração

A cruz do padrão ouro foi despedaçada ao longo de meia década, mas o protecionismo comercial a substituía, desarticulando o mercado mundial e instalando de uma vez a Grande Depressão. A guerra protecionista foi deflagrada pelos Estados Unidos, por meio da Tarifa Smoot-Hawley.

A história da mais mal-afamada tarifa alfandegária de todos os tempos começa bem antes do *crash*, em 1922, com a aprovação da Tarifa Fordney-McCumber, destinada a proteger os agricultores americanos da concorrência externa reativada após o fim da Grande Guerra. O mentor da iniciativa fora o senador republicano Reed Smoot, de Utah, e ela se inscrevia na orientação geral isolacionista dos Estados Unidos. No início de 1928, reagindo ao esfriamento do mercado de trabalho, o mesmo Smoot preparou uma nova lei tarifária, que seria convertida em bandeira da vitoriosa campanha eleitoral de Hoover.

Na sua versão original, a lei aumentava as tarifas sobre produtos agrícolas mas reduzia as incidentes sobre bens industriais. No Congresso, contudo, os debates se prolongaram até o início de 1930 e resultaram numa segunda versão, que atendia aos diversos interesses protecionistas estaduais e elevava todas as tarifas. Mais de mil economistas americanos, inclusive o notável Irving Fisher, assinaram uma petição a Hoover pedindo o veto à lei tarifária. Henry Ford, apoiado por executivos de outras companhias de automóveis, se reuniu com o presidente para implorar o veto do que crismara como "uma estupidez econômica".[8] Hoover não gostava da lei, e deixou isso mais do que claro, porém não pretendia colidir com seu partido e a maioria parlamentar. A Tarifa Smoot-Hawley foi assinada e se tornou um ícone inigualado da marcha destrutiva do protecionismo.

---

8 "Shades of Smoot-Hawley". *Time*, 7 de outubro de 1985.

Os impactos diretos da lei tarifária na configuração da Grande Depressão constituem, até hoje, objeto de acesa polêmica entre os economistas. Contudo, seus efeitos geopolíticos se evidenciaram ainda na etapa final de debates no Senado americano. Um mês antes da assinatura de Hoover, o Canadá retaliou, aumentando tarifas sobre um terço dos produtos importados do vizinho e se movendo na direção da esfera comercial da Comunidade Britânica. Outros parceiros comerciais dos Estados Unidos protestaram contra a nova legislação, ameaçaram boicotes a produtos americanos e, em alguns casos, adotaram iniciativas retaliatórias.

O passo seguinte na implosão das teias do comércio mundial foi a renúncia da Grã-Bretanha ao padrão ouro e a consequente desvalorização da libra, em setembro de 1931. A maior parte dos principais parceiros comerciais britânicos abandonou o ouro logo em seguida, promovendo desvalorizações competitivas de suas próprias moedas. Mas as coisas não pararam por aí. O gesto britânico foi complementado por uma elevação das tarifas alfandegárias domésticas, o que provocou uma reação protecionista em cadeia, com o erguimento de paliçadas tarifárias ao redor dos mercados nacionais em toda a Europa. As muralhas de proteção foram fortificadas por barreiras não tarifárias. A França tomou a dianteira nessa frente da guerra comercial, impondo cotas de importação sobre cinquenta itens em 1931, que se transformaram em 1.100 itens no ano seguinte.[9] O liberalismo batia em retirada, sob o rufar de tambores dos nacionalistas.

As exportações totais dos Estados Unidos retrocederam de 5,4 bilhões de dólares em 1929 para 2,1 bilhões de dólares em 1933. Na outra ponta, as importações totais dos Estados Unidos reduziram-se de 4,4 bilhões de dólares para 1,5 bilhão de dólares. O comércio transatlântico sofreu um golpe ainda mais severo. As exportações americanas para a Europa encolheram de 2,3 bilhões de dólares, no ano do *crash*, para 784 milhões de dólares em 1932, enquanto as importações caíam 1,3 bilhão de dólares para quase insignificantes 390 milhões de dólares. Os eleitores não concederam, em 1932, novos mandatos a Reed Smoot nem ao também republicano Willis C. Hawley, o coautor da lei tarifária largamente percebida como deflagradora do desastre.

---

9   MADSEN, Jakob B. "Trade barriers and the collapse of world trade during the Great Depression". *Southern Economic Journal*, vol. 67, nº 4, abril de 2001.

Protesto de desempregados, na Inglaterra, na fase inicial da Grande Depressão. A crença solar na regulação automática do mercado e no equilíbrio mágico entre oferta e procura sofria um golpe fatal. O Estado entrava na cena econômica para nunca mais sair. Mises perdia; Keynes triunfava.

Os valores de conjunto do comércio mundial formam a imagem impressionante de uma espiral em contração. No mês de janeiro de 1929, as importações globais perfaziam cerca de 3 bilhões de dólares. No mesmo mês, em 1932, não atingiram 2 bilhões de dólares. O ritmo da queda continuava a aumentar e a marca de um bilhão de dólares ficou para trás no início de 1933. Dois meses mais tarde, as importações mensais do mundo não chegavam a 500 milhões de dólares.[10] Somente em 1937 o comércio mundial retornou aos níveis de 1929.

Nesse intervalo, a teia de intercâmbios construída ao longo da "primeira globalização" entrava em colapso, provocando ondas de choque por todo o mundo. O declínio dos mercados na América do Norte e na Europa derrubou a demanda e os preços dos bens tropicais e dos minérios, atingindo os pecuaristas da Argentina e do Uruguai, os cafeicultores do Brasil, os mineiros do estanho da Bolívia e os do cobre no Chile, os exportadores de óleo de palma do Sudeste Asiático, os criadores de ovelhas da Austrália, os plantadores de cacau

---

10 World Bank. *World development report 1984*, Oxford University Press, 1985, p. 21.

A SEGUNDA MORTE DE ADAM SMITH

da Costa do Marfim. Na América Latina, em especial, as antigas elites livre-cambistas perderam o monopólio do poder político, dando lugar a regimes nacionalistas e a políticas de estímulo à industrialização.

O sistema de comércio mundial estava fincado sobre a chamada cláusula de "nação mais favorecida". A expressão significa o contrário do que parece. Os acordos de comércio organizados em torno dela estabelecem que as vantagens oferecidas ao parceiro se estendem a todos os demais parceiros – ou seja, nenhuma nação é "mais favorecida" que as outras. Contudo, a cláusula liberal desapareceu de quase 60% dos 510 acordos de comércio firmados ao longo dos anos 1930.[11] Em meados do decênio, boa parte dos intercâmbios se transformara, no fundo, em trocas bilaterais do tipo escambo. O Brasil, que firmara 31 acordos comerciais com cláusula de "nação mais favorecida" nos três primeiros anos da década, denunciou todos eles em 1935.

Uma torre alta

"Todo mundo fala sobre Lenin e leninismo, mas Lenin já se foi há muito tempo (...). Viva o stalinismo!" Lazar Kaganovitch "foi o primeiro stalinista verdadeiro", segundo o autor de uma justamente celebrada biografia de Stalin. A proclamação aduladora emergiu num jantar com o próprio ditador, que retrucou indagando como ele ousava afirmar tal coisa e oferecendo seu próprio diagnóstico: "Lenin era uma torre alta e Stalin é um dedo mínimo."[12]

Na URSS do final dos anos 1920, stalinismo era ainda uma expressão permitida apenas aos camaradas aduladores do ditador. Logo, contudo, chegava ao público ocidental por meio dos artigos de Walter Duranty, o correspondente do *New York Times* em Moscou que alcançara notoriedade mundial no ano do *crash*, quando Stalin lhe concedeu uma entrevista exclusiva. Nos anos seguintes, Duranty escreveria sem parar sobre o "stalinismo", apresentando-o como um farol fincado numa "torre alta".

---

11 HOBSBAWM, Eric. *A era dos extremos: O breve século XX (1914-1991)*. São Paulo, Companhia das Letras, 1996, p. 99.

12 MONTEFIORE, Simon Sebag. *Stalin, a corte do czar vermelho*. São Paulo, Companhia das Letras, 2006, p. 91.

Duranty não era Kaganovitch, mas compartilhava com ele uma clara compreensão das vantagens de elogiar o stalinismo – e também o impulso de separar Stalin de Lenin. As boas graças do Kremlin asseguravam ao correspondente a oportunidade de continuar em Moscou, uma posição de alta visibilidade e prestígio no jornalismo da época, e de obter exclusividades impossíveis para outros. O americano era inteligente e sua visão a respeito da URSS adaptava-se com perfeição às expectativas do público nos Estados Unidos, especialmente após o colapso dos mercados financeiros ocidentais. O stalinismo, explicava em copiosos artigos, nada tem a ver com o socialismo. O Estado forte, autoritário, é inaceitável aos olhos das sociedades ocidentais mas reflete a identidade "asiática" dos russos e mobiliza um povo inerte na direção do progresso.

A ideia de uma singularidade absoluta da Rússia tem uma longa história. "A personalidade dos russos é incomparavelmente mais sutil e astuta que a dos habitantes da Europa", asseverou Nikolai Gogol em 1847. O dramaturgo Anton Tchekov procurara a "alma russa" eterna na vida das aldeias e nas estepes. Na

Walter Duranty em Moscou. O correspondente do *New York Times*, um conservador oportunista, interlocutor dos chefes do Kremlin, ergueu os mitos mais duradouros sobre o stalinismo. As suas reportagens são as fontes indiretas, subterrâneas, da historiografia convencional sobre a URSS.

trilha de Pushkin, a poeta nacional russa, Anna Akhmatova escrevera, em 1922, que "não há ninguém na Terra mais simples e orgulhoso que nós".

Os escritores refletiam a poderosa corrente do nacionalismo grão-russo, que se dispersara temporariamente após o triunfo bolchevique mas voltava a erguer a cabeça nos anos da consolidação do poder de Stalin. Duranty se apropriava do antigo argumento da excepcionalidade russa e, como alguns dos nacionalistas que voltavam à tona, enxergava em Stalin um legítimo sucessor dos czares modernizantes do passado:

> *A Rússia de hoje não pode ser julgada por padrões ocidentais ou interpretada em termos ocidentais. Marxistas ocidentais e socialistas erram quase tanto quanto os críticos "burgueses" porque não compreendem que o princípio dominante da URSS, ainda que chamado marxismo ou comunismo, é agora algo muito diferente da concepção teórica proposta por Karl Marx. Em 13 anos, a Rússia transformou o marxismo – que, de qualquer modo, era apenas uma teoria – para moldá-lo às suas características e necessidades raciais, que são estranhas e peculiares, e fundamentalmente mais asiáticas que europeias.*[13]

Naquele artigo, de meados de 1931, o correspondente explicava que o "princípio dominante" na URSS era o stalinismo, "uma árvore que cresceu da semente estrangeira do marxismo plantada em solo russo e que, gostem ou não dela os socialistas ocidentais, é uma árvore russa". Essa árvore podia ser brutal – e era, como ele admitia – mas surgia da alma do povo russo e descortinava para a Rússia um largo horizonte de progresso e grandeza. O stalinismo, ensinava Duranty, se coagulava no plano quinquenal, cujo propósito era converter "uma massa informe de escravos submissos, encharcados" numa "nação de ardorosos, conscientes trabalhadores".

Pedro I, o Grande, construíra São Petersburgo para europeizar a Rússia. Na opinião de Duranty:

> *O bolchevismo devolveu à Rússia alguma coisa que o povo russo sempre compreendeu: autoridade absoluta não adocicada pela democracia*

---

13 DURANTY, Walter. "Lenin modified marxism and Stalin now turns practical trends of people to his own policy". *The New York Times*, 14 de junho de 1931.

ou o liberalismo do Ocidente. Uma vez mais a sede do poder é o Kremlin de Moscou, não a cidade de aparência estrangeira batizada com o nome de São Pedro. O Partido Comunista senta-se agora onde Ivan sentou, com menos pompa e luxo, mas não menos poder (...).[14]

O paralelo entre Stalin e o czar Ivan IV, o fundador do Império Russo, se tornou clássico e já circulava entre os críticos liberais e socialistas do ditador soviético. Mas o correspondente não o invocava para marcar um retrocesso histórico. Segundo o americano, era disso mesmo que a Rússia e o mundo precisavam. O plano quinquenal obtinha "maior sucesso do que se esperava originalmente" em virtude do "progresso da construção industrial e da coletivização rural". A consciência de que a URSS emergia como "potência mundial" substituía "certo sentimento de pânico de um proletariado abandonado como pária no mundo capitalista".[15]

A série de reportagens analíticas sobre a URSS escritas por Duranty em 1931 lhe valeu um prêmio Pulitzer em 1934, além de um elogio público do próprio Stálin. A URSS abandonara a NEP em 1928, engajando-se na planificação central da economia e num esforço monumental de expansão da indústria pesada. Sem mercados financeiros e pouco dependente do comércio exterior, a pátria do socialismo atravessava incólume a tempestade da crise global deflagrada pelo *crash*. O Kremlin decretou o sucesso do primeiro plano quinquenal no início de 1932, um ano antes de seu término.

No ambiente de desolação dos Estados Unidos e da Europa, a URSS parecia, de fato, uma "torre alta" e atraía as atenções de intelectuais ocidentais nunca antes seduzidos pelo socialismo. Mas uma das maiores tragédias do século tomava forma no mesmo momento em que Duranty produzia a sua sequência premiada de reportagens. O correspondente tinha mais informações sobre ela que qualquer outro jornalista ocidental. Contudo, optou por ocultá-la e, mais tarde, por explicitamente negá-la.

Sob o sistema do plano, o governo soviético desviava os recursos para a indústria e comprimia os salários e os preços dos alimentos. Os mercados livres

---

14 DURANTY, Walter. "Bolshevism invokes stern authority, something the people understand". *The New York Times*, 20 de dezembro de 1931.

15 DURANTY, Walter. "Industrial success emboldens Soviet in new world policy ". *The New York Times*, 19 de junho de 1931.

de produtos agrícolas foram suprimidos e começou a requisição do trigo, a preços fixados oficialmente. Os camponeses, sobretudo nas pradarias ucranianas, o celeiro agrícola do país, resistiam a entregar o produto e reduziam as áreas de cultivo. No verão de 1929, Stalin proclamou a coletivização forçada da agricultura e anunciou a "liquidação dos *kulaks* enquanto classe", isto é, a eliminação dos camponeses autônomos. Era uma declaração de guerra ao campesinato, que se consumaria pela expropriação e a deportação de milhões de pessoas.

O terror vermelho se disseminou pelos mais longínquos lugarejos ao longo de 1931. Os camponeses abatiam o gado antes de deixar suas terras, vendiam a carne e faziam botas com o couro. No ano seguinte, os jornalistas Gareth Jones, do *Times* de Londres, e Malcolm Muggeridge, do *Guardian* de Manchester, se infiltraram secretamente na Ucrânia e reportaram a grande fome. Os camponeses se alimentavam de cavalos, cães e cascas de árvores. Trens provenientes do interior chegavam todas as semanas a Kíev carregados de mortos. Numa aldeia perto de Kharkov, todos os habitantes haviam perecido e os ratos avançavam sobre os cadáveres. No final de 1933, a fome deixara mais de seis milhões de vítimas fatais em toda a URSS. O Kremlin negava tudo, assim como

O Homem Correndo, de Kazimir Malevich, *circa* 1932. A figura foge em pânico, no cenário da perseguição aos camponeses, durante a coletivização forçada. A espada sangrenta que separa as casas, replicada no campo vazio, simboliza o terror. O homem que corre, porém, paira acima do solo – leve, sem peso, a humanidade intacta.

Duranty, que escreveu um artigo dedicado a denunciar como falsificações as reportagens de Jones.

Mais tarde, desatou-se uma campanha infrutífera pela retirada póstuma do Pulitzer concedido a Duranty. Quase às vésperas da implosão da União Soviética, o *New York Times* publicou um editorial qualificando os textos de seu antigo correspondente como "algumas das piores reportagens já publicadas neste jornal". A peça dizia que Duranty "viu o que ele queria ver" e explicou que "o mergulho do capitalismo na depressão global" conferia "credibilidade às falsas estatísticas soviéticas ao sustentar o alegado sucesso dos planos quinquenais".[16]

O editorial estava certo, e poderia até ir mais longe. O liberalismo submergia na enchente da Grande Depressão e os Estados Unidos também queriam um plano.

---

16 MEYER, Karl E. "The editorial notebook; trenchcoats, then and now". *The New York Times*, 24 de junho de 1990.

J. M. Keynes e a falência da "mão invisível"

John Maynard Keynes preferiu ficar com suas convicções a sentar-se à sombra da árvore do poder. O jovem, brilhante, economista participou da Conferência de Paz de Paris de 1919 na qualidade de representante do ministério britânico do Tesouro e, talvez mais importante, de amigo do primeiro-ministro Lloyd George. Posto diante do tema das reparações de guerra, podia se calar ou tentar apenas exercer uma influência nos bastidores. Mas, em nome de certo número de princípios e ideias, escolheu destruir uma carreira oficial como sábio conselheiro dos poderosos. Dessa opção nasceu *As consequências econômicas da paz*, uma antevisão profética das maiores tragédias do século XX.

Na Conferência de Paris, o ex-presidente do Banco da Inglaterra, Walter Cunliffe, e o juiz John Andrew Hamilton, delegados britânicos à comissão de reparações, ficaram conhecidos como os "gêmeos celestiais" em virtude das suas exigências de que fossem impostas reparações estratosféricas à Alemanha derrotada. Lloyd George vacilou sobre a sabedoria disso e chegou a flertar com um plano de Keynes para reduzir muito as reparações e suprimir todas as dívidas de guerra, mas recuou diante das posições dos aliados franceses e americanos.

Georges Clemenceau queria a Alemanha de joelhos, destroçada e irrecuperável. Wilson, representante do maior país credor, não tinha muita simpatia pelas reparações, mas não abria mão do pagamento das dívidas. O Tratado de Versalhes acabou atendendo às expectativas dos "gêmeos celestiais". Keynes viu nisso, antes de tudo, uma intolerável imoralidade:

> *A política de reduzir a Alemanha à servidão por uma geração, de degradar a vida de milhões de seres humanos e de privar da felicidade toda uma nação é abominável e detestável – abominável e detestável mesmo se fosse possível, mesmo se enriquecesse a nós mesmos, mesmo se não evidenciasse o declínio do conjunto da vida civilizada na Europa.*[1]

Em segundo lugar, interpretou as reparações como um equívoco estratégico de largas implicações:

> *Se buscarmos deliberadamente o empobrecimento da Europa Central, a vingança, ouso prever, não faltará. Nada poderá então retardar por muito tempo aquela guerra civil final entre as forças da Reação e as desesperadas convulsões da Revolução, diante da qual os horrores da última guerra alemã se desvanecerão no nada e que destruirá, a despeito do vencedor, a civilização e o progresso de nossa geração.*[2]

A "guerra civil" entre polos inconciliáveis e extremados, o confronto destruidor entre "as forças da Reação" e as "convulsões da Revolução" – esse era o espectro que assustava Keynes, fazendo-o temer pela destruição geral da "civilização". Não é possível entender o "keynesianismo" como teoria ou doutrina econômica abstraindo-se esse pano de fundo filosófico e político. O homem que seria considerado o maior dos economistas do século XX formou suas

---

1 KEYNES, John M. *The economic consequences of the peace.* Nova York, Harcourt, Brace and Howe, 1920.

2 KEYNES, John M. Op. cit.

Virginia Woolf e John Maynard Keynes. O economista iconoclasta enxergava a economia como um aborrecimento temporário: o pântano da necessidade. A travessia demoraria décadas, um século talvez, mas a vida inteligente encontrava-se em outro lugar. Nisso, e só nisso, Keynes estava de acordo com Marx.

convicções na hora da tragédia que fechou a *Belle époque* – e, mais ainda, nas circunstâncias do Tratado de Versalhes, um passo que enxergou como a imolação do próprio futuro.

Keynes não era um economista no sentido atual do termo. Era um pensador, um esteta, um administrador e um intelectual público. Movia-se nas esferas distintas de Cambridge, da City londrina e do Parlamento, além de tomar parte, junto com a escritora Virginia Woolf e tantos outros intelectuais modernistas, nas discussões do Grupo de Bloomsbury sobre literatura, estética, economia, feminismo, sexualidade e pacifismo. No diagnóstico certeiro de seu maior biógrafo, depois de Versalhes, "o resto da vida de Keynes foi ocupada na tentativa de restaurar as possibilidades de civilização que a guerra destruíra".[3]

---

3 SKIDELSKY, Robert. "Ideas and the world". *The Economist*, vol. 357, nº 8198, 25 de novembro de 2000, p. 83.

O visionário conservador

A economia, na visão de Keynes, era uma ciência menor, um mero instrumento para solucionar aquilo que definiu como o "problema econômico": assegurar um bem-estar mínimo a todos os seres humanos. O progresso, ele imaginava com certo otimismo, seria capaz de dar conta do "problema" no horizonte de um século. Entretanto, persistiria ainda, num horizonte temporal maior e indefinido, o transcendental "problema permanente" do indivíduo sobre como "ocupar o tempo de ócio, que a ciência e os juros compostos conquistaram para ele, de modo a viver sabiamente, agradavelmente e bem".[4] O economista podia, apenas, contribuir para a análise do problema temporário.

No início, Keynes figurou como o crítico implacável do *laissez-faire*, do paradigma econômico liberal. Depois, suas ideias ficaram associadas às reformas sociais implantadas por Roosevelt. Ainda mais tarde, e nem sempre com razão, foram invocadas para conferir legitimidade a políticas de elevação de impostos e de gastos públicos. Em retrospecto, essa trajetória alimentou a lenda de um Keynes quase socialista. Contudo, ele era essencialmente um conservador e as políticas que preconizava tinham como alvo a proteção de um universo de valores, regras e instituições ameaçados pelos espectros da guerra e da revolução social.

Proteger um mundo que se esboroava exigia transformá-lo. O plano de Keynes rejeitado na Conferência de Paris buscava a restauração do comércio internacional interrompido pela guerra e a incorporação de toda a Europa numa rede de intercâmbios capaz de promover a prosperidade econômica. Para ele, as "fronteiras econômicas eram toleráveis enquanto vastos territórios estavam contidos num punhado de grandes impérios, mas não serão toleráveis quando os impérios da Alemanha, Áustria-Hungria, Rússia e Turquia são fragmentados em cerca de vinte independentes autoridades". A solução consistia em criar uma União de Livre Comércio compreendendo toda a Europa, a Turquia, "e (espero) a Grã-Bretanha, o Egito e a Índia", que "pode fazer tanto pela paz e prosperidade do mundo quanto a própria Liga

---

4   KEYNES, John M. "Economic possibilities for our grandchildren". In: Keynes, John M. *Essays in persuasion*. Nova York, W. W. Norton & Co., 1963.

das Nações".[5] Depois da Segunda Guerra Mundial, a Comunidade Europeia forneceu precisamente esse tipo de moldura para o comércio, sem a qual não podia existir "paz e prosperidade".

Duas conferências proferidas por Keynes – em Oxford, em 1924, e Berlim, em 1926 – serviram de base para um ensaio provocativamente intitulado "O fim do *laissez-faire*". Nele, o economista procura na história da filosofia um caminho de convergência entre os princípios da liberdade e da igualdade.

O liberalismo de John Locke e David Hume, que derrubara o direito divino dos reis e da Igreja com o propósito de promover o indivíduo, oferecera suporte à propriedade privada e às regras contratuais. Jeremy Bentham reinterpretara o hedonismo utilitarista como "utilidade social" e Jean-Jacques Rousseau extraíra do contrato social a noção de "vontade geral". Como resultado, "igualdade e altruísmo ingressaram na filosofia política e, de Rousseau e Bentham, emergiram tanto a democracia quanto o socialismo utilitarista".[6]

No passo seguinte, o ensaio saltava da filosofia para a economia política. Adam Smith conciliara os princípios opostos do "individualismo" e do "socialismo" por meio da tese de que, sem a interferência do governo, a busca do lucro por empresários livres produzia o máximo de riquezas para toda a sociedade. Então, "o filósofo político podia se aposentar, em favor do homem de negócios". O dogma liberal clássico foi reforçado pela corrupção e pela incompetência dos governos, que nutriram a crença dos "homens práticos" no *laissez-faire*.

O passo final consistia na crítica do dogma liberal, cujo prestígio decorria, principalmente, da "pobre qualidade das propostas contrárias – protecionismo, de um lado, e socialismo marxiano, de outro".[7] Afastando-se nitidamente daquelas duas correntes de pensamento, Keynes apontava os limites da noção clássica de que o mercado, por si mesmo, seria capaz de gerar o bem comum, enfatizando as distorções provocadas pelas assimetrias de informação e conhe-

---

5   KEYNES, John M. *The economic consequences of the peace*. Op. cit.

6   KEYNES, John M. *The end of laissez-faire*. Londres, Hogarth Press, 1926.

7   Keynes tinha em baixa conta o "socialismo marxiano" e, naquele ensaio, propunha aos historiadores a questão de saber "como uma doutrina tão ilógica e enfadonha pode exercer influência tão poderosa e duradoura sobre as mentes humanas e, através delas, sobre os eventos da história".

cimento e pela configuração de empresas monopolistas. Sua crítica, exposta em poucas linhas, antecipava uma das mais importantes tendências evolutivas da ciência econômica.

Não existia, na época das conferências sobre o *laissez-faire*, algo que pudesse ser batizado como uma doutrina keynesiana. Mas o ensaio sugeria, na sua conclusão, que o debate relevante envolvia a antiga questão apresentada por Edmund Burke no século XVIII: "determinar o que o Estado deve tomar para si mesmo e dirigir pela sabedoria pública e o que deve ser deixado, com tão pouca interferência quanto possível, ao empenho individual". O tema ganhou crescente atualidade, ao longo do século XX, figurando no centro da agenda prática de todos os governos ocidentais após a Segunda Guerra Mundial.

O ensaio foi recebido com uma curta, ácida, crítica de Mises. O arauto da Escola Austríaca registrava que Keynes segmentara a máxima original, expressa como *laissez-faire et laissez-passer* ("deixe fazer e deixe passar"), abordando apenas o primeiro princípio mas abstendo-se de falar do segundo. Na visão de Mises, as duas coisas, "ramificações da mesma ideologia social", não podiam ser desconectadas por um ato de vontade. Contudo, Keynes, "um anglo-saxão que pretende se opor ao liberalismo em Berlim", preferia circundar o "delicado problema" do livre comércio, tão crucial para a Grã-Bretanha e a Alemanha após a Grande Guerra.

No fim, Mises lançava uma trovejante condenação:

"Ele, que se rejubila pelo fato de as pessoas virarem as costas ao liberalismo, não deve se esquecer de que guerra e revolução, miséria e desemprego de massas, tirania e ditadura não são acompanhantes circunstanciais mas os resultados necessários do antiliberalismo que agora governa o mundo."[8] Não era verdade que o antiliberalismo governava o mundo. Mas isso viria a acontecer poucos anos mais tarde, sob o impacto da Grande Depressão.

Ironicamente, o Keynes pintado por Mises como cavaleiro andante do antiliberalismo seria apropriado muito depois por correntes de esquerda ansiosas para conferir profundidade teórica a políticas econômicas simplesmente populistas. Dessa apropriação surgiu um "keynesianismo vulgar", que interpreta as

---

8 MISES, Ludwig von. "Mises on Keynes (1927)". Ludwig von Mises Institute, 16 de dezembro de 2004.

ideias do mestre como uma licença para que os governos incorram em déficits fiscais crônicos, às vezes crescentes, em nome da busca do pleno emprego.

O Keynes histórico não se parecia com a figura inventada pelo liberal austríaco e convertida pelo "keynesianismo vulgar" em ícone de políticas fiscais deficitárias e de políticas monetárias inflacionistas. A herança teórica que desenvolvia provinha de Alfred Marshall, seu tutor em Cambridge e celebrado autor de *Princípios da economia*, de 1890, uma das obras decisivas da revolução marginalista e um pilar da economia neoclássica. Entretanto, os dilemas políticos de uma época de turbulência política e econômica o conduziam a oferecer respostas que diferiam substancialmente da doutrina dos austríacos.

No início da Segunda Guerra Mundial, o economista britânico publicou *Como pagar a guerra*, uma proposta de financiamento do esforço de guerra por meio da emissão de títulos públicos de aquisição obrigatória. O mecanismo imaginado era uma alternativa ao financiamento inflacionário da guerra e, portanto, à transferência disfarçada dos custos do conflito para a geração seguinte. A ideia equivalia, no fim das contas, a elevar a taxação, mas pela via de um sistema de poupança compulsória que amenizaria a esperada retração econômica do pós-guerra.

A proposta anti-inflacionária recebeu o apoio imediato e incondicional do austríaco Hayek. Poucos anos depois, Hayek publicaria sua obra decisiva, *O caminho para a servidão*, uma crítica devastadora da planificação econômica estatal e uma apaixonada defesa dos princípios do liberalismo. Numa carta ao autor, Keynes saudou a obra em termos inequívocos: "Moral e filosoficamente eu me encontro de acordo com quase tudo isso; e não apenas de acordo, mas em um acordo profundamente comovido."[9]

Guerra na paz

Os dois grandes temas políticos de Keynes nos anos 20 foram as reparações de guerra e o padrão ouro. Depois de Versalhes, ele continuou a postular uma revisão das reparações, insistindo sem cessar nos seus prescientes alertas sobre

---

9   SKIDELSKY, Robert. "Ideas and the world". Op. cit., p. 85.

o futuro da Alemanha e da Europa. Ao mesmo tempo, dirigiu as baterias de sua crítica ao dogma da estabilidade cambial que sustentava o padrão ouro.

Em nome da restauração do velho padrão ouro, os países europeus insistiam em políticas de valorização da moeda, que provocavam deflação e, portanto, desemprego. A Grã-Bretanha ocupava a linha de frente do bloco, sacrificando o crescimento econômico no altar da "relíquia bárbara". Keynes propunha inverter a ordem de prioridades, pondo no centro de tudo a produção e o consumo. Era preciso renunciar ao padrão ouro, permitindo a desvalorização da moeda para estimular as exportações e a criação de empregos. Por essa época, ele começou a sugerir que o governo adotasse planos de obras públicas, usando seu poder financeiro para alavancar o mercado de trabalho.

A batalha contra o padrão ouro foi perdida em meados da década, quando Churchill retomou a conversibilidade com base no câmbio anterior à Gran-

A City de Londres, em meados dos anos 1920. O ouro, "relíquia bárbara", representava a tradição: permanência, solidez, verdade. A insurreição keynesiana era, antes de tudo, uma operação de linguagem. A verdade econômica, explicava Keynes, não residia na esfera da matéria, mas no domínio da imaginação. Dinheiro é expectativa ancorada na confiança.

de Guerra. Então, mais uma vez, Keynes queimou as pontes com o governo e publicou o panfleto *As consequências econômicas do sr. Churchill*, acusando o Tesouro britânico de ampliar irresponsavelmente a dívida pública e de transferir riquezas de todos para os bolsos dos rentistas. O triunfo final do economista na guerra contra o ouro viria após o *crash* de 1929, no início do grande declínio rumo à depressão.

O *Ensaio sobre a moeda*, publicado em 1930, figura como elo entre as obras da primeira fase, focadas em temas candentes da conjuntura, e a *Teoria geral do emprego, do juro e da moeda*, a obra magna, publicada em 1936. O ponto de partida do pensamento econômico de Keynes é a condição de incerteza que cerca todas as atividades humanas. Em virtude de um conhecimento muito precário sobre o futuro, os agentes econômicos tendem a adotar a estratégia de conservar dinheiro, o que propicia a oportunidade de postergar decisões sobre investimento e consumo. Uma implicação dessa estratégia é que o dinheiro, de meio para a realização de desejos, se converte ele próprio em objeto de desejo. As recessões econômicas decorreriam dessa perversão, que ele batizou como "preferência pela liquidez".

Os economistas clássicos tinham propensão para interpretar as recessões como frutos da extravagância, isto é, do consumo excessivo. Keynes inverteu a equação, imaginando-as como produtos do apego à liquidez, ao dinheiro fetichizado. Se os agentes, em nome desse apego, interrompem o ciclo de investimento e consumo, a economia inclina-se para baixo, reduzindo os níveis de emprego, e portanto de demanda, o que deflagra o círculo vicioso da recessão.

No início de 1932, o governo alemão anunciou que o desemprego aberto atingia 6 milhões de trabalhadores. Naquele ano, nos Estados Unidos, 34 milhões de pessoas pertenciam a famílias sem nenhum integrante com emprego pleno. A taxa americana de desemprego saltara de 3%, no ano do *crash*, para 25% em 1933. No meio urbano, o desemprego alcançava 37% dos trabalhadores. A depressão atingiu com intensidade relativamente pequena a Grande Londres e o sudeste da Grã-Bretanha, mas devastou as regiões industriais tradicionais do norte, que dependiam das minas de carvão, da siderurgia, da construção naval e das tecelagens. Algumas das principais cidades industriais da região conheceram taxas de desemprego ao redor de 70% e conviveram com o espectro da fome em massa.

Fila no sopão dos desempregados, em Londres, na depressão. Os presidentes dos bancos centrais, reunidos no Museu Geológico de Londres, não entendiam que "100 mil casas são um ativo nacional", mas "um milhão de desempregados constituem um passivo nacional".

No verão de 1933, enquanto a depressão varria o mundo, realizou-se no Museu Geológico de Londres uma conferência econômica mundial que reuniu representantes de 66 nações. O encontro serviu apenas para escancarar a ausência de um consenso mínimo entre as principais potências. Fora da sala da conferência, o britânico Montagu Norman e seu colega Clément Moret, do Banco da França, ensaiaram um desajeitado acordo de fixação das taxas de câmbio britânica, francesa e americana. Na última hora, temendo ver-se de mãos atadas na sua política doméstica, Roosevelt desautorizou a conclusão do pacto pelos negociadores americanos.

Pouco antes da fracassada Conferência Econômica de Londres, o incansável Keynes publicou *Os meios para a prosperidade*, um livro conciso com recomendações práticas de políticas contra a depressão. A prioridade deveria ser o combate ao desemprego, pelo recurso aos gastos públicos. Somente a injeção de recursos governamentais na economia seria capaz de reativar a demanda e, portanto, a produção e o emprego. Naquelas condições econômicas dramáticas, o governo britânico precisaria gastar como se estivesse em guerra: "Alguns céticos, que seguiram o argumento até aqui, concluirão que nada, exceto uma guerra, pode provocar o encerramento de uma crise de grande magnitude. (...) Espero que nosso governo mostre que esse país pode ser enérgico mesmo nas tarefas da paz. Não deve ser difícil perceber que 100 mil casas são um ativo nacional e um milhão de homens desempregados constituem um passivo nacional."[10] Era uma exposição completa da receita de política anticíclica que começava a ganhar o nome de "keynesianismo".

Um exemplar de *Os meios para a prosperidade* foi enviado para o recém-eleito Roosevelt. As propostas keynesianas fizeram sucesso em círculos de economistas acadêmicos nos Estados Unidos, mas não abalaram a opinião prevalecente, contrária ao intervencionismo governamental e a políticas fiscais de estímulo econômico. Em 1934, o juiz Felix Frankfurter, um destacado conselheiro presidencial, pôs Keynes e Roosevelt em contato, por meio de correspondências e de um encontro pessoal. O economista britânico exerceria influência significativa sobre o presidente americano, mas apenas numa segunda fase do New Deal, nos anos imediatamente anteriores à eclosão da Segunda Guerra Mundial.

A economia como ação política

Keynes atribuiu a Lenin a ideia de que "a melhor maneira de destruir o sistema capitalista é desmoralizar a moeda". Lenin "estava correto", escreveu Keynes, pois um processo contínuo de inflação representa um confisco oculto da riqueza dos cidadãos pelo governo e um golpe fatal na teia de relações do capitalismo:

> *Na medida em que a inflação avança e o valor real da moeda flutua selvagemente de um mês para outro, todas as relações permanentes entre devedores e credores, que formam o supremo fundamento do capitalismo, se tornam tão completamente desordenadas que passam quase a não ter sentido; e o processo de aquisição da riqueza degenera em jogo e loteria.*[11]

---

10 KEYNES, John M. *The means to prosperity*. Londres, Macmillan, 1933, p. 22.

11 KEYNES, John M. *The economic consequences of the peace*. Op. cit.

O espectro da dissolução do sentido das relações econômicas é o tema permanente de Keynes. Daí, o seu interesse constante pela moeda.

Na visão keynesiana, o capitalismo se alicerça sobre a confiança pública nas regras do jogo, que são representadas pela moeda. O "processo de aquisição da riqueza" ancora sua legitimidade na vigência de regras racionais e universais. A moeda expressa o princípio da universalidade, funcionando como medida comum em torno da qual se articulam os interesses distintos dos diversos agentes econômicos. A desmoralização dessa medida provoca a implosão das próprias regras, isto é, a dissolução da sua universalidade. Então, a vida econômica "degenera em jogo e loteria": o jogo da violência e da sobrevivência.

Inflação e deflação formam dois polos simétricos de ameaças às regras do jogo da confiança. A primeira transfere dinheiro por meios ocultos, que escapam à percepção comum, solapando os laços de confiança entre os agentes econômicos. A segunda desvaloriza todos os bens úteis e, especialmente, a fonte última deles, que é o trabalho humano, provocando desemprego em massa. São trajetórias diversas de esvaziamento do sentido da vida econômica, expressa na linguagem da moeda.

Sacos de dinheiro usados em transações banais, na hiperinflação alemã de 1923. A destruição do valor do dinheiro equivalia à dissolução do sentido da linguagem. A ordem política estatal repousa sobre a confiança pública na moeda.

Qual dos dois é pior, inflação ou deflação? As opiniões de Keynes oscilaram ao sabor das conjunturas. Num texto de 1923, escrito enquanto a Alemanha de Weimar experimentava um pico inflacionário anualizado de 182 bilhões por cento, sua resposta apontava na direção da inflação. Mais tarde, particularmente após o *crash* de 1929, ele insistiu várias vezes no diagnóstico de que o mais terrível dos males é a deflação. A oscilação não expressa uma instabilidade teórica do pensamento do economista, mas apenas a natureza circunstancial da pergunta.

Contudo, a pendularidade nas respostas oferecidas por Keynes abre uma janela para a compreensão dos lugares da economia e da política econômica na sua visão de mundo. O economista de Cambridge, aluno de Marshall, viveu a época da crise da economia como pretensão de verdade científica. A crise não decorria de falhas metodológicas ou técnicas insuperáveis da ciência econômica, mas da ruptura do círculo de ferro da política elitista. As lutas operárias, a ascensão da social-democracia e do sindicalismo, a revolução na Rússia bolchevique destruíam, implacavelmente, a estabilidade do objeto da economia. Uma verdade econômica precisaria ser construída no campo de forças da política. A economia seria política econômica – ou não seria nada.

"No longo prazo, estaremos todos mortos" – a linha mais célebre escrita por Keynes, que se encontra no *Ensaio sobre reforma monetária*, de 1923, não é uma defesa do populismo econômico, como foi tantas vezes interpretada, mas uma conclamação para os economistas prestarem atenção à paisagem política. Para que servia uma ciência pomposa, tão confiante em si mesma quanto isolada na sua torre metafísica, que se limitava a profetizar, em meio à tempestade e ao horror do naufrágio, o advento futuro da calmaria? A política econômica tinha o dever de baixar os botes e ajudar a recolher os náufragos, de modo que eles pudessem viver para ver a bonança.

Ao longo de toda a sua vida, Keynes prestou uma atenção inabalável à paisagem política, para "enfrentar a barbárie, o pânico ou a revolução".[12] Sua principal obra, a *Teoria geral*, foi elaborada sob o impacto da onda deflacionária desatada pelo choque financeiro de 1929. A partir da teoria da "preferên-

---

12 SCHWARTZ, Gilson. *O capital em jogo: fundamentos filosóficos da especulação financeira*. Rio de Janeiro, Campus, 2000, p. 182.

cia pela liquidez", ele concluiu que as economias não tinham nenhuma tendência natural ou inerente para o equilíbrio em condições de pleno emprego. Na verdade, era plenamente possível imaginar uma tendência contrária, a de um "equilíbrio de subemprego". A depressão apontava na direção desse tipo de equilíbrio perverso, amparado em expectativas sobre o futuro engendradas pela oferta insuficiente de dinheiro.

A "mão invisível" do mercado era impotente para reverter tais expectativas, ao menos num horizonte de tempo politicamente tolerável. O Estado, como a sua "mão visível" – ou seja, por meio de um consenso político – tinha a missão de revertê-las, induzindo os agentes econômicos a investir e a consumir. O título original da *Teoria geral* era "A teoria monetária da produção". Como explicou Skidelsky, no pensamento keynesiano juros e dinheiro "encontram-se tão presos ao emprego como os cavalos à carruagem".[13]

Os líderes políticos das potências mundiais tinham os instrumentos para resgatar a economia do equilíbrio recessivo pelo recurso a um choque de oferta monetária. Mas eles resistiam e optavam pela inação, em nome dos dogmas econômicos vigentes. Premidos por circunstâncias dramáticas, começaram a agir antes ainda da publicação da *Teoria geral*. Então, o keynesianismo tomou o lugar hegemônico que era do liberalismo.

A "morte do liberalismo"

A economia não é algo tão importante assim, no grande esquema das coisas, pensava Keynes. Um ensaio de contornos filosóficos, escrito sob o impacto direto do *crash* da Bolsa de Nova York, concluía pela afirmação de que o futuro dependia, principalmente, da capacidade de evitar guerras e conflitos civis e de confiar à ciência os assuntos concernentes a esta. Os economistas deveriam ser vistos como técnicos comuns, especialistas numa esfera do conhecimento similar a tantas outras. "Se os economistas conseguirem se fazer vistos como pessoas humildes e competentes, no nível dos dentistas, isso seria esplêndido!"[14]

---

13 SKIDELSKY, Robert. "Ideas and the world". Op. cit., p. 84.

14 KEYNES, John M. "Economic possibilities for our grandchildren". Op. cit.

Não é viável descrever Keynes, pessoalmente, como alguém "humilde", mas sua abordagem da economia merece o qualificativo. Ele não produziu uma doutrina – ou pelo menos não uma que possa desempenhar a função de programa ideológico. Apesar das afirmações grandiosas dos "keynesianos", o próprio Keynes formulou respostas pragmáticas a problemas candentes de política econômica que incidiam sobre a estabilidade da ordem geopolítica. O combate ao desemprego em massa era uma meta economicamente coerente, pois contribuía para estimular a demanda e a produção, mas representava sobretudo uma imperiosa necessidade política. A "era das guerras e revoluções", anunciada por Lenin, só seria interrompida pela intervenção estatal nos domínios da economia, o que exigia uma renúncia parcial aos sacrossantos princípios do liberalismo.

Um cataclismo e uma ruptura entre duas épocas – essa é a caracterização de Hobsbawm sobre a instalação da Grande Depressão:

> *Trata-se de uma catástrofe que destruiu toda a esperança de restaurar a economia, e a sociedade, do longo século XIX. O período de 1929-33 foi um abismo a partir do qual o retorno a 1913 tornou-se não apenas impossível, como impensável. O velho liberalismo estava morto, ou parecia condenado.*[15]

A catástrofe pegou de surpresa as elites dirigentes das potências ocidentais, numa conjuntura de retração geopolítica da Grã-Bretanha, a tradicional âncora do sistema econômico internacional, e de ascensão relutante dos Estados Unidos, que ainda não estavam dispostos a assumir responsabilidades estratégicas e financeiras globais. Fora do campo do marxismo, não existia uma teoria capaz de diagnosticar as raízes da estagnação e oferecer alternativas políticas. A URSS de Stalin, na qual se desenrolava o massacre impiedoso do campesinato, emergia como um horizonte de futuro. Naquela encruzilhada crucial, as proposições pragmáticas de Keynes assomaram como boias para náufragos.

O keynesianismo substituiu, nas pranchetas dos governantes ocidentais, o "velho liberalismo" moribundo. Mas não se deve exagerar o papel desem-

---

15 HOBSBAWM, Eric J. *A era dos extremos: o breve século XX (1914-1991)*. São Paulo, Companhia das Letras, 1996, p. 111.

penhado pelo economista britânico. De um lado, o New Deal de Roosevelt começou antes da exposição completa do programa keynesiano. De outro, a estagnação global foi revertida de fato apenas com a nova guerra mundial. Sobretudo na década da Grande Depressão, os aparelhos estatais conheceram uma dramática expansão com as finalidades de gerir as economias e constituir sistemas complexos de previdência social.

Os escritórios de estatísticas econômicas nacionais surgiram durante a Grande Depressão, a fim de medir agregados como o produto nacional, o nível de atividade industrial e as taxas de desemprego que serviam de parâmetros para os bancos centrais e os novos órgãos de planejamento. A palavra "planejamento", até então circunscrita à URSS, ingressou na linguagem das autoridades econômicas do mundo inteiro. A tributação ampliou-se vertical e horizontalmente, pelo aumento geral de impostos e pela taxação das vastas franjas da população que permaneciam à margem dos sistemas tributários.

O conceito de *welfare*, o chamado Estado de bem-estar, delineou-se durante a Grande Depressão. Antes dele, o que existia era a noção de "lei dos pobres", ou seja, da concessão de assistência material aos miseráveis. A novidade conceitual foi a universalização de uma série de benefícios previdenciários, que alcançaram o estatuto de direitos dos cidadãos.

O primeiro sistema previdenciário moderno apareceu na Grã-Bretanha em 1911, mas ainda sob a forma de um seguro individual. Nos anos 20 e na sequência imediata do *crash* da Bolsa de Nova York, diversos países da Europa, Oceania e América Latina, além do Canadá, criaram os embriões de sistemas previdenciários baseados em contribuições universais. Os Estados Unidos, contudo, só agiram anos depois do início da depressão. A Lei de Seguridade Social, aprovada por ampla maioria no Congresso, foi assinada por Roosevelt em 1935. Antes dela, como resposta à retração econômica, trinta estados americanos passaram leis de pensão para os idosos, mas tais programas tinham escassa relevância.

A expansão dos aparelhos estatais realizou-se por um assombroso crescimento da magnitude das burocracias públicas. Os contingentes do funcionalismo, que se alastraram bastante nas últimas décadas do século XIX, conheceram novos saltos com a introdução dos órgãos de planejamento econômico e de previdência social. Paralelamente, desenvolveu-se como

Funcionário do serviço de recenseamento, no meio rural europeu, nos anos 1930. A contagem, a tabulação e a classificação das pessoas constituem a evidência da presença do Estado moderno. Apenas na década da depressão, com a implantação dos sistemas previdenciários universais, todos passaram a ser contados, tabulados e classificados.

nunca a capacidade estatal de obter, organizar e utilizar informação sobre a população. Nas potências econômicas, já existiam censos nacionais sistemáticos, mas os serviços de recenseamento adquiriram sofisticação inaudita e passaram a coletar um espectro incomparavelmente maior de dados. Para planejar, tributar e distribuir benefícios, o poder público tornou-se capaz de identificar cada um dos cidadãos, determinando seu local de residência e seus padrões de renda e consumo.

Desapareceu, para sempre, a invisibilidade das pessoas diante do Estado, uma condição na qual vivia a maior parte da população apenas um século antes. Com isso, adquiriram contornos cada vez mais realistas as palavras indignadas, talvez um tanto exageradas, escritas pelo pioneiro anarquista francês Pierre-Joseph Proudhon em 1851:

> *Ser governado significa, a cada ato e a cada transação, ser notado, registrado, matriculado, taxado, rotulado, medido, numerado, avaliado,*

habilitado, autorizado, admoestado, proibido, emendado, corrigido, punido. É, sob o pretexto da utilidade pública e em nome do interesse geral, ser posto na condição de contribuinte, instruído, redimido, explorado, monopolizado, coagido, espremido, mistificado, roubado; então, à primeira palavra de reclamação, ser reprimido, multado, desprezado, assediado, perseguido, afrontado, golpeado, desarmado, asfixiado, aprisionado, julgado, condenado, fuzilado, deportado, sacrificado, vendido, traído e, para coroar isso tudo, ridicularizado, ultrajado, desonrado.[16]

---

16 PROUDHON, Pierre-Joseph. *General idea of the revolution in the nineteenth century.* Londres, Freedom Press, 1923.

Le Corbusier:
A nova ordem da arquitetura

Charles-Édouard Jeanneret-Gris, um suíço nascido nas montanhas do Jura, perto da fronteira francesa, mal passara dos trinta anos, no final da Grande Guerra, quando conheceu o pintor cubista Amédée Ozenfant e decidiu interromper suas investigações sobre arquitetura, e começar a pintar. Os dois se rebelaram contra a "irracionalidade" do cubismo, escreveram um manifesto e anunciaram o movimento do purismo, articulado em torno do conceito de uma nitidez formal sem compromisso.

As vanguardas da época gostavam de manifestos e jornais. A dupla lançou o jornal *L'Esprit Nouveau*. A primeira edição, de 1920, trazia impresso o pseudônimo com o qual Charles-Édouard alcançaria uma duradoura notoriedade: Le Corbusier. O nome único, uma moda entre artistas, fazia sentido na moldura das ideias puristas.

Nos anos seguintes, Le Corbusier retornou à arquitetura, mas para aplicar a teoria ao projeto. Num estúdio em Paris, desenhou casas retangulares de muros brancos e interiores brancos, moduladas em três pavimentos, rodeadas por janelas envidraçadas e banhadas de sol. As residências, com salas de estar de pé-direito duplo no térreo, dormitórios no segundo piso, cozinha no terceiro e solário no terraço superior, seriam "máquinas de morar".

Da casa à cidade. Logo o arquiteto apresentou seu plano para uma "cidade contemporânea" de três milhões de habitantes, com um núcleo constituído por arranha-céus de aço e vidro de sessenta andares, encapsulados em áreas verdes retangulares. No centro da metrópole imaginada, se situaria um nó de transportes de massa, com estações distintas para trens urbanos e ônibus, encimado por um aeroporto. A arquitetura e o urbanismo tinham uma missão social, de caráter estratégico: superar o desnível entre a esfera da modernidade, expressa nas tecnologias da indústria, e a esfera do atraso, materializada nas cidades informes e nas residências populares arruinadas. A escolha verdadeira das sociedades era entre arquitetura e revolução. Uma ou outra.

A alternativa conformava o título de um artigo publicado naqueles anos. No texto, o arquiteto enfatizava a "fenda" entre a riqueza dos espaços da vida produtiva, atravessados pela modernidade e pela exposição aos novos bens de consumo, e a pobreza, tão material quanto simbólica, dos espaços consagrados à vida familiar e ao lazer. O povo não permaneceria inerte para sempre diante desse cenário:

> Eles, é claro, acabam observando e formulando conclusões. Essas pessoas têm seus olhos fixados nas vitrines das lojas de departamentos da humanidade. A era moderna repousa diante deles, cintilante e radiante... do outro lado das barricadas. De volta ao lar, num conforto precário, seus salários mal vinculados à qualidade de seu trabalho, eles encontram novamente suas velhas, sujas, conchas de caracol, e não podem sonhar em formar uma família. (...) Nada é mais desencorajador, mais enlouquecedor. (...) Bem podemos escrever: Arquitetura ou Revolução.[1]

Os conceitos estéticos de Le Corbusier se inscrevem na tradição moderna dos construtivistas russos e da Bauhaus. Na escola alemã da Bauhaus, lia-se com entusiasmo o que escrevia o arquiteto radicado em Paris. O próprio Le Corbusier, porém, reprovava o que lhe parecia ser uma insuficiente atenção dos seguidores de Gropius para a arquitetura e o apego dos alemães à criatividade formal, que impediriam a plena realização das possibilidades abertas pela produção em massa de unidades padronizadas.

---

1 LE CORBUSIER. *Toward an architecture*. Los Angeles, Getty Research Institute, 2008, p. 299.

Gropius se manteve propositalmente afastado das polêmicas políticas. Le Corbusier, por outro lado, considerava-se o agente de uma reforma política do mundo que operava por meio da arquitetura. Da "cidade contemporânea", de 1922, ao plano da "cidade radiosa", de 1935, há uma crucial mudança de fundo. Na primeira, os bairros residenciais se segregavam segundo linhas de renda; na segunda, as moradias se distribuíam de acordo com o tamanho das famílias. O arquiteto separava-se da visão liberal, definindo uma posição claramente favorável a uma intervenção estatal coercitiva na planificação urbana. Na base dessa intervenção estava a possibilidade de mobilizar a terra urbana de acordo com aquilo que o Estado definiria como o interesse coletivo.

Le Corbusier era uma figura e tanto. Pedalava sua bicicleta no Quartier Latin trajando terno preto, muito justo, adornado por chapéu-coco e óculos de aro de chifre. Desde a etapa inicial de sua carreira, ganhou muito dinheiro projetando residências para famílias opulentas. Do seu estúdio saíram a luxuosa *villa* de Michael Stein, irmão da escritora Gertrude Stein, no subúrbio de Paris, e a *Villa Savoye*, uma caixa branca em concreto e aço, sustentada sobre

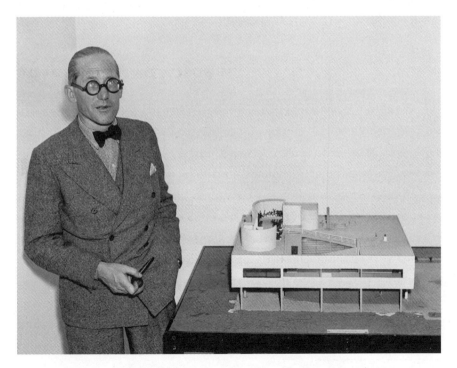

Le Corbusier e a maquete da Vila Savoye, síntese do programa da arquitetura moderna.

pilotis, obra seminal na difusão do que seria batizado como estilo internacional. Contudo, cada vez mais desenvolvia uma aversão pela economia de mercado e, de modo geral, pelo capitalismo ocidental.

Os pilotis da *Villa Savoye*, repetidos em tantas outras de suas "grandes caixas sobre varetas", na célebre crítica do americano Frank Lloyd Wright, constituíam um manifesto racionalista, "uma espécie de marca registrada vulgar da forma moderna", como os classificou um notável historiador urbano.[2] A edificação não se amolda ou se adapta ao terreno, mas ergue-se abruptamente acima dele, negando-o e estabelecendo para si mesma uma base artificial. A nova arquitetura rejeitava a organicidade: a tradição medieval e sua releitura romântica. O passado devia ser ultrapassado, não reinventado. A arquitetura tinha a missão de mudar o mundo.

O conceito de uma nova ordem da arquitetura, junto com uma irrefreável ambição de exercer influência, conduziu-o a articular o Congresso Internacional de Arquitetura Moderna (CIAM). A iniciativa foi deflagrada em junho de 1928, no Castelo de La Sarraz, na Suíça, por uma conferência de 28 arquitetos e urbanistas europeus. Nascia ali o partido internacional dos arquitetos.

Em busca da Autoridade

O CIAM não foi apenas Le Corbusier, mas nada seria sem o pioneiro, um líder inconteste que conservou nas mãos o controle quase absoluto do movimento. A segunda conferência teve lugar em Frankfurt, em 1929, e a terceira em Bruxelas, no ano seguinte. A quarta foi marcada para Moscou, onde Le Corbusier proferira palestras a convite do governo soviético. Contudo, a experiência se revelara frustrante, pois a URSS estava em vias de romper definitivamente com o modernismo para adotar o paradigma neoclássico que marcaria a era stalinista. O sinal da ruptura veio com a rejeição da proposta de Le Corbusier para o Palácio dos Sovietes.

Na URSS, os sovietes já não existiam, a não ser como tentáculos do Partido Comunista. Apesar disso – ou justamente por isso – eles deveriam ter um

---

2   MUMFORD, Lewis. *A cidade na história*. São Paulo, Martins Fontes, 1982, p. 298.

palácio. O local seria o terreno da catedral de Cristo Salvador, nas proximidades do Kremlin, demolida em 1931. No mesmo ano, abriu-se um concurso para seleção do projeto e 160 propostas foram recebidas, entre as quais as de Le Corbusier, Gropius e Mendelsohn. O júri, que contava com um "membro mais notável", na pessoa do próprio Stalin, escolheu o projeto neoclássico do ucraniano Boris Iofan, "uma pirâmide romanesca de seis cilindros concêntricos" formando um pedestal para uma estátua de Lenin.[3] Quando se anunciou uma decisão preliminar, Le Corbusier e seus seguidores reagiram, transferindo para Atenas o IV CIAM. A construção do Palácio dos Sovietes foi interrompida pela eclosão da guerra mundial e não prosseguiu depois. No local, instalou-se uma imensa piscina pública a céu aberto.

O IV CIAM realizou-se não exatamente em Atenas, mas a bordo de um navio que fez o percurso entre Marselha e a capital grega, em cujo porto lançou ferros. A mais importante das conferências da arquitetura moderna discutiu a "cidade funcional", estabelecendo um programa urbanístico que teria ampla e duradoura influência. O programa do CIAM emanou de um acordo político entre correntes aparentemente antagônicas, mas capazes de encontrar um denominador comum.

Ao longo dos anos 20, Le Corbusier moveu-se numa direção ideológica que seduzia inúmeros intelectuais da época: a defesa de um Estado forte e de uma organização corporativa ou comunitária da sociedade. O comunismo soviético e o fascismo italiano continham elementos significativos de sua visão de mundo. Na França do início da década de 1930, colaborou com os jornais dirigidos por Hubert Lagardelle, um expoente do "novo sindicalismo" que transitara das ideias revolucionárias de Proudhon e Georges Sorel para uma versão ultranacionalista e antissemita de corporativismo sindical. A convite de Benito Mussolini, em 1934, proferiu conferências em Roma sobre a arquitetura moderna. Mais tarde, durante a sujeição da França à Alemanha nazista, o arquiteto acercou-se do governo títere de Vichy, mas não conseguiu exercer influência apreciável.

"A França precisa de um Pai", clamou Le Corbusier, pouco antes da publicação de A *cidade radiosa*, em cujo frontispício se lia que "Este livro é de-

---

3   "Art: Soviet Palace". *Time*, 19 de março de 1934.

dicado à Autoridade".[4] A invocação de um poder forte, de um plano central capaz de produzir a ordem, libertando a sociedade dos impulsos da concorrência e da sedução do mercado, é o traço comum das diferentes tendências representadas no CIAM. Segundo o próprio inspirador, o movimento reunia "sindicalistas catalães, coletivistas de Moscou, fascistas italianos e (...) especialistas técnicos de visão aguçada".[5]

Os arquitetos modernistas alemães, ligados à Bauhaus ou ao movimento Der Ring, tendiam a acompanhar a social-democracia, assim como os holandeses do De Stijl, que se engajaram em projetos de bairros residenciais destinados a trabalhadores. Os integrantes do Movimento Italiano pela Arquitetura Racional (MIAR) se alinharam ao partido de Mussolini antes da opção fascista pelo neoclassicismo monumental. Os construtivistas russos, organizados na Associação dos Arquitetos Contemporâneos, não participaram formalmente do CIAM, mas estabeleceram estreitas ligações com o movimento. Existiam, é evidente, vastas divergências políticas entre tão disparatados componentes. Mas eles compartilhavam o heterogêneo pátio ideológico de um autoritarismo anti-individualista cuja luminosidade crescera bastante depois do *crash* da Bolsa de Nova York.

O movimento da arquitetura moderna não surgiu do nada, como um raio no céu limpo. A praça modernista, ampla e aberta, sem árvores, imaginada como ponto de contemplação das edificações que a circundam, bebeu nas fontes da praça medieval e da praça renascentista – a Piazza del Campo, de Siena, e a Piazza della Signoria, de Florença. Já o conceito da cidade-modelo do IV CIAM sofreu influências diversas de projetos de renovação urbana do século anterior.

O mais notório é o plano de renovação de Paris encomendado por Napoleão III e dirigido pelo prefeito Georges-Eugène Haussmann entre 1852 e 1870, com sua rede de largas avenidas de circulação e sua rígida regulamentação de altura e recuo das edificações. No mesmo período, Viena conhecera sua reforma urbana, articulada em torno da abertura da Ringstrasse, o grande

---

4   HOLSTON, James. *A cidade modernista: uma crítica de Brasília e sua utopia*. São Paulo, Companhia das Letras, 1993, p. 48.

5   HOLSTON, James. Op. cit., p. 45.

Piazza Della Signoria, em Florença. A praça aberta renascentista, ponto de contemplação das fachadas e dos volumes de edificações, inspirou os arquitetos do CIAM.

anel circular que surgiu no lugar dos antigos muros da cidade, e pôs-se no papel o plano da Cidade Nova de Barcelona, com seu desenho de quadrículas e ângulos chanfrados, finalmente realizado na primeira década do século XX. Fora da Europa, nas colônias britânicas e francesas, multiplicavam-se as experiências de planejamento urbano baseadas nos critérios da circulação eficiente e em padrões repetitivos de volumes e formas. Os arquitetos modernos apoiaram-se nessa tradição recente, mesmo que nem sempre reconhecessem suas fontes de inspiração.

Contudo, o movimento liderado por Le Corbusier promoveu uma operação de descontextualização, por meio da criação de um modelo urbano ideal, despido de história. As diferentes correntes do CIAM elaboravam propostas oriundas do estudo extensivo de casos. Em virtude das divergências entre tecnocratas, comunistas, coletivistas, sindicalistas e fascistas, os produtos finais expressavam acordos gerais básicos. O mais célebre desses acordos se coagulou na "Carta de Atenas", o manifesto-síntese do IV CIAM.

O manifesto é a descontextualização de uma descontextualização. Na conferência de 1933, os princípios da "cidade funcional" foram expostos na forma de compromissos entre as correntes diversas representadas, mas não adquiriram uma versão final. Oito anos mais tarde, Le Corbusier publicou as conclusões da conferência, editando-as segundo seu ponto de vista e suprimindo as justificativas políticas que as sustentavam. O texto normativo resultante é um documento "expurgado de suas próprias circunstâncias históricas".[6]

Na "Carta de Atenas", a cidade ideal se organiza pela definição conceitual e separação espacial de quatro funções básicas: produção, habitação, lazer e circulação.[7] A última das funções articula as demais segundo regras de eficiência. O sistema de zoneamento evidencia a presença, lado a lado, de uma cidade-instrumento, uma cidade-dormitório e uma cidade-espetáculo. Todo o conjunto se assenta sobre um plano ordenado, regido por uma geometria simples e uma lógica matemática.

A cidade modelar de Le Corbusier ganhou formatos diversos, mas conservou uma estrutura básica imutável, expressa no zoneamento funcional, nos cinturões verdes de separação entre zonas, nos arranha-céus do núcleo comercial, nos blocos residenciais repetitivos e nas vias elevadas de circulação. Os planos verdadeiramente faraônicos do arquiteto para Argel traduzem essa estrutura na forma da cidade linear costeira, articulada em torno de um viaduto com extensão de vários quilômetros, que abrigaria, em pavimentos distintos, escritórios, lojas, restaurantes, células residenciais e vias de circulação de pedestres.

Le Corbusier proferiu palestras no Brasil em 1929. A convite do arquiteto brasileiro Lúcio Costa, então diretor da Escola Nacional de Belas-Artes, retornou ao Rio de Janeiro em 1936, onde permaneceu um mês. A colaboração entre eles deu a partida para o célebre projeto do edifício do Ministério da Educação e Cultura, elaborado por uma equipe de jovens na qual estava Oscar Niemeyer. Dessa estada também resultaram os planos de Le Corbusier para um viaduto costeiro similar ao de Argel, que deveria descongestionar

---

6   HOLSTON, James. Op. cit., p. 46.

7   Uma conferência posterior do CIAM agregou uma quinta função, expressa num centro público destinado a atividades administrativas e cívicas.

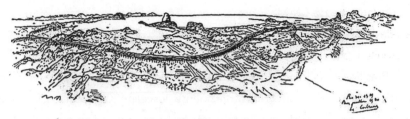

Esboço de Le Corbusier de um monumental viaduto costeiro no Rio de Janeiro. Em nome de uma ordem nova, a arquitetura moderna declarou guerra à cidade.

a cidade e propiciar a implantação de um novo centro, composto pelos inevitáveis arranha-céus de concreto e vidro. Os desenhos, apenas esboçados, evidenciam o desejo de refundar a cidade, libertando-a de seu centro original, constituído por ruas estreitas, incontáveis cruzamentos e a algaravia das multidões. A velha capital não seria resgatada de si mesma pelo voluntarismo da arquitetura moderna, mas o Brasil construiria uma nova capital inspirada no modelo do CIAM.

Brasília, cidade descontextualizada

No relatório do Plano Piloto de Brasília, escrito para a Comissão Julgadora do concurso da nova capital, Lúcio Costa esclarece que a "cidade propriamente dita (...) não será (...) uma decorrência do planejamento regional, mas a causa dele: a sua fundação é que dará ensejo ao ulterior desenvolvimento planejado da região" e conclui: "Trata-se de um ato deliberado de posse, de um gesto de sentido ainda desbravador, nos moldes da tradição colonial." A síntese encontrou expressão na frase mais célebre do texto, segundo a qual a concepção urbanística de Brasília "nasceu do gesto primário de quem assinala um lugar ou dele toma posse: dois eixos cruzando-se em ângulo reto, ou seja, o próprio sinal da cruz".[8]

O Brasil deveria ser refundado e começar de novo a sua história, inscrevendo-a num mármore limpo, isento das marcas do passado. O novo bandei-

---

8   COSTA, Lúcio. "Relatório do plano piloto de Brasília". In: *Brasília*, IPHAN, pp. 9-10.

rante que "assinala um lugar" e "dele toma posse" é o urbanista, o arquiteto, o representante do CIAM. Sobre a imensidão do Planalto Central, num lugar de relevo aplainado, sem um estabelecimento urbano prévio, o modelo ideal da arquitetura moderna poderia ser traduzido direto da planta para o terreno.

Brasília tinha um arquiteto previamente definido, Oscar Niemeyer, escolhido por um ato de vontade do presidente Juscelino Kubitschek. O concurso público para escolha da proposta urbanística só foi aberto por insistência de Niemeyer. O triunfo da proposta de Lúcio Costa, anunciado em março de 1957, provocou algum escândalo, pois tudo que o urbanista apresentara eram cinco cartões contendo 15 croquis à mão livre e um texto curto de justificativa. Depoimentos dos julgadores evidenciam que o texto os encantou, determinando o resultado.

A bela peça retórica, equilibrada entre as chaves épica e lírica, apresenta a proposta como uma iluminação genial. A Brasília de Costa não era relacionada nem à história brasileira nem às demais cidades do país. A única menção ao passado brasileiro são as palavras finais do texto, que entretanto constituem uma alusão de natureza mítica a José Bonifácio de Andrada: "Brasília, capital aérea e rodoviária; cidade parque. Sonho arquissecular do Patriarca."[9] A descontextualização atingia um ápice.

Os elementos estruturais do Plano Piloto consistem no cruzamento de dois eixos, sobre o qual se ergue a plataforma central, na separação entre o Eixo Monumental de edifícios públicos e o Eixo Rodoviário de blocos residenciais e nos dois terraplenos do Eixo Monumental destinados a abrigar a Praça dos Três Poderes e a Esplanada dos Ministérios. A área urbanizada prevista no plano, que excluía as cidades-satélites, estaria contida num triângulo equilátero superposto ao cruzamento axial. A mais acurada crítica histórica da concepção urbanística de Brasília se deve ao antropólogo James Holston. Ele evidencia que o relatório de Costa funcionava como um jogo de ocultação.

O urbanista justificou sua concepção evocando a simbologia da cruz, que remete a signos cósmicos de um tempo mítico, e a forma do triângulo equilátero, expressamente relacionada a padrões arquitetônicos de uma remota antiguidade. Também, nesse movimento de apropriação de conceitos

---

9   COSTA, Lúcio. Op. cit., p. 21.

arquitetônicos de tempos e lugares disparatados, sugeriu analogias da plataforma central, que abrigaria o núcleo de entretenimento e diversões, com o Piccadilly Circus londrino, a Times Square de Nova York e a Champs-Elysées parisiense. Mas não disse que "a ideia de Brasília deriva diretamente, tanto em sua forma quanto em sua organização, das cidades ideais modernistas de Le Corbusier e dos manifestos do CIAM".[10]

Tanto Costa quanto Niemeyer estavam longe da condição de epígonos de Le Corbusier. Os dois inventores de Brasília personificavam a ligação entre o Brasil e o CIAM. Eles, indubitavelmente, tinham ideias próprias e as aplicaram nos projetos da nova capital brasileira. Na concepção de Costa, estavam ausentes as megaestruturas exageradas tão características do urbanismo de Le Corbusier. Não se previu para Brasília nada similar às concentrações centrais de arranha-céus tão ao gosto do fundador do CIAM. Os projetos arquitetônicos de Niemeyer executados na nova capital têm um traço artístico superior ao do mestre e fazem releituras criativas de elementos da arquitetura colonial brasileira. Brasília não é uma mera versão, mas uma invenção. Contudo, a sua originalidade está firmemente enquadrada no rígido programa normativo da arquitetura moderna.

A comparação dos croquis e maquetes das duas cidades modelares de Le Corbusier (a "cidade contemporânea" e a "cidade radiosa") com croquis e fotografias de Brasília suprime qualquer dúvida relevante. O zoneamento funcional obedece às mesmas diretrizes. As perspectivas das grandes artérias de tráfego expresso são extremamente similares, bem como a distribuição, a volumetria e o padrão arquitetônico dos edifícios residenciais. A marca registrada dos pilotis completa a semelhança, funcionando como uma assinatura conjunta.

O conceito de uma "cidade igualitária", na qual estratos sociais diversos convivessem nos mesmos espaços de moradia, foi adotado por Le Corbusier na fase da "cidade radiosa". Era uma ideia cara a Costa, e mais ainda a Niemeyer, que ainda jovem se filiara ao Partido Comunista Brasileiro e estabelecera laços com a corrente da "arquitetura social" soviética. O plano de Brasília a aplicava às superquadras, os blocos residenciais de vizinhança nos quais deveriam habitar, sem distinções, os diferentes escalões da burocracia federal.

---

10 HOLSTON, James. Op. cit., p. 81.

Um programa em ação: perspectiva da "Cidade Contemporânea" de Le Corbusier (acima) e imagem aérea da Asa Sul de Brasília na década de 1970 (abaixo).

As superquadras não expressavam apenas o conceito da igualdade, mas também o da comunidade. Na superquadra típica, da qual só subsistem dois ou três exemplares em Brasília, os blocos residenciais compartilham o comércio local, uma escola básica, uma igreja e um clube de vizinhança. A comunidade assim constituída, pela força da concepção urbanística, teria o papel de socializar e integrar pessoas de estratos sociais contrastantes, funcionando como um modelo para o conjunto da sociedade.

Brasília, registra Holston, "foi planejada por um liberal de centro-esquerda, seus prédios foram desenhados por um comunista, sua construção foi feita por um regime desenvolvimentista, e a cidade consolidou-se sob uma ditadura burocrático-autoritária, cada qual reivindicando uma afinidade eletiva com a cidade".[11] A meta comum a todos esses agentes, a "afinidade eletiva" geral, encontrava-se inscrita na concepção da nova capital: fazer a ordem, de cima para baixo, por meio de um ato voluntarista de Estado que se apresenta como imperativo da razão. Ou, em outras palavras, salvar a sociedade de si mesma, retificando-a por uma técnica que substitui a revolução.

---

11 HOLSTON, James. Op. cit., p. 46.

DEPRESSÃO

1933-1938

F. D. Roosevelt e o New Deal

Harry Hopkins, a mais influente figura do círculo íntimo de Franklin Delano Roosevelt, visitou Iowa, seu estado natal, e passou por Grinnell, a cidade de sua infância e adolescência, logo depois de ser nomeado secretário do Comércio, em 1939. Em Grinnell, discursou de improviso para os estudantes do colégio que um dia frequentara. O tema foi o sistema político dos Estados Unidos. "Não se iludam", disse, "há muitos interesses neste país querendo controlar o governo municipal, estadual ou federal", e prosseguiu, abstendo-se de formular uma crítica fácil: "Acho perfeitamente próprio para qualquer grupo de pessoas, numa democracia, fazer o possível para influenciar o governo."

A meta de exercer influência nem sempre produzia um cenário muito bonito, mas era parte do jogo:

> Não me parece que esses grupos de pressão não possam tentar, de uma maneira ou de outra, influenciar o governo. Eles simples-

mente estarão copiando o que fazem as empresas de eletricidade e as ferrovias. Há 25 ou cinquenta anos eles mandam na maior parte do governo estadual. Não é preciso recuar mais de cinquenta anos para descobrir que membros do Legislativo estavam na folha de pagamento das ferrovias.

O jogo das pressões e, inclusive, a corrupção estavam na conta de um sistema que, no fim, funcionava no interesse das pessoas comuns: "Vi o governo de perto, trabalhando com o povo americano (...). Não surge grande diferença se muda o partido no poder, o governo prometerá tratar o povo como jamais sonhamos e, assim, o governo será bom."

E Hopkins oferecia uma primeira conclusão:

Com a situação mundial como está hoje, quase uma casa de doidos; com o ódio e o temor por toda a parte; com esta nação representando quase que o último bastião da democracia; com o povo americano resolvido a manter essa democracia, é muito importante o tipo de governo que tivermos; realmente é a única coisa importante nos Estados Unidos. Este governo é nosso, quer seja municipal, estadual ou federal. Não pertence a ninguém a não ser ao povo americano. Não o encarem como coisa de ninguém; não o tratem com desprezo, mas como algo que pertence a vocês. Pouco me importa que o critiquem, tampouco quero saber em que partido votam; lembrem-se apenas de que o governo lhes pertence (...).

A profissão de fé na democracia, no governo que pertence às pessoas comuns, podia ter sido proferida décadas antes, ou depois. Contudo, vinha acompanhada por uma segunda conclusão que tinha a marca de seu tempo – e do governo de Roosevelt. Ela emergia no discurso de Hopkins como um alerta:

(...) este país não poderá continuar existindo como democracia se tiver 10 ou 12 milhões de desempregados. Simplesmente não poderá. Temos de encontrar um modo de viver nos Estados Unidos em que cada pessoa participe da renda nacional, de tal forma que a pobreza seja abolida. Não há razão para que o povo americano viva na pobreza. Deve ser achada uma solução e uma solução será achada.[1]

---

1 SHERWOOD, Robert E. *Roosevelt e Hopkins – uma história da Segunda Guerra Mundial*. Nova Fronteira/UnB/Faculdade da Cidade, Rio de Janeiro-Brasília, 1998, p. 35-36.

Roosevelt era regularmente qualificado pelos adversários republicanos como "aquele vermelho da Casa Branca", pela ampla interferência do Estado nos domínios da economia e pelas leis sociais oriundas do New Deal. Na etapa derradeira da Segunda Guerra Mundial, os acordos firmados com a URSS em Ialta valeram-lhe acusações ainda mais diretas: o homem que governou os Estados Unidos durante os 12 anos cruciais da Grande Depressão e na maior de todas as guerras seria quase um agente do comunismo internacional. Ainda hoje, uma ala significativa do Partido Republicano experimenta calafrios ideológicos à mera menção de seu nome. E, contudo, o programa rooseveltiano se amparava numa referência tipicamente americana: a ideia de um governo voltado para os cidadãos comuns.

O conceito tinha raízes no pensamento dos "Pais Fundadores" dos Estados Unidos e atualizara-se, no início do século XX, como reação ao crescente poder das corporações empresariais. Woodrow Wilson, outro eminente democrata e o presidente que conduzira o país na guerra mundial anterior, falara bastante sobre a necessidade de um retorno aos tempos da democracia original, não contaminada pelos poderosos interesses dos magnatas. Roosevelt retomava esse fio antigo, conectando-o aos perigos que assomavam num tempo de cataclismos. A democracia pereceria se não se curasse a doença da pobreza e do desamparo, agravados pela depressão econômica – essa era a noção política que movia o New Deal.

Num aparente paradoxo, o mesmo Roosevelt que socorreu a democracia combalida pelo desastre iniciado em 1929 provocou tensões quase insuportáveis no sistema americano de alternância de poder ao desafiar a tradição e candidatar-se a um terceiro mandato consecutivo, em 1940, e a um quarto, em 1944.[2] Dois anos após a morte de Roosevelt, o Congresso aprovou a 22ª Emenda à Constituição, que proibiu a busca de um terceiro mandato, consecutivo ou não.

---

2   A tradição do limite de dois mandatos nasceu quando o primeiro presidente, George Washington, declinou da candidatura à terceira eleição consecutiva. Em 1879, Ulysses Grant tentou apresentar-se para um terceiro mandato não consecutivo, mas não obteve a nomeação do Partido Republicano. Em 1912, Theodore Roosevelt rompeu com os republicanos para criar o Partido Progressista e candidatar-se a um terceiro mandato não consecutivo, mas foi derrotado pelo democrata Wilson.

Propaganda eleitoral republicana contra Roosevelt. Presidente durante doze anos, FDR testou a resistência do material da democracia americana. A transição do liberalismo elitista para a democracia de massas completou-se com a emenda constitucional de 1947 que limitou o direito à reeleição.

A decisão pela candidatura de 1940 não foi fácil e até meses antes Roosevelt assegurava que respeitaria a tradição. Tudo indica que o início da guerra na Europa foi, de fato, como ele argumentou, a causa para a mudança de rota. Quatro anos depois, o dogma já não existia e a situação mundial impunha a nova candidatura do presidente alquebrado, que deliberadamente escondia dos eleitores a gravidade de sua doença.

A democracia americana suportou bem o teste da longa "era Roosevelt". Na verdade, o sistema político americano deve ser dividido em dois períodos distintos. Antes de Roosevelt, o jogo ainda estava, essencialmente, limitado a elites mais ou menos restritas, que mantinham um firme controle sobre os dois partidos nacionais. No seu primeiro mandato, o campo da política se alargou, incorporando novos personagens que refletiam a entrada em cena dos trabalhadores organizados e dos pobres. O New Deal foi o motor da transformação, inaugurando a democracia de massas nos Estados Unidos.

A ascensão dos sindicatos

O New Deal começou em maio de 1933, com a Administração de Ajustamento Agrícola, que deflagrou um programa de subsídios aos agricultores destinado a reduzir a produção. A criação artificial de escassez tinha a finalidade de provocar uma recomposição dos preços, contrariando a tendência deflacionária inerente à depressão. Simultaneamente, o governo lançou a Administração do Vale do Tennessee, o célebre projeto de desenvolvimento de uma das regiões mais pobres do Sul dos Estados Unidos. Os conceitos de planejamento regional e investimentos governamentais em obras públicas ganhavam sua primeira aplicação de larga escala.

Contudo, o vetor crucial do New Deal estava apontado para as cidades, não para o campo. O mercado de hipotecas naufragava sob os efeitos do colapso financeiro, paralisando os negócios imobiliários. O governo entrou no mercado por meio de uma agência de refinanciamento das hipotecas e ofereceu garantias aos investidores contra o espectro assustador da inadimplência. Paralelamente, a Administração de Obras Públicas se engajou na construção de casas populares nos bairros pobres, copiando um modelo adotado antes em países europeus.

A política industrial do New Deal foi orientada pela Administração Nacional de Reconstrução Industrial. A lei que a criou buscava estimular o emprego e propiciar o crescimento dos salários. Eliminaram-se as restrições legais aos monopólios e aos cartéis, a fim de alavancar os investimentos. Em contrapartida, o governo invadiu a arena da economia com uma ousadia inédita, impondo códigos tripartites de negociação com as empresas e os sindicatos. A meta era obter uma expansão concomitante dos preços e dos salários, impedindo que a retomada econômica se fizesse por meio da corrosão da renda dos trabalhadores. Essa meta, porém, só seria alcançada pela emergência de um forte movimento sindical.

O sindicalismo americano nascera em 1869, com a fundação do Knights of Labor (Cavaleiros do Trabalho), por imigrantes irlandeses e alemães. A combativa organização precursora, muitas vezes reprimida com violência, chegou a ter 700 mil filiados, mas entrou em declínio menos de duas décadas depois, com o surgimento da Federação Americana do Trabalho (AFL), uma central conservadora que contava com alguma benevolência dos empregadores. A AFL organizava seus filiados por profissões, fragmentando os operários e criando dificuldades quase intransponíveis para a deflagração de movimentos grevistas.

No início do século XX, a AFL reunia apenas 5% dos trabalhadores sindicalizados dos EUA. Seu fracasso abriu caminho para a fundação, num Congresso Industrial em Chicago, em 1905, da Industrial Workers of the World (IWW), uma central sindical com ambições internacionais. A IWW nasceu dos esforços de socialistas, anarquistas e sindicalistas revolucionários, especialmente dos dirigentes da Federação Ocidental dos Mineiros, que raciocinavam em termos da organização da classe trabalhadora e repudiavam a fragmentação profissional da AFL.

A IWW rejeitava a reivindicação de salários justos da AFL. No lugar dela, inscreveu a meta final de eliminação do sistema do assalariamento – ou seja, de derrubada do capitalismo. Eugene V. Debs, um dos líderes da nova central, explicava:

> *Enquanto o sindicalismo por profissões ainda fala sobre um justo salário diário por uma jornada justa de trabalho, querendo dizer que os interesses econômicos dos capitalistas e dos trabalhadores podem ser harmonizados sobre a base da justiça para ambos, a Trabalhadores Industriais diz: "Eu quero todo o produto de meu trabalho."[3]*

Os Estados Unidos não conheceram um desenvolvimento político similar ao da Europa, que conduziu à formação de grandes partidos revolucionários inspirados pelo marxismo. Mas as ideias anticapitalistas se filtraram na classe trabalhadora do país que se tornava a maior potência industrial do mundo por meio do sindicalismo. A IWW retomava o fio do Knights of Labor e conectava-se aos revolucionários europeus.

---

3   DEBS, Eugene V. "Revolutionary unionism". Discurso em Chicago, 25 de novembro de 1905. E. V. Debs Internet Archive, 2001.

O sindicalismo revolucionário americano sempre desconfiou, contudo, dos bolcheviques. Dois anos após a Revolução Russa, o jornal da IWW acusou os soviéticos de se limitarem a dar o direito de voto aos trabalhadores. Uma carta aberta da direção da Internacional Comunista, de 1920, respondeu que aquilo era falso, pois as fábricas, as minas, as terras e os bancos na Rússia haviam sido "retirados das mãos dos capitalistas e transferidos para o conjunto da classe trabalhadora".[4] Os dirigentes sindicais americanos não entendiam essa linguagem, que identificava o Estado soviético ao "conjunto da classe trabalhadora". Para eles, os trabalhadores deveriam dirigir diretamente as fábricas, por meio de organizações de base ligadas a centrais sindicais anticapitalistas. O partido revolucionário não só não era uma necessidade mas tendia a ser interpretado como usurpador das prerrogativas da classe.

Os filiados da IWW chegaram a somar mais de 50 mil, promoveram greves amplas, manifestações de peso em defesa da liberdade de expressão e campanhas de transporte ferroviário gratuito para trabalhadores agrícolas migrantes. Contudo, sua aversão aos métodos normais do sindicalismo lhe custou uma corrosão implacável de influência. A central revolucionária não admitia a ideia de acordos coletivos de trabalho e desprezava a conquista de aumentos salariais. Aos poucos, sob os golpes de uma intensa repressão e de centenas de processos judiciais contra seus dirigentes e agitadores, dissolveu-se o elã inicial. Nos anos 1920, a IWW começou a declinar, até converter-se em pouco mais que uma seita perdida na paisagem do sindicalismo americano.

O moderno sindicalismo americano emergiu nas agruras da depressão, a partir da greve dos caminhoneiros de Minneapolis, em 1934. Dirigida por sindicalistas ligados ao pequeno grupo de seguidores de Leon Trotski nos Estados Unidos, a greve durou três meses e resistiu tanto a investidas policiais quanto à tentativa de destroçar a liderança pela imposição de lei marcial no estado de Minnesota. No fim, assegurou o direito de sindicalização dos caminhoneiros e impulsionou a facção que, no interior da AFL, defendia a organização dos trabalhadores por ramos industriais.

---

4   Comitê Executivo da Terceira Internacional. "To the IWW. A special message from the Communist International". Proletarian Publishing Association, Melbourne, 1920.

A facção, que se intitulou Congresso das Organizações Industriais (CIO), não tinha a intenção de romper com a antiga central, mas de mudá-la por dentro. Entretanto, a direção da AFL não estava disposta a aceitar o desafio, aferrando-se ao princípio do sindicalismo por profissões, que dividia em diferentes organizações os trabalhadores de uma mesma indústria. A cisão começou em 1935 e concluiu-se três anos mais tarde com a formação oficial da nova central.

O CIO não tinha um programa anticapitalista, como a IWW, mas rejeitava a docilidade burocrática da AFL. Sua rápida ascensão refletiu o impulso de unidade que a animava. Entretanto, também se deveu à reorientação política do Partido Democrata que, na moldura do New Deal, procurava fincar raízes entre os trabalhadores industriais.

Os sindicatos americanos eram componentes quase marginais da paisagem política, pois não existia uma legislação para proteger os direitos à sindicalização e à negociação coletiva. As coisas mudaram de figura em 1935, junto com o surgimento da facção do CIO, pela aprovação de uma lei formulada por Robert F. Wagner, senador democrata que participava do círculo

Caminhoneiros e policiais em conflito, na greve geral de Minneapolis, em 1934. O sindicalismo moderno americano nasceu como componente dissonante, mas indispensável, da Grande Coalizão do New Deal.

íntimo de conselheiros presidenciais. A Lei Wagner proibiu retaliações contra sindicalistas e regulamentou o direito de greve. Com ela, chegavam aos Estados Unidos as garantias conquistadas muito antes na Europa pela força do sindicalismo social-democrata.

As duas centrais competiram até o início dos anos 50, quando se unificaram como AFL-CIO, sobre a base do sindicalismo unitário por ramo industrial. Na "era Roosevelt", os sindicatos tenderam a se aproximar do Partido Democrata – e muitos deles adotaram a prática, que prossegue até hoje, de prestar apoio oficial aos candidatos democratas nas eleições estaduais e presidenciais. Toda a paisagem política americana conhecia uma mutação de fundo, que redefinia o lugar social dos dois grandes partidos nacionais.

A "Coalizão do New Deal"

O Partido Republicano nasceu em 1854, sob o impulso de empresários modernizantes e lideranças antiescravistas. Os republicanos sempre foram defensores do *big business*, uma coerência de fundo que os fez sustentar o protecionismo tarifário no século XIX e o livre comércio no século XX, quando já não temiam a concorrência externa. A Nova Inglaterra e o cinturão industrial do Nordeste/Grandes Lagos funcionaram como núcleos do poder eleitoral republicano até o final dos anos 20.

As origens remotas do Partido Democrata se encontram no partido fundado por Thomas Jefferson e James Madison para se contrapor à corrente dos federalistas, em 1792. Contudo, o moderno Partido Democrata consolidou-se de fato durante os turbulentos anos que se seguiram à Guerra de Secessão, como leito comum das velhas elites brancas sulistas, de empresários das finanças e das ferrovias que se opunham ao protecionismo e dos defensores das prerrogativas dos estados contra o centralismo federal. O "Sul profundo", das fazendas e dos amargos ressentimentos deixados pela guerra civil, se tornou o bastião inexpugnável dos democratas.

Contudo, o Partido Democrata dividia-se em duas facções regionais. Os democratas do Sul, conservadores e agrários, estiveram na linha de frente da aprovação das leis estaduais de segregação racial que se disseminaram desde a década de 1890. Os democratas do Norte, por outro lado, tenderam a se posicionar à esquerda dos republicanos nos temas sociais. A Coalizão do New Deal, articulada por Roosevelt nas eleições de 1932 e sedimentada durante a Grande Depressão e a Segunda Guerra Mundial, unificou o partido, assegurando-lhe uma supremacia relativa, que perduraria até o triunfo de Richard Nixon em 1968.

A ideia de "começar o mundo outra vez", na célebre frase de Tom Paine, um dos "Pais Fundadores" dos Estados Unidos, é um componente vital da política americana que se expressa em momentos de dilacerante crise de valores. No redemoinho da Grande Depressão, Roosevelt ergueu-se contra o liberalismo extremado, argumentou que a nação não é idêntica aos negócios e conclamou os americanos a um "encontro com o destino". Em torno disso, juntou os democratas do Sul aos do Norte, atraiu o sindicalismo do cinturão industrial dos Grandes Lagos e montou máquinas eleitorais urbanas azeitadas pelos programas sociais do New Deal.

A Coalizão do New Deal abriu um longo ciclo de predomínio democrata, interrompido apenas pelos governos de Dwight Eisenhower, entre 1953 e 1960. A bandeira das reformas sociais de Roosevelt foi replicada por Lyndon Johnson, na conjuntura de expansão econômica dos anos 60, sob a forma do programa da Grande Sociedade, que eliminou a segregação racial oficial e assegurou aos democratas o voto dos negros. Nos Estados Unidos, a linguagem política se distanciou daquela utilizada na Europa: passaram a ser denominados "liberais" os apoiadores da Coalizão, que eram na verdade intervencionistas, e "conservadores", seus oponentes republicanos, adeptos de políticas econômicas liberais.

O país urbano e industrial alinhou-se ao redor de Roosevelt, suplantando a oposição, dispersa pelos subúrbios elitistas e pequenas cidades interioranas. As máquinas políticas locais das grandes cidades, antes devotadas a reduzir o comparecimento às urnas, conectaram-se ao governo federal e passaram a estimular o voto dos trabalhadores e dos pobres. As minorias oriundas da imigração recente – em especial os irlandeses, os italianos e os judeus – se incorporaram ao eleitorado democrata.

Nas eleições de 1932, sob o impacto direto da catástrofe econômica, o pobre Herbert Hoover foi batido em todo o país, com exceção de alguns estados da Nova Inglaterra. A primeira reeleição ampliou a maioria de Roosevelt, deixando aos republicanos apenas Vermont e o Maine. A recessão de 1937-38 conferiu um sopro de vida aos republicanos e, em 1940, o desafiante Wendell Willkie conseguiu triunfos em alguns estados do Meio-Oeste e até dos Grandes Lagos, mas não atingiu 45% dos votos válidos. Quatro anos mais tarde, o candidato republicano fez um mapa eleitoral parecido com o de Willkie e obteve um desempenho geral um pouco melhor.

O apoio sindical a Roosevelt, embora amplo, nem sempre foi sólido e não excluiu um confronto marcante, com John L. Lewis, o carismático e despótico presidente do CIO e da União dos Trabalhadores Mineiros da América (UMWA). Lewis, como tantos líderes sindicais, se alinhava com o Partido Republicano até a primeira eleição de Roosevelt, quando mudou de lado. As duas grandes centrais sindicais e a UMWA apoiaram o presidente na campanha de 1936, mas Lewis aderiu à candidatura de Willkie em 1940. Atrás da opção, estava o vulto da URSS e o pacto germano-soviético.

Os comunistas desempenhavam papel marginal na política americana, mas exerciam influência nas máquinas sindicais do CIO e da UMWA – e o esquema de poder de Lewis dependia fortemente do apoio deles. Às vésperas da eclosão da Segunda Guerra Mundial, em agosto de 1939, os ministros do Exterior da URSS, Vyacheslav Molotov, e da Alemanha, Joachim von Ribbentrop, haviam firmado um pacto de não agressão que continha um protocolo secreto sobre a partilha da Polônia, dos Estados Bálticos e da Bessarábia (na atual Moldávia). A aliança tácita provocou um giro na política externa soviética e, portanto, nas orientações dos partidos comunistas em todo o mundo. Nos Estados Unidos, os comunistas se alinharam taticamente à candidatura republicana, temendo que Roosevelt engajasse o país na guerra contra a Alemanha. Lewis então se dedicou com um fervor inigualável a atacar o presidente.

Os ataques atingiram o paroxismo com uma arenga radiofônica na qual o líder sindical prometeu que deixaria o comando do CIO e se retiraria para a vida privada na hipótese do triunfo de Roosevelt. O presidente retrucou num discurso no bairro de Brooklyn, em Nova York. Começou identificando uma "nova aliança profana": "Há algo de muito mau agouro nesta combinação que se forma dentro do Partido Republicano entre os reacionários extremistas e os

John L. Lewis, chefão da CIO e da UMWA, no palanque contra Roosevelt. A "aliança profana" entre comunistas e republicanos, um fruto estranho do Pacto Molotov-Ribbentrop, traduzia a geopolítica de Moscou no cenário eleitoral dos Estados Unidos.

elementos radicais deste país. Não há um ponto em comum em torno do qual eles possam unir-se (...), salvo a mesma sede de poder e a impaciência com os processos democráticos normais (...)." Em seguida, esclareceu o sentido mais amplo da "combinação":

> *Estou certo de que todos os republicanos verdadeiramente patriotas não foram alertados quanto à natureza dessa ameaça. Eles precisam saber (...) das consequências maléficas da colaboração entre o comunismo e o nazismo na Europa. Algo de mau está acontecendo neste país, quando uma página inteira de propaganda contra o governo, paga pelos republicanos, é publicada – onde, dentre tantos jornais? – no Daily Worker, o órgão do Partido Comunista.*[5]

---

5   SHERWOOD, Robert E. *Roosevelt e Hopkins: Uma história da Segunda Guerra Mundial.* Op. cit., p. 212.

DEPRESSÃO

Roosevelt venceu e Lewis não cumpriu sua promessa. Ele, efetivamente, renunciou à presidência do CIO em 1941, mas permaneceu na UMWA e transferiu-se para a AFL anos depois. A entrada dos Estados Unidos na guerra mundial, após o ataque japonês a Pearl Harbor e já em aliança com a URSS, teve o apoio dos trabalhadores mineiros, que se comprometeram a renunciar às greves enquanto durasse o esforço de guerra. Lewis rompeu o compromisso em 1943, liderando uma tumultuosa greve geral da categoria. Roosevelt reagiu pela imposição da administração federal sobre as minas.

A restauração do templo

A "era Roosevelt" ocupa o intervalo dramático iniciado com a Grande Depressão e concluído pelo triunfo dos Aliados na Segunda Guerra Mundial. O presidente eleito quatro vezes consecutivas foi o protagonista decisivo nesse período que divide o século XX em duas partes bem distintas. Seu legado geopolítico consistiu na consolidação da posição dos Estados Unidos como maior potência global e como ator quase hegemônico nas relações internacionais. Contudo, Roosevelt deixou um legado ainda mais importante: uma redefinição dos princípios políticos que sustentam o capitalismo ocidental.

Quando Roosevelt sentou-se pela primeira vez na cadeira presidencial, no Salão Oval da Casa Branca, Stalin já não tinha nem a sombra de uma oposição interna e Hitler acabara de ser empossado como chanceler alemão. Na Europa, a ventania do fascismo soprava forte, em meio às ruínas das economias atingidas pela depressão. O capitalismo ocidental experimentava uma crise política de magnitude similar à do encerramento da Grande Guerra. O espectro que rondava o Velho Mundo não era o da revolução socialista, mas o da ascensão de nacionalismos exacerbados, autoritários e belicosos.

O primeiro discurso inaugural, de março de 1933, que ficou célebre pela frase sobre o medo ("a única coisa que temos a temer é o próprio medo"), era um ataque contra o castelo desmoralizado das altas finanças.

"Sim, os financistas fugiram dos seus altos assentos no templo de nossa civilização. Nós podemos agora restaurar esse templo de acordo com as verdades antigas. A medida dessa restauração repousa na

extensão em que aplicamos valores sociais mais nobres que o mero lucro monetário."[6]

As "verdades antigas" estavam envoltas por um olor romântico – a nostalgia de um princípio comunitário formado por valores "nobres" e oposto àquilo que o presidente quase chamou de usura.

Dois anos mais tarde, Roosevelt assinou a Lei de Seguridade Social. O discurso pelo qual a anunciou, discreto, despido de eloquência retórica, continha a seguinte passagem: "A civilização dos últimos cem anos, com suas alarmantes mudanças industriais, tendeu mais e mais a tornar a vida insegura. Os jovens passaram a indagar o que terão de seu quando chegarem à velhice. O empregado passou a se perguntar quanto tempo durará seu emprego." O Estado deveria prover a segurança destruída pela civilização industrial. Fazendo-o, erguia "uma estrutura projetada para amenizar a força de possíveis futuras depressões" que também "aplainará os picos e vales da deflação e da inflação".[7]

Os economistas liberais, empurrados pela depressão para as franjas do debate político, denunciaram o New Deal como o dobre de finados da liberdade. Roosevelt passou a ocupar, no discurso deles, um lugar no trem dos totalitarismos. Os Estados Unidos, diziam, seguia no mesmo rumo da URSS, da Itália de Mussolini e da Alemanha de Hitler. Um Estado todo-poderoso tomava as rédeas da vida econômica, restringindo a liberdade dos investidores, secando o lago do empreendedorismo, premiando a ineficiência e dissolvendo as sinalizações emitidas pelo mercado.

O fogo dos ideólogos liberais começou na inauguração do governo Roosevelt, quando o presidente recebeu do Congresso uma delegação extraordinária de poderes para tomar medidas contra a depressão. Os críticos disseram que o parlamento renunciara às suas funções e alguns chegaram a comparar o evento com a transferência dos poderes legislativos para Hitler após o incêndio do Reichstag, ocorrido semanas antes.

As comparações avançaram ainda mais quando a Casa Branca lançou a campanha do Blue Eagle. As empresas que se ajustavam às diretivas da Admi-

---

6   ROOSEVELT, Franklin D. "First inaugural address", 4 de março de 1933.

7   ROOSEVELT, Franklin D. "Speech upon signing the Social Security Act", 14 de agosto de 1935.

nistração de Recuperação Nacional (NRA) recebiam um cartaz com o símbolo da águia azul e a inscrição "Membro do NRA – Nós fazemos a nossa parte". Em tese, a adesão era voluntária, mas o general Hugh Johnson, chefe da NRA, estimulava boicotes de massa às empresas que não se ajustavam. A campanha, como observou um historiador, "baseava-se na cooperação voluntária, mas aqueles que não se subordinavam seriam forçados a participar".[8] Os economistas liberais apontaram semelhanças com as pressões sobre empresários utilizadas na Alemanha nazista para submetê-los aos programas sociais do governo.

A história é sempre lida do presente para o passado. Depois da Segunda Guerra Mundial, Hitler e Mussolini ganharam, com evidente justiça, a marca de genocidas de massas. Nos seus países, contudo, antes da guerra, não eram vistos desse modo pela maioria dos cidadãos. Também inexistia, ao menos até a metade da década da Grande Depressão, alguma singular animosidade entre os líderes nazifascistas e os demais homens de Estado. A crítica dos ideólogos liberais ao New Deal, mesmo se exagerada, não deveria ser interpretada à luz dos eventos catastróficos que se desenrolariam anos mais tarde.

O intervencionismo de Roosevelt foi recebido com elogios pela imprensa nazista. O jornal oficial do partido nazista alemão aplaudiu a suposta "adoção de linhas de pensamento do nacional-socialismo" nas políticas econômicas e sociais do New Deal e louvou o estilo de liderança de Roosevelt "como sendo compatível com o (...) *Fuhrerprinzip* de Hitler".[9] O próprio Hitler disse ao embaixador americano William Dodd que concordava com o presidente sobre o valor das virtudes do dever, da disciplina e da disposição para o sacrifício. Nos Estados Unidos, como na Alemanha, sugeriu o *Fuhrer*, nascia uma ordem nova, fundada no interesse do povo, não no individualismo.

Mussolini deixou seus elogios escritos numa resenha do livro *Looking forward*, compilação de artigos e discursos de Roosevelt publicada em 1933. O *Duce* enxergou reminiscências do fascismo no conceito de que o Estado não deveria mais permitir à economia um funcionamento determinado pelo mercado. Em outra resenha, dedicada a um livro do secretário da Agricultura

---

8 SCHIVELBUSCH, Wolfgang. *Three New Deals: reflections on Roosevelt's America, Mussolini's Italy and Hitler's Germany, 1933-1939*. Nova York, Metropolitan Books, 2006, p. 92.

9 SCHIVELBUSCH, Wolfgang. Op. cit., p. 190.

Henry A. Wallace, ele viu paralelos entre o programa agrícola americano e o seu corporativismo. De sua parte, Roosevelt nunca foi atraído por Hitler, mas parece ter nutrido alguma admiração por Mussolini, como atesta uma confidência a um jornalista acreditado na Casa Branca: "Eu não me importo de dizer a você, em particular, que mantenho contato razoavelmente estreito com esse admirável cavalheiro italiano."[10]

Tudo isso não é muita coisa. Mussolini teve admiradores maiores entre os estadistas democráticos europeus e mesmo Hitler, no início de seu governo, foi visto por alguns deles como um potencial aliado contra a URSS. A extensão da intervenção estatal na economia patrocinada pelo New Deal era inédita e impressionante na época, mas tornou-se quase um padrão após a Segunda Guerra Mundial. Um apelo populista perpassou toda a "era Roosevelt" e figurou como instrumento privilegiado das máquinas políticas urbanas que se associaram ao presidente, mas o próprio Roosevelt quase sempre optou por um discurso abrangente, voltado para a unidade da nação.

O tema do "povo contra os poderosos" está cravado na memória política profunda dos Estados Unidos. Seguindo uma trilha aberta por Jefferson, o quarto presidente americano, Andrew Jackson, defendeu a ampliação da participação popular na política e falou em nome do "homem comum" contra os grandes interesses organizados. Jackson conduziu o ataque ao Segundo Banco dos Estados Unidos, a segunda tentativa de estabelecimento de um banco central no país, argumentando que este servia aos ricos, exercia uma influência deletéria sobre o Congresso e refletia o poder dos estados do Norte contra os do Sul e do Oeste.

A bandeira da "democracia jacksoniana" nunca deixou a cena, e voltou a tremular alto, na passagem do século XIX para o XX, quando William Jennings Bryan liderou o Partido Democrata. Vociferando contra os bancos, as ferrovias e os trustes em geral, Bryan defendeu os interesses dos estados, dos colonos do Oeste e dos fazendeiros do Sul. Orador notável, fervoroso presbiteriano, inimigo jurado do evolucionismo darwinista e adepto da proibição das bebidas alcoólicas, o maior dos populistas americanos sofreu três duras derrotas em

---

10 SCHIVELBUSCH, Wolfgang. Op. cit., p. 31.

Cartaz da campanha de Andrew Jackson contra o Segundo Banco dos Estados Unidos, em 1832: o líder dos "homens comuns" enfrenta as múltiplas cabeças do monstro financeiro. A "democracia jacksoniana" encarnou-se no Partido Democrata original. FDR reinventou o partido, por meio da redefinição do povo.

eleições presidenciais mas deixou uma marca indelével na paisagem política de seu país.

O alvo permanente da retórica de Bryan não era o capitalismo, mas aqueles que desfigurariam e asfixiariam o sistema econômico – os "ociosos detentores de capital ocioso", na frase célebre de seu mais conhecido discurso.[11] Nos turbulentos tempos das falências bancárias em massa e da despossessão dos cidadãos comuns, o populismo de Roosevelt repetiu, mas apenas como uma pálida reminiscência, essa longa, sólida tradição.

Contudo, o "povo" de Roosevelt já não era o de Jackson ou Bryan. A "democracia jacksoniana" falava a um país rural, espalhado pelo "Sul profundo" e pelo Oeste dos colonos e imigrantes. O presidente do New Deal, pelo contrário, falava primariamente para os trabalhadores e a classe média empobrecida das cidades. Jackson e Bryan ocuparam a trincheira dos direitos dos estados contra a centralização de poderes na União. Roosevelt foi um centralizador, amplificando as prerrogativas federais e subordinando as elites estaduais. Por baixo da

---

11 BRYAN, William Jennings. "Cross of gold" , 9 de julho de 1896.

continuidade, expressa na contraposição do povo aos poderosos, há uma ruptura estrutural, que redefiniu o Partido Democrata e toda a política americana.

Os paralelos entre Roosevelt e o nazifascismo não resistem a um exame isento de fanatismo ideológico. Desde o início, Mussolini e Hitler entraram em choque com as liberdades civis, que apontavam como maléficas emanações do liberalismo. Roosevelt, pelo contrário, respeitou escrupulosamente o patrimônio constitucional da liberdade política. A novidade que introduziu foi a proposta de entrelaçamento dos princípios da liberdade e da igualdade.

No discurso sobre "As quatro liberdades", pronunciado perante o Congresso em janeiro de 1941, durante a escalada da guerra na Europa, Roosevelt apresentou uma definição alargada do significado da liberdade:

> *Certamente esse não é momento para qualquer um de nós parar de pensar nos problemas sociais e econômicos que são as causas profundas da revolução social que é, hoje, um fator supremo no mundo. Pois nada há de misterioso sobre os fundamentos de uma democracia saudável e forte. As coisas básicas que nosso povo espera de seus sistemas políticos e econômicos são simples. São: igualdade de oportunidades para os jovens e os demais; empregos para os que podem trabalhar; segurança para os que necessitam dela; fim dos privilégios especiais para poucos; preservação das liberdades civis para todos; acesso aos frutos do progresso científico num nível de vida em constante crescimento e ampliação.*[12]

O espaço para o surgimento de um grande partido marxista foi ocupado, nos Estados Unidos, pelo sindicalismo revolucionário da IWW. O Partido Democrata reconstruído por Roosevelt ocupou o espaço que, na Europa, correspondia aos partidos social-democratas avessos à herança bolchevique.

---

12 ROOSEVELT, Franklin D. "The Four Freedoms", 6 de janeiro de 1941.

Benito Mussolini e os fascismos

Um socialista que preferia *Les miserables* ao *Capital*. Um militarista que saiu do próprio país para escapar ao serviço militar. Um adepto do futurismo que era visto pelos futuristas como um charlatão. O líder de um movimento que conseguiu abortar a agitação revolucionária na Itália, mas foi descrito pelo primeiro-ministro Giovanni Giolitti como mero "fogo de artifício". Um amante irresistível que teve muitas mulheres, incluindo uma intelectual judia, Margherita Sarfatti, autora de sua primeira biografia laudatória, obrigada a emigrar em 1938 para escapar das leis antissemitas impostas pelo mesmo homem que ajudou a alçar ao poder. Um ateu que fez acordo com a Igreja e terminou invocando Deus em seus discursos.

Uma metamorfose ambulante? Sobre a figura de Benito Mussolini existe pelo menos um consenso entre seus contemporâneos e aqueles que se dedicaram posteriormente ao estudo do fascismo: ele era dotado de enorme intuição política e a usou para realizar seu único grande objetivo – conquistar o poder.

Também foi um pioneiro: o precursor de uma nova ordem política que, à exceção de Portugal, só ganhou força na década de 1930. A ideologia fascista, à qual Mussolini estará eternamente associado, não foi criação de seu intelecto em particular – o que nos leva a pensar no papel do indivíduo na História. O fascismo e, mais precisamente, a ideia de socialismo nacionalista, que se expressa no Estado corporativo, foi o que resultou da síntese – uma verdadeira trombada! – entre o racionalismo socialista e o romantismo nacionalista.

Nas palavras do historiador Robert Paris, a síntese de duas antíteses: classe e nação. Os italianos falavam em "nação proletária". Curiosamente, Itália, Portugal e Espanha – países governados por duradouros regimes corporativistas – eram impérios do passado, decadentes perante a pujança das nações do norte da Europa. Ao mesmo tempo, os homens e mulheres que faziam o movimento político e sindical de esquerda seguiam experimentando, criticando e propondo diferentes caminhos e interpretações para os problemas da "desigualdade entre os homens" que mais de um século após as revoluções iluministas ainda constituíam o maior dos problemas da humanidade.

O apelo à nação foi a grande carta que se revelou no jogo político nas primeiras décadas do século XX. Mesmo após a Primeira Guerra Mundial, mas também em parte por causa dela, a "pátria-mãe" permitiu aos políticos liberais e conservadores lançar a corda em direção a certas alas do movimento trabalhista, pouco interessadas ou abertamente desconfiadas do apelo revolucionário lançado da Rússia. O cisma entre socialistas reformistas e revolucionários traduzia parte desse problema, mas não todo, porque o fascismo também era seu filho.

Benito Mussolini nasceu em 1883. Seu pai era ferreiro e socialista, nessa ordem. Tinha uma compreensão bastante primária das ideias políticas. A mãe era professora primária – e católica fervorosa. Enquanto o garoto crescia, a Itália recém-unificada passava por transformações decorrentes de um desenvolvimento industrial alavancado à custa da drenagem de recursos das regiões Centro e Sul para a região Norte da península. Além do crescimento do proletariado e do surgimento de organizações de esquerda, aumentou a concentração fundiária e a população camponesa sofreu com o empobrecimento e a emigração.

A unificação política no quadro do liberalismo suscitou uma reação neorromântica que rejeitava as concepções racionalistas e individualistas do positivismo em voga. Os filósofos neo-hegelianos Benedetto Croce e Giovanni Gentile (mais tarde parceiro intelectual do *Duce*) e o poeta Gabrielle D'Annunzio foram exemplos dessa corrente. Mas ninguém representou melhor essa reação idealista que o romancista Alfredo Oriani com sua crítica ao *Risorgimento*, isto é, ao movimento que lutou pela unidade italiana. Para ele, aquela fora uma luta da burguesia e, portanto, uma revolução incompleta, artificial, uma vez que o povo fora excluído. Começava a surgir a figura idealizada do Povo, esse ente a-histórico do qual o fascismo se tornaria porta-voz. No poder, Mussolini organizou e prefaciou a obra de Oriani.

Outro problema enfrentado pela Itália no final do século XIX foi a incapacidade de constituir um império colonial, como faziam as grandes potências industrializadas. Especialmente traumática foram as derrotas na Etiópia em 1887, na batalha de Dogali, e em 1896, na batalha de Adowa. A humilhação militar desencadeou uma violenta reação nacionalista, cujo principal expoente foi Enrico Corredini, jovem oriundo do sindicalismo revolucionário. Para ele, assim como o socialismo ensinava aos operários a importância da luta de classes, a nação precisava aprender o valor da luta internacional posto que existiam "nações burguesas" e "nações proletárias":

> *Devemos começar reconhecendo o fato de que existem nações proletárias assim como classes proletárias; quer dizer, existem nações cujas condições de vida estão sujeitas... ao modo de vida de outras nações, como as classes estão. Uma vez que isso seja entendido, o nacionalismo deve insistir firmemente nessa verdade: a Itália é, material e moralmente, uma nação proletária.*[1]

O antídoto? A guerra imperialista, que uniria a nação trazendo-lhe riqueza e poder e, sobretudo, unidade contra a ameaça da divisão de classes enunciada pelos socialistas. Além disso, ajudaria a canalizar para o país toda a imensa capacidade produtiva desperdiçada com a emigração. Além de participar da criação de publicações de cunho nacionalista, em 1910 Enrico Corredini ajudou a fundar a Associação Nacionalista Italiana, entidade que teve papel ativo na história do corporativismo. Um dos membros mais destacados da ANI, um jurista de for-

---

1 CORREDINI, Enrico. "Report to the First Nationalist Congress". Cambridge Forecast Wordpress, Florença, dezembro de 1919.

mação marxista, Alfredo Rocco, seria ministro da Justiça do governo Mussolini e responsável pela elaboração das leis corporativas do Estado fascista.

Em 1911, coincidindo com o cinquentenário da unificação, a Itália conquistou a Líbia, para júbilo dos nacionalistas.

Elites e violência, motores da história

Enviado para estudar em um colégio de padres que dividia os alunos durante as refeições de acordo com as posses de cada um, o jovem Benito sempre se ressentiu de estar entre os mais pobres. Foi um garoto brigão e acabou expulso da escola, tendo completado os estudos com um tutor. Perto da idade de se alistar e convicto de seu antimilitarismo, partiu para a Suíça, onde começou a escrever e organizar os trabalhadores, atividade que lhe valeu a deportação e uma ordem de prisão por deserção, em 1904. Começava ali a fama do socialista.

Graças às autonomias regionais do sistema cantonal suíço, Mussolini conseguiu retornar e foi viver na cidade de Lausanne. Inscreveu-se na universidade para acompanhar as aulas do economista e sociólogo italiano Vilfredo Pareto, um crítico do pensamento marxista. Entre outras coisas, Pareto rejeitava a luta de classes afirmando que a história derivava da ação de elites políticas capazes de obter o apoio das massas, em virtude dos ideais que representavam. Ao mesmo tempo, em consonância com o avanço dos estudos de psicologia, afirmava que o ser humano é essencialmente irracional, conquanto busque justificativas racionais o tempo todo; isso significava que as ideias e ideais coletivos expressos pelas elites com frequência ocultavam as verdadeiras motivações, mais egoístas.

Avaliando a experiência histórica, Pareto definiu a existência de dois tipos de elite, a plutocrática e a burocrática. Para a primeira, os interesses públicos acabavam subordinados aos econômicos e o que prevalecia era o objetivo de máximo ganho pessoal; para a segunda, os interesses públicos prevaleciam, mas ao se colocarem como intérpretes do interesse geral, os burocráticos tendiam ao autoritarismo. Curiosamente, quando Mussolini foi convidado a assumir o governo após a Marcha sobre Roma, o sociólogo teria comentado: "Eu não disse?" – para ele era inequívoca a identificação da elite liberal italiana ao tipo plutocrático, enquanto os fascistas representavam a nova elite burocrática.

No poder, os fascistas associaram muitas de suas convicções às teses pare-tianas, tendo inclusive agraciado seu mentor com o título de senador do reino da Itália em 1923, meses antes de sua morte. Ele, no entanto, preferiu evitar essa associação, escrevendo para alertar os fascistas sobre o risco das tendências ditatoriais e protestando publicamente quando as universidades foram atingi-das pela censura governamental.

Naqueles anos em Lausanne, Mussolini também entrou em contato com as ideias de Georges Sorel, um livre-pensador francês que fez do marxismo seu ponto de reflexão para críticas e reafirmações. Para ele, a sociedade burguesa e a democracia tendiam à corrupção moral, especialmente por parte dos po-líticos que, a despeito de suas filiações ideológicas, no fim buscavam apenas as benesses do poder. Por isso a organização sindical era a única que de fato representava os interesses do proletariado e não deveria se deixar contami-nar pela partidarização. Ao mesmo tempo que rejeitava muitas das concepções econômicas de Marx, ressaltava a importância da luta de classes e da violência inerente a esse embate, porque seria a única capaz de salvar o mundo da barbá-rie à qual as sociedades estavam condenadas.

Sorel também marcou Mussolini com a sua teoria dos mitos, "expressões de uma vontade de agir". Os mitos seriam necessários aos seres humanos para dar sentido aos fatos observados, ou para ajudar a visualizar uma ideia abstrata – exemplificada pela proposta marxista de "revolução proletária", exatamente porque ela fornece uma imagem que pode ser intuitivamente entendida. Mais tarde, Mussolini dirá que o importante não é mover a montanha, mas criar a impressão de que se pode fazê-lo.

Em 1904, como comemoração do nascimento do primeiro filho do rei Vitório Emanuel III, a Itália promulgou uma anistia beneficiando os desertores que se encontravam no exílio. O jovem Benito retornou e, após cumprir o serviço militar, dedicou-se à militância socialista na condição de redator de jornais. O traço singular de seus artigos era a violência verbal. Um de seus opositores, Alcide De Gasperi, escreveu: "Parece que ele con-sidera a vida pública como um torneio de insultos e espancamento."[2] Mas foi com esse estilo que, pouco antes de completar trinta anos, ele se tornou

---

2   MONTANELLI, Indro. *L'Italia in Camicia Nera*. Milão, Rizzoli, 1977, p. 31.

Formas únicas da continuidade no espaço é uma obra-prima do Futurismo executada por Umberto Boccioni em 1913. A busca pela síntese entre movimento, velocidade e técnica aparece naquilo que o autor definiu como uma "continuidade sintética" do movimento: assim, um homem que marcha, mas seus contornos indefinidos remetem ao vento, à rapidez dos passos, em vez de uma sucessão de rostos e pernas alinhados como se usava até então para representar o movimento.

redator do maior jornal socialista da Itália, o *Avanti!*, de Milão, ligado ao Partido Socialista (PSI).

A eclosão da Grande Guerra aprofundou as divisões no interior do movimento socialista italiano, polarizado entre contrários e favoráveis à adesão ao conflito. Mussolini, que logo no início havia estampado na primeira página do *Avanti!* o título "Abaixo a guerra", mudou de opinião em pouco tempo. Alinhando-se aos chamados intervencionistas, passou a enxergar no avanço alemão uma ameaça ainda maior aos interesses dos trabalhadores, pois a Alemanha seria a encarnação do militarismo e do conservadorismo político. Além disso, as disputas na fronteira ítalo-austríaca – a Itália *irridenta* – figuravam como mais um motivo para que se juntasse à Tríplice Entente.

Como a direção do PSI fosse contrária à intervenção, Mussolini, que subia o tom de suas críticas, acabou desligado do jornal em outubro de 1914. Ele indagara pouco antes: "Quem assegura que o governo saído da revolução não deva ver a guerra como seu batismo auspicioso?" E, ainda: "Devemos ser, como homens e como socialistas, os espectadores inertes desse drama grandioso? Ou não queremos ser, de alguma forma e em algum sentido, os protagonistas?"[3] Os conceitos de violência transformadora e de elite que conduz a história reorganizavam o pensamento de um Mussolini que rompia com a adolescência política.

Percebendo o potencial mobilizador da verve do jornalista, defensores do intervencionismo ligados ao governo italiano lhe ofereceram apoio financeiro para que criasse seu próprio jornal, o que só aconteceu depois de ficar bem claro que não seria aceita nenhuma interferência na linha editorial. Em novembro, nascia o *Popolo d'Italia*. Uma etapa estava encerrada. Dias depois, Benito foi expulso do PSI, o que lhe rendeu o apoio de outros intervencionistas, republicanos, anarquistas, futuristas, socialistas reformistas e nacionalistas. Mussolini alistou-se em 1916 e retornou no ano seguinte, devido a um ferimento.

A "nação proletária"

Cauteloso quanto às opções disponíveis e chegando aos quarenta anos, Mussolini procurava seu lugar no palco iluminado da História. Sua intuição política, unida a um texto pesado, eram as armas de que dispunha naquele momento. Ele sabia que suas chances nas correntes de esquerda eram pequenas, e a ruptura com o PSI fora rotulada como traição. Ao mesmo tempo, surgiam grupúsculos no caldo dos problemas deixados pela guerra: anarquistas e socialistas sorelianos, que viam o recurso à violência como caminho para a revolução; os futuristas de Filippo Marinetti com suas bandeiras antimonarquistas e anticlericais, recusando toda a ordem estabelecida e exaltando a modernidade e a juventude; os ex-combatentes da guerra, saudosos das trincheiras e dispostos a seguir lutando, organizados em pequenos grupos nos quais germinariam as *esquadras* de camisas-negras.

Foi com a intenção de organizar um novo movimento político que, no início de março de 1919, o *Popolo d'Italia* convocou uma reunião na sede da Aliança Industrial e Comercial, situada à praça San Sepolcro, em Milão, para o dia 23. Dias depois o jornal de Mussolini explicava o objetivo do encontro: criar o "antipartido, o *fascio de combattimento* contra dois

---

3 MONTANELLI, Indro. Op. cit., p. 61.

perigos: o conservadorismo da direita e o destrutivismo da esquerda". Mais alguns dias e afirmava: "reivindicamos o direito e proclamamos o dever de transformar, com métodos revolucionários, a vida italiana" – embora não explicitasse o quê, ou como.[4]

Segundo relatos da polícia, não mais de trezentas pessoas atenderam à convocação. Eram homens ligados aos grupúsculos, além de trânsfugas e desempregados socialistas e anarquistas. As propostas incluíam lutar pela república, pelo voto feminino e pela representação política baseada em corporações profissionais e não em ideologias. Quanto às pretensões políticas de Mussolini, ele ainda era uma figura isolada tendo que se afirmar perante as hostes futuristas de Marinetti e os nacionalistas seguidores de D'Annunzio.

Três semanas após a reunião em San Sepolcro, uma briga de rua entre camisas-negras e socialistas resultou em alguns mortos, muitos feridos, e no ataque e incêndio às instalações do jornal *Avanti!*. O episódio, que Mussolini não desejou, implodiu definitivamente qualquer chance de reaproximação com o PSI. Movendo-se para o campo nacionalista, ele embarcou então na aventura do Fiume.

Os nacionalistas andavam muito agitados, insatisfeitos com os rumos das negociações de paz organizadas pelas potências vencedoras. Expectativas frustradas e quebra de compromissos reforçaram a tese da "nação proletária" que precisava se unir contra a "plutocracia das potências". A costa da Dalmácia, disputada com a recém-criada Iugoslávia, e a cidade de Fiume, em particular, cumpriram o papel do mito soreliano mobilizador. Os nacionalistas liderados por D'Annunzio diziam: "Fiume ou morte!" Mussolini usou as páginas do *Popolo d'Italia* para expressar seu apoio à luta. Meses depois, o poeta enviou a seguinte carta ao jornalista: "Meu caro companheiro, o trato está feito. Parto agora. Amanhã cedo tomo Fiume com as armas. Sustente a Causa vigorosamente durante o conflito."[5]

A adesão ao movimento foi, entretanto, menor do que a esperada, especialmente nas fileiras militares. O governo italiano estava negociando o Tratado de Rapallo com a Iugoslávia, pelo qual abriria mão da Dalmácia em troca

---

4 MONTANELLI, Indro. Op. cit., p. 80.
5 MONTANELLI, Indro. Op. cit., p. 87.

de um status de cidade aberta para o Fiume, além do controle sobre algumas pequenas ilhas no Adriático. O poeta-*condottieri* decidiu proclamar a independência da cidade, a República Independente do Fiume, enquanto Mussolini adotava uma posição de neutralidade que ajudou a transformá-lo em interlocutor político do regime e o fez acreditar que poderia convencer D'Annunzio a desistir de seus planos. A resposta do poeta: "Acorde! E se envergonhe, também. Vós tremeis de medo. E as vossas promessas? Pelo menos fure a barriga que vos oprime, e desinche-a. Senão chegarei eu quando tiver consolidado aqui o meu poder. Mas não o olharei no rosto."[6]

Enquanto se desenrolava a questão do Fiume, D'Annunzio e o sindicalista revolucionário Alceste De Ambris escreviam uma constituição para seu novo país. A tal constituição, batizada como Carta de Carnaro, serviria posteriormente de modelo para a criação do Estado corporativo fascista. Dois artigos são especialmente interessantes:

> *Art. VIII: As leis garantem a todos os cidadãos de ambos os sexos: instrução primária (...) educação corporal (...) o trabalho remunerado com um salário que assegure o bem-viver; assistência na doença, na invalidez, no desemprego involuntário; aposentadoria; o uso dos bens legitimamente adquiridos; inviolabilidade de domicílio (...)*

> *Art. IX: O Estado não reconhece a propriedade como o domínio absoluto da pessoa sobre a coisa, mas a considera como a mais útil das funções sociais. Nenhuma propriedade pode ser reservada à pessoa como se fosse uma parte sua; nem é lícito que tal proprietário a deixe inerte... Só o trabalho é senhor da matéria, feita especialmente frutífera e rentável para a economia em geral.*[7]

Disposto a fazer cumprir o acordo com a Iugoslávia, o governo italiano enviou forças do Exército e Marinha para o Fiume. No dia 23 de dezembro de 1920 – o "Natal sangrento" –, D'Annunzio e seguidores abandonaram a cidade

---

6   MONTANELLI, Indro. Op. cit., p. 88.

7   GRILLI, Marco. "La Carta del Carnaro – Analisi della costituzione dannunziana per Fiumi." *Rivista online di storia e informazione*, n° 21, fevereiro de 2007.

A aventura frustrada de Gabriele D'Annunzio no Fiume contribuiu para reforçar a visão de uma "Itália proletária" ignorada pelas grandes potências. Mas reforçou também o nacionalismo italiano, pavimentando a estrada pela qual Mussolini seguiria. O líder fascista tentou se reaproximar do poeta, cujo prestígio lhe interessava. Sem sucesso, tratou de mantê-lo sob discreta vigilância.

sob fogo. A malograda experiência levou o Quixote a retirar-se da vida política. Mas a sua imagem continuaria gigante. E assombrando Mussolini.

Como nos demais países que lutaram na Grande Guerra, os anos 1920 começaram sob crise econômica e social. Entre 1914 e 1920 a lira perdeu 80% de seu valor. Nas áreas rurais, acentuou-se a proletarização dos camponeses, muitos deles antigos arrendatários. Nas cidades, as greves começaram a se multiplicar a partir de 1919 em Milão e Turim. O exemplo russo fazia ecoar nos ouvidos o bordão daqueles tempos: "Operários de todo o mundo, uni-vos."

Mas havia uma diferença importante em relação à Rússia: faltava um partido com disciplina bolchevique e um Lenin em seu comando. Além dos anarquistas, que eram fortes tanto nas cidades quanto nas áreas rurais, o PSI estava dividido desde a guerra, e o desejo revolucionário de grupos minoritários tornava ainda mais evidente a atitude cooperativa dos dirigentes em relação à monarquia parlamentar. Havia, ainda, a nova questão do racha entre socialistas reformistas e revolucionários, que se entrelaçava com a fundação da Internacional Comunista, uma cisão de amplas consequências. Em 1921, Antonio Gramsci, Amadeo Bordiga, Palmiro Togliatti e outros romperam com o PSI para fundar o PCI.

Com o surgimento dos *fasci de combattimento*, os choques contra os trabalhadores grevistas e revolucionários aumentaram. Força e violência transformadoras eram parte central da proposta fascista. Não podendo se impor pelo número, os fascistas impressionavam pela brutalidade contra os opositores, atingidos por granadas, tiros e explosões mortais. Com frequência crescente, os fascistas contaram com a conivência da polícia e das autoridades judiciárias. As direções dos partidos de esquerda decidiram retirar seus militantes da rua. Fillipo Turati, o principal líder reformista do PSI, disse: "Um de nós deve ter coragem de ser covarde."[8]

O movimento fascista se ampliava pela adesão de estudantes nacionalistas, militares, ex-combatentes, desempregados, pequenos proprietários rurais. Os novos aderentes não acreditavam na capacidade do rei Vitório Emanuel III e seus gabinetes liberais de restabelecer a ordem e o crescimento econômico, adotando a ação direta como meio mais eficaz para interromper greves, paralisações, passeatas e ocupação de terras. No II Congresso Fascista, em Milão, em maio de 1920, a mudança social ganhou expressão política. A direção eleita pela base militante passou a contar com uma maioria de componentes oriundos de correntes identificadas pelo "antibolchevismo". Os grupos de esquerda perdiam a maioria.

Marinetti, um dos raros remanescentes da primeira direção, romperia em seguida com Mussolini, acusando-o de adotar um discurso conciliador em relação à monarquia e à Igreja Católica. O criador do futurismo não quis negociar a estabilidade política com a qual Mussolini começava a acenar para o governo de Giovanni Giolitti. O futurismo era muito mais radical e destruidor. O elã modernista desembarcou do movimento quando o tom moralista se impôs à contestação. Arte e política separavam-se. Uma década depois, Trotski escreveria:

> *O movimento fascista na Itália foi um movimento espontâneo de amplas massas, com novos líderes oriundos de baixo. Foi um movimento plebeu na origem, dirigido e financiado pelos grandes poderes capitalistas. Nasceu da pequena burguesia, do subproletariado e, em cer-*

---

8 TROTSKI, Leon. "How Mussolini triumphed". *What next? Vital question for the German proletariat*, 1932.

ta medida, das massas proletárias. Mussolini, um ex-socialista, é um "self-made man" surgido desse movimento.[9]

Em um ano, o movimento saltou da casa dos 20 mil, em 1919, para 200 mil membros. Mas o grupo era incontrolável e cada esquadra, em cada cidade ou vila, agia sob impulsos locais e imediatos. Enquanto isso, Giolitti adotava a estratégia de trazer os fascistas para o campo da política institucional e amansar sua violência convidando-os a integrar as listas eleitorais. O canto da sereia seduziu uma parte da direção dos camisas-negras. O III Congresso Fascista, em novembro de 1921, transformou os *fasci de combattimento* no Partido Nacional Fascista. A nova organização tinha uma cadeia de comando centralizada e aceitava propostas mais pragmáticas. Mussolini começava a ganhar vantagem, mas nem em seus maiores devaneios imaginou que, no horizonte de um ano, seria o novo governante da Itália.

A oportunidade veio de mais uma entre tantas crises parlamentares. De novo, no início de outubro de 1922, os fascistas passaram a falar em golpe de Estado – a expressão era exatamente "marchar sobre Roma". A direção, encabeçada por Mussolini, Michele Bianchi, Cesare Maria De Vecchi, Emilio De Bono e Italo Balbo, tece a trama: os fascistas não aceitarão o convite para integrar o gabinete e exigirão a entrega do governo para Mussolini. No dia 28, 25 mil camisas-negras chegam à cidade após marchar dois dias sob chuva. Os empresários, representados pela Confindustria, pela Confagricultura e pela Associação dos Bancos, declaram seu apoio a Mussolini e descartam o liberal Giolitti. A vitória estava à mão.

Vitório Emanuel III, temendo a radicalização republicana apregoada por muitos fascistas, achou mais prudente ceder, e enviou um telegrama ao líder dos camisas-negras. A mensagem foi alcançá-lo em Milão, onde permanecera estrategicamente distante da agitação provocada em Roma. Bons augúrios: tomou o trem e rumou para a capital, aonde chegou no dia 30, a tempo de "marchar sobre Roma" à frente de seus homens. Desse modo, os fotógrafos puderam registrar a árdua luta de Mussolini para restaurar a ordem na Itália, como a propaganda oficial contaria mais tarde.

---

9 TROTSKI, Leon. "Fascism: What is it? Extracts from a letter to an English comrade". *The Militant*, 16 de janeiro de 1932.

Para o fotógrafo Henri Cartier-Bresson "fotografar é (...) colocar na mesma mira a cabeça, o olho e o coração". Para a política fascista, a fotografia revelou-se de enorme utilidade ao comunicar informações poderosas sem o intermédio da palavra, ou seja, sem a mediação da razão. Mussolini "liderou" a Marcha sobre Roma e a foto constituía prova irrefutável.

O "Estado dos produtores"

A ascensão do Partido Fascista ao poder coincidiu com a depressão de 1921-2 e expôs a incapacidade do Estado italiano de administrar as questões socioeconômicas no campo institucional fornecido pelo liberalismo. O sucesso da Marcha sobre Roma se deveu muito mais à fraqueza dos adversários que à força dos fascistas. O próprio Mussolini reconheceria mais tarde que, ao assumir o governo, a ideologia fascista ainda estava sendo elaborada.

O Estado fascista italiano passou por três momentos. O primeiro, da chegada do Partido Nacional Fascista ao poder, em 1922, à ditadura, em 1925, período em que o partido se organizou como grupo político participante da ordem representada pelo tripé monarquia-Igreja-propriedade privada. O segundo, entre 1925 e 1935, quando se completa o processo de imposição da ditadura fascista e o corporativismo reorganiza a sociedade, enquanto o movimento trabalhista, grupos de oposição e a máfia são reprimidos. O terceiro, a partir de 1935, quando a Itália embarca no sonho imperial e vai à guerra.

Uma das principais decisões do primeiro-ministro Mussolini foi a reforma do sistema educacional, em 1923, sob orientação do filósofo Giovanni Gentile, nomeado ministro da Educação. Além da exaltação da pátria, cada vez mais associada à figura de Mussolini, o plano se dedicava à erradicação do analfabetismo, especialmente entre as mulheres, à expansão do ensino técnico para fornecer mão de obra qualificada às indústrias e propriedades rurais, e à decisão de restringir o acesso às universidades aos alunos considerados aptos a integrar a elite dirigente (o que incluía fidelidade total ao governo).

Nos primeiros anos, em condição minoritária no Parlamento, a direção fascista cuidou da centralização e da burocratização do partido, definindo hierarquias e o poder conferido a cada um na cadeia de comando. Parte desse movimento está relacionado à criação das Milícias Voluntárias para a Segurança Nacional, em 1923, subordinadas ao exército. Estas absorveram os camisas-negras, os desempregados, os que enxergavam a violência como meio legítimo de ação e estavam dispostos a praticá-la contra outras pessoas. O mérito de Mussolini foi manobrar habilmente essa turba para os braços das forças armadas, que os homens respeitavam pela ligação com a Grande Guerra, enquadrando as milícias fascistas no projeto da nação.

Uma década mais tarde, Mussolini escreveria, em coautoria com Giovanni Gentile, para a grande enciclopédia do Estado:

> *Na concepção fascista da história, o homem só é homem em virtude do processo espiritual através do qual ele contribui como membro da família, do grupo social, da nação, e em função da história para a qual todas as nações trazem suas contribuições. Daí o grande valor da tradição registrada na língua, nos costumes, nas regras da vida social. Fora da História o homem é uma nulidade. O fascismo se opõe a todas as abstrações individualistas baseadas no materialismo do século XVIII.*[10]

A maioria de três quartos de votos obtida pelos fascistas nas eleições de 1924 resultou de todo tipo de fraude eleitoral. O deputado socialista Giacomo Matteotti protestou, pedindo a anulação do pleito e a demissão do gabinete, e acabou assassinado por gente muito próxima a Mussolini. Apesar da crise desencadeada, o líder

---

10 MUSSOLINI, Benito & GENTILE, Giovanni. "The doctrine of fascism". In: *Fascism doctrine and institutions.* Roma, Ardita Publishers, 1935.

DEPRESSÃO

do governo preservou o apoio necessário junto às grandes entidades empresariais e à monarquia. Em 1925, uma reforma constitucional conduziu ao fechamento dos partidos políticos e entidades sindicais, à proibição das greves, à censura e à restrição do direito de associação, tudo em nome da nação e da unidade.

Nesse sentido, também foram enquadradas as ações empresariais, obrigadas a aceitar a Carta del Lavoro, a legislação de 1927 que instituiu as leis nacionais de seguro social para os trabalhadores e a nova organização corporativista das atividades produtivas. Para os trabalhadores, a Carta significou a perda da autonomia sindical e a criação de mecanismos de controle da ação política dos cidadãos, como as agências estatais que encaminhavam os desempregados, com prioridade para os membros do Partido Fascista.

O parágrafo VI da Carta del Lavoro esclarece o sentido de fundo do corporativismo:

> As associações profissionais legalmente reconhecidas asseguram a igualdade jurídica entre os patrões e os trabalhadores, mantêm a disciplina da produção e do trabalho e promovem seu aperfeiçoamento.
>
> As corporações constituem a organização unitária das forças da produção e representam integralmente seus interesses.
>
> Em virtude desta integral representação, sendo os interesses da produção interesses nacionais, as corporações são pela lei reconhecidas como órgãos do Estado.
>
> Como representantes dos interesses unitários da produção, as corporações podem ditar normas obrigatórias sobre a disciplina das relações de trabalho e também sobre a coordenação da produção todas as vezes que, para isso, tenham recebido os necessários poderes das associações coligadas.[11]

O corporativismo impôs a intervenção do Estado na economia, dirigindo investimentos, realizando grandes obras públicas, apoiando a política colonial. Havia um Ministério das Corporações que articulava as 22 corporações nas quais foram divididas as atividades econômicas. Em 1928, o parafuso deu mais

---

11 La Carta del Lavoro (1927).

uma volta e o regime suprimiu de vez o processo eleitoral, com a incorporação constitucional do Grande Conselho Fascista, que na prática governava o país havia alguns anos.

No ano seguinte, o Estado tratou de encerrar a séria crise com a Igreja – a Questão Romana – nascida na época da unificação. O Tratado de Latrão, assinado em junho de 1929, separava claramente as soberanias políticas e territoriais do Estado e da Igreja na Itália, elemento crucial para a unidade nacional desde os tempos de Maquiavel. O papa Pio XI foi realista ao desistir de restabelecer um reino territorial na península, mas, apesar das aparências públicas, as relações entre a Santa Sé e o Estado fascista foram marcadas por certa distância, especialmente quando Mussolini falou de "eclesiolatria" e a Igreja expressou seu desconforto.

Naqueles anos, Mussolini declarou:

Nós constituímos um Estado fascista e corporativo, o Estado da sociedade nacional, o Estado que concentra, controla, harmoniza e tempera o interesse de todas as classes sociais, que são desse modo protegidas em igual medida. Enquanto, durante os anos do regime democrático-liberal, os trabalhadores olhavam com desconfiança para o Estado, estavam, de fato, fora do Estado e contra o Estado, e consideravam o Estado um inimigo de cada dia e a cada hora, hoje não há um trabalhador italiano que não consiga um lugar na sua corporação ou federação, que não deseje ser um átomo vivo desta grande, imensa, viva organização que é o Estado corporativo fascista nacional.[12]

---

12 MUSSOLINI, Benito & GENTILE, Giovanni. Op. cit.

Nada fora do Estado

Em Portugal, foi um golpe militar, em maio de 1926, que derrubou a República e abriu a porta para a instalação do regime salazarista. António de Oliveira Salazar era um respeitado professor de economia da Universidade de Coimbra, celibatário e carola, e foi convidado para ocupar o cargo de ministro das Finanças. O professor exigiu plenos poderes sobre a máquina pública e, com cortes de gastos e aumento de impostos, conseguiu recuperar a combalida economia lusa. Ganhou prestígio e assumiu a chefia do governo em 1932, completando o processo de implantação do Estado Novo, que reorganizou a República portuguesa nos moldes corporativistas. Com uma peculiaridade, também encontrada na Espanha do generalíssimo Francisco Franco: o catolicismo era parte fundamental do discurso nacional. O pretexto para reprimir os trabalhadores e dissidentes era o que havia de anticristão no discurso "bolchevique".

Os fascismos não formam uma unidade doutrinária, mas oscilam em torno de eixos políticos reconhecíveis. O Estado Novo salazarista estava compro-

Tanto Franco (acima) quanto Salazar recorreram ao mais antigo símbolo de identidade nacional ibérica - o catolicismo - para construírem seus regimes. Espanha e Portugal, Estados criados a partir da Reconquista da península das mãos dos mouros, adaptaram a ideia de "guerra santa contra os infiéis" aos novos tempos: todos os que se opunham à manutenção da velha ordem aristocrática, agrária e impregnada pela mística cristã eram inimigos.

metido com uma ordem política de matriz declaradamente católica, inspirada na doutrina social da Igreja. Uma nova Constituição entrou em vigor em 1933, instituindo o corporativismo como base da organização social e eliminando o voto universal.

O Estatuto do Trabalho português copiava trechos da Carta del Lavoro e fragmentava a sociedade em grupos de interesses profissionais, cujas diferenças seriam mediadas pelo Estado. Um conselho presidido pelo inquestionável Salazar – sempre um bom cristão – governa o país como o grande pai a tomar as melhores decisões para todos os filhos, que juntos formam a nação. Na falta de um partido fascista de massas, surgiu a União Nacional, agrupamento de correntes políticas antiliberais, anticomunistas e social-nacionalistas.

Na Espanha, a ditadura do *caudillo* Francisco Franco instalou-se após vencer a frente armada das esquerdas na Guerra Civil, entre 1936 e 1939. Nela, o Estado esteve sob duplo risco – o da revolução e o da secessão. O movimento contrarrevolucionário que sustentou as tropas de Franco foi a Falange Espanhola Tradicionalista e as Juntas de Ofensiva Nacional Sindicalista, ou simplesmente, FET y de las JONS. Em 1958, a agremiação foi promovida a partido único, o Movimento Nacional, de base antidemocrática, antiliberal, católica e corporativista.

A incorporação das organizações sindicais ao Estado é um traço crucial, comum aos diversos fascismos. Na Espanha, as organizações corporativas eram os Sindicatos Verticais, 28 ao todo, que reuniam por ramos de atividades todos os componentes da cadeia produtiva: operários, técnicos e administradores. Os sindicatos fascistas eram responsáveis pela identificação de problemas no sistema produtivo e por sugestões para revertê-los. Ao mesmo tempo, uma série de direitos trabalhistas passava a ser assegurada. As mobilizações de massa, tão comuns nos regimes fascistas, tinham uma cenografia pronta: eram os espaços dos grandes atos da Igreja.

Uma ampla lista de partidos e governos de tipo fascista poderia ser citada, pois as nações europeias viveram intensamente o confronto entre a promessa de liberdade individual e o sonho da igualdade social. A fusão entre as experiências nacionalistas e as expectativas criadas pela revolução bolchevique provocou violentas polarizações em praticamente todos os países. As soluções, no entanto, foram muito variadas, traduzindo as especificidades históricas de cada um.

Há unidade nessa diversidade. Os fascismos acalentaram a ação baseada na violência; praticaram a censura e a repressão aos opositores; excluíram os dissidentes; promoveram a associação entre governo e trabalho, imposta pelas leis corporativistas; fabricaram uma elite superior ao "populacho", a "elite da massa", participante das instâncias do partido e identificada no interior de uma estrutura social hierarquizada. Mussolini definiu da seguinte forma a natureza do Estado fascista:

> *Os direitos do Estado são a expressão da real essência individual. (...) A concepção fascista do Estado abrange tudo; fora dele, nenhum valor humano ou espiritual pode existir, ou ter qualquer valor. Assim entendido, fascismo é totalitário, e o Estado fascista – uma síntese e uma unidade inclusiva de todos os valores – interpreta, desenvolve e potencializa a vida inteira de um povo.*[13]

"Tudo para o Estado, nada contra o Estado, nada fora do Estado." O dístico célebre do ditador italiano condensa o sentido da ordem fascista. A nação seria um fruto, uma emanação do Estado. O indivíduo, apenas um diligente construtor da totalidade fascista. O nazismo, uma reação paralela contra o individualismo e o espectro do "bolchevismo", organizava de forma diversa as peças de seu tabuleiro doutrinário.

---

13 MUSSOLINI, Benito & GENTILE, Giovanni. "The Doctrine Of Fascism". Op. cit.

Hitler e o nazismo

"Eles serão isolados e evitados como leprosos pelas próximas gerações", disse o presidente Woodrow Wilson a seus colaboradores na Conferência de Paz de Paris em 1919 ao se referir aos alemães. E mais: os alemães "até agora não têm ideia do que as outras nações sentem, nem entendem o ostracismo em que serão lançados".[1]

A política de "punição, pagamento e prevenção" adotada pela Entente rasgou a já aberta ferida na alma nacional alemã, causada pela derrota militar e pela turbulência política interna decorrente da queda do Segundo Reich. Em face da possibilidade de uma revolução operária mal conduzida e tendo que lidar com uma traumática sucessão de crise-recuperação-crise em pouco mais de uma década, a atordoada população alemã foi levada a acreditar que o socialismo nacionalista seria a solução para as dificuldades do país, inclusive no sentido de torná-los menos dependentes daquelas outras nações que os tratavam como "leprosos", em uma quimera de isolacionismo econômico.

---

[1] MACMILLAN, Margaret. *Paz em Paris, 1919*. Rio de Janeiro, Nova Fronteira, 2004, p. 181.

Os anos 1920 trouxeram para os alemães um questionamento da própria história nacional, à medida que a discussão sobre as responsabilidades de toda a população pelo custo da guerra apontava para a incontestável hegemonia prussiana no interior da federação germânica desde a Unificação, em 1871. Alguns movimentos falavam abertamente em separatismo. Tentativas de golpe e quarteladas ocorreram em diferentes cidades, sobretudo na região da Baviera, que fora a mais resistente à Prússia. A Constituição de Weimar não conseguiu solucionar o problema do pacto federativo, e os instrumentos e instituições criados na tentativa de fazê-lo acabaram se revelando paralisantes em um país onde a sucessão de acontecimentos extremos exigiria decisões rápidas e maiorias firmes. E havia muitos saudosos da monarquia, especialmente nas fileiras do Exército.

Como na Itália, os desajustes decorrentes do processo de Unificação se traduziram em movimentos políticos radicais que contestaram a ordem liberal pela esquerda e pela direita. Mais uma vez, entre o internacionalismo de classe e a voz do sangue foi o apelo à unidade nacional que levou a melhor. Na Itália, o discurso fascista era a "nação proletária" contra a vilania das grandes potências gananciosas. Na Alemanha, segundo os nazistas, a exploração era feita por dentro, pelos judeus, representantes do capitalismo financeiro internacional e do bolchevismo.

"Não é a religião o ópio do povo, é a revolução", afirmou a filósofa Simone Weil nesses anos de ascensão do fascismo.[2] A paráfrase captava com maestria a palavra mobilizadora do momento e seus perigosos usos. A promessa da transformação radical, da conquista da ordem e da justiça por meio da força, parecia correta depois da indescritível violência experimentada nas trincheiras, para sofrimento de todos e ganho de muito poucos. O socialismo era muito bom como discurso de oposição, pois as injustiças provocadas pelo capitalismo eram visíveis. O nacionalismo era o discurso do ódio e a excitação dos baixos instintos através dos quais se podia controlar as massas. Mas, no momento em que a conquista do poder se tornava real, a redistribuição da riqueza como caminho para a igualdade social era sacrificada em nome da ordem e da unidade – ou seja, da repressão aos dissidentes para a manutenção dos interesses hegemônicos.

---

2   LUKACS, John. *O Hitler da História*. Rio de Janeiro, Jorge Zahar, 1998, p. 88.

"O que eu faço e digo é histórico"

O partido ao qual o austríaco Adolf Hitler se filiou em Munique aos trinta anos, em 1919, tinha sido fundado por Anton Drexler, Gottfried Feder e Dietrich Eckart no mês de janeiro e se chamava Partido dos Trabalhadores da Alemanha (DAP). Era mais um exemplo de grupo formado em razão da intensa atividade política provocada pela proclamação da República. Em comum, tinham o discurso nacionalista, faziam pesadas críticas ao capitalismo e eram antissemitas.

Em fevereiro do ano seguinte, o DAP apresentou sua carta-programa, conhecida como os "Vinte e Cinco Pontos". Ali, podia-se ler:

(...) Não pode ser cidadão senão aquele que faz parte do Povo. Não pode fazer parte do Povo senão aquele que tem sangue alemão, qualquer que seja sua confissão. Consequentemente, nenhum judeu pode fazer parte do Povo.

(...) A supressão de toda renda obtida sem trabalho e sem esforço e a abolição da servidão dos lucros.

(...) Considerando os enormes sacrifícios em bens e vidas humanas que a guerra impõe ao Povo, o enriquecimento individual pela guerra deve ser estigmatizado como crime contra o Povo. Por isso, exigimos o confisco integral de todos os benefícios de guerra.

(...) Exigimos a estatização de todas as empresas já constituídas em trustes.

(...) Pedimos a criação e a conservação de uma classe média sã; a expropriação pelas comunas das grandes lojas, que deverão ser alugadas a preço baixo aos pequenos comerciantes; e que melhor se considere os pequenos fornecedores para as encomendas do Estado, dos estados e das comunas.

(...) Exigimos a reforma agrária, adaptada às nossas necessidades nacionais; a publicação de uma lei permitindo a expropriação do solo sem indenização para as necessidades de interesse geral; a supressão

das hipotecas sobre os bens de raiz e a interdição de toda especulação sobre os terrenos.[3]

Em abril, para melhor efeito de propaganda, a agremiação mudou o nome para Partido Nacional Socialista dos Trabalhadores da Alemanha (NSDAP), ou simplesmente Partido Nazista. Em julho de 1921, valendo-se do aumento de seu prestígio entre os companheiros, Hitler expulsou Drexler e assumiu a liderança do partido.

A aglutinação dos grupos paramilitares derivado dos *Freikorps* – os ex-combatentes da Primeira Guerra que constituíram milícias anticomunistas em 1918-19 – deu origem às SA (*Sturmabteilung*), ou tropas de assalto, cujos membros eram reconhecidos pelas camisas marrons e pela tática de aniquilar fisicamente os inimigos. Seu principal líder foi o capitão Ernst Rohm. A obrigação de desarmamento alemão imposta pelo Tratado de Versalhes fez que muitos ex-militares tomassem parte da SA, inclusive com repasse de verbas por parte de órgãos do exército. Quando os nazistas chegaram ao poder, uma década mais tarde, as SA eram uma força muitas vezes superior às tropas oficiais.

Sob o impacto da crise inflacionária de 1923, provocada pelo pagamento das reparações de guerra, o Partido Nazista decidiu organizar um golpe de Estado para tomar o governo da Baviera e, em seguida, de toda a Alemanha, numa declarada imitação da Marcha sobre Roma. Contando com apoio de setores do exército, Hitler tramou junto com o general Erich Ludendorff, herói da Grande Guerra, a tomada do poder. No dia 8 de novembro, "trajado com uma longa casaca negra, portando sua Cruz de Ferro, Hitler tomou lugar na Mercedes vermelha" e dirigiu-se à cervejaria Burgebräukeller, uma das mais famosas de Munique. Uma vasta multidão se agitava no local:

> *Hitler ordenou sumariamente ao oficial de polícia em serviço para limpar a área. (...) ele estava extremamente agitado. (...) Com seu gosto peculiar por gestos teatrais, brandiu um copo de cerveja e, enquanto uma pesada metralhadora era posta em bateria ao seu lado, engoliu*

---

3 MATTOSO, Kátia M. de Queirós. *Textos e documentos para o estudo da história contemporânea (1789-1963)*. São Paulo, Hucitec/Edusp, 1977, p. 173.

teatralmente um último gole, arremessando em seguida com estrondo o copo aos pés e, com uma pistola em sua mão erguida, adentrou o salão à frente de um esquadrão armado.[4]

Ao sinal combinado, os nazistas saíram da cervejaria Burgebräukeller, onde cerca de 15 mil SA estavam prontos para marchar até a sede do governo. A rápida resposta das forças legalistas, porém, revelou a Hitler que o esperado apoio do exército não viria. Em dois dias o movimento estava desbaratado, 16 militantes nazistas haviam morrido, Ludendorff estava ferido e Hitler fugia para ser preso logo depois. O julgamento foi realizado poucas semanas mais tarde e Hitler foi condenado a cinco anos de prisão, embora tenha sido anistiado nove meses mais tarde. O Partido Nazista foi declarado extinto.

Afastado compulsoriamente da atividade política, o líder nazista decidiu escrever uma autobiografia explicando como chegou à política. Após

Os nazistas acreditavam que, além do apoio do exército, a população de Munique se uniria a eles contra o governo, a quem acusavam pelo desastre da ocupação do Ruhr pelas tropas francesas. Eles estavam duplamente enganados.

---

4   FEST, Joachim. *Hitler*. Winston, Harcourt Brace Jovanovich, 1974, pp. 182-3.

narrar a infância pobre e a frustração por não ter seguido a carreira de arquiteto ou pintor, surge o líder político analisando os problemas da nação alemã e apontando para algumas soluções. Apesar de certas mudanças de opinião, a essência da política hitlerista estava traçada nas páginas de *Mein Kampf* – nacionalismo, antissemitismo e expansionismo territorial. Posto em liberdade, Hitler tratou de refundar o partido em fevereiro de 1925, assumindo agora a carteirinha de filiação número 1. Ele redefiniu a tática do partido para chegar ao poder: a conquista pelo voto, de modo a "destruir a democracia por seus próprios meios".

Todavia, nos anos subsequentes os nazistas perderam militantes. Parte da explicação está relacionada à recuperação econômica que marcou o país na segunda metade da década, depois da ajuda americana. Entre os que permaneceram atuantes destacou-se Gregor Strasser, um adepto da primeira hora e responsável pela reorganização interna que imprimiu um caráter altamente centralizado ao partido. Saído dos *Freikorps*, Strasser era um nacionalista revolucionário e anticomunista que lutou a favor do frustrado golpe de Wolfgang Kapp em março de 1920, quando militares e políticos conservadores tentaram destituir o social-democrata Friedrich Ebert. Curiosamente, seu irmão Otto, um estudante de economia que deixou os estudos para ir para a guerra, filiou-se ao Partido Social-Democrata, lutou contra o golpe de Kapp e, por fim, foi atraído para o nazismo por Gregor, em 1925.

Mas Otto se portou como crítico de Hitler desde o início, e a relação entre eles foi marcada por certa tensão. Num livro publicado em 1940, na Grã-Bretanha, descreveu esse relacionamento. Lá, encontra-se o seguinte diálogo entre o autor e Hitler, presenciado por Gregor:

> *"Mas você está enganado, Herr Hitler", eu disse para ele. Ele me olhou atônito e exclamou em fúria: "Eu não posso estar enganado. O que eu faço e digo é histórico." Então, entrou em um profundo silêncio, com a cabeça e os ombros caídos. Ele parecia velho e encolhido, exausto pelo excesso de atividades.*
>
> *Os irmãos saíram em silêncio*
> *"Gregor, o homem é um megalomaníaco!"*
> *"Você o provocou", Gregor respondeu. "Sua objetividade exaspera-o. Ele nunca perde a compostura quando está comigo."*

Mas Gregor estava errado. Naquele dia o dogma da infalibilidade de Hitler estava nascendo.[5]

Victor Klemperer, filólogo alemão e judeu que analisou a linguagem do nazismo, observou que "histórico" foi uma das palavras mais prodigamente usadas pelo Terceiro Reich.

"Ele se considerava tão importante, sentia-se tão seguro da perenidade de suas instituições – ou melhor, desejava mostrar aos outros que estava tão seguro – que qualquer insignificância que servisse aos propósitos do regime passava a ser um ato histórico. Qualquer discurso que o Fuhrer proferisse tornava-se histórico, mesmo que ele repetisse cem vezes a mesma coisa."[6]

A presença de Gregor no comando das SA, como membro fundador, dava-lhe controle sobre uma ala do partido formada por jovens que se achavam socialistas e que eram muito fiéis a ele e a Rohm. Os irmãos Strasser acabaram criando sua própria corrente revolucionária dentro do partido, aliando socialismo e força física. O "strasserismo" se opôs ao "hitlerismo". Segundo Otto:

"No campo político rejeitamos a ideia totalitária em favor do federalismo. O Parlamento, em vez de ser composto por partidos representativos, será formado por representantes das corporações. Essas serão divididas em cinco grupos: trabalhadores, camponeses, clérigos e oficiais, industriais, e as profissões liberais. (...) A prosperidade do país será assegurada pela nacionalização da indústria pesada e a distribuição da grande propriedade como feudos estaduais."

O "strasserismo" também delineava uma política externa:

No campo da política internacional, nós demandamos igualdade entre as nações e o fim do ostracismo da Alemanha que ainda prevalece. Nós não temos reivindicações territoriais, olhando para a frente, no máxi-

---

5   STRASSER, Otto. *Hitler and I*. Boston, Houghton Mifflin Company, c1940, p. 78-79.

6   KLEMPERER, Victor. *LTI: A linguagem do Terceiro Reich*. Rio de Janeiro, Contraponto, 2009, p. 94.

mo plebiscitos honestos em áreas disputadas. Uma federação europeia, baseada nos mesmos princípios da Alemanha federal, levaria ao desarmamento da Europa, formando um sólido bloco no qual cada país controla sua própria administração, alfândega e religião. A abolição de barreiras alfandegárias criará uma espécie de Autarquia Europeia, com livre-comércio prevalecendo em todo o continente. Isso seria desejável nos campos da economia e cultura.[7]

Dada a força do "strasserismo" nas fileiras das SA, Hitler favoreceu a expansão de uma nova organização paramilitar, a SS (*Schutzstaffel*), ou tropa de segurança. Originalmente, a SS era composta por oito membros das SA especialmente destacados para fazer a segurança dos chefes do partido. A partir de 1926 eles se tornaram os guardas pessoais de Hitler. Três anos mais tarde, Heinrich Himmler, integrante das SA, foi destacado para cuidar desse grupo.

Logo, o novo líder atraiu dezenas de milhares de membros para a SS, que adotava critérios de avaliação racial para escolher seus recrutas, só admitindo arianos. Eram quase um milhão na época da Segunda Guerra Mundial. Mas Himmler não queria ficar subordinado a Rohm, tudo fazendo para alcançar a autonomia do seu grupo, a começar pelo uso de uniformes pretos e não marrons. Hitler o apoiava, fortalecendo assim seu próprio poder e atuando no sentido de evitar a consolidação de uma liderança nazista de massas alternativa.

Sob o signo do "terceiro período"

Se a Primeira Guerra Mundial representou o início de uma grave crise da sociedade capitalista e abriu as portas para a revolução proletária e sua utopia igualitária, a conquista do poder pelos bolcheviques na Rússia acabou imolando a liberdade revolucionária no altar erguido pela Terceira Internacional. Sob o comando de Stalin, os partidos comunistas se converteram em apêndices da política externa de Moscou. O caminho de Hitler rumo ao poder foi pa-

---

7   STRASSER, Otto. Op. cit., pp. 92-93.

vimentado pelos equívocos clamorosos da esquerda, que não soube avaliar a dimensão da ameaça nazista.

O precedente italiano de nada serviu. Na Itália, primeiro os socialistas e depois os comunistas trataram o movimento de Mussolini como mais uma variante da ordem burguesa, sem se perguntar por que um número crescente de trabalhadores, muitos deles egressos da esquerda, aderiam ao fascismo. Na Alemanha, as coisas foram ainda mais dramáticas: os social-democratas do SPD e os comunistas do KPD tiveram nas mãos a chance de evitar a chegada dos nazistas ao poder e a desperdiçaram em uma luta fratricida. De longe, Stalin desempenhou um papel crucial no desastre alemão.

O Comitê Executivo da Internacional Comunista proclamou, em fevereiro de 1928, a teoria do "terceiro período", que seria o período da tomada do poder pela classe proletária na Europa. Superficialmente, a nova teoria resgatava as derrotadas teses esquerdistas expostas por Grigory Zinoviev, quatro anos antes. No fundo, a reviravolta política obedecia ao imperativo de montar o cenário externo para a coletivização forçada da agricultura na URSS, que logo seria deflagrada por Stalin.

A numeração esquemática de "períodos" da conjuntura mundial refletia, segundo um artigo escrito por Trotski no exílio turco, uma combinação "do burocratismo stalinista e da metafísica bukhariniana".[8] Na hora da invenção do "terceiro período", a Internacional Comunista fabricou junto as etapas anteriores, conferindo uma aparente ordem à história dos anos 1920. O "primeiro período" corresponderia à etapa revolucionária aberta pela Revolução Russa. O "segundo período", à etapa de estabilização iniciada pela derrota do levante comunista alemão de 1923.

O internacionalismo deixara de ser o paradigma da Internacional Comunista. Stalin proclamava o "terceiro período" para atender aos interesses de seu próprio poder nacional. Mas o ditador soviético reinava sobre partidos comunistas espalhados pelo mundo e precisava reiterar uma lógica política e uma linguagem herdadas dos tempos de Lenin. Por esse motivo, a decisão de encerrar a NEP e partir para a "coletivização forçada" na URSS devia ser apresentada

---

8   TROTSKI, Leon. *Revolução e contrarrevolução na Alemanha*. São Paulo, Ciências Humanas, 1979, p. 48.

como decorrência de uma reviravolta objetiva na situação internacional. Daí nasceu a teoria de que se descortinava uma nova conjuntura revolucionária em toda a Europa, o que implicava um choque frontal entre os comunistas e os social-democratas.

A estabilidade do período 1924-9 mostrou uma Alemanha disposta a avançar dentro da ordem republicana. O recuo na militância dos partidos radicais de esquerda e de direita coincidiu com avanços na área de direitos civis, como a extensão do voto e a ampliação da proteção social, que devolveram ao SPD a condição de maior partido do país. O ápice da República de Weimar ocorreu exatamente em 1928-9, quando o SPD encabeçou o governo eleito. Mas o *crash* nos Estados Unidos atingiu a Alemanha em cheio, em decorrência do corte de empréstimos e da perda de mercados de exportação que compunha uma fatia cada vez maior das receitas do país.

O choque foi brutal. A produção industrial alemã retrocedeu em um terço entre 1929 e 1933. O desemprego passou a atingir 6 milhões de pessoas, em vez de 3 milhões, ou quase um terço do total de assalariados, entre o *crash* e o início de 1932. Sob o impacto das demissões em massa, os sindicatos perderam peso político e social. A erosão refletiu-se de imediato no SPD, principal partido da coalizão de Weimar. Os desempregados se voltaram para os comunistas e, numa escala ainda maior, para os nazistas. Em março de 1930, o gabinete

Otto Dix (1891-1969) lutou voluntariamente ao lado do exército alemão durante toda a guerra. Depois, abraçou a carreira de pintor e fez da arte um instrumento de crítica social e pacifista. Na tela acima, *Metrópole* (1928), os painéis laterais mostram soldados mortos e inválidos, enquanto prostitutas buscam clientes; no painel central — marcando o contraste vivido — a burguesia festeja "os loucos anos vinte".

liderado pelo social-democrata Hermann Müller apresentou sua renúncia. Começava o ciclo de eleições críticas que alçaram Hitler ao poder.

Nas eleições de setembro de 1930, sob a lógica apocalíptica do "terceiro período", os comunistas crismaram os social-democratas como "social-fascistas". O SPD recuou do patamar de 30% para 24,5% dos votos, mas conservou a posição de maior partido. O KPD, por sua vez, alcançou 13,1% dos votos e ganhou 23 novas cadeiras no Parlamento. Os nazistas, grandes vitoriosos, romperam a condição de partido marginal, saltando dos escassos 2,6% dos votos obtidos em 1928 para 18,3%. A corrente minoritária de Hitler se tornava o segundo maior partido alemão, com 107 cadeiras parlamentares, contra as 143 do SPD.

O sinal de alarme não foi ouvido por nenhum dos partidos de esquerda. O SPD confundia sua base operária tradicional, oscilando entre conclamações a greves gerais e apoio a medidas repressivas. O KPD se referia aos social-democratas como "ala moderada do fascismo" e, contra todos os indícios, mas de acordo com as fantasias emanadas de Moscou, interpretou o resultado eleitoral como um grandioso triunfo comunista que prenunciava o advento de uma "Alemanha soviética". O jornal do KPD explicava que o partido de Hitler chegara "tarde demais" e estava condenado a uma derrota inevitável e rápida. De Prinkipo, ilha turca no mar de Marmara, Trotski retrucou:

> *Essa gente nada quer aprender. O fascismo chega "muito tarde" com relação às antigas crises revolucionárias, mas chega muito cedo – ao alvorecer – com relação à nova crise revolucionária. O fato de ter tido a possibilidade de ocupar uma forte posição de partida às vésperas do período revolucionário, e não no seu fim, não constitui o ponto fraco do fascismo, mas o ponto fraco do comunismo.[9]*

O gabinete de centro-direita de Heinrich Brüning, constituído pela recusa dos partidos de esquerda de se coligar, não tinha maioria parlamentar e atuava por decretos, equilibrando-se sobre uma regra excepcional prevista na Constituição de Weimar. O KPD, orientado pelos otimistas de Moscou, adotou a perigosa tática de aproximação com os nazistas, com a finalidade de enfraquecer mais rapidamente o SPD e conquistar-lhe a base operária.

---

9   TROTSKI, Leon. Op. cit., p. 44.

A sorte sorria para Hitler. Seu partido passou a receber financiamento do grande empresariado, assustado com a expansão e a agressividade dos comunistas. Nomes portentosos da indústria alemã, como Gustav Krupp e Fritz Thyssen, se tornaram cada vez mais simpáticos às propostas hitleristas. Em contrapartida, aumentavam a pressão contra as alas radicais do nazismo. A aliança com o alto empresariado foi denunciada como recuo conservador pelos "strasseristas". Otto, que expunha publicamente suas objeções, foi expulso do partido. Nos anos seguintes, ele organizou seu próprio movimento anticapitalista, a Frente Negra, mas não conseguiu transformá-lo em um movimento de massa. Em 1931, foi a vez do fundador do partido, o economista radical Feder, ser lançado pela janela. Enquanto isso, aproximava-se de Hitler o respeitado banqueiro Hjalmar Schacht, mentor da política de recuperação da Alemanha depois de 1923.

A eleição presidencial de 1932 foi disputada entre Hitler, Ernst Thalmann, candidato comunista, e o velho general Paul von Hindenburg, que concorria à reeleição. Para fazer frente aos nazistas, o SPD apoiou Hindenburg, que triunfou. Nas eleições parlamentares do verão, realizada no centro da crise econômica, as tendências evidenciadas dois anos antes produziram efeitos devastadores. Os nazistas atingiram mais de 38% dos votos e 230 deputados. O SPD recuou um pouco mais, ficando com 133 cadeiras. O KPD experimentou um avanço quase insignificante e desalentador, obtendo 89 cadeiras parlamentares.

Os meses seguintes assinalaram o colapso definitivo da Alemanha de Weimar. O SPD e o KPD jogaram fora a última chance de formar uma coalizão majoritária, com apoio dos pequenos partidos de centro. O novo chanceler, Franz von Papen, sem maioria, governou por decretos até novembro, quando dissolveu o Parlamento e convocou novas eleições. Nelas, como reflexo das opções conciliadoras de Hitler, que confraternizava com os grandes empresários, os nazistas recuaram para 33% dos votos. O KPD cresceu mais um pouco, atingindo cem cadeiras, e o SPD continuou a retroceder, ficando com 121 parlamentares. A soma das cadeiras dos dois partidos de esquerda superava o total dos nazistas. Mas a Internacional Comunista barrou qualquer hipótese de aliança, e os piquetes de trabalhadores ficaram perdidos no meio das ruas, sem ter quem os liderasse e unisse politicamente.

O cálculo de Hitler revelou-se correto. Mesmo perdendo uma fração da massa radicalizada, o líder nazista ganhara a confiança da elite, o que seria suficiente. Papen renunciou em dezembro e, após idas e vindas, Hindenburg cedeu às pressões dos grandes empresários e militares, nomeando-o primeiro-ministro no final de janeiro de 1933. Um mês depois, o incêndio do edifício do Reichstag, falsamente atribuído aos comunistas, levou Hindenburg a suspender as garantias constitucionais. Milhares de membros do KPD e do SPD foram presos. Realizaram-se novas eleições, sob uma onda de terror promovida pelas SA. Os nazistas obtiveram 44% dos votos e 288 cadeiras, menos que a maioria absoluta desejada por Hitler. Mesmo assim, com o apoio de partidos menores, conseguiram aprovar a concessão de poderes ditatoriais para o chefe do governo. Apenas o SPD votou contra; os deputados do KPD estavam presos ou exilados.

No ato final da tragédia, a direção remanescente do SPD decidiu não confrontar os nazistas, passou a apoiar as "reorganizações" trabalhistas propostas pelo governo e encorajou os trabalhadores a participar das comemorações oficiais do Primeiro de Maio. Nos dias seguintes, as entidades sindicais foram fechadas e seus líderes, enviados para campos de concentração.

Nos debates internos do Partido Nazista, Rohm, o arauto dos "strasseristas", qualificou aquilo como "meia revolução", pois para completá-la faltaria afastar a alta burguesia do poder. Era uma posição incompatível com a política hitlerista, pois ameaçava o papel de defensor da ordem que o *Führer* desejava representar diante dos conservadores. A cúpula nazista então começou a tramar contra Rohm. O chefe das SA, Gregor Strasser, e os principais líderes da milícia seriam assassinados no 29 de junho de 1934, a Noite dos Longos Punhais, momento de supressão de um movimento de massas nazista que já não servia mais a Hitler. O corpo do "strasserismo" se desfez com o fechamento das SA e a absorção de parte de seus homens pela SS. No Partido Nazista, somente *Führer* podia ter razão.[10]

Hindenburg morreu em agosto daquele ano e Hitler assumiu o posto de chefe de Estado, o que lhe dava o controle sobre as Forças Armadas. Chefe de

---

10 Otto Strasser encontrava-se na Áustria na noite fatal. Permaneceu no exílio e mudou-se para o Canadá em 1941, onde viveu até o final da guerra combatendo o nazismo. Em 1941, Goebbels prometeu um prêmio em dinheiro para quem conseguisse matá-lo. Mas Otto retornou à Alemanha depois da guerra, onde tentou organizar um movimento neonazista.

Jesse Owens, o homem que derrotou Hitler na Olimpíada de Berlim, tornou-se um símbolo da luta contra o racismo. Mas apenas para o público externo. Owens diria em sua biografia: o problema não foi a atitude de Hitler, foi a de Roosevelt, que não enviou sequer um telegrama para congratulá-lo.

governo, chefe de Estado: a nação já tinha um *Führer*. Nos três primeiros anos de governo nazista, que coincidiram com o início da recuperação mundial pós-depressão, o PIB alemão cresceu a uma taxa média anual de 9,5%, enquanto o crescimento das indústrias girou na casa dos 17% ao ano. Por trás dos números surpreendentes estava o abandono definitivo do Tratado de Versalhes, o rearmamento alemão, a redução do desemprego por meio do alistamento militar, as grandes obras públicas e um coercitivo dirigismo estatal. O liberal Mises qualificou a Alemanha nazista como um país socialista com aparência capitalista.

Semanas após a indicação de Hitler para a chefia do governo, um comunicado da Internacional Comunista anunciava:

> *A calma atual que se seguiu à vitória do fascismo é apenas um fenômeno transitório. O movimento revolucionário na Alemanha crescerá inevitavelmente, apesar do terror fascista. (...) A instalação da ditadura fascista aberta, destruindo todas as ilusões democráticas das massas*

e liberando-as da influência da social-democracia, acelera o ritmo do desenvolvimento da Alemanha em direção à revolução proletária.[11]

A lição para a Internacional Comunista viria tarde demais – e por obra da classe operária agindo à revelia das direções internacionais. Em 1934 os trabalhadores da social-democracia na Áustria impediram uma tentativa de golpe nazista. Na França, socialistas e comunistas uniram-se contra as diversas organizações de extrema direita. No VII Congresso da Internacional Comunista, em agosto de 1935, um giro completo provocou o abandono da teoria do "terceiro período" e a adoção da orientação das frentes populares antifascistas. Para a Alemanha, de qualquer modo, já era tarde demais.

O inimigo eterno

Preconceitos não surgem da noite para o dia. A "questão" judaica, nesses termos, é um problema do século XIX e do surgimento do nacionalismo. Mas a história das relações tensas com o judaísmo vinha dos tempos medievais, quando judias eram queimadas como bruxas e judeus linchados como usurários. Vinha de Roma, na resistência contra a ocupação de Jerusalém e no sacrifício de Masada. Da Babilônia e da primeira diáspora...

O tema percorre a história da civilização ocidental, integra o imaginário das sociedades e pode ser usado politicamente. O nazismo o utilizou para seus fins, como já o tinham usado os reis ou grandes nobres europeus. A Igreja Católica e o reformador protestante Martinho Lutero também não foram tolerantes com aqueles que não aceitaram Jesus como Messias. O preconceito contra os judeus foi construído ao longo de milênios. Está incorporado à linguagem, às relações entre símbolos e significados, que é sutil, inconsciente e demora muito a se estabelecer, mas que depois se eterniza, exatamente porque é imediata a associação entre palavra e símbolo.

O filólogo Victor Klemperer constata:

---

11 ALMEIDA, Angela Mendes de. *A República de Weimar e a ascensão do fascismo.* São Paulo, Brasiliense, 1987, p. 115.

Mas a língua não se contenta em poetizar e pensar por mim. Também conduz o meu sentimento, dirige a minha mente, de forma tão mais natural quanto mais eu me entregar a ela inconscientemente. O que acontece se a língua culta tiver sido constituída ou for portadora de elementos venenosos? Palavras podem ser como minúsculas doses de arsênico: são engolidas de maneira despercebida e parecem ser inofensivas; passado um tempo, o efeito se faz notar.[12]

Klemperer, que era casado com uma ariana, conseguiu sobreviver na Alemanha durante todo o período do nazismo e manteve diários nos quais analisava a linguagem no Terceiro Reich, seu uso na propaganda e o efeito sobre as pessoas. Em passagem de agosto de 1933, narra uma reunião política na qual um nazista tece loas ao *Führer* e ao futuro da Grande Alemanha sem despertar nenhuma reação na plateia, até que conta uma piada envolvendo os judeus e todos riem e aplaudem durante minutos. A empatia estava criada.

Na história do antissemitismo, as causas da discriminação variam com o tempo. No século XIX, a temática religiosa, tipicamente medieval, deu lugar à questão cultural, nacional e racial. O Iluminismo havia trazido o Estado laico e, embora os preconceitos não desapareçam por um ato de lei, a confissão religiosa deixara de ser um elemento da política. Os judeus começavam a sair dos guetos e a viver com os demais cidadãos, sem depender de uma relação de favor com algum rei. Muitos cortaram barbas e cabelos e vestiram-se à moda local, afastando-se da religião, enquanto outros se mantiveram estritos à tradição das vestes e hábitos ditados pela Torá.

Mas os mesmos exércitos revolucionários que trouxeram o laicismo também trouxeram o império de Napoleão Bonaparte, que despertou o nacionalismo romântico. Nas terras do antigo Império Germânico, o chamado Primeiro Reich, então transformado em Confederação do Reno pelo imperador francês, Johann Gottlieb Fichte, professor da Universidade de Berlim e um dos mais destacados filósofos da época, publicava em 1808 os *Discursos à nação alemã* invocando a união do povo para lutar contra a potência ocupante.

A argumentação de Fichte apelava a uma comunidade política diferente daquela tradicional, ligada à aristocracia. Ele falava do povo, a comunida-

---

12 KLEMPERER, Victor. Op. cit., p. 55.

de formada por pessoas unidas por laços com a terra, a língua e a raça, esta última entendida como cultura. Fichte remontava a nação alemã aos povos germânicos que resistiram à conquista do Império Romano conservando seus laços com a terra ancestral e a cultura original. Era, portanto, na condição de representante dessa pureza original que o povo (*Volk*) alemão deveria se unir para defender sua língua e sua raça, combatendo o judeu, agora visto como "estrangeiro" em razão de sua religião e cultura específicas.

Reputado como filósofo e economista, Fichte desempenhou o papel de pai do antissemitismo alemão contemporâneo. Para ele, a presença dos judeus se tornara uma ameaça à pureza do *Volk*. Ainda em 1793, em um texto de análise sobre a Revolução Francesa, Fichte chamou os judeus de "Estado dentro do Estado" e disse que a única chance de se conceder algum direito aos judeus seria "cortar todas as suas cabeças em uma noite, e colocar novas sobre seus ombros, as quais não conteriam uma única ideia judia".[13]

Na segunda metade do século XIX, sob a influência das teorias raciais que se desenvolviam, o sangue, até então símbolo de cultura e descendência, se tornou o veículo físico para a transmissão de características biológicas, sociais e intelectuais. Sob o novo paradigma, a própria cultura passou a ser considerada geneticamente determinada. Foi nessa época que "semita" se tornou sinônimo de judeu e a "questão judaica" racializou-se. Assim, podia-se explicar como judeus e europeus eram brancos mas de raças diferentes. Além disso, no contexto nacionalista, a ausência de um Estado judaico e o traço "nômade" dos semitas foram atribuídos à incapacidade racial destes de se organizar politicamente e criar raízes, o que os transformava em verdadeiros parasitas de outros povos ou raças.

Tais ideias reapareceram no início do século XX na obra de Houston Stewart Chamberlain, um inglês que viveu na Alemanha e foi genro do compositor Richard Wagner. Ele escreveu *As fundações do século XIX*, retomando a ideia do povo germânico como continuador da "raça ariana" e definindo a presença dos semitas como ameaçadora para a nação alemã. Chamberlain fez parte do Partido Nazista até a sua morte, em 1927, e era cultuado pelos arianistas. Outro

---

13 DAWIDOWICZ, Lucy S. *The war against the Jews 1933-1945*. Nova York, Random House, 1986, p. 27.

livro marcante para os nazistas foi *O mito do século XX*, publicado em 1930 e escrito por Alfred Rosenberg, um ideólogo do partido. Rosenberg alardeava contra o perigo da miscigenação entre arianos e judeus. Para ele, todos os grandes problemas vividos pela civilização europeia naquele momento decorriam de três ideias judaicas: o cosmopolitismo, a democracia e o bolchevismo.

A junção dessas três ideias deve muito à obra que é um fenômeno de propaganda: os *Protocolos dos sábios do Sião*. Escrito na Rússia por encomenda da Okhrana, a polícia secreta czarista, e publicado pela primeira vez em 1905, o livro foi usado pelo governo do czar Nicolau II para acusar seus críticos de fazer parte de uma grande conspiração internacional para derrubá-lo.

A trama rocambolesca é redigida na forma de uma ata firmada durante um encontro secreto de grandes rabinos, que conspiram para dominar o mundo. A estratégia é disseminar a democracia e o individualismo (caso da psicanálise do judeu Freud), assim como o bolchevismo (criado pelo judeu Marx e difundido pelo judeu Trotski) para enfraquecer as tradições e os Estados. Simultaneamente, o sistema financeiro internacional controlado pelos judeus (como os Rothschild) estenderia seus tentáculos sobre a economia das nações não judaicas, sugando-as e esgotando-as. As referências em parênteses naturalmente não fazem parte do livro, mas ilustram como as ideias ganhavam corpo. Ainda hoje, o produto literário de uma operação da polícia czarista é difundido como prova da suposta conspiração judaica mundial.[14]

A utilização do antissemitismo pelo nazismo não teve nada de acidental. Numa reunião em Munique, uma década antes de chegar ao poder, Hitler explicava: "Para a libertação do povo é necessário mais que uma política econômica, mais que uma indústria: para que se torne livre, o povo precisa de orgulho e força de vontade, capacidade de desafiar, ódio, ódio e, mais uma vez, ódio."[15] Os judeus se tornaram a representação de tudo que existia para ser odiado.

Hitler, ao contrário de outros líderes nazistas como Himmler, Goering ou Goebbels, não era um fanático da raça no sentido biológico, e por vezes desdenhou das teses de Rosenberg. Para ele, o *Volk* tinha um sentido histórico

---

14 O cartunista Will Eisner publicou *O complô. A história secreta dos Protocolos dos sábios do Sião*. É um meticuloso estudo sobre a produção desse documento notável, que figura como a mais influente narrativa do mito da conspiração.

15 LUKACS, John. Op. cit., p. 98.

Com a laicização do Estado contemporâneo, o aspecto religioso perdeu força na composição da ideologia antissemita, ampliando-se a associação entre judeus e banqueiros, agiotas e todo tipo de especulador financeiro, o que parecia ainda mais odioso, especialmente em tempos de crises econômicas tão profundas.

e cultural, quase místico, e essa perspectiva ajuda a entender seu ódio aos judeus. Mussolini dissera não haver "nada acima do Estado" e que o Estado fazia o povo. Hitler pensava exatamente o oposto. No *Mein Kampf*, escrevera: "a autoridade do Estado não pode jamais ser um fim em si mesma, porque, se assim o fosse, qualquer tipo de tirania seria inviolável e sagrada. (...) não devemos esquecer que a mais alta meta da existência humana não é a manutenção de um Estado, mas sim a conservação da raça."[16] No seu ponto de vista, os judeus constituiriam o inimigo eterno do *Volk* alemão e uma ameaça existencial à realização histórica do destino da raça ariana.

O ódio hitlerista aos judeus se ancorava numa concepção sobre a História, que definira a sua personalidade. A visão de mundo do jovem Hitler

---

16 HITLER, Adolf. *Mein Kampf*. Londres/Nova York/Melbourne, Hurst & Blackett, 1939, p. 85.

se formara em seus anos na Áustria, onde grassava o antissemitismo, mas especialmente na hora do trauma da derrota alemã na Grande Guerra, que ele atribuiu aos judeus. A Alemanha não fora batida por uma simples coalizão militar mais forte, mas por uma coligação de Estados sob a influência internacional dos judeus. Os governos da França e dos Estados Unidos estariam inteiramente subordinados às corporações econômicas judaicas. Na Grã-Bretanha, tal influência se faria sentir, mas em grau menor, o que nutria as esperanças do líder nazista de uma aliança com britânicos, na moldura da inevitável guerra seguinte.

A explicação antissemita da derrota humilhante, elaborada por Hitler, eximia o exército alemão de responsabilidades. A culpa recaía na liderança política, incapaz de enfrentar o inimigo interno, e especificamente na insurreição operária provocada pelos judeus bolcheviques da Alemanha, em conluio com os judeus dos países inimigos. As injustas reparações impostas pelo Tratado de Versalhes também seriam resultado do ódio judeu contra os alemães. Uma luta de vida e morte opunha o *Volk* alemão aos judeus, e todo o futuro da nação dependia do desenlace final da "questão judaica". "Ódio, ódio e, mais uma vez, ódio" expressava tanto o sentimento profundo de Hitler quanto o programa político fundamental do *Volk*.

A estratégia inicial do Terceiro Reich foi pressionar os judeus a deixar a Alemanha. A tática era cassar os direitos civis dos judeus e submetê-los à coerção física cotidiana. Goebbels, o poderoso ministro da Propaganda, transformou atos de discriminação contra os judeus em verdadeiros espetáculos, plenos de "som e fúria", capazes de empolgar a massa. Atos de fé, fogo purificador, gigantescas fogueiras de livros "semitas" – símbolos da eliminação da face da terra daquelas ideias degeneradas. Em seguida, restrições no serviço público, reservado aos arianos.

O ciclo antijudaico original se completou em 1935, com as Leis de Nuremberg, que proibiram os casamentos e uniões entre alemães e judeus. No quadro da estratégia de promover a emigração judaica, Himmler estabeleceu uma cooperação com os sionistas da Agência Judaica, que organizava as transferências para a Palestina. Naqueles anos, os judeus alemães não podiam usar as cores do Reich, mas foram estimulados a aprender o hebraico e a adotar a bandeira sionista.

A ideia de uma "solução final" para a "questão judaica" adquiriu significados diferentes ao longo do tempo. De olho na posição estratégica da Alemanha, Hitler muitas vezes contrariou as lideranças nazistas fanaticamente antissemitas para conservar sua aliança com o grande empresariado e a direita tradicional. Nos anos imediatamente anteriores à eclosão da guerra, o *Führer* oscilou entre os projetos contraditórios de criação de uma reserva territorial para os judeus no Leste Europeu ou fora da Europa e de conservação de uma população judaica refém na Alemanha, que funcionaria como uma espécie de garantia contra a conspiração internacional.

A exacerbação do ódio figurou como eixo político permanente, imune às oscilações táticas. Iniciados os preparativos para a guerra, afrouxaram-se as rédeas que continham os fanáticos antissemitas, e a violência antijudaica se converteu em traço da normalidade cotidiana. Em novembro de 1938, o assassinato de um membro do Partido Nazista em Paris por um jovem judeu serviu de pretexto para a conclamação à vingança coletiva. Na Noite dos Cristais, sinagogas e lojas de judeus foram atacadas, incendiadas ou depredadas. Dezenas morreram sob as botas da Gestapo e centenas foram levados para os campos de concentração.

A política de deportação dos judeus foi deflagrada no momento da anexação da Áustria. Com a eclosão da guerra, o "inimigo interno" passou a ser identificado pelo uso compulsório da estrela de seis pontas. Hitler inclinava-se decisivamente pela solução da reserva territorial judaica. Os campos de concentração na Polônia ocupada serviriam como estágio intermediário do projeto, que se concluiria pela remoção de todos os judeus para uma reserva na Rússia. A ideia prosperou especialmente com o início da invasão da URSS, em junho de 1941.

A "solução final" só ganhou o sentido de genocídio alguns meses mais tarde, quando se diluíram as esperanças de uma campanha rápida, triunfante, contra a URSS. Sob o novo cenário, o espectro da reprodução do fracasso militar redefiniu os cálculos estratégicos de Hitler. A guerra total se tornara uma realidade incontornável. O Reich venceria ou pereceria, mas os judeus deveriam ser esmagados de modo definitivo. Na hipótese da derrota, o genocídio funcionaria como ato expiatório pelo qual os judeus pagariam com a própria vida a hecatombe alemã. A decisão parece ter sido tomada em meados de setembro de 1941, sob uma lógica dupla:

Há método na loucura. E poucas coisas podem ser tão aterrorizantes quanto uma ideia louca que dispõe de todos os recursos do Estado e da ciência para empreender seus objetivos.

> *A morte dos judeus, então, constituiu ao mesmo tempo um ato propiciatório e um ato de vingança. Eliminando aqueles que considerava seus inimigos figadais (...), ele marcava sua vontade de lutar até o fim; com a morte de certo modo sacrificial dos judeus, ele endurecia fanaticamente para conquistar a vitória, ou lutar até a aniquilação. Ao mesmo tempo, sobretudo, ele fazia expiar o sangue alemão e vingava de antemão uma eventual derrota (...).*[17]

A Conferência de Wannsee, em janeiro de 1942, definiu as armas do sacrifício macabro: as câmaras de gás e os fornos crematórios. A doutrina mais fanática de um século de fanatismos diversos alcançava sua conclusão apocalíptica.

---

17 BURRIN, Philippe. *Hitler e os judeus.* Porto Alegre, L&PM, 1990, p. 31.

J. Stalin e o "socialismo real"

"Não, você não é", retrucou Stalin a seu filho Vassíli, que tentara tirar proveito do seu sobrenome. "Você não é Stalin e eu não sou Stalin. Stalin é o poder soviético. Stalin é o que ele é nos jornais e nos retratos, não você, nem mesmo eu!"[1] O poder soviético já era quase igual a Stalin no 9 de novembro de 1932, data do suicídio de Nádia, a segunda esposa do ditador. Ela foi encontrada em seu quarto, em meio a uma poça de sangue e ao lado da pistola que teria usado no gesto final.

Há versões divergentes sobre o suicídio. Oficialmente, Nádia morreu de uma crise de apendicite. Dois médicos do Kremlin que se recusaram a assinar o falso atestado de óbito seriam condenados e executados seis anos depois, no Julgamento dos Vinte e Um. Uma tese nunca comprovada coloca a pistola na mão do próprio Stalin. Sabe-se, contudo,

---

1 MONTEFIORE, Simon Sebag. *Stalin, a corte do czar vermelho*. São Paulo, Companhia das Letras, 2006, p. 29.

que, entre os objetos de Nádia, foi encontrado o calhamaço da chamada Plataforma de Riutin.

Martemian Riutin, um velho bolchevique, alinhara-se em 1928 com a facção de Nikolai Bukharin, que representara a última força interna organizada de oposição a Stalin. Teórico das reformas econômicas da NEP, Bukharin se levantara contra a coletivização forçada e, no início da luta interna, contara com ampla simpatia no meio rural e chegara próximo de conseguir maioria na direção do partido. Na hora decisiva, porém, faltara-lhe o apoio de Kamenev e Zinoviev, os dois líderes da facção de esquerda que, aliados a Trotski, haviam sido derrotados antes por Stalin.

No final de 1929, Bukharin foi excluído da direção partidária e, sob intensa pressão, renunciou publicamente a seus pontos de vista. O bukharinista Riutin sofreu tratamento mais duro, experimentando alguns meses de prisão antes de receber autorização para voltar ao partido. Contudo, ele ainda acreditava na hipótese de uma mudança por dentro e, em meados de 1932, quando a fome dizimava os camponeses, escreveu um chamado à organização dos oposicionistas e um documento de duas centenas de páginas intitulado "Stalin e a crise da ditadura do proletariado". Era isso que estava entre as coisas de Nádia na noite trágica de 9 de novembro.

Não surpreende que a esposa de Stalin tivesse o calhamaço de Riutin, pois muitos o tinham, nos altos círculos da elite soviética. Bukharin e outros chefes de sua antiga facção ajudaram a distribuí-lo, antes da prisão ou expulsão do partido de todos os envolvidos – e também, por extensão, de Kamenev e Zinoviev, que nada tinham a ver com a nova dissidência. O panfleto que acompanhava o longo documento conclamava à derrubada de Stalin, algo nunca antes sugerido por uma facção interna. Alarmado, o ditador pediu ao Bureau Político a aplicação da pena de morte contra Riutin, mas não obteve maioria para tanto. Foi a última vez que a direção bolchevique o contrariou.

O homem que convenceu o mais alto órgão do Partido Comunista da União Soviética (PCUS) a rejeitar a solicitação de Stalin era Sergei Kirov, um bolchevique da velha guarda, que participara do levante de 1905, da revolução de 1917 e da Guerra Civil. Chefe do partido em Leningrado, ele fora um fiel stalinista nas lutas internas dos anos 1920, mas provavelmente simpatizara com a facção de Zinoviev, pelo menos a ponto de ordenar à polícia política de sua região que não perseguisse os "zinovievistas". Nos terríveis anos da coletivização e da fome, os ressentimentos subterrâneos contra Stalin engendraram uma esperança difusa de substituição do tirano brutal pelo vigoroso e afável Kirov.

Com a fome superada, iniciou-se a preparação do XVII Congresso do PCUS, batizado como o "Congresso dos Vencedores" e realizado em janeiro de 1934. O encontro, de cartas marcadas, deveria assinalar a consagração definitiva de Stalin. Antes dele, contudo, dirigentes comunistas regionais tentaram articular em segredo uma postulação de Kirov ao comando do partido. Kirov recusou a arriscada aposta e contou tudo a Stalin. Ele não sabia, mas estava assinando a própria condenação à morte.

O Congresso supostamente elegia a direção do partido, mas os delegados votavam numa lista fechada, preparada de antemão pelo Secretariado do Bureau Político – ou seja, por Stalin e seu fiel escudeiro Kaganovitch. O "voto" se limitava ao gesto simbólico de riscar nomes rejeitados, que seriam eleitos de qualquer modo, mas com menos sufrágios. Os números exatos provavelmente nunca serão conhecidos mas, naquela ocasião, a comissão apuradora só recebeu uma ou duas cédulas com o nome de Kirov riscado, enquanto Stalin foi rejeitado por mais de uma centena de delegados. O anúncio oficial, naturalmente, obedeceu ao dogma vigente, dando conta de que Stalin teria obtido 1.056 votos e Kirov, 1.055, do total de 1.059.

Uma ordem de Stalin a Genrikh Yagoda, o chefe da NKVD, terceira sigla para a polícia política soviética, deflagrou a trama do assassinato de Kírov. O instrumento do ato foi Leonid Nikolaiev, um obscuro ex-funcionário do partido envolvido com o submundo da criminalidade. Na segunda tentativa, a 1º de dezembro de 1934, o assassino entrou no escritório governamental de Kirov sem ser abordado pela segurança e matou-o com um tiro no pescoço. Preso, julgado e condenado, Nikolaiev foi executado no antepenúltimo dia do ano.

Os comunicados oficiais divulgaram uma primeira versão, segundo a qual o assassino servia a um misterioso complô fascista urdido no exterior. Dias depois, emergiu a segunda e definitiva versão, baseada num suposto interrogatório de Nikolaiev, conduzido pessoalmente por Stalin. O complô teria sido tramado dentro do PCUS, pelos líderes das antigas e desmanteladas facções oposicionistas. Menos de dois anos mais tarde, começaram os Processos de Moscou.

"Congresso dos Vencedores" do PCUS, 1934. Os votos em Kirov podiam ser ocultados pela falsificação do anúncio oficial — e o próprio Kirov seria eliminado por um assassino insignificante. Mas a ditadura pessoal de Stalin precisava de mais que isso. Abriam-se as portas para os Processos de Moscou.

A outra Noite dos Longos Punhais

"Que sujeito esse Hitler! Esplêndido! Essa é uma façanha que exige muita habilidade!"[2] Stalin ficou maravilhado com a "façanha" do ditador alemão, levada a cabo entre 30 de junho e 2 de julho de 1934, quando as SS, organização paramilitar nazista, junto com a Gestapo, a polícia secreta do Estado, executaram o golpe fatal contra a SA, milícia nazista original. O líder soviético viu naquilo um exemplo a ser seguido.

Os "camisas-marrons" da SA, recrutados entre antigos soldados e desordeiros das cervejarias, serviram como destacamento de choque do partido na etapa prévia à ascensão ao poder. Na etapa seguinte, a organização, com mais de um milhão de integrantes, converteu-se numa fonte de atritos com a hierarquia do exército regular e numa base de poder de Ernst Rohm, o chefe da milícia, que pressionava por uma radicalização anticapitalista do nazismo e sonhava tomar o lugar do *Führer*. Na Noite dos Longos Punhais, executaram-se no mínimo 85 dirigentes da milícia, inclusive Rohm, e aprisionaram-se várias

---

2   MONTEFIORE, Simon Sebag. Op. cit., p. 163.

centenas. Por essa via, Hitler decepou a SA, estabilizando seu regime, assegurando a primazia das SS e eliminando um hipotético rival. Além disso, na sequência da onda repressiva, dizimou o círculo de conservadores organizados ao redor do vice-chanceler Franz von Papen, um crítico incômodo.

Como Hitler, Stalin chegara ao poder à testa de um partido de massas, consagrado a mudar o mundo. O tirano soviético nutria uma paranoia tão ou mais intensa que a de sua contraparte nazista, imaginando complôs para apeá-lo do poder. Mas, sobretudo, ele precisava traçar uma fronteira de sangue entre o presente e o passado, consolidando um partido sob seu controle absoluto. Os Processos de Moscou cumpririam, na União Soviética, o papel desempenhado pela purga nazista da Noite dos Longos Punhais. Por meio deles, toda a velha guarda bolchevique seria dizimada, com exceção de Trotski, enviado ao exílio anos antes, quando o tirano não sentia dispor do poder para executá-lo.

"A maior falsificação da história política do mundo", declarou Trotski à imprensa, a 15 de agosto de 1936, um dia depois de ouvir, pelo rádio, as notícias estonteantes que chegavam da União Soviética.[3] O regime soviético anunciara o Julgamento dos 16, primeiro dos Processos de Moscou, no qual Zinoviev, Kamenev e 14 outros réus eram acusados de traição, conspiração e complô para assassinar Stalin. Trotski não estava na relação dos réus, mas ocupava o lugar de instigador, cérebro por trás da grande conspiração. As palavras "terrorismo" e "Gestapo" faziam parte da peça de acusação, compondo um cenário quase onírico no qual alguns dos principais dirigentes da revolução bolchevique figuravam como associados de Hitler.

O Julgamento dos 16 demorou menos de uma semana e começou quatro dias após a reação de Trotski. A acusação coube ao procurador-geral Andrei Vichinski, antigo menchevique, o homem que assinara uma ordem de prisão contra Lenin nos dias turbulentos de 1917 e que, convertido à facção de Stalin, desempenhara altas funções administrativas na coletivização forçada na Ucrânia. Todos os réus receberam condenações à morte, amparadas em confissões compulsórias. Zinoviev e Kamenev negociaram suas confissões em troca de uma promessa de que suas vidas e as de seus familiares seriam poupadas.

---

3   DEUTSCHER, Isaac. *Trotski, o profeta banido (1929-1940)*. Rio de Janeiro, Civilização Brasileira, 2005, p. 377.

Na sua confissão, antes de saber que a promessa não tinha validade, Kamenev declarou, referindo-se às suas prisões anteriores: "Duas vezes minha vida foi poupada, mas há um limite para tudo, há um limite para a magnanimidade do proletariado e a esse limite chegamos."[4] Um após o outro, os velhos bolcheviques acusados confessaram e atribuíram as responsabilidades últimas a Trotski. Não existia prova contra eles, exceto as confissões. Na exposição conclusiva, aos gritos, Vichinski pediu a pena máxima aos "cães danados", forjando uma expressão que seria repetida pelos partidos comunistas no mundo inteiro, em diferentes épocas e variados contextos de expurgos internos.

O procurador-geral voltou à carga em janeiro de 1937, no Julgamento dos 17, cujos principais réus eram Radek e Piatakov, célebres integrantes da antiga Oposição de Esquerda. As acusações, de conspiração, terrorismo e sabotagem, envolviam um fantástico acordo de Trotski com a Alemanha e o Japão destinado a desmembrar a União Soviética. Trotski reagiu prontificando-se a submeter seu caso a uma comissão de inquérito da Liga das Nações e aceitar a deportação se fosse julgado culpado, mas não obteve resposta. Em Moscou, com base em confissões, 13 dos réus foram condenados à morte e quatro a longas penas de prisão. Radek escapou da pena capital fornecendo uma confissão que implicava a antiga facção "direitista" de Bukharin com o centro conspirador trotskista, gerando o pretexto para o avanço do terror sobre uma nova frente.

Antes do terceiro grande processo, contra os "bukharinistas", realizou-se em segredo o chamado Julgamento dos Militares, cujo principal alvo era Tukachevski, um dos comandantes mais notáveis do Exército Vermelho na Guerra Civil, depois chefe do Estado-Maior e brilhante modernizador do exército soviético. A enorme influência moral de Tukhachevski sobre as forças armadas assustava o paranoico Stalin. Em maio de 1937, o marechal de apenas 44 anos foi preso, junto com sete generais.

Uma corte marcial ouviu as acusações de conspiração, em colaboração com o "centro trotskista", e de espionagem a serviço da Alemanha. Submetidos a torturas, todos confessaram, foram condenados à morte e executados

---

4   DEUTSCHER, Isaac. Op. cit., p. 379.

Bukharin era um cartunista de talento. Ao longo dos anos, desenhou as principais figuras da direção do PCUS. O cartum de Felix Dzerzinski, primeiro chefe da polícia política soviética, "espada da Revolução", é de 1925, no ápice do poder de Bukharin, durante a sua aliança com Stalin contra Trotski.

nas suas celas. As informações sobre o "complô militar fascista" só chegaram ao público dias depois. Na sequência das execuções, um expurgo generalizado atingiu as forças armadas, com a expulsão de cerca de 25 mil oficiais. Anos depois, a ofensiva de Hitler encontraria o exército soviético destituído de sua espinha dorsal de comando.

O Julgamento dos 21, ápice dos Processos de Moscou, se deu em março de 1938. Encabeçava a lista de réus um Bukharin reabilitado, que dirigia o jornal *Izvestia* e bajulava Stalin sem parar. A lista incluía todos os dirigentes bolcheviques remanescentes de 1917, com exceção de Stalin e Trotski. Na preparação para o julgamento final, Stalin encontrou resistências mesmo entre figuras de seu círculo mais próximo. Yagoda, o temido chefe da polícia política, que parece ter sido uma dessas figuras, foi destituído, acusado de traição e colocado no banco dos réus junto com os demais. Aos supostos integrantes do "bloco trotskista de direita" atribuíram-se os mais incríveis complôs e crimes, inclusive o assassinato de Kirov, tentativas de matar Lenin e Stalin e espionagem a serviço da Grã-Bretanha, da França, da Alemanha e do Japão.

Torturas e ameaças contra familiares produziram as desejadas confissões, mas não sem imprevistos. Bukharin, que parece não ter sido submetido a torturas, desencadeou a principal crise, recusando-se de início a cooperar e, depois, escrevendo uma confissão superficialmente completa, mas vazada em linguagem dúbia e atravessada por frases abertas a variadas interpretações. Sua última alegação, na sessão noturna de 12 de março, é uma peça genial, na qual o sofisticado líder bolchevique admitia a responsabilidade política por todos os crimes de que era acusado, ao mesmo tempo que negava sua participação material em cada um deles.

Numa passagem crucial, ele recordava que o procurador do Estado "declarou de forma muito categórica que eu, como um dos acusados, não devo (...) inventar fatos que nunca ocorreram". Mais adiante, em duas frases destinadas à posteridade, afirmava: "A confissão dos acusados não é essencial. A confissão dos acusados é um princípio medieval de justiça."[5] Era a senha para a decifração do conjunto da farsa stalinista, pois nada se tinha, a não ser as confissões dos acusados.

Os "erros de impressão" na História

Bukharin e 17 outros réus foram condenados à morte. Os três restantes, condenados a penas de prisão, acabaram assassinados pela NKVD três anos depois. No intervalo entre os julgamentos de Radek e de Bukharin desenvolveram-se os grandes expurgos, com fuzilamentos em massa quase aleatórios e deportações para campos de trabalho forçado de centenas de milhares de pessoas, inclusive a imensa maioria dos dirigentes intermediários do partido. Uma ordem executiva do Bureau Político estabelecia uma cota de 767 mil prisões e 386 mil execuções.

Os expurgos daquele ano expandiram e consolidaram a vasta rede do Gulag, acrônimo em russo da Administração Superior de Campos e Colônias de Trabalho Corretivo. Os principais centros industriais e cidades secretas militares da Sibéria ártica foram erguidos pelos prisioneiros do sistema de campos de internamento. *O arquipélago Gulag*, obra monumental de Aleksandr Soljenítsin, publicada em 1973, desvenda as estruturas e o funcionamento da rede de campos, com base na sua experiência pessoal de prisioneiro e exilado interno e em mais de duas centenas de depoimentos de internados.

O caráter farsesco dos Processos de Moscou seria reconhecido oficialmente após a morte de Stalin, no XX Congresso do PCUS, pelo sucessor Nikita

---

5 BUKHARIN, Nikolai. "Last plea: Evening session march 12". Moscow Trials. The Case of Bukarin. Nikolai Bukarin Archive. Marxists Internet Archive.

Khruschov. Mas a meticulosa desmontagem das acusações foi realizada logo após o Julgamento dos 17, em 1937, pela Comissão Dewey, criada por iniciativa de Trotski. O filósofo John Dewey, um liberal no sentido americano do termo, se aproximava da idade de oitenta anos quando recebeu o inusitado convite de presidir uma comissão de inquérito sobre as acusações dirigidas contra Trotski nos Processos de Moscou. O convite partia de um comitê de intelectuais americanos constituído por figuras proeminentes, como o antropólogo Franz Boas e os escritores Edmund Wilson e John Dos Passos.

O respeitado filósofo era um ativista público de causas progressistas e não escondia uma simpatia pragmática, ingênua, pelo experimento de reforma social na URSS. Seus familiares e amigos tentaram dissuadi-lo do empreendimento, que o associaria a Trotski e provocaria a hostilidade de incontáveis intelectuais devotados a aplaudir e defender Stalin. Contrariando a todos, Dewey aceitou o encargo, interrompeu a redação de uma obra sobre lógica que considerava a mais relevante de sua vida e entregou-se à revisão meticulosa das peças de acusação de Vichinski. Ao seu lado, como conselheiro jurídico da comissão, atuou John F. Finerty, o célebre advogado de defesa dos anarquistas Sacco e Vanzetti.

Na Cidade do México, lugar de exílio do revolucionário russo, por toda uma semana, a comissão conduziu sessões públicas de interrogatório de Trotski. Na sessão final, o interrogado fez um sumário de sua defesa, transformando-a numa acusação da "opressão totalitária" que sujeitava todos os participantes dos Processos de Moscou, "acusados, testemunhas, juízes, advogados e até mesmo o próprio procurador". A passagem constitui, no fim das contas, uma condenação política do regime de partido único em cuja origem Trotski estivera diretamente envolvido:

> *Sob um regime despótico, não submetido a controles, que concentra nas mesmas mãos todos os meios de coerção econômica, política, física e moral, um processo judicial não é um processo judicial. É uma encenação judicial, com os papéis preparados de antemão.*[6]

---

6   TROTSKI, Leon. "Thirtheenth Session (part I)". The case of Leon Trotski. Leon Trotski Archive. Marxists Internet Archive.

Apesar disso, ele concluiu sua explanação com uma apologia da Revolução Russa e do comunismo, que indicariam o "claro e brilhante" futuro da humanidade. Trotski não rompia com a profissão de fé comunista, nem mesmo quando fazia à URSS de Stalin uma acusação fundada nos princípios do liberalismo político e da democracia.

A Comissão Dewey encerrou-se, meses depois, com um relatório intitulado "Not guilty", que derrubava inapelavelmente os veredictos das encenações judiciais. Seus efeitos, contudo, se revelaram pequenos. Na sua maioria, os intelectuais de esquerda permaneceram inabaláveis na defesa do stalinismo. Na URSS, Maximo Gorki, que chegara a elogiar o sistema de campos de trabalho forçado, morrera um pouco antes do Julgamento dos 16, mas ainda a tempo de unir-se ao coro abjeto contra os "cães danados", entoado também por Ilia Ehrenburg e outros escritores oficiais. Os franceses Louis Aragon, Romain Rolland e Henri Barbusse, ligados ao Partido Comunista, coordenaram manifestos de apoio aos Processos de Moscou. Nos Estados Unidos, um manifesto de intelectuais, assinado entre outros pelo historiador Paul Sweezy, clamou pelo boicote à Comissão Dewey.

Os intelectuais de esquerda se moviam por impulsos variados. Os comunistas franceses engajavam-se na defesa do stalinismo sem reticências ou dúvidas morais. Os marxistas Sweezy e Bertolt Brecht, como o humanista Bernard Shaw e o antifascista André Malraux, nutriam dúvidas maiores ou menores, mas imaginavam que o stalinismo constituía uma paliçada do bem contra o mal absoluto representado pela Alemanha nazista. No fim, até mesmo H. G. Wells e André Gide, socialistas desiludidos com a URSS, preferiram ficar à margem do contrajulgamento.

Contudo, nem todos permaneceram alheios aos terríveis acontecimentos de Moscou. Sob o impacto direto do julgamento de Bukharin, o judeu húngaro Arthur Koestler rompeu com o Partido Comunista Alemão e começou a escrever sua obra definitiva, *O zero e o infinito* (*Darkness at noon*, na edição em inglês), primeiro grande retrato literário das entranhas do totalitarismo stalinista. Os processos e expurgos, junto com a experiência pessoal na Guerra Civil Espanhola, provocaram a ruptura do inglês George Orwell com os comunistas e o inspiraram a escrever a alegoria *A revolução dos bichos*, que não encontrou editores na Grã-Bretanha antes do fim da guerra mundial.

Nikolai Rubachov, o protagonista do romance de Koestler, é um velho bolchevique aprisionado e processado por traição pelo regime que ajudou a criar. Em confinamento solitário, ele traça paralelos entre sua situação e a prisão anterior, na Alemanha, quando havia sido interrogado sob tortura. O primeiro interrogador, Ivanov, um amigo de longa data, tenta persuadi-lo, em nome dos interesses da pátria socialista, a confessar os crimes contidos na falsa acusação. Ivanov, porém, cai ele próprio na malha dos expurgos e é substituído por Gletkin, um interrogador saído dos quadros novos do partido. Rubachov acaba produzindo uma confissão completa, não devido à coerção, mas pela mesma lógica inflexível que, no passado, o conduzira a trair tantos de seus camaradas vitimados pelos ciclos de expurgos partidários.

Publicado em 1940, *O zero e o infinito* não apenas descortinou o funcionamento interno do sistema stalinista como evidenciou a ordem subjacente ao modo de pensar dos partidos comunistas. A "História", isto é, o suposto futuro "claro e brilhante" da humanidade, para usar as palavras de Trotski, identificava-se aos mutáveis interesses circunstanciais do regime totalitário, destroçando toda a crítica e invalidando as convicções pessoais. O "Número Um", expressão que designava Stalin no romance de Koestler, era a personificação da marcha humana e, como tal, se situava acima e além da esfera da política.

O zero e o infinito contém um curioso traço de irrealidade. Ivanov não faz uso da tortura, e mesmo Gletkin, mais rude e violento, só a utiliza em casos extremos. A confissão de Rubachov nasce de seus diálogos dialéticos com os interrogadores sobre o tema da necessidade histórica. À primeira vista, é como se Koestler estivesse dizendo que a tortura era o método dos nazistas e dos fascistas, não dos comunistas.

Mas ele sabia a verdade e não tinha nenhum interesse em amenizar o retrato do totalitarismo stalinista. A ausência quase completa de violência física na sua narrativa tem um sentido mais profundo, que é a chave para a compreensão da obra. Ivanov e Gletkin interrogavam um comunista, isto é, alguém que partilhava uma visão sobre a história. A confissão devia emanar dessa compreensão comum, não da interferência de uma força externa irracional. Quando Bukharin, a caminho da prisão, se despediu pela última vez de sua jo-

A ucraniana Eufrosinia Kersnovskaya viveu como prisioneira no Gulag de 1941 até a morte de Stalin, em 1953. Seus desenhos da vida nos campos da Sibéria foram publicados como ilustrações de suas memórias, em 1990, pouco antes da implosão da URSS.

vem esposa, Anna Larina, a fez jurar que criaria o filho deles "como um bolchevique" e disse: "Cuida para não ficar com raiva, Aniutka. Há erros de impressão irritantes na história, mas a verdade triunfará."[7]

Depois da guerra mundial, Koestler tornou-se um proeminente anticomunista. Num texto publicado em 1950, ele escreveria, referindo-se ao próprio silêncio no tempo da coletivização forçada, da grande fome e dos expurgos originais:

> Como nossas vozes ressoaram em estrondos de indignação justiceira, denunciando falhas nos procedimentos judiciais em nossas confortáveis democracias, e como permanecemos silenciosos quando nossos camaradas, sem julgamento ou condenação, eram liquidados na sexta parte socialista da Terra. Cada um de nós carrega um esqueleto no armário de sua consciência; somados, eles formariam galerias de ossadas mais labirínticas que as catacumbas de Paris.[8]

---

7   MONTEFIORE, Simon Sebag. Op. cit., p. 252.
8   JUDT, Tony. *Reappraisals: Reflections on the forgotten twentieth century*. Nova York, Penguin, 2008, p. 40.

O primeiro trator

Camponeses em roupas de domingo, jovens e adultos, homens e mulheres, se agrupam diante de uma sebe, perto das árvores sem folhas numa luminosa manhã de outono, para admirar a chegada do primeiro trator da fazenda. O óleo sobre tela intitula-se *O primeiro trator*. Quem o pintou? Pelo menos nove artistas soviéticos produziram variações sobre esse tema, com o mesmo título, ao longo dos anos 30. Antes ainda do "Congresso dos Vencedores", a nova ordem do realismo socialista tomava o lugar do Proletkult, que renascera brevemente nos anos da coletivização forçada. A novidade era fruto da parceria entre Stalin e Gorki.

Gorki nasceu em 1868 em Nizhny Novgorod, a maior cidade do Volga, e ficou órfão muito cedo. Antes dos vinte anos, começou a percorrer a pé as aldeias da Rússia, empregando-se em trabalhos temporários e vivendo no limite da miséria, por meia década. Na longa jornada, que inspiraria romances célebres, conheceu a fundo a vida camponesa, desenvolveu sentimentos antitéticos de adoração romântica e ódio visceral em relação ao primitivismo do campo russo. Depois, uniu-se aos socialistas e aproximou-se dos bolcheviques. Contudo, rompeu com Lenin logo após a Revolução de Outubro, protestando contra a repressão política e a censura, e partiu para um exílio voluntário em Sorrento, no sul da Itália.

A década passada em Sorrento esgotou sua pequena fortuna e diminuiu-lhe a notoriedade. Stalin, sempre ocupado em cercar seu regime de escritores e artistas, arranjou para que ele tivesse dinheiro e cortejou-o insistentemente. Gorki deu seu apoio à coletivização forçada, visitou um campo do Gulag e dedicou-lhe um artigo elogioso. Finalmente, em 1932, aceitou o convite pessoal do ditador e voltou à Rússia para tornar-se um troféu soviético.

Não faltaram homenagens oficiais nem privilégios diversos. Níjni Novgorod foi rebatizada como Gorki, nome que conservou até 1990. Stalin ordenou que se desse o nome dele ao Teatro de Arte de Moscou e indicou-o para a presidência da União dos Escritores. Gorki tinha à sua disposição uma mansão em estilo *art déco* em Moscou, uma casa de campo nos arredores da capital e uma *villa* de veraneio na Crimeia, além de funcionários designados pela polícia política. O realismo socialista nasceu num banquete para meia centena de escritores, na mansão moscovita, em outubro de 1932. O convidado de honra era o próprio Stalin, que tomou a iniciativa de anunciar a criação de uma nova literatura.

Era uma decisão amadurecida, não um rompante. Meses antes, por sugestão de Gorki, o ditador abolira a Associação Russa dos Escritores Proletários (AREP), instrumento operacional do Proletkult na sua fase derradeira, consagrada à propaganda dos Planos Quinquenais. No jantar, Stalin esclareceu conceitualmente o sentido da nova literatura. "Vocês produzem os bens de que precisamos", explicou à corte de escritores que esvaziavam taças de vinho. "Mais do que máquinas, tanques, aeroplanos, precisamos de almas humanas." Como seriam moldadas essas almas? "O artista deve mostrar a vida com veracidade. E se ele mostra nossa vida verdadeira, não pode deixar de mostrá-la avançando para o socialismo. Isso é, e será, realismo socialista."[9]

Todas as instituições culturais soviéticas foram reorganizadas para promover o novo paradigma. Um congresso de escritores realizado em 1934 sob a batuta de Andrei Jdanov, o sucessor de Kirov na chefia do partido em Leningrado, marcou a submissão dos intelectuais à linha definida pelo ditador. No seu discurso, Jdanov explicou:

> A chave para o sucesso da literatura soviética é ser um instrumento do sucesso da construção socialista. Seu crescimento é uma expressão das vitórias e conquistas de nosso sistema socialista. Nossa literatura é a mais jovem entre as literaturas de todos os povos e países. Ao mesmo tempo, é a mais rica em ideias, a mais avançada e mais revolucionária de todas. (...) Nunca antes existiu uma literatura que baseou seu temário na vida da classe trabalhadora e do campesinato e na sua luta pelo socialismo.[10]

Stalin, ao contrário do que reza a lenda, era um homem culto, com amplo e profundo conhecimento literário. Adorava Émile Zola e a grande literatura russa do século XIX, mas tendia a se irritar com os modernistas. Gorki, contemporâneo de Tchekov e Leon Tolstoi, parecia-lhe um modelo a ser emulado pelos escritores mais jovens. Ele pensava sobretudo no humanismo engajado

---

9 MONTEFIORE, Simon Sebag. Op. cit., p. 126.

10 JDANOV, Andrei. "Soviet literature: The richest in ideas, the most advanced literature". Soviet Writers Congress, agosto de 1934.

Cartaz de *A Mãe*, de Bertolt Brecht, encenada pela primeira vez em Berlim, em 1932. O espetáculo sofreu ataques de bandos nazistas e intimidações policiais. A peça baseia-se em romance de Gorki — que, durante a encenação original, operava como executor do programa do "realismo socialista" de Stalin.

de romances como *A mãe*, de 1906, "uma heroica canção sobre o poder do movimento revolucionário dos trabalhadores para libertar a humanidade", segundo o panegírico do filósofo Georg Lukács, então em sua fase stalinista.[11]

Na visão de Stalin, o "realismo" do realismo socialista precisava alçar-se além do naturalismo. Não se tratava de descrever a vida do povo russo tal qual era, mas como deveria ser. A missão dos escritores consistia em encontrar no presente as sementes de um porvir que já se esboçava. O "movimento revolucionário dos trabalhadores", na etapa da ditadura do proletariado, concentrava suas energias na construção material da sociedade comunista. O "primeiro trator" simbolizava o futuro que engravidava o presente.

O canal do mar Branco, conectando aquela porção do oceano Ártico ao lago de Ladoga e ao mar Báltico, numa extensão total de quase 230 quilômetros, foi construído em velocidade recorde, entre 1931 e 1933, com o uso de trabalho forçado de prisioneiros do Gulag. Gorki, Alexei Tolstoi e outros escritores da corte visitaram a obra em construção e produziram um livro no qual a saudavam como um exemplo da reabilitação pelo trabalho dos inimigos do

---

11 LUKACS, Georg. "Eulogy for Maxim Gorky: A great proletarian humanist". *International Literature*, n° 8, agosto de 1936.

proletariado. O realismo socialista nutria uma obsessão pela temática do trabalho árduo e do heroísmo cotidiano dos trabalhadores anônimos.

A parceria entre Stalin e Gorki se desfez com a aproximação do terror. Após o assassinato de Kirov, o escritor foi posto em condição de prisão domiciliar informal. No verão de 1936, morreu subitamente, em circunstâncias estranhas, e Stalin carregou uma alça de seu caixão. No terceiro dos Processos de Moscou, Iagoda foi acusado de tê-lo envenenado. Desde o lançamento do realismo socialista, não produzira nada de notável. Em compensação, seus seguidores inundaram as bibliotecas, museus, galerias, praças e estações de metrô com incontáveis exemplos de uma arte cortesã, dedicada a celebrar os chefes políticos e representar os feitos do regime.

As obras do realismo socialista não se circunscreveram a temas diretamente políticos. No campo das artes plásticas, a maioria delas é constituída por cenas da vida cotidiana, paisagens e retratos. Inúmeros artistas optavam deliberadamente por tais recursos, a fim de evitar um comprometimento maior com o regime ou apenas como precaução diante da instabilidade dos humores políticos na cúpula. Mas, tanto na literatura quanto nas artes plásticas, o dogma vigente excluía tudo que lembrasse expressionismo, surrealismo, formalismo, erotismo, psicanálise ou religiosidade. O ataque à "arte degenerada" não adquiriu um caráter formal e oficial, como no nazismo, mas perpassava as orientações dos supervisores culturais soviéticos. O Glavlit, agência central de censura soviética, chegou a empregar mais de 6 mil funcionários. Apenas entre 1938 e 1939, mais de 16 mil títulos foram tirados de circulação.

Entretanto, a arte cortesã soviética serviu amplamente aos interesses da propaganda ou à mera bajulação dos líderes. Monumentos a Lenin e Stalin se espalharam por toda a URSS. Quadros representando homenagens de trabalhadores, camponeses ou crianças ao ditador foram pintados em escala quase industrial. Escritores e artistas também se entregaram à fabricação de mitos históricos. Alexei Tolstoi escreveu um romance e uma peça teatral para exaltar os supostos feitos militares de Stalin e de seu inseparável camarada Klement Voroshilov em duas batalhas distintas da Guerra Civil. Em abril de 1938, o *Izvestia* publicou o selo de um novo quadro que representava Stalin como o líder da grande greve de Tíflis, na Geórgia, em 1902, embora na ocasião o jovem revolucionário estivesse preso em Batum. Nesse caso particular, o exagero passou da conta e, no dia seguinte, o jornal pediu desculpas pelo equívoco. Não se sabe o que aconteceu com o quadro.

Apenas três meses depois do quase irrelevante episódio do *Izvestia*, Trotski e o surrealista Breton redigiram a quatro mãos, na Cidade do México, o manifesto "Por uma arte revolucionária independente", que seria assinado pelo segundo junto com o pintor Diego Rivera. O texto, uma defesa da liberdade da arte e uma investida contra a censura e o dirigismo cultural do nazismo e do stalinismo, não excluía alguma ambiguidade.

No rascunho original de Breton, aparecia a conclamação dúbia "toda a licença em arte, exceto contra a revolução proletária", que Trotski preferiu amenizar, reconhecendo ao "Estado revolucionário" apenas um "direito" temporário de "defender-se contra a reação burguesa agressiva". Contudo, a versão definitiva punha um forte acento na liberdade de criação:

> *Se, para o desenvolvimento das forças produtivas materiais, cabe à revolução erigir um regime socialista de plano centralizado, para a criação intelectual ela deve, já desde o começo, estabelecer e assegurar um regime anarquista de liberdade individual.*[12]

Escrever livremente nunca foi fácil na Rússia comunista. Mas há uma fronteira nítida, situada em 1932. Antes dela, aos dissidentes se reservava a censura ou a prisão. Depois dela, a morte. O escritor Yevgeni Zamyatin escreveu em 1923 um livro no qual a Inquisição espanhola funcionava como alegoria da Tcheka soviética, experimentou uma proibição total de publicação como represália a seu romance antiutopista *Nós*, que inspiraria o Orwell de *1984*, mas ainda conseguiu escapar da URSS em 1931, graças a um pedido de Gorki a Stalin.

Boris Pilniak teve destino diferente. Seu *Conto da lua inextinta*, de 1926, fábula sobre a misteriosa morte de Mikhail Frunze, um aliado de Zinoviev, provocou o fechamento da revista que o publicou. *Mahogany*, publicado no exterior em 1929, retrato simpático de um seguidor fictício de Trotski, foi banido na URSS. Mas ele ficou no seu país e continuou a escrever, até ser envolto no turbi-

---

12 BRETON, Andre & RIVERA, Diego. "Por uma arte revolucionária independente". In: FACIOLI, Valentim (org.). *Breton-Trotski*. São Paulo, Paz e Terra/Cemap, 1985, pp. 42-3.

lhão do terror. No início de 1937, a imprensa trouxe de novo à baila o *Conto da lua inextinta* e meses depois ele sumiu para sempre, levado por um veículo preto.

A imensa coleção de obras do realismo socialista abrange um óleo sobre tela de data desconhecida, mas pintado por Boris Wladimirski nos anos trinta e intitulado *Corvos negros*, o apelido popular dos temidos veículos da polícia política. Os carros trafegam à noite numa estrada rural, em meio à neve, aproximando-se de uma grande edificação com guaritas. A pintura escapou à vigilância dos censores e foi exibida em diversas cidades da URSS. Não existe controle absoluto, nem mesmo nos sistemas totalitários.

O realismo socialista, em duas versões. O cartaz de exaltação do trabalho e da tecnologia faz parte da produção serializada da "arte de Estado". *Corvos Negros*, óleo sobre tela de Boris Wladimirskij, é um raro, pequeno gesto oculto de rebeldia pessoal: arte, portanto.

Getúlio Vargas e a reinvenção do Brasil

Evaristo José Vargas lutou como soldado voluntário junto às forças rebeldes da República de Piratini durante a Guerra dos Farrapos (1835-45). Serafim Dornelles, comerciante e grande estancieiro de São Borja, foi major de milícias. Manuel do Nascimento, filho de Evaristo, combateu na Guerra do Paraguai (1864-70), passando de cabo a tenente-coronel. Também estancieiro, tornou-se o chefe local do Partido Republicano Rio-Grandense (PRR), alinhou-se ao presidente estadual Júlio de Castilhos e combateu os revoltosos da Revolução Federalista de 1893. Cândida, filha de Serafim, casou-se com Manuel do Nascimento e, em abril de 1882, deu à luz Getúlio Dornelles Vargas, o líder que refundaria a República e moldaria o Brasil contemporâneo.

A elite periférica rio-grandense constituiu-se na circulação dos proprietários de terra e de gado entre as esferas conexas das forças em armas e da política. No discurso dos líderes farroupilhas, a pátria é a região-nação, marginalizada e espoliada pelo Império do Brasil. O Rio Grande do Sul esteve a um passo de se desligar definitivamente da União na Guerra dos Farrapos, que se articulou à Guerra Grande uruguaia e aos conflitos entre Buenos Aires e os caudilhos interioranos argentinos. A separação não se consumou, pois a estância gaúcha precisava do mercado brasileiro para escoar o charque, produto que sofria a concorrência dos países do Prata. A pacificação negociada entre os chefes farroupilhas e o governo imperial atendeu a uma parte dos reclamos da elite rio-grandense, que inclusive se tornou o componente crucial na definição da política imperial para a região platina.

Mas essa elite não deixou, por isso, a sua condição periférica. No quadro político da República Velha, controlado pelas elites de São Paulo e Minas Gerais, o jovem Getúlio Vargas, estudante de Direito, ingressou no Bloco Acadêmico Castilhista, incorporando-se à corrente liderada por Antônio Augusto Borges de Medeiros, o chefe incontestе do PRR. A hegemonia estadual do castilhismo foi contestada em 1923 por uma nova insurreição federalista, e Vargas, recém-eleito deputado federal, dedicou-se a costurar uma reconciliação rio-grandense, que se concluiu com o pacto de Pedras Altas. Depois, passou a conduzir a bancada republicana gaúcha na Câmara, tornando-se a principal voz da elite estadual no palco nacional.

A etapa final da ascensão de Vargas envolveu uma conciliação tática e uma ruptura estratégica. Washington Luís assumiu a presidência no final de 1926, na moldura da política dos governadores, que exprimia a hegemonia compartilhada por São Paulo e Minas Gerais, e fez de Vargas seu ministro da Fazenda. No cargo, ele operou a reforma monetária que restaurou o padrão ouro. Em seguida, por indicação de Borges de Medeiros, sucedeu-o no governo do Rio Grande do Sul. Contudo, dedicou-se desde a posse a restringir o poder do antecessor, com o intuito de encerrar em definitivo as crônicas lutas interpartidárias rio-grandenses. A unidade da elite gaúcha, finalmente alcançada, foi a plataforma para a constituição da Aliança Liberal, que imdiria o sistema político da República Velha na chamada Revolução de 1930.

O sistema político em vias de implosão emanou da neutralização do estamento militar, que derrubara o Império e controlara as rédeas da República durante os seis anos iniciais. Na visão das oligarquias que formavam o bloco de poder republicano, o exército não deveria ser o "tutor da nação", mas "apenas

Um trecho do Manifesto da Coluna Prestes, divulgado em Porto Nacional, Tocantins, em outubro de 1925: "(...) anima-nos, ainda, a mesma fé inabalável dos primeiros dias de jornada, alicerçada na certeza de que a maioria do povo brasileiro (...) anseia por que o Brasil se reintegre nos princípios liberais, consagrados pela nossa Constituição". Voto secreto, fim da censura, combate à corrupção eram as exigências dos rebeldes.

um aparelho de defesa das instituições e da integridade moral e material da nação".[1] A síntese do "civilismo" republicano se deve ao presidente Epitácio Pessoa, cujo governo foi abalado pela Revolta dos 18 do Forte de Copacabana, o primeiro levante tenentista, de 1922. Mas a agitação militar teria um segundo ato, dois anos depois, com as revoltas de tenentes em São Paulo e Manaus, e uma larga sequência, sob a forma da Coluna Prestes, constituída pela baixa oficialidade rebelada, que percorreu o interior do país erguendo a bandeira das reformas políticas e sociais.

A democracia oligárquica da República Velha vestia a fantasia do liberalismo, mas falseava o voto, amparava-se nos "coronéis" do interior, proibia as associações independentes e reprimia a imprensa. Os andrajos da ideologia oficial importada mal cobriam as engrenagens de um aparato público que articulava os interesses de distintas oligarquias estaduais sob o comando dos

---

1   FAORO, Raymundo. *Os donos do poder: Formação do patronato político brasileiro.* Porto Alegre, Globo, 1979, vol. 2, p. 666.

financistas, exportadores e donos de fazendas do complexo cafeeiro paulista. A insatisfação militar, expressa no ideal sedicioso do "soldado cidadão", sinalizou a degradação do sistema político.

Os sinais da crise vinham de longe e se revelavam pela articulação de um pensamento antiliberal, de viés autoritário, mas centrado na crítica à democracia oligárquica. Alberto Torres, político e jornalista, corporificou melhor que qualquer outro essa visão. Uma série de seus artigos, publicados entre 1910 e 1911 e enfeixados no livro *A organização nacional*, clamava pelo abandono do "espírito liberal" que dissipara a autoridade no caldo de uma falsa liberdade. Era preciso edificar um verdadeiro Estado nacional, em substituição à federação de "lutas pessoais e de grupos", de "guerras de campanário", assentada sobre "todo um mecanismo parasita" que "não passa de uma vegetação de caudilhagem".[2]

No pensamento de Torres, a ideia do Estado forte se exprimia pelo programa de limitação das autonomias estaduais e municipais e pela proposta de adição do Poder Coordenador aos três poderes clássicos. O novo poder, com prerrogativas amplas, funcionaria na verdade como extensão dos poderes presidenciais, assegurando a centralização. Em *O problema nacional brasileiro*, coletânea de artigos publicados em 1912, Torres debruçava-se sobre o tema de constituição da nacionalidade, tarefa que lhe parecia ainda irrealizada nos "países novos". O nacionalismo, escrevia, não forma uma aspiração ou um programa para os "povos formados", entre os quais pode mesmo exprimir "uma exacerbação mórbida do patriotismo", mas constitui "necessidade elementar para um povo jovem", que precisa fazer-se "nação".[3] A tarefa era reformar e regenerar o país, por meio do Estado.

O "bolchevismo" chegou oficialmente ao país em 1922, com a fundação do Partido Comunista do Brasil (PCB), inicialmente um pequeno agrupamento de intelectuais cindidos por querelas incessantes, mas logo uma força sindical capaz de sobrepujar os anarquistas. Contudo, antes da fundação do PCB, a "questão social" já crepitava, complicando o cenário do liberalismo elitista. As greves operárias pipocaram ao longo de todo o período republicano, mas

---

2   TORRES, Alberto. *A organização nacional*. eBookLibris, 2002.

3   TORRES, Alberto. *O problema nacional brasileiro*. eBookLibris, 2002.

adquiriram as feições de um amplo movimento popular na hora da Revolução Russa e nos dois anos seguintes. Em seguida vem a repressão, que se acentua ao longo da década, especialmente no governo de Washington Luís.

A crise estava madura, mas não existia um eixo de organização política que contestasse o sistema oligárquico. As coisas evoluíram quase que por acaso, tangidas por um erro de cálculo do presidente. Em 1929, traindo o acerto de revezamento inscrito na política dos governadores, Washington Luís indicou o paulista Júlio Prestes como candidato à sua sucessão. Os mineiros, ultrajados, romperam com o Partido Republicano Paulista (PRP) e esboçaram a candidatura de Antônio Carlos de Andrada, que não tinha chances de triunfar. Em julho, Antônio Carlos cedeu lugar a Getúlio Vargas e costurou-se um acordo com o Partido Democrático Paulista e com a Paraíba, que indicou João Pessoa como postulante à vice-presidência.

Sem um programa, como um elo partido da ordem em frangalhos, nascia a Aliança Liberal. Em março de 1930, os dissidentes perderam as eleições, contaminadas como sempre por denúncias de fraudes. Em julho, veio o assassinato de João Pessoa, estopim do movimento revolucionário. No fim de

Soldados gaúchos no obelisco da Avenida Rio Branco, no Rio de Janeiro, a 3 de novembro de 1930. A ruptura entre as oligarquias encerrava-se pela implosão do próprio Estado oligárquico. A Revolução não tinha um programa: Getúlio Vargas e as circunstâncias o escreveriam.

outubro, semanas antes da posse de Júlio Prestes, e quando o *crash* da Bolsa de Nova York já desorganizava a economia brasileira, os insurgentes depuseram o presidente.

No meio da tarde de 3 de novembro, cumprindo uma promessa, soldados gaúchos amarraram seus cavalos no obelisco da avenida Rio Branco, no Rio de Janeiro. Dentro do Palácio do Catete, a junta militar provisória passava a faixa presidencial a Getúlio Vargas.

A liberdade como privilégio

"Nós somos todos vinhos da mesma pipa. Houve, no conclave geral, uma pequena dissidência; um grupo menor ficou de um lado, nós estamos do outro, mas somos todos iguais."[4] O diagnóstico, de um senador que permanecera fiel à candidatura de Júlio Prestes, estava perfeitamente correto. Se Washington Luís cumprisse a regra do rodízio e oferecesse apoio ao candidato mineiro, ou à alternativa gaúcha personificada por Vargas, a ruptura não teria ocorrido naquele momento e a crise do sistema político se arrastaria ainda mais.

Estavam formadas as condições para uma mudança dentro da ordem, na velha trilha do liberalismo conservador. Como explica Raymundo Faoro, "se São Paulo ou Minas Gerais conduzissem a mudança por essa trilha seria possível a mudança". Contudo, as circunstâncias se organizaram de modo distinto: "Orientada por um estado dissidente, o Rio Grande do Sul, a ruptura seria irremediável."[5] A presença do componente militar definiu o cenário com cores mais marcadas. Metade do exército apoiou o movimento e o núcleo militar da revolução era constituído pelos antigos tenentes. A Constituição foi suspensa. Todos os governos estaduais sofreram intervenção, com a exceção de Minas Gerais.

Uma nova ordem se esboçava, mas ninguém traçara o rumo ou escrevera um programa. Na Mensagem à Assembleia Constituinte reunida em 1933, Vargas qualificaria a revolução como um "movimento geral de opinião" que "não possuía, para guiar-lhe a ação reconstrutora, princípios orientadores,

---

4   FAORO, Raymundo. Op. cit., p. 685.

5   FAORO, Raymundo. Op. cit., p. 685.

nem postulados ideológicos definidos e propagados".[6] Lindolfo Collor, avô do futuro presidente Fernando Collor, editor do jornal *A Federação*, órgão do PRR, ministro do Trabalho entre 1930 e 1932, quando deixou o governo por discordar dos rumos que ele tomava, advertiu Vargas sobre os perigos inscritos no cenário:

> *O primeiro e fundamental problema é o seguinte: ficaremos ou não solidários com a eclosão da desordem? Se ficarmos, renegaremos de vez o nosso passado orgânico, a tradição conservadora do castilhismo e far-nos-emos copartícipes, senão os maiores responsáveis pelo que vier a acontecer. E que acontecerá? Vencida a revolução, estaremos desmo-ralizados e exaustos. Vencedora, quem terá vencido? Nós ou os revolu-cionários de escola? Quem recolherá o fruto da vitória material: tu ou Luís Carlos Prestes? Cito este nome como símbolo.[7]*

Prestes exilara-se na Argentina em 1928, depois de destroçada a sua colu-na rebelde, viajara ao Rio Grande do Sul com passaporte falso para encontrar-se com Vargas, rejeitara a oferta dele para comandar militarmente o movimen-to revolucionário e rumara para a URSS, quatro anos antes de ser, finalmente, aceito no PCB. Sobre as ruínas do antigo sistema político oligárquico, quase tudo se tornava possível, inclusive a hipótese aventada por Collor. Um caudilho estadual comum logo seria ultrapassado pelos acontecimentos. Vargas, entre-tanto, era incomum.

A primeira batalha na longa guerra de Vargas tinha por alvo a hegemonia paulista. O *crash* da Bolsa de Nova York e a crise cafeeira faziam uma parte do serviço. A parte política consistia em eliminar não apenas a influência do PRP, cujos chefes foram banidos e diversos tiveram seus direitos políticos suspensos por uma década, como também evitar a ascensão da oposição estadual, agrupada no Partido Democrático. A solução provisória foi entregar o comando do estado à intervenção de João Alberto, um dos líderes militares do movimento. Delineava-se o caminho do confronto aberto entre a elite paulista e o novo poder nacional.

---

6   VARGAS, Getúlio. "Mensagem lida à Assembleia Nacional Constituinte, no ato da sua instalação – 15 de novembro de 1933", partes I e II. Biblioteca da Presidência da República.

7   FAORO, Raymundo. Op. cit., p. 686.

O PRP conspirava desde a entrega da faixa presidencial a Vargas. Mas os velhos chefes políticos batidos só conseguiram o apoio do povo em decorrência do desgoverno, da depressão econômica espelhada em dois milhões de desempregados no país, das arbitrariedades de João Alberto e de seu chefe de polícia, o antigo tenente Miguel Costa, que dirigira a coluna militar revoltosa ao lado de Prestes. As coisas se precipitaram devido à decisão de Vargas de não conciliar com a reivindicação de um interventor "civil e paulista". Quando, enfim, o presidente resolveu ceder, já era tarde. Os dois partidos pré-revolucionários paulistas estavam unidos e convocavam o povo a se rebelar em nome da convocação de uma Constituinte.

A Revolução Constitucionalista, deflagrada no 9 de julho de 1932, último grande conflito armado no Brasil, teve três meses de combates. Mais de 50 mil voluntários combateram na Força Pública paulista, enfrentando forças muito superiores, inclusive a força aérea da União. A expectativa de adesão de outros estados frustrou-se, e apenas o sul de Mato Grosso apoiou São Paulo. No Rio Grande do Sul, o velho caudilho Borges de Medeiros, rompido com Vargas, chegou a liderar um batalhão que se engajou em efêmeras ações de guerrilha para impedir o deslocamento de tropas federais até São Paulo. No 2 de outubro, os paulistas se renderam e o estado conheceu uma segunda ocupação militar.

A liberdade é a lei escrita na Constituição – essa era a ideia essencial propagada pela elite paulista. O constitucionalismo dos chefes políticos em rebelião não tinha outro significado senão a restauração de um anacrônico sistema de privilégios. Os benefícios do antigo regime espraiavam-se pelas camadas médias da população paulista, que prosperava à sombra de indústrias e bancos organizados ao redor da economia cafeeira de exportação. Mas, fora do estado, o apelo ao constitucionalismo tinha ressonância quase insignificante.

Os revoltosos acreditaram, desde o início, que o simples anúncio revolucionário faria ruir a precária ordem do regime de Vargas. No fim, permaneceram isolados do restante do país e, mesmo em São Paulo, apesar do apoio ativo das classes médias, enfrentaram a indiferença dos trabalhadores. A derrota paulista foi amenizada pela conciliação, inclusive com a nomeação de Armando de Sales Oliveira, "civil e paulista", como interventor, e pela convocação da Constituinte. Mas o sistema de poder articulado pelo PRP esboroou-se definitivamente.

Uma nova Constituição surgiria em 1934. O texto não era nada, exceto o espelho de um impasse temporário. O liberalismo de fachada da República Velha estava morto, mas seu lugar permanecia desocupado. Enquanto a crise econômica evoluía, o país era colhido pelo embate entre as doutrinas autoritárias conflitantes do integralismo e do comunismo. Abria-se o caminho rumo à ditadura.

Entre Plínio e Prestes

A Constituição promulgada em julho de 1934 tinha de tudo. A Constituinte, composta por 214 representantes eleitos, contava ainda com quarenta representantes de sindicatos, indicados no fundo pelo governo, mimetizando o que se fazia na Itália de Mussolini. O texto resultante, parcialmente inspirado na Constituição alemã de Weimar, expressava um acordo geral emanado do método da adição de princípios doutrinários. Era, ao mesmo tempo, liberal, federalista, democrática, estatizante e social-democrata.

Todos os desejos estavam contemplados. A Constituição consagrava as liberdades políticas clássicas e as estendia, assegurando o direito de voto às mulheres e o sufrágio secreto. Reafirmava o federalismo e as autonomias estaduais, atendendo aos reclamos dos partidos republicanos paulista e mineiro. Instituía um conjunto de direitos sociais e trabalhistas impensáveis no antigo regime. Mandava nacionalizar, progressivamente, os bancos, empresas de seguros e minas. Determinava ao poder público estimular "a educação eugênica", incentivar "a luta contra os venenos sociais" e socorrer "as famílias de prole numerosa".[8]

Ninguém criticou com mais veemência a nova Constituição do que Vargas. O presidente, que não admitia as limitações federalistas aos poderes da União, acusou-a de reproduzir os erros da primeira carta republicana e alertou para a sua natureza inflacionária, apontando as inúmeras despesas geradas para o governo e as empresas. Um interlocutor anotou, depois de ouvir as críticas presidenciais: "Senti que o que o impressionava era o destino da federação, ameaçado de ser novamente entregue, sem armas para defender

---

8 Constituição da República dos Estados Unidos do Brasil (de 16 de julho de 1934). Presidência da República. Casa Civil. Subchefia para Assuntos Jurídicos.

se, à desenfreada disputa dos estados."[9] Na prática, o texto constitucional teve vigência de apenas alguns meses, até a Lei de Segurança Nacional decretada em abril de 1935.

Fora do largo espaço ideológico abarcado pela nova Constituição, emergiam figuras polares e palavras incendiárias. No flanco direito, sob a liderança de Plínio Salgado, a Ação Integralista Brasileira (AIB) realizava uma fusão nacional das ideias do fascismo. No esquerdo, um Prestes hipnotizado pelo stalinismo importava para o Brasil a visão do chamado "terceiro período" da Internacional Comunista, desenrolando o novelo da insurreição popular.

O fantasma do "perigo bolchevique" assombrou Plínio Salgado desde o início de sua carreira política, no PRP. A sua AIB, fundada em outubro de 1932, dias depois da rendição dos paulistas, professava uma variedade de fascismo inspirada no mussolinismo e no Estado Novo em implantação em Portugal. O manifesto de fundação começava assim:

> *Deus dirige o destino dos povos. (...) O homem vale pelo trabalho, pelo sacrifício em favor da Família, da Pátria e da Sociedade. (...) Todos podem e devem viver em harmonia, uns respeitando e estimando os outros, cada qual distinguindo-se nas suas aptidões, pois cada homem tem uma vocação própria e é o conjunto dessas vocações que realiza a grandeza da Nacionalidade e a felicidade social. (...) É possível ao mais modesto operário galgar uma elevada posição financeira ou intelectual.*[10]

A luta de classes era o espectro a ser conjurado, pois ameaçava a unidade da pátria. O liberalismo individualista e o cosmopolitismo não só eram incapazes de conjurá-la como contribuíam para fomentar a desordem social, minando o princípio da autoridade. A solução residia no corporativismo, que designaria o lugar exato de cada um numa superior engrenagem harmônica da nação: "(...) a Nação precisa de organizar-se em classes profissionais. Cada brasileiro se inscreverá na sua classe. Essas classes elegem, cada um *per se*, seus representantes nas Câmaras Municipais, nos Congressos Provinciais e

---

9 FAORO, Raymundo. Op. cit., p. 698.

10 Ação Integralista Brasileira. Manifesto de Outubro. 7 de outubro de 1932.

nos Congressos Gerais. (...) Os eleitos para os Congressos Nacionais elegem o Chefe da Nação (...)." No fim, o antídoto contra a luta de classes estava na cooperação, fundada na célula familiar e desenvolvida nas "famílias estendidas" das corporações profissionais. A própria nação devia ser vista como a reunião de todas as famílias – e o chefe da nação, como o pai providencial da coleção enorme de famílias.

O nacionalismo integralista rejeitava a "pseudocivilização" ocidental, da qual teria emanado também o comunismo, "que representa o capitalismo soviético". Celebrava a singularidade brasileira, em todos os seus componentes, "o tapuio amazônico, o nordestino, o sertanejo das províncias nortistas e centrais, os caiçaras e piraquaras, vaqueiros, calus, capixabas, calungas, paroaras, garimpeiros, os boiadeiros e tropeiros de Minas, Goiás, Mato Grosso; colonos, sitiantes, agregados, pequenos artífices de São Paulo; ervateiros do Paraná e Santa Catarina; os gaúchos dos pampas (...)". A missão do integralismo consistia em uni-los "num só espírito", o que incluía abolir o federalismo (os "Estados dentro do Estado"), substituindo-o por um Estado Unitário.

O partido de Plínio Salgado configurou-se como um movimento de massas, chegando a ter mais de um milhão de filiados e dezenas de jornais regionais. Nas manifestações públicas, seus militantes compareciam uniformizados em camisas verde-oliva e faziam o gesto de saudação de braço esticado e mão espalmada, à moda dos fascistas italianos. Contando com um apoio discreto e oscilante de Vargas, a AIB exerceu influência ampla, atraindo para seus quadros uma série de destacados inelectuais, como o jurista Miguel Reale, o antropólogo Luís da Câmara Cascudo, o historiador Hélio Viana e o sacerdote católico Hélder Câmara. João Cândido, o "almirante negro", líder da Revolta da Chibata de 1910, aderiu à AIB, assim como o jovem Abdias do Nascimento, que se tornaria mais tarde uma liderança icônica do movimento negro.

A Aliança Nacional Libertadora (ANL) começou a nascer por iniciativa de um pequeno grupo de intelectuais e militares de esquerda, como reação ao crescimento da influência da AIB. O estudante Carlos Lacerda, que se converteria em uma das mais notórias vozes anticomunistas, ficou encarregado da leitura pública do manifesto da ANL. O documento, divulgado em 1935, recordava os levantes tenentistas, acusava Vargas de preparar a implantação de uma "ditadura fascista", a "forma mais feroz da ditadura dos exploradores", e

Manifestação de massa dos integralistas. O mito da unidade funcionava como ideia-força do movimento de Plínio Salgado. Do programa integralista, Vargas extraiu o corporativismo, de inspiração mussoliniana.

exigia a nacionalização das empresas estrangeiras, a reforma agrária, o repúdio à dívida externa, a garantia das liberdades democráticas e a formação de um "governo popular revolucionário".[11] Miguel Costa aderiu à organização, num gesto de ruptura definitiva com Vargas.

Prestes, ainda em Moscou, fora declarado presidente de honra da ANL. Ele retornou clandestinamente em abril de 1935. Sua missão, definida pela Internacional Comunista, consistia em preparar a insurreição no Brasil. No 5 de julho, os levantes tenentistas da década anterior foram celebrados em manifestações públicas da ANL. Nos atos, oradores leram um manifesto de Prestes que conclamava a insurreição. A direção da organização estava dividida e uma corrente rejeitava a linha estabelecida na URSS. Usando dos poderes conferidos pela Lei de Segurança Nacional, Vargas declarou a ilegalidade da ANL.

A concepção política da ANL e o chamado à insurreição não se coadunavam num conjunto coerente. A ideia de que chegara a hora da revolução derivava da teoria do chamado "terceiro período", proclamada pela Internacional Comu-

---

11 Aliança Nacional Libertadora. Manifesto da Aliança Nacional Libertadora. *A Plateia*, 6 de julho de 1935.

nista em 1928. A tese anunciava o colapso final do capitalismo e estimulava os partidos comunistas a romper com a social-democracia (os "social-fascistas") e com as correntes de esquerda moderada. No Brasil, desde 1930 Moscou exigia dos comunistas o fim de todas as alianças políticas e eleitorais, a adoção de um programa voltado para a insurreição e o afastamento do núcleo de intelectuais que fundara o partido e não estava pronto a obedecer cegamente as diretrizes. O manifesto de Prestes era o fruto da teoria do "terceiro período".

Mas, depois de provocar o desastre na Alemanha, onde a ruptura com a social-democracia propiciara a ascensão de Hitler, o "terceiro período" estava chegando ao fim. Em dezembro de 1934, o búlgaro Georgi Dimitrov, o mais fiel dos homens de Stalin na direção da Internacional, passara as diretrizes de uma nova estratégia. Os comunistas deveriam unir-se à esquerda moderada e aos partidos democráticos em frentes populares antifascistas. Era uma reviravolta completa, que se consolidaria no VII Congresso da Internacional Comunista, em meados de 1935. Do ponto de vista de Moscou, a ANL ocupava o lugar da frente popular no Brasil.

As frentes populares não foram concebidas como protagonistas de insurreições, mas como alternativas eleitorais de poder de uma esquerda ampla, unida contra o avanço do nazifascismo. Contudo, naquele momento de transição, antes do VII Congresso, as ideias do "terceiro período" se mesclavam, no seu ocaso, à nova linha de alianças e moderação. Da estranha salada mista de estratégias conflitantes, e por intermédio da liderança de Prestes, emergiu o projeto de um levante revolucionário "anti-imperialista", mas não "proletário".

O PCB tinha compreensíveis dificuldades para entender a transição estratégica e seu jornal publicava artigos que propugnavam a revolução proletária e a criação de sovietes operários e camponeses. Para ajustar o partido à linha de Moscou, a direção da Internacional enviou, em maio, um telegrama didático:

> *A luta pela palavra de ordem "todo o poder à ANL" é o único caminho da mobilização das mais amplas bases das massas populares para a derrubada do governo reacionário. Desautorizado substituir essa palavra de ordem por palavra de ordem "todo o poder aos sovietes", ao Partido Comunista ou outras palavras de ordem propagandísticas.*[12]

---

12 WAACK, William. *Camaradas: Nos arquivos de Moscou, a história secreta da revolução brasileira de 1935*. São Paulo, Companhia das Letras, 2004, p. 122.

Moscou delirava. Proibida por Vargas, a ANL perdeu rapidamente sua influência. No lugar dela, e em nome dela, células comunistas e grupos da baixa oficialidade militar tramaram a insurreição. No centro da conspiração não estava a direção do PCB, mas Prestes e três representantes diretos da Internacional: a alemã Olga Benário, esposa de Prestes, o também alemão Arthur Ewert e o argentino Rodolfo Ghioldi. Um levante militar estourou em Natal, em novembro, conseguiu apoio popular e assumiu o controle da cidade por alguns dias. Em seguida, eclodiram levantes em Recife e no Rio de Janeiro.

A Intentona Comunista, nome desmoralizante como ficou gravada na história oficial, ou Revolta Vermelha de 1935, não tinha nenhuma chance de triunfar. Seu fracasso assinalou o início de um longo processo de doutrinação anticomunista da oficialidade militar brasileira, que se concluiria com a instalação da ditadura em 1964. Num horizonte muito mais curto, encerrou de vez a frágil, precária tentativa de constitucionalização da Revolução de 1930, conduzindo Vargas a estabelecer o Estado Novo.

A carteira da cidadania

No 30 de setembro de 1937, o governo Vargas supostamente descobriu a existência de um plano comunista para a tomada do poder. O Plano Cohen, documento escrito pelo capitão Olímpio Mourão Filho, um integralista dos quadros do serviço secreto, continua envolto em mistério. Numa hipótese, foi elaborado como um estudo de cenário, a pedido de Plínio Salgado, e utilizado por Vargas como pretexto para a implantação da ditadura. A hipótese alternativa é que emanou de uma articulação conduzida pelo próprio presidente, em conluio ou não com os integralistas.

Imediatamente o governo passou no Congresso uma declaração de estado de guerra, suspendendo os direitos constitucionais, e anunciou a intervenção federal nas forças públicas estaduais. No 1º de novembro, os integralistas se manifestaram em apoio ao governo diante do Palácio do Catete, a sede do Executivo, no Rio de Janeiro. Dez dias depois Vargas proclamou o Estado Novo, cancelou as eleições previstas para 1938 e pôs em vigor uma nova Constituição, redigida por Francisco Campos, ministro da Justiça recém-nomeado.

A Constituição de 1937 ficou conhecida como "Polaca", uma referência à constituição polonesa da ditadura de Pilsudski. Contudo, o novo regime inspirava-se, também, no Estado Novo salazarista e na legislação corporativista da Itália de Mussolini. A ordem constitucional adventícia extinguia, na prática, o federalismo, permitindo ao presidente nomear interventores nos estados. O chefe do Executivo ganhava ampla prerrogativa de governar por decretos. No lugar do Senado, surgia o Conselho Federal, constituído por representantes eleitos pelas assembleias estaduais e por dez membros nomeados pelo presidente da República. Determinava-se a eleição indireta para presidente e instituía-se um colégio eleitoral formado por representantes das duas casas do Congresso, das Câmaras Municipais e de um Conselho da Economia Nacional.

O corporativismo adquiria expressão constitucional no novo Conselho da Economia Nacional, um órgão composto por "seções" da indústria, da agricultura, do comércio, dos transportes e do crédito e formado por "pessoas qualificadas pela sua competência especial" designadas pelas associações patronais, pelos sindicatos de trabalhadores e pelo presidente da República na base da "igualdade de representação entre empregadores e empregados". A principal atribuição do órgão era "promover a organização corporativa da economia nacional", o que abrangia regular os contratos coletivos de trabalho e supervisionar a criação de corporações profissionais e o reconhecimento de sindicatos.[13]

No Artigo 140, fixava-se o princípio fundamental do corporativismo: "A economia da população será organizada em corporações e estas, (...), colocadas sob a assistência e a proteção do Estado, são órgãos deste e exercem funções delegadas de Poder Público". De acordo com o texto constitucional, apenas os sindicatos reconhecidos pelo Estado poderiam representar categorias profissionais e firmar contratos coletivos de trabalho. As greves, "recursos antissociais nocivos ao trabalho e ao capital", "incompatíveis com os superiores interesses da produção nacional", ficavam proibidas. Para diri-

---

13 Constituição dos Estados Unidos do Brasil (de 10 de novembro de 1937). Presidência da República. Casa Civil. Subchefia para Assuntos Jurídicos.

mir conflitos trabalhistas, consolidava-se a Justiça do Trabalho, prevista já na Constituição de 1934.

Plínio Salgado tinha a expectativa de ser nomeado ministro da Educação do Estado Novo. Contudo, no lugar de um amplo campo de ação para os integralistas, Vargas decretou a extinção dos partidos políticos nacionais, inclusive a AIB. Na Espanha, uma guerra civil propiciaria a hegemonia dos fascistas sobre o bloco de forças conservadoras. Em Portugal, Salazar subordinara todas as forças conservadoras na União Nacional, o partido oficial de sustentação de seu regime, impedindo a ascensão dos fascistas, ala mais radical da "família integralista". No Brasil, sem criar um partido oficial, Vargas simplesmente extinguiu o partido radical da direita. O Estado Novo brasileiro seguiu uma trilha não tão distante daquela da ditadura burocrática portuguesa, afastando-se do modelo espanhol e, mais ainda, do mussolinismo italiano.

Uma corrente dos fascistas portugueses tentou derrubar Salazar no golpe frustrado de 1935, mas a maioria preferiu a via da conciliação com o regime, especialmente após a deflagração da Guerra Civil Espanhola. No Brasil, como reação ao decreto que pôs a AIB na ilegalidade, um grupo de integralistas pro-

Proclamação do Estado Novo, por Getúlio Vargas, a 10 de novembro de 1937. Numa mensagem dirigida a Plínio Salgado no início de 1938, Miguel Reale e outros líderes integralistas propunham o apoio da proscrita AIB ao novo regime. Segundo a carta, não era conveniente ao Brasil "o divórcio da sua única força política nacionalista com o Estado Novo, nascido do clima doutrinário por ela criado".

moveu uma tentativa de golpe contra Vargas, em maio de 1938. Alguns participantes do fracassado intento foram fuzilados, cerca de 1,5 mil integralistas conheceram a prisão e Plínio Salgado partiu para o exílio em Portugal.

A Itália fascista se alinhou à Alemanha nazista e desafiou a ordem geopolítica internacional. A Espanha franquista preferiu a neutralidade, apesar do apoio militar alemão recebido pelas forças de Franco na Guerra Civil. O nacionalismo do Estado Novo português jamais questionou a tradicional aliança com a Grã-Bretanha e teve como único objetivo internacional a conservação do patrimônio colonial do país. O Estado Novo varguista concentrou sua pulsão nacionalista no esforço de integração do território brasileiro e, no plano externo, acabou gravitando para o alinhamento com os Estados Unidos, concluído pela declaração de guerra ao Eixo em 1942.

Não é difícil traçar paralelos pertinentes entre o regime instalado por Vargas em 1937 e o Estado Novo salazarista, desde que se faça a ressalva sobre o papel crucial desempenhado pelo catolicismo tradicionalista em Portugal, muito mais saliente que no Brasil. Uma linha de inspirações óbvias interliga as legislações corporativistas de Vargas e de Salazar à *Carta del Lavoro* do fascismo italiano. Contudo, a principal singularidade do varguismo se encontra na relação que estabeleceu com a classe trabalhadora. Vargas tornou-se um ícone duradouro do trabalhismo no Brasil, o que não aconteceu obviamente com Mussolini, inclusive em decorrência dos resultados da guerra mundial, nem com Salazar.

A política trabalhista de Vargas foi inaugurada com a chamada Lei dos Dois Terços, de 1930, que proibia o emprego de mais de um terço de trabalhadores estrangeiros em qualquer empresa. A "nacionalização" da classe trabalhadora brasileira, constituída em grande parte por imigrantes no período anterior, prosseguiu com o decreto-lei de 1931, que determinou o reconhecimento dos sindicatos pelo Ministério do Trabalho e instituiu uma cláusula pela qual dois terços dos membros da base de cada sindicato deviam ser constituídos por brasileiros. Nos anos seguintes, criou-se a carteira de trabalho, proibiu se o trabalho infantil, regulamentou-se o trabalho feminino e estabeleceu-se a jornada de oito horas na indústria e no comércio. Paralelamente, organizou-se uma política previdenciária que, embora descentralizadora, punha a aposentadoria sob controle público.

O regime do Estado Novo consolidou uma política trabalhista cujas linhas mestras já estavam definidas. Extinguiu-se o limitado pluralismo sindical previsto na Constituição de 1934, adotando-se o modelo do sindicato único por categoria profissional. O Dia do Trabalho foi incorporado ao calendário de celebrações oficiais em 1938, quando Vargas anunciou a regulamentação do salário mínimo e ganhou o título imorredouro de "pai dos pobres". A Lei Orgânica de Sindicalização Profissional uniformizou os estatutos sindicais e atribuiu ao Ministério do Trabalho a função de fiscalizar a movimentação financeira dos sindicatos. Em 1941 nasceu o Imposto sindical, que conferia à burocracia de sindicalistas um financiamento seguro, imune à vontade da base sindical. No mesmo ano, a Justiça do Trabalho ganhou regulamentação legal.

Toda a estrutura da política trabalhista adquiriu forma estável na Consolidação das Leis do Trabalho (CLT), de 1943. A CLT dividiu a economia em oito ramos de atividades, cada qual com uma confederação de trabalhadores e outra de empresários. Sob as confederações, organizaram-se as federações estaduais e os sindicatos municipais. A rede de organizações corporativas estava presa firmemente ao Ministério do Trabalho, responsável pelo reconhecimento das entidades e pela supervisão de suas finanças.

Os princípios liberais nunca deitaram raízes profundas na ordem política brasileira. Mas o Estado Novo promoveu uma ruptura conceitual de fundo. A carteira de trabalho se transformava na prova verdadeira dos direitos de cidadania:

> *Para os arquitetos do Estado Novo estava se consolidando no país uma nova forma de democracia, a "democracia social", onde os direitos dos indivíduos, prevalecentes em uma ordem liberal, estariam constrangidos pelos direitos coletivos. O cidadão nesse novo modelo de organização do Estado era identificado através de seu trabalho e da posse de direitos sociais e não mais por sua condição de indivíduo e posse dos direitos civis ou políticos.*[14]

---

14 MARTINHO, Francisco Carlos Palomanes. "Corporativismo e trabalho: Estado, classes trabalhadoras e organização sindical em Portugal e no Brasil". In: MARTINHO, Francisco Carlos Palomanes & PINTO, António Costa (orgs.). *O corporativismo em português*. Rio de Janeiro, Civilização Brasileira, 2007, p. 56.

A análise serviria, igualmente, para o salazarismo e, até certo ponto, para o fascismo italiano, que pretendia, ademais, erigir um "homem novo". A diferença é que o varguismo acompanhou a formação da moderna classe trabalhadora, num país que se caracterizava por um passado muito rarefeito de organizações trabalhistas. Vargas reprimiu um frágil movimento sindical independente. Em contrapartida, concedeu direitos sociais palpáveis para milhões de trabalhadores urbanos que emergiam na cena da modernização econômica brasileira.

Vargas sobreviveu ao regime ditatorial que instituiu através da doutrina do trabalhismo. Desde 1942, palestras radiofônicas semanais do ministro do Trabalho divulgavam a nova legislação. No ocaso do Estado Novo, os trabalhadores seguiam o movimento do "queremismo", que pedia a permanência do "pai dos pobres" no poder. O PCB e outras correntes de esquerda, duramente reprimidas pelo regime varguista, cerraram fileiras com o "queremismo". Vargas acabou sendo deposto e, sem sofrer nenhuma punição, retirou-se para a sua fazenda gaúcha de São Borja. As eleições de dezembro de 1945 deram a vitória a Eurico Gaspar Dutra, candidato dos dois partidos criados sob os auspícios do ditador.

O varguismo fixou-se na cultura política brasileira. A figura de Vargas adquiriu uma nova camada de significados com seu governo constitucional, iniciado em 1951 e fechado tragicamente pelo suicídio, em agosto de 1954. O trabalhismo coagulou-se como doutrina do Partido Trabalhista Brasileiro (PTB), que participou da coligação triunfante da candidatura presidencial de Juscelino Kubitschek e da candidatura a vice-presidente de João Goulart. O sistema político edificado por Vargas ruiu com o golpe militar de 1964, mas o varguismo não se apagou no passado.

Depois do regime militar, a herança trabalhista tornou-se um foco de polêmicas doutrinárias cruciais. O governo de Fernando Henrique Cardoso, entre 1995 e 2002, engajado num programa de liberalização da economia, direcionou os holofotes para os sentidos autoritários e corporativistas do varguismo, que formariam uma teia de anacronismos a serem superados. Naquela etapa, analistas políticos anunciaram uma "terceira morte de Getúlio Vargas", tomando como pressuposto que a "segunda morte" teria coincidido com a instalação da ditadura militar.

A proclamação fúnebre não resistiu à passagem do tempo. O governo Lula da Silva, entre 2003 e 2010, que contou com o apoio de uma burocracia

Assembleia dos metalúrgicos de São Bernardo do Campo (SP) em greve, no Estádio da Vila Euclides, 1º de maio de 1980. O movimento operário do ABCD paulista, liderado por Lula, nasceu proclamando a falência do varguismo. Mais de duas décadas depois, ao chegar à presidência, Lula restauraria a imagem de Vargas, colando-se a uma tradição que não quer morrer.

sindical restaurada, trocou o registro crítico pelo elogio, girando os holofotes para os avanços na legislação social produzidos ao longo da "era Vargas". Num discurso pronunciado setenta anos depois da proclamação do Estado Novo, Lula da Silva rememorou a CLT e definiu Vargas como o presidente "que tirou toda uma nação de um estágio de semiescravidão para tornar os cidadãos com direito a terem um emprego com carteira assinada".[15] Tanto tempo depois, a identificação entre a cidadania e a carteira de trabalho continua a assombrar a sociedade brasileira.

---

15 "Lula elogia Getúlio e defende mudanças na CLT". *O Globo*, 24 de agosto de 2007.

A mestiçagem e a identidade brasileira

"O livro é minha Bíblia", dizia Hitler sobre *The passing of the great race*, publicado em 1916, de Madison Grant, um advogado de Nova York de origem escocesa que dividia seus interesses entre o conservacionismo ambiental e a chamada "ciência do eugenismo". Grant ajudou a criar um parque nacional em Montana e outro no Alasca. Fundou uma sociedade protetora dos bisões e participou da implantação do Zoológico do Bronx. Em 1906, por sua iniciativa, o pigmeu congolês Ota Benga foi colocado em exposição na seção dos macacos daquele zoológico.

O movimento eugenista fazia sucesso tanto na Europa como na América do Norte e Grant participou das principais associações internacionais de promoção do eugenismo. O livro que tanto agradou Hitler era um tratado eugenista consagrado à gloriosa história da "raça nórdica". A tal "raça nórdica", que o ideólogo nazista Alfred Rosenberg preferia batizar como "ariano-nórdica", figuraria como a vanguarda do progresso civilizatório humano e, ainda, como o núcleo fundador dos Estados Unidos. Contudo, es-

313

pecialmente nos Estados Unidos, um risco premente de extinção pairaria sobre a "grande raça", em decorrência da sua "contaminação" pelas hordas de imigrantes oriundos da Europa mediterrânea e da Ásia. O livro era um alerta, um toque de reunir, uma conclamação política pela preservação da pureza racial.

Grant assessorou os legisladores que elaboraram a Lei de Imigração adotada pelos Estados Unidos em 1924 estabelecendo cotas restritivas à entrada de europeus do Sul e do Leste e proibindo a entrada de asiáticos. No mesmo ano, ele formulou a Lei de Integridade Racial aprovada no estado de Virgínia. O item 5 da lei dizia o seguinte:

> *Será ilegal, de agora em diante, que qualquer pessoa branca se case com qualquer um que não seja uma pessoa branca ou com uma pessoa com uma mistura de sangue que não seja branco e de índio americano. Para a finalidade dessa lei, o termo "pessoa branca" deve se aplicar somente a pessoa que não tenha traço algum de qualquer sangue senão o caucasiano; mas pessoas que tenham 1/16 ou menos de sangue de índio americano e não tenham nenhum outro sangue não caucasiano devem ser definidas como pessoas brancas.[1]*

Enquanto persistiu a escravidão, o racismo era irrelevante nos Estados Unidos, pelo motivo óbvio de que não existe um "problema racial" numa sociedade fundada sobre um princípio de desigualdade jurídica radical entre as pessoas. No final do século XVIII, Thomas Jefferson já se perguntava o que fazer com os negros no dia seguinte a uma futura abolição da escravidão. Era uma indagação crucial, que incidia sobre a identidade americana. Sua resposta consistia em separá-los, "além do alcance da mistura".[2]

A lei de Virgínia não foi o primeiro código antimiscigenação. Depois da abolição, aprovaram-se diversas leis estaduais com aquele intuito, que divergiam sobre a definição legal da raça. De acordo com algumas delas, um indivíduo não deixava de ser branco se tivesse uma pequena fração de "sangue negro". A novidade do estatuto formulado por Grant estava na chamada regra

---

1   Racial Integrity Act of 1924.

2   JEFFERSON, Thomas. *Notes on the state of Virginia.* Chapel Hill, University of North Carolina, 2006, p. 154.

O movimento pelos direitos civis nos Estados Unidos eclodiu com o boicote à segregação racial nos ônibus de Montgomery, Alabama, em 1955. Um gesto de insubordinação da ativista Rosa Parks assinalou o início de tudo. Meses depois, com o triunfo, Parks podia escolher o banco no qual se sentaria.

da gota de sangue única, pela qual apenas um ancestral não branco maculava irreparavelmente o indivíduo. A regra logo se converteu em paradigma para os demais estados, que a adotaram em suas legislações antimiscigenação.

Raça é, antes de tudo, uma busca da pureza. Os estatutos antimiscigenação formaram o núcleo da legislação segregacionista nos Estados Unidos e perduraram por décadas. A lei formulada por Grant sobreviveu à própria Lei dos Direitos Civis, de 1964, ruindo apenas três anos mais tarde, por uma decisão da Corte Suprema, no caso Loving *versus* Virgínia, quando os juízes finalmente declararam inconstitucionais todas as "medidas que restringem os direitos dos cidadãos sob a invocação da raça".[3]

---

3 MAGNOLI, Demétrio. *Uma gota de sangue: História do pensamento racial*. São Paulo, Contexto, 2009, p. 116.

Sob a regra da gota de sangue única, os Estados Unidos articularam uma identidade nacional ancorada na ideia de raça e avessa à mestiçagem. A imagem da nação como uma colcha de retalhos de estirpes raciais e culturais ganhou expressão duradoura nos censos demográficos, que classificam os cidadãos segundo categorias fechadas de raça e não contêm nenhuma categoria destinada a identificar mestiços.

Seis anos separam a lei antimiscigenação da Virgínia da publicação de *O mito do século XX*, de Rosenberg, alemão nascido numa Estônia que fazia parte do Império Russo. O jovem Rosenberg emigrou para a Alemanha em 1918, depois de combater os bolcheviques na Rússia, e ingressou no Partido dos Trabalhadores Alemães, embrião do Partido Nazista. Logo se tornou editor do jornal do partido, fundou uma associação para a defesa da cultura alemã contra influências estrangeiras e, em 1930, ano da publicação de seu livro, elegeu-se deputado.

O mito do século XX segue as trilhas paralelas do pensamento arianista do inglês Houston Stewart Chamberlain, discípulo das teorias raciais de Arthur de Gobineau, e do americano Grant. A tese de seu livro, não muito original, era de que a "raça ariana" tinha como eixo constitutivo um conjunto de "povos nórdicos", como os germânicos, os britânicos, os escandinavos e os bálticos. Esses povos seriam os responsáveis pelas mais altas realizações da civilização e da cultura humanas. Era a missão histórica da Alemanha retomar a longa trajetória da "raça ariano-nórdica", erguendo um Estado imperial assentado sobre o mito do sangue.

Segundo a concepção histórica de Rosenberg, a cultura entranha-se no sangue dos povos. A cultura germânica, baseada nos "valores nórdicos", deitava raízes na civilização clássica grega, mas sofrera a corrosão provocada pelo ácido de ideias cristãs, egípcias e judaicas. O romantismo alemão, "uma chuva após longa estiagem", a salvara da degradação promovida pelo universalismo das Luzes. Contudo, o resgate era incompleto, precário. A nação alemã encontrava-se circundada pelo espectro da degeneração racial. Pelo alto, a ameaça corporificava-se "nos banqueiros Rothschild e outros interesses financeiros da mesma estirpe", ou seja, nos judeus. Por baixo, na imigração africana que se infiltrava através dos portos franceses de Toulon e Marselha, "transmitindo incessantemente os germes da bastardização para todo o país".

DEPRESSÃO

A França, berço do cosmopolitismo, servia como veículo da contaminação:

Um populacho cada vez mais degenerado perambula ao redor da Notre Dame. Negros e mulatos circulam de braços dados com mulheres brancas. Surgiu um bairro exclusivamente judeu com novas sinagogas. Criaturas de aparência bastarda, arrogantes e repulsivas, poluem a raça das ainda belas mulheres atraídas das províncias francesas para Paris. É uma reprodução moderna das tragédias que há muito destruíram Persépolis, Atenas e Roma.[4]

O *Mein Kampf* traz, na sua conclusão, a conexão entre a política racial hitlerista e o programa expansionista do nazismo. Ali, pode-se ler: "Um Estado que, numa época de adulteração racial, devota-se ao dever de preservar os melhores elementos de seu estoque racial deverá um dia tornar-se senhor da Terra."[5] Hitler tinha escasso apreço por Rosenberg ou por seu livro, que considerava eivado de misticismo. O líder nazista era, certamente, um racista convicto mas, antes de tudo, sua visão de mundo se baseava num nacionalismo extremado. O *Volk* – isto é, o povo alemão – constituía o seu norte – e, como explicou algumas vezes, o *Volk* não devia ser identificado exclusivamente a uma raça.

A política racial hitlerista estava subordinada às conveniências de seu programa ultranacionalista. O ódio do *Führer* aos judeus derivava de sua interpretação da derrota alemã na Grande Guerra, um evento trágico que teria derivado da coalizão entre potências sob influência judaica e da quinta-coluna de judeus alemães. A propaganda antijudaica servia à finalidade instrumental de coesionar o *Volk* contra o inimigo internacional e externo. Mas a política doméstica do Reich não deveria se subordinar a dogmas raciais inflexíveis, tão caros a Rosenberg.

O regime nazista começou a editar leis antijudaicas meses após a ascensão de Hitler à chefia do governo. As primeiras daquelas leis vetavam o acesso de judeus aos empregos públicos e os proibiam de exercer a medicina e a advocacia. Judeu, segundo a definição inicial, eram indivíduos com 1/4 ou mais

---

4   ROSENBERG, Alfred. *The myth of the twentieth century*. Newport Beach, Noontide Press, 1982, p. 23.

5   HITLER, Adolf. *Mein Kampf*, Londres/Nova York/Melbourne, Hurst & Blackett, 1939, p. 525.

de "sangue judaico" (isto é, com pelo menos um avô judeu). As leis estaduais antimiscigenação vigentes nos Estados Unidos se baseavam na regra da gota de sangue única. Na Alemanha, a regra mais permissiva do quarto de sangue judaico se destinava a evitar a marginalização de um amplo segmento da população, obedecendo ao imperativo hitlerista de coesão do *Volk*.

A legislação antijudaica avançou em 1935, quando foram aprovadas as Leis de Nuremberg sobre cidadania e matrimônio. A Lei de Cidadania introduziu uma distinção entre "nacionais" e "cidadãos", categoria que assegurava todos os direitos políticos e excluía os judeus. A Lei para a Proteção do Sangue Germânico, consagrada à proteção da pureza racial, proibiu uniões e relações sexuais entre judeus e arianos. Uma vez mais se estabeleceu a discussão sobre quem, exatamente, devia ser considerado judeu. O Partido Nazista defendeu a regra em vigor, do quarto de sangue judaico, mas Hitler tomou uma decisão que consternou os racistas radicais. No decreto suplementar de 14 de novembro, definiu-se como judeu apenas "o indivíduo descendente de ao menos três avôs que são, racialmente, judeus integrais".[6]

O poderoso ministro da Propaganda, Joseph Goebbels, insistiu até o último instante para que os "meio judeus" fossem considerados judeus, mas o *Führer* não lhe deu ouvidos, impondo a regra dos três quartos de sangue judaico. Os mestiços, abolidos na legislação segregacionista americana, foram acolhidos como um inconveniente passageiro na Alemanha nazista. A definição restritiva de Hitler tinha a dupla finalidade de reforçar a coesão do *Volk* e de concentrar o ódio aos judeus numa minoria claramente delimitada. A "pureza do sangue", um objetivo inegociável para a ala mais inflexível do nazismo, seria obtida ao longo das gerações, por meio da assimilação.

Nos anos 20 e 30, o dogma da raça estava no seu zênite. As políticas segregacionistas nos Estados Unidos e a ofensiva antijudaica na Alemanha constituíam os cumes mais salientes de uma crença muito difundida nas ideias gêmeas de pureza racial e separação de raças. O Brasil, contudo, ingressava numa trajetória divergente, definindo a sua identidade nacional nos termos da mestiçagem.

---

6   The Nuremberg Laws on Citizenship and Race.

Cartaz de estreia do filme *Olympia* (1938), de Leni Riefenstahl. Cineasta inovadora, Riefenstahl estabeleceu amizade com Hitler e se tornou a figura de maior destaque no cinema alemão da época do nazismo, dirigindo filmes de propaganda de forte impacto estético. *Olympia*, documentário sobre as Olimpíadas de Berlim de 1936, é uma sofisticada ode à ideia de raça e um marco na técnica da fotografia de esportes.

Cinco anos depois da aprovação da lei antimiscigenação da Virgínia, era elevada à condição de padroeira do Brasil Nossa Senhora da Aparecida, uma santa negra, "mediadora étnica, mãe de índios, negros, mestiços e pobres".[7] No ano da edição das leis antijudaicas de Nuremberg, as escolas de samba e os desfiles de carnaval passaram a receber subvenções oficiais do governo de Getúlio Vargas. O dogma da raça, triunfante alhures, parecia se dissolver na narrativa brasileira sobre a nacionalidade.

As origens da doença

A transferência da Corte portuguesa para o Rio de Janeiro, em 1808, no quadro das Guerras Napoleônicas, modificou os estatutos geopolíticos de Por-

---

[7] ZARUR, George. "A mãe morena: Nossa Senhora no simbolismo religioso latino-americano". *George Zarur – Antropologia e Economia Política*.

tugal e do Brasil. O Brasil, que era um vice-reino colonial, seria elevado à condição de reino dentro do Império português. A proclamação do Reino Unido de Portugal, Brasil e Algarves, em 1815, gerou um "problema racial" até então inexistente: como criar uma civilização europeia nos trópicos, num "país de negros", marcado pela instituição da escravidão?

Desde o início, a solução aventada passava pelo "branqueamento". Dois anos depois da transferência da Corte, José da Silva Lisboa, o visconde de Cairu, alto funcionário da administração colonial e arauto dos princípios do liberalismo econômico, formulou um programa voltado para aquela meta. Tratava-se de promover o ingresso de europeus, de um lado, e de encerrar o tráfico de escravos, para frear a expansão da população negra e mestiça, de outro. O rei d. João VI, que concordava com a primeira parte do programa, mas não com a segunda, editou um decreto em 1818 autorizando a instalação de uma colônia de suíços nas proximidades do Rio de Janeiro. O decreto real originou a cidade de Nova Friburgo, batizada em homenagem ao cantão natal da maioria do grupo inicial de colonos.

Cairu era um mulato nascido em Salvador, embora os retratos oficiais o representassem como branco. Alinhando-se à opinião predominante no seu tempo, ele interpretava a miscigenação como o estampido da degeneração racial. José Bonifácio de Andrada divergia dele sobre a questão da mestiçagem, mas também perseguia a meta do "branqueamento". Logo após a proclamação da independência, dirigiu aos constituintes as propostas de abolição gradativa da escravidão e estímulo a casamentos interraciais. Abria-se um debate racial que voltaria a crepitar após a Lei Eusébio de Queirós de 1850, que anunciou a proximidade do fim da escravidão.

O médico Haddock Lobo, um brasileiro nascido em Portugal, foi pioneiro em diversos sentidos. Ele introduziu a prática da anestesia no país, em 1847, e o calçamento de paralelepípedos no Rio de Janeiro. Também organizou um censo demográfico na capital, dois anos depois de seu experimento com a anestesia. Naquele censo, recusou-se a inserir um item sobre a cor da pele, por rejeitar o princípio da classificação racial. O primeiro recenseamento nacional, em 1872, trazia um item racial, mas não restringia as respostas a categorias "puras", como brancos, pretos e caboclos (no sentido de indígenas, usual à época), incluindo a categoria pardos, destinada aos que se identificavam como

DEPRESSÃO

frutos de miscigenação. O censo seguinte, em 1890, conservou a categoria, mudando apenas seu rótulo para mestiços.

O "racismo científico", em voga na Europa, desembarcou duas vezes consecutivas no Brasil, a primeira com o naturalista suíço-americano Louis Agassiz e a segunda com o francês Gobineau. Agassiz chegou em 1865, à frente de uma expedição científica destinada a levantar provas geológicas contra o evolucionismo. Num relato etnológico sobre observações feitas na Amazônia, escreveu que "aqueles que põem em dúvida os efeitos perniciosos da mistura de raças (...) deveriam vir ao Brasil", onde "veriam que essa mistura apaga as melhores qualidades quer do branco, quer do negro, quer do índio, e produz um tipo mestiço indescritível cuja energia física e mental se enfraqueceu".[8]

Gobineau viveu no Rio de Janeiro durante quase um ano, a partir de 1869, como representante diplomático de seu país. Não gostou nada do que viu, especialmente do panorama de uma sociedade mestiça: "Já não existe nenhuma família brasileira que não tenha sangue negro nas veias; o resultado são compleições raquíticas que, se nem sempre repugnantes, são sempre desagradáveis aos olhos."[9]

O francês se aproximou de d. Pedro II, exercendo influência palpável sobre o imperador e ajudando a convencê-lo da conveniência de promover a imigração de europeus. De volta à Europa, por encomenda do imperador, escreveu um ensaio no qual exibia o Brasil como destino desejável para imigrantes escandinavos. A Comuna de Paris abalara a Europa e, com a memória acesa de um drama do qual participara pessoalmente, Gobineau não pensava em brancos em geral, mas em europeus do norte, uma "gente forte, laboriosa e que em absoluto não tem ideias revolucionárias".[10]

Na hora da abolição da escravidão, diversos intelectuais brasileiros exprimiam a crença nos efeitos deletérios da mestiçagem. O médico e antropólogo

---

8 SOUZA, Ricardo Alexandre Santos de. "Agassiz e Gobineau: As ciências contra o Brasil mestiço." Dissertação de mestrado, Rio de Janeiro, Fiocruz, 2008, p. 94.

9 SOUZA, Ricardo Alexandre Santos de. Op. cit., p. 110.

10 GAHYVA, Helga. "Brasil, o país do futuro: uma aposta de Arthur de Gobineau?". *Alceu*, Departamento de Comunicação Social da PUC-Rio, vol. 7, n°14, janeiro-junho de 2007, p. 155.

maranhense Raimundo Nina Rodrigues, seguidor das ideias do italiano Lombroso sobre a criminalidade atávica e cientista dedicado à etnologia dos negros da Bahia, escreveu sobre a tendência à degeneração dos mestiços nos trópicos e sustentou a tese de que cada raça deveria ter um código criminal próprio. A proposta, que nunca prosperou no Brasil, apontava no rumo da segregação racial oficial, tal como já se fazia nos Estados Unidos.

Nina Rodrigues enxergava nas "três raças" constitutivas do Brasil estágios diferentes de evolução biológica, o que condenaria inapelavelmente os frutos da mistura. Euclides da Cunha concordava no essencial, embora abrisse uma cláusula de exceção para o mestiço sertanejo, que poderia evoluir num benéfico isolamento das influências provenientes do estrangeiro. *Os sertões*, de 1902, presta uma homenagem ao sertanejo de Canudos, classificado como "um forte". Contudo, na sua grande obra, Euclides exprimiu a opinião dominante na época, praticamente repetindo frases do maranhense:

> *A mistura de raças mui diversas é, na maioria dos casos, prejudicial. Ante as conclusões do evolucionismo, ainda quando reaja sobre o produto o influxo de uma raça superior, despontam vivíssimos estigmas da inferior. A mestiçagem extremada é um retrocesso. O indo-europeu, o negro e o brasílio-guarani ou o tapuia exprimem estádios evolutivos que se fronteiam, e o cruzamento, sobre obliterar as qualidades preeminentes do primeiro, é um estimulante à revivescência dos atributos primitivos dos últimos.*[11]

A repulsão à mistura nada tinha de original, acompanhando a opinião dominante na Europa e nos Estados Unidos. Entretanto, seguindo a trilha indicada por Haddock Lobo, o movimento dos médicos higienistas formulou uma crítica pioneira à tese da degeneração racial. Juliano Moreira, negro de origem humilde que se tornou o mais jovem professor da Escola de Medicina da Bahia e um expoente da psiquiatria brasileira, demoliu a identificação tão corrente entre doença e miscigenação. Sua insistência em apontar as raízes sanitárias e educacionais de diversas endemias o pôs em rota de colisão com o colega

---

11 CUNHA, Euclides da. *Os sertões*. In: SANTIAGO, Silviano (coord.). Intérpretes do Brasil, vol. 1. Rio de Janeiro, Nova Aguilar, 2000, p. 267.

docente Nina Rodrigues. Mais tarde, já como diretor do Hospital Nacional de Alienados, a sua defesa da imigração japonesa o conduziu ao confronto com o arianista Francisco de Oliveira Viana.

No final de 1904 começou a campanha de vacinação obrigatória dirigida por Oswaldo Cruz, no Rio de Janeiro, e eclodiu a Revolta da Vacina, instigada pelos positivistas que pretendiam derrubar o governo de Rodrigues Alves. Durante os sangrentos tumultos, o médico e sociólogo sergipano Manoel Bomfim redigia *América Latina: Males de origem*, uma obra ousada, à frente de seu tempo, que buscava na história, não na biologia, as fontes dos "males" do subcontinente. O livro, publicado no ano seguinte, classificava as teorias raciais de "ciência barata, covardemente aplicada à exploração dos fracos pelos fortes" e de "teorias do egoísmo e da rapinagem".[12]

A ousadia, que incluiu uma defesa da mestiçagem, custou-lhe 25 artigos perpassados de ofensas e injúrias, assinados pelo também sergipano Sílvio Romero, crítico literário e ensaísta, amigo de Euclides da Cunha e um dos intelectuais de maior prestígio na época. Romero havia sido um arauto do "branqueamento" pela miscigenação até a virada do século, mas se convertera ao arianismo ortodoxo e advogava a imigração em massa de europeus para substituir o "exército de mulatos que nos governa".[13]

Entre os admiradores de Bomfim estava o médico e antropólogo Edgar Roquette-Pinto, que participou da Missão Rondon de 1912 e se notabilizou pela etnografia dos índios Nambiquara. Roquette-Pinto criticou sem cessar a ideia de que os problemas brasileiros de saúde pública tivessem causas raciais e, nos anos 20, exerceu influência decisiva para desacreditar o renitente pensamento arianista. O escritor Monteiro Lobato reformulou suas concepções raciais naquele contexto em mutação. Seu personagem Jeca Tatu, personificação do caboclo indolente e ignorante, apareceu num artigo de jornal em 1914 como um fruto intrinsecamente doente da miscigenação. Poucos anos mais tarde, no livro de contos *Urupês*, a doença do Jeca Tatu já não era condição atávica, mas consequência das mazelas sanitárias brasileiras.

---

12 AGUIAR, Ronaldo Conde. *O rebelde esquecido: Tempo, vida e obra de Manoel Bomfim*. Rio de Janeiro, Topbooks, 2000, p. 323.

13 AGUIAR, Ronaldo Conde. Op. cit., pp. 328-9.

De Boas a Freyre

Madison Grant teve vários desafetos, mas provavelmente ninguém o desagradou tanto como o germano-americano Franz Boas, responsável pela revolução conceitual da qual emergiu a antropologia moderna. Boas separara a cultura da biologia e seus trabalhos desacreditavam os dogmas da raça e das hierarquias raciais. Grant e Boas se envolveram numa disputa pelo controle da associação antropológica americana, com vitória do segundo. Diz-se que Grant se recusava a apertar a mão de Boas – que, além de tudo, era judeu.

A antropologia antirracista de Boas se difundiu aos poucos no Brasil, fornecendo novos argumentos para os críticos do arianismo. Alberto Torres criticou, em 1912, o que lhe parecia ser um uso abusivo da ideia de raça, e afirmou que ela não deveria ser empregada para promover distinções entre os brasileiros. Menos de uma década mais tarde, o historiador e diplomata Manuel de Oliveira Lima sugeriu ao jovem sociólogo pernambucano Gilberto Freyre que se matriculasse no curso ministrado por Boas na Universidade Colúmbia. Começava a trajetória de aprendizado da qual nasceria *Casa-grande & senzala*.

Casa-grande & senzala, de Gilberto Freyre, assinalava a ruptura intelectual e política do Brasil com o empreendimento de separação racial. No pós-guerra, os sociólogos brasileiros, sob influência conceitual da sociologia americana, engajaram-se numa revisão do clássico de Freyre, acusando-o de mascarar o conflito racial.

O jovem Freyre se alinhava com o projeto do "branqueamento" e levava a sério o eugenismo de Grant. A mudança não foi rápida e demandou uma breve mas esclarecedora passagem pela Universidade Oxford, entre 1922 e 1923, além da leitura de artigos de Roquette-Pinto. Dessa longa educação do olhar surgiu uma interpretação da sociedade brasileira que, se não abolia a própria noção de raça, entendida à época como um fato biológico quase indiscutível, afastava a ideia de hierarquia racial e, sobretudo, rompia decisivamente com o horizonte da separação entre as raças.

Casa-grande & senzala foi publicado em 1933, o ano da ascensão de Hitler à chefia do gabinete alemão. Cinco anos antes, Paulo Prado, o mecenas da Semana de Arte Moderna de 1922, publicara o seu *Retrato do Brasil*. Toda a tese de Prado se erguia sobre a ideia de que um "mal de origem" drenara para sempre o vigor, a criatividade e as potencialidades dos brasileiros. "Numa terra radiosa, vive um povo triste", decretava a primeira frase do texto.[14] O "povo triste", melancólico, teria surgido das "uniões de pura animalidade" entre colonos e índias, primeiro, e entre os mesmos colonos e negras escravas, em seguida.

O pecado original se agravava na dupla moldura do clima tropical e dos padrões lusitanos de colonização. O caráter dos brasileiros se teria degenerado irremediavelmente devido à combinação entre a "luxúria" original e a "cobiça" do ouro, uma "doença do espírito" instalada entre os colonos. Na hora da independência, não havia uma nação, mas uma "população sem nome, exausta pela verminose, pelo impaludismo e pela sífilis", um país pobre entregue ao "patriotismo indolente que se contentava em admirar as belezas naturais (...) como se fossem obra do homem".[15] Dali em diante, o país vegetara na passividade de um espírito "romântico", arcaico, impotente para enfrentar desafios, incapaz de inovar.

Prado rejeitava o arianismo e sugeria que a palavra da ciência negava as conclusões de Gobineau e Madison Grant. Também distinguia o Brasil dos Estados Unidos. Na república da América do Norte, o "conflito racial" não encontraria solução, exceto pelo eventual "extermínio de um dos adversários". No Brasil,

---

14 PRADO, Paulo. *Retrato do Brasil*. In: SANTIAGO, Silviano (coord.). *Intérpretes do Brasil*, v. 2. Rio de Janeiro, Nova Aguilar, 2000, p. 29.

15 PRADO, Paulo. Op. cit., p. 75.

pelo contrário, "o negro (...) vive em completa intimidade com os brancos e com os mestiços que já parecem brancos". Para ele, o problema não se encontrava na suposta inferioridade racial de índios ou negros, mas exatamente na mistura.

Retrato do Brasil não contém um traço de esperança. Prado enxergava as miscigenações brasileiras como um dado histórico definitivo: "nascemos juntos e juntos iremos até o fim de nossos destinos." Contudo, temia pelos resultados de longo prazo das misturas de raças. As primeiras gerações de "híbridos" pareciam vigorosas, mas uma "lei biológica" mostrava que tudo piorava com o tempo, e o espectro da degeneração assomava no horizonte. No fim das contas, certos estariam os "americanos do Norte" ao "dizer que Deus fez o branco, que Deus fez o negro, mas que o Diabo fez o mulato".[16]

A obra clássica de Freyre invertia o ponto de vista tão difundido sobre os males da miscigenação. O livro se organiza em torno da ponte entre os polos sociais constituídos pelos proprietários brancos, de um lado, e os escravos e agregados negros ou mulatos, de outro. O encontro entre uns e outros era, em primeiro lugar, um intercâmbio sensível e sexual: a memória marcante "da escrava ou sinhama que nos embalou", "que nos deu de mamar", "que nos deu de comer, ela própria amolengando na mão o bolo de comida", da mulata "que nos iniciou no amor físico e nos transmitiu, ao ranger da cama de vento, a primeira sensação completa de homem".[17] Contudo, ainda mais importante era uma fusão histórica e cultural que soterrava as esperanças depositadas no "branqueamento". No fundo, segundo Freyre, o Brasil "enegrecia" na sua índole profunda – e isso nada tinha de errado:

> *Todo o brasileiro, mesmo o alvo, de cabelo louro, traz na alma, quando não na alma e no corpo (...) a sombra, ou pelo menos a pinta, do indígena ou do negro. (...) Na ternura, na mímica excessiva, no catolicismo em que se deliciam nossos sentidos, na música, no andar, na fala, no canto de ninar menino pequeno, em tudo que é expressão sincera de vida, trazemos quase todos a marca da influência negra.*[18]

---

16 PRADO, Paulo. Op. cit., p. 89.

17 FREYRE, Gilberto. *Casa-grande & senzala*. In: SANTIAGO, Silviano (coord.). *Intérpretes do Brasil*, v. 2. Rio de Janeiro, Nova Aguilar, 2000, p. 478.

18 FREYRE, Gilberto. *Casa-grande & senzala*. Op. cit., idem.

Freyre seria acusado, no pós-guerra, de ocultar ou minimizar as violências da escravidão, idealizando a vida na senzala. Nada mais longe da verdade. Sua obra narra minuciosamente os sofrimentos dos escravos, mas não extrai disso, como gostariam os críticos, uma condenação das origens da nação brasileira. Um reparo pertinente seria dizer que o sociólogo enxergou um panorama restrito, no qual quase todos são proprietários ou escravos e agregados diretos. Bem mais tarde, ele reconheceria as dimensões assumidas pelo fenômeno da alforria de escravos e concluiria, em linha com as investigações demográficas, que as miscigenações se deram, predominantemente, no diversificado universo dos homens e mulheres livres.

O sexo tem um lugar destacado na obra clássica de Freyre. O sociólogo sabia perfeitamente que o amor entre o proprietário branco e a escrava, entre o filho de família importante e a "moleca" agregada, estava atravessado pela desigualdade e embebido pelo exercício direto ou implícito do poder de mando. Mas, mesmo antes de se dar conta de que as miscigenações brasileiras ocorreram mais largamente fora da esfera da grande propriedade escravista, ele conseguiu perceber em tudo aquilo uma chave positiva para a constituição da identidade nacional. No lugar da degeneração racial alardeada por Oliveira Viana, um "místico do arianismo", enxergou na mestiçagem um germe civilizador. O Brasil delineado por Freyre seguia uma trajetória divergente daquelas dos Estados Unidos ou da Alemanha. Por isso, não precisava se engajar em projetos de retificação racial.

De um mito a outro

O mito de origem do Brasil não foi formulado por um brasileiro, mas pelo naturalista alemão Karl von Martius, o autor do enciclopédico *Flora brasiliensis*, no contexto de um concurso promovido pelo Instituto Histórico e Geográfico Brasileiro (IHGB). Fundado em 1938, o IHGB funcionou como polo de articulação do projeto das elites do Império de erguer, nos trópicos, uma nação "civilizada" – isto é, digna da herança europeia. Sob a lógica daquele paradigma, procurava-se o caminho para a produção de uma narrativa nacional capaz de assinalar tanto a singularidade brasileira quanto a conexão do país com a civilização ocidental.

"Como escrever a história do Brasil?" – esse era o tema de um concurso de monografias aberto pelo IHGB pouco tempo após sua fundação. Martius venceu, com um texto não convencional, publicado em 1945, que sugeria narrar o passado do país como a história da formação de um povo. O alemão estava perfeitamente consciente de que seu esboço tinha a função política e pedagógica de contribuir para a criação de um mito nacional. Ele destacava a importância da descrição dos cenários naturais dos trópicos, que evocariam a contemplação e o êxtase. Mas, sobretudo, propunha organizar a narrativa em torno das ideias de convivência e intercâmbio entre as "três raças humanas" constitutivas do país.

O sábio alemão imaginava uma história destinada a "despertar e reanimar em seus leitores brasileiros amor da pátria".[19] As nações são construídas sobre as fundações de mitos da unidade – e o Brasil se ergueria sobre um mito de "fusão racial". Para expressá-lo, Martius compôs a metáfora da confluência das águas de três rios, que simbolizariam as raças branca, indígena e negra.

Martius, como praticamente todos os seus contemporâneos, acreditava no dogma da raça e nas hierarquias raciais que asseguravam a superioridade dos brancos. Na sua aquarela do Brasil, o lugar dirigente estava reservado aos portugueses, representantes da "raça europeia". Ele escrevia nos anos em que o Império se engajava a fundo na proteção dos interesses das elites escravistas, enfrentando a pressão britânica contra o tráfico negreiro. Contudo, na direção oposta a uma noção que já se disseminava, não enxergou na "fusão racial" o espectro da degeneração, mas um experimento histórico essencialmente positivo.

Mitos não são mentiras nem verdades, mas fábulas que conferem um sentido ao passado, delineiam os contornos identitários de uma comunidade e projetam seu futuro. Os mitos de origem das nações constituem narrativas precárias, sempre pendentes de confirmação e sujeitas à corrosão do tempo. Nas conjunturas de crise, os mitos de origem são submetidos a releituras que os conformam aos valores de um novo tempo ou simplesmente os descartam como anacronismos. A fábula de Martius sobreviveu à prova do debate racial

---

19 MARTIUS, Karl Friedrich von. "Como se deve escrever a história do Brasil". *Revista do Instituto Histórico e Geográfico Brasileiro*, ano 6, nº 24, janeiro de 1845, p. 401.

brasileiro da segunda metade do século XIX e adquiriu um estatuto de doutrina oficial durante a "era Vargas".

A abolição formal da escravidão, no penúltimo ano do Império, não decorreu de uma guerra civil, como nos Estados Unidos, mas de uma campanha nacional de massas que durou quase uma década e mobilizou pessoas de todas as cores e classes sociais. O abolicionismo destruiu os alicerces políticos remanescentes da monarquia, mas não provocou reformas estruturais, como as que se tentou implementar nos Estados Unidos após a derrota das elites sulistas. Os escravos ganharam a liberdade, mas não o acesso à terra, ao emprego ou à educação. Por outro lado, o regime republicano também não seguiu a trilha da segregação racial e não produziu leis antimiscigenação.

O espectro da segregação pairou, por algum tempo, especialmente nos domínios da cultura popular. A capoeira, nascida entre os escravos e reprimida desde o final do século XVIII, foi inscrita como crime no primeiro Código Penal da República, em 1890. No início do século XX, os terreiros de candomblé e umbanda sofriam perseguições policiais e os times de futebol não admitiam jogadores negros. Contudo, nos anos 1920, o cenário modificou-se rapidamente. Em 1923, o Vasco da Gama tornou-se o primeiro clube a contratar jogadores negros. Apenas cinco anos depois, a capoeira ganhou um Código Desportivo nacional e a Deixa Falar, escola de samba pioneira, foi fundada no morro do Estácio, no Rio de Janeiro.

Sob Vargas, a mestiçagem adquiriu o estatuto de ideologia de Estado. Autoridades passaram a assistir a desfiles de escolas de samba, que começaram a receber subvenções oficiais em 1935. No Estado Novo, a polícia foi afastada dos terreiros de culto e a capoeira converteu-se em modalidade esportiva oficial. Criou-se, em 1939, o Dia da Raça, como data cívica destinada a desfiles de celebração da harmonia social brasileira. O nacionalismo varguista se apropriava da fábula da confluência dos rios, procurando transformá-la em fonte de legitimação do regime.

A história continua a ser escrita. No centenário da Abolição, o mito formulado por Martius começou a ser alvo de uma nova crítica, oriunda de um movimento multiculturalista sob forte influência das políticas de discriminação reversa implantadas nos Estados Unidos. A noção de mestiçagem, de origem antirracista, passou a ser apontada como um ardil para ocultar o racismo e evitar a emergência de uma consciência racial negra no país.

Getúlio Vargas no palanque de desfile comemorativo do Dia da Raça. O Estado Novo apropriava-se da ideia de mestiçagem, convertendo-a em mito nacionalista e alicerce da "harmonia social" brasileira.

No curso da crítica, *Casa-grande & senzala* foi reinterpretada abusivamente como obra destinada a esconder as violências da escravidão e justificar uma abolição desacompanhada de reformas sociais. No discurso oficial, inicialmente no governo Fernando Henrique Cardoso e depois, com mais força, no governo Lula da Silva, ressurgiu a noção de raça, junto com um multifacético projeto político de "reparação histórica". O Brasil da confluência dos três rios enfrenta a tempestade ideológica da globalização e o advento concomitante do multiculturailsmo.

Hannah Arendt e o totalitarismo

O início da ofensiva alemã sobre o território francês, em maio de 1940, seguido da fuga do governo do marechal Pétain para a cidade de Vichy criaram um caos momentâneo no país. Graças a isso, homens e mulheres presos em campos de internação como "inimigos estrangeiros" apenas por serem alemães – logo eles, que haviam fugido do nazismo! – conseguiram ser libertados e partiram para o sul. Rumavam para a mais absoluta incerteza, sem papéis, com pouco dinheiro e, pior, separados de suas famílias e amigos. Hannah Arendt, então com 34 anos, caminhou do campo de Gurs, criado em 1936 para receber refugiados espanhóis, até a cidade de Montauban, onde o prefeito socialista ignorava as ordens do governo francês e recebia aquela massa humana atordoada pelos acontecimentos.

Nas semanas seguintes, Arendt se esforçou para descobrir o paradeiro de seu marido, Heinrich Blucher, que assim como ela havia atendido à convocação para que todos os alemães residentes em Paris se apresentassem a pontos de controle do governo francês. Após semanas de angústia, de repente ele apareceu na sua frente no meio da principal avenida de Montauban. O encontro, tão improvável, encheu o casal de ânimo e reforçou a convicção quanto à urgência de abandonarem a Europa, pega de surpresa pela *Blitzkrieg* nazifascista.

O problema era obter os vistos de imigração. Poucos eram os governos dispostos a abrir suas fronteiras para intelectuais e militantes de esquerda, artistas de vanguarda, desempregados e judeus. Nos Estados Unidos, chocado com as notícias que chegavam da Europa, o jornalista Varian Fry organizou um comitê para ajudar a resgatar o maior número possível de refugiados, obtendo doações e apoio político para agilizar a burocracia. Fry instalou seu escritório em Marselha e rapidamente correu a notícia de que havia um americano que podia ajudar na emigração. Além de centenas de anônimos, a obstinada luta de Fry e seus auxiliares ajudou salvar as vidas de Marc Chagall, Max Ernst, Victor Serge, André Breton, Otto Meyerhof e outros expoentes das artes e ciências.

Arendt e Blucher fizeram parte dessa lista. Mas, como nos outros casos, os contatos pessoais eram decisivos, pois deles dependia a rapidez da resposta a uma série de solicitações da legislação americana, como a existência de um responsável pelo envio das passagens ou pelo fornecimento de hospedagem e alimentação para o recém-chegado. Tendo trabalhado para uma entidade sionista desde sua chegada a Paris, em 1933, Arendt contou com uma rede de apoio que se estendeu ao marido e à mãe. Pouco tempo antes de Hitler chegar ao poder, a jovem filósofa havia concluído seu doutoramento, sob a orientação de Karl Jaspers, um dos precursores do existencialismo e amigo de toda a vida. Mas os nazistas proibiram a permanência de estudantes judeus nas universidades alemãs e ela, cada vez mais mobilizada pela questão judaica, decidiu deixar a Alemanha e agir.

Instalada em Nova York a partir de 1941, continuou a trabalhar pelo sionismo. Assim que a guerra terminou, voltou à cena, escrevendo para compartilhar suas reflexões sobre o significado dos eventos mais terríveis do século. O resultado foi publicado em 1951, sob o título *Origens do totalitarismo*. A obra mais importante de Arendt lhe valeu o reconhecimento intelectual e a cidadania americana. O livro é dedicado ao marido, a quem os estudiosos atribuem algumas das principais ideias apresentadas. A partir de então, ela se dedicou à carreira universitária e à publicação de outros importantes trabalhos, até o fim de sua vida, em 1975.

A originalidade de Hannah Arendt esteve em identificar nos regimes nazista e stalinista o surgimento de um novo paradigma político – o totalitarismo. Curiosamente, o primeiro divulgador do termo, Mussolini, foi excluído da análise da filósofa, que não viu no fascismo italiano a mesma sanha totalitária dos regimes irmãos, embora inimigos, da Alemanha e da URSS.

Hannah Arendt por volta dos vinte anos, na época em que preparava sua tese de mestrado e estava envolvida emocionalmente com Martin Heidegger, filósofo de quem se afastou por conta de suas posições antissemitas.

Diferentes autores fornecem definições distintas para a palavra totalitarismo, assim como para fascismo. Mussolini e Giovanni Gentile, o ideólogo do fascismo, empregaram o termo para caracterizar a organização social estruturada a partir do Estado, cujo líder toma decisões que almejam o bem comum. Trotski, outro pioneiro no uso do termo, atento ao surgimento do fascismo, empregou-o para englobar o stalinismo, destacando o aspecto comum de repressão aos trabalhadores e às organizações políticas independentes em geral.

A variedade de interpretações sobre fascismo e totalitarismo presente nos trabalhos de filósofos, historiadores e cientistas políticos confirma o caráter de "novidade" das experiências políticas surgidas após a Primeira Guerra Mundial e as dificuldades das tentativas de enquadrá-las nos velhos modelos ou de estabelecer novos paradigmas. Nesse debate, é impossível deixar de lado a obra precursora de Arendt, com a qual todos dialogam. Há algo notável nesse diálogo: a dificuldade dos analistas em enquadrar ideologicamente a pensadora que nunca se alinhou às grandes correntes políticas socialistas ou conservadoras.

A obra clássica de Arendt desagradou os dois polos do espectro político. Para os conservadores, a relação que estabelece entre a livre concorrência econômica e a atomização da sociedade, e entre o imperialismo e a constituição do racismo científico, considerando-os elementos cruciais para o surgimento do totalitarismo, a empurram rumo ao campo do pensamento de esquerda. Na outra ponta, os socialistas enfatizaram o elitismo do pensamento político da filósofa, acusando-a de não conseguir enxergar nas massas nada além de seres alienados e arrivistas, incapazes de compreender o papel da atividade política para o desenvolvimento humano e social. Para piorar, ela daria pouca importância às questões econômicas e à sua relevância para as massas.

Polêmicas à parte, a filósofa foi uma convicta defensora da República e do Estado de direito. Para ela, os novos termos da política contemporânea, como nação e raça, exigiam em resposta a defesa radical dos direitos humanos, tema ao qual dedicaria sua militância intelectual. Afirmava que as distinções legais baseadas em religião, raça ou gênero deveriam ser eliminadas – único meio de evitar perseguições dessa natureza. Seu afastamento do sionismo, a partir de 1948, derivou desse posicionamento de princípio, que a levava a observar que a formação de Israel seguia a senda perigosa da discriminação aos árabes, muçulmanos e cristãos.

O MOVIMENTO É A LEI

Origens do totalitarismo é constituído por três ensaios que se completam: "Antissemitismo", "Imperialismo" e "Totalitarismo". A primeira parte analisa a história do judaísmo na Europa e sua relação com a construção do Estado nacional – ou, no caso, como os judeus encarnaram a figura do apátrida, uma criação da política contemporânea.

Na segunda parte, o foco está na construção do discurso racial que serviu de justificativa para o domínio colonial e impôs uma lógica econômica pautada pela produção constante de bens e pela sujeição da natureza ao poder humano. A economia capitalista em sua fase de expansão mundial teria criado o discurso de superioridade racial e as políticas de discriminação, assim como acirrado a competição individualista, instaurando o primado do interesse privado sobre o público. Entre outros exemplos, Arendt lembra que os campos de concentração não foram inventados pelos nazistas, mas pelos britânicos, na Guerra dos Bôeres, na África do Sul, na virada do século XIX para o XX.

O terceiro ensaio está dedicado à análise do totalitarismo, suas bases sociais e características. O surgimento desse novo modo de fazer política resultava da crise da sociedade ocidental aberta pela Primeira Guerra Mundial, que acelerou o processo de transformação das classes sociais em massas. As classes se organizam a partir de interesses econômicos comuns.

> *O termo massa só se aplica quando lidamos com pessoas que, simplesmente devido ao seu número, ou à sua indiferença, ou a uma mistura de ambos, não se podem integrar numa organização baseada no interesse comum, seja partido político, seja organização profissional ou sindicato de trabalhadores. (...) Constituem a maioria das pessoas neutras e politicamente indiferentes.*[1]

Essa massa, ignorada pelos partidos tradicionais organizados em torno da noção de classe, sustentou os movimentos nazifascistas e comunistas. A despolitização daqueles indivíduos facilitava e até favorecia o estabelecimento de novos paradigmas, graças sobretudo às modernas técnicas de propaganda e à negação do debate e da divergência, substituídos pelo emprego da violência contra o inimigo. A conquista do poder por aqueles movimentos acabou com a ilusão da democracia liberal de que os partidos representavam a maioria da população e, portanto, encarnavam um poder legítimo.

A ascensão do nazifascismo revelara a incapacidade dos velhos partidos de atrair a maioria da população para as suas fileiras. Na prática, eram minorias governando massas apáticas. Esse descompasso deixava o campo aberto aos críticos do sistema parlamentar, que denunciavam a distância entre os anseios populares e as ações dos políticos "burgueses" ou "social-fascistas". Segundo Arendt:

---

1   ARENDT, Hannah. *Origens do totalitarismo.* São Paulo, Companhia das Letras, 1989, p. 361.

O colapso do sistema de classes significou automaticamente o colapso do sistema partidário, porque os partidos, cuja função era representar interesses, não podiam mais representá-los, uma vez que sua fonte e origem eram as classes. (...) Assim, o primeiro sintoma do colapso do sistema partidário continental não foi a deserção dos antigos membros do partido, mas o insucesso em recrutar membros dentre a geração mais jovem e a perda do consentimento e apoio silencioso das massas desorganizadas, que subitamente deixavam de lado a apatia e marchavam para onde vissem oportunidades de expressar sua violenta oposição.[2]

Não só as massas, entretanto, foram atraídas pelo totalitarismo. No começo, paradoxalmente, o totalitarismo também seduziu setores da elite, incluindo radicais individualistas. A geração que viveu a *Belle époque* e o horror das trincheiras odiava o mundo impregnado dos valores burgueses e assumiu a postura vanguardista de contestação da velha ordem. "A destruição sem piedade, o caos e a ruína assumiam a dignidade de valores supremos."[3] E mais: a morte revelada na guerra, a morte aleatória, a "grande niveladora" passou a ser vista como o pilar da nova ordem mundial. Para Arendt, a grande novidade que parecia surgir naquele momento era "a perda radical do interesse do indivíduo em si mesmo, a indiferença cínica e enfastiada da morte".[4]

Era o ambiente propício para a emergência do Líder – aquele que paira acima do povo, encarna expectativas salvacionistas e reduz todo o aparato de Estado a uma mera expressão de seus desígnios. Arendt detém-se longamente em demonstrar como o Estado totalitário se distingue de um regime tirânico comum. As ditaduras constroem aparatos de segurança para eliminar os opositores políticos. O totalitarismo começa a se revelar exatamente no momento em que, não havendo mais oposição política interna, as estruturas policiais se voltam contra diferentes setores da população, entre os quais a propaganda governamental elege o "inimigo objetivo" (o judeu, o burguês, o deficiente físico, o *kulak*...). As coisas não cessam aí: o aparato repressivo tota-

---

2 ARENDT, Hannah. Op. cit., pp. 364-5.

3 ARENDT, Hannah. Op. cit., p. 378.

4 ARENDT, Hannah. Op. cit., p. 366.

litário se volta contra seus próprios integrantes, permanentemente removidos de postos dirigentes, acusados de participação em complôs ou de relacionamentos suspeitos – o importante é que nada permaneça estável.

O totalitarismo tem horror à estabilidade e cultua o movimento. Isso significa transformar constantemente as leis, as instituições, os valores, os inimigos, de tal modo que se percam as referências políticas habituais e o absurdo assuma a condição de realidade – como nas confissões de traição dos líderes bolcheviques nos Processos de Moscou ou na admissão da verdade dos Protocolos dos Sábios do Sião. E se as pessoas aceitaram passivamente tais fantasias, foi porque o estilhaçamento dos laços sociais havia isolado de tal modo os indivíduos que eles transferiram ao Movimento sua lealdade cega e suas expectativas. Claro: em caso de vacilações, sempre se podia recorrer à força como instrumento de coerção explicitamente usado e admitido.

Enquanto isso o Líder assumia o papel de porta-voz das massas, o que na prática significava roubar-lhes a voz e as individualidades. Em contrapartida, como cada pessoa agia em conformidade com uma ordem superior, ninguém podia ser com efeito responsabilizado por suas ações. E quando a verdade de ontem passava a ser a mentira do dia seguinte, aqueles que estavam lá exatamente para cumprir tais determinações caíam em desgraça. O medo instalava-se no coração de todos e ninguém podia confiar em ninguém. Investindo na propaganda, no temor e na fragmentação da sociedade, o Estado totalitário eliminava a capacidade de iniciativa e a liberdade de escolha que caracterizam o ser humano – justamente os atributos que, na visão de Arendt, constituem o cerne da vida política:

> Liberdade... é realmente a razão pela qual os homens vivem juntos em organizações políticas de todos. Sem ela, a vida política como tal não teria sentido. A raison d'être da política é a liberdade, e seu campo de experiência é a ação.[5]

A interpretação da filósofa é que o totalitarismo não está interessado na política porque, em última instância, a finalidade desta é conciliar os conflitos e

---

5   YAR, Majid. "Hannah Arendt (1906-1975)". Internet Encyclopedia of Philosophy – IEP.

promover a estabilidade social. Nos regimes políticos conhecidos até então, a lei positiva sempre estivera apoiada em forças divinas ou na natureza, consideradas eternas e imutáveis e, portanto, destinadas a introduzir certa ordem nas relações humanas, caracterizadas pelas mudanças cotidianas. Mas o surgimento das teorias de Charles Darwin e Marx, no século XIX, teria abalado as convicções de permanência ocidentais. Isso porque o darwinismo revelou a evolução dos seres vivos, erigindo a mutação em pedra angular da vida; enquanto para o marxismo a luta de classes e sucessão dos modos de produção sinalizavam para a instabilidade das relações sociais ao longo do tempo. Em ambos os casos, a "evolução" implicava movimento permanente de transformação, e cada fenômeno passava a ser visto como apenas uma etapa de um processo maior. Segundo Arendt:

> Que a força motriz dessa evolução fosse chamada de natureza ou de história tinha importância relativamente secundária. Nessas ideologias, o próprio termo lei mudou de sentido: deixa de expressar a estrutura de estabilidade dentro da qual podem ocorrer os atos e os movimentos humanos para ser a expressão do próprio movimento.[6]

Os regimes totalitários seriam os discípulos mais fervorosos da "lei da evolução". Eis a diferença de paradigma que origina o totalitarismo: nessa ideologia a única lei que importa é a do movimento, e tudo que estiver contra ela precisa ser eliminado. O terror forma a essência do domínio totalitário porque é por meio dele que as leis de evolução se realizariam. É essa nova lógica que torna o Estado totalitário incompreensível para o mundo não totalitário.

> O problema com os regimes totalitários não é que eles joguem a política do poder de um modo especialmente cruel, mas que atrás de suas políticas esconde-se um conceito de poder inteiramente novo e sem precedentes (...). Supremo desprezo pelas consequências imediatas e não a falta de escrúpulos; desarraigamento e desprezo pelos interesses nacionais e não o nacionalismo; desdém em relação aos motivos utilitários e não a promoção egoísta do seu próprio interesse; "idealismo", ou seja, a fé inabalável num mundo ideológico e fictício e não o desejo de poder.[7]

---

6   ARENDT, Hannah. Op. cit., p. 516.

7   ARENDT, Hannah. Op. cit., pp. 467-468.

DEPRESSÃO

Foi esse choque de perspectivas que impediu que os governos tradicionais agissem rapidamente contra os totalitários, pois, de sua perspectiva, a busca pela estabilidade e pelo bem-estar do povo eram os ideais. Parecia razoável ceder um pouco em nome da manutenção da paz... Ainda hoje as interpretações correntes sobre o nazismo e o stalinismo tentam enquadrá-los nos moldes "normais" da ação política, o que empobrece a compreensão dos fenômenos cruciais da crise essencial da política.

A "BANALIDADE DO MAL"

Foi Hannah Arendt quem formulou o conceito de "banalidade do mal", recebido sob fortes críticas nos anos 1960. Tudo começou quando ela se ofereceu para fazer uma série especial de reportagens para a revista *New Yorker* sobre o julgamento do nazista Otto Eichmann, em Jerusalém, em 1961. O réu, sequestrado em seu refúgio na Argentina pelo serviço secreto israelense, foi um dos principais responsáveis na Conferência de Wansee pela decisão de construir as câmaras de gás para proceder à execução da "solução final". Eichmann, no entanto, não foi uma liderança nazista, mas um zeloso funcionário do Estado que, ao se destacar perante o chefe Heydrich, ganhou a patente de tenente-coronel e tornou-se membro das forças especiais das SS, recebendo exatamente a incumbência de resolver o "problema judeu".

Dois anos após o julgamento, Arendt ampliou suas reportagens, publicando o resultado no livro *Eichmann em Jerusalém: Um relato sobre a banalidade do mal*. A recepção foi hostil a ponto de sua principal biógrafa, Elizabeth Young-Bruehl, relatar que nessa época ela almoçava sozinha no refeitório da Universidade de Chicago, pois seus colegas a evitavam.

O criminoso, na descrição da filósofa-repórter, não era um ser monstruoso, patologicamente mau, como era pelo olhar dos vencedores, que desde o fim da guerra construía uma imagem caricata dos nazistas. Eichmann era um homem organizado, dedicado ao trabalho, de aparência normal. Arendt expunha o caráter perturbador daquela situação na qual uma pessoa se mostrava capaz de planejar minuciosamente a morte de milhões de seres humanos sem sofrer nenhum tipo de dúvida moral por seus atos – e, pelo contrário, satisfeito pela própria

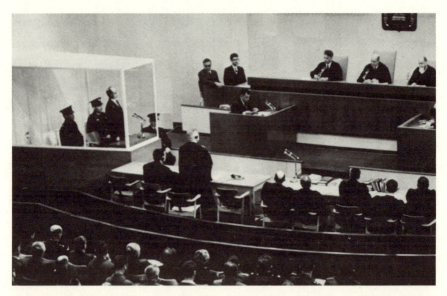

Hannah Arendt viu em Eichmann — cuja imagem atrás da cela de vidro parece a de alguém perigosíssimo — um homem assustadoramente normal. Para ela a solução para evitar uma nova catástrofe estava na adoção de uma moralidade baseada na humanidade comum, que não pudesse ser submetida a nenhum critério de exclusão.

eficiência. Mesmo duas décadas depois, ele não se declarara culpado perante os juízes. O mal absoluto estava ali, representado por um homem qualquer, capaz de ignorar a vida humana em favor de uma engrenagem. O que a filósofa enxergou, no banco dos réus, foi um exemplar de carne e osso daquela massa de seres isolados que constituiu a base social dos movimentos totalitários.

A enormidade do delito também fez Arendt questionar o próprio significado do julgamento e das penas que poderiam ser aplicadas, lamentando a inexistência de leis que se referissem a crimes contra a humanidade e que estivessem acima do poder de qualquer Estado, de tal modo que o argumento da obediência devida aos superiores hierárquicos não pudesse mais ser invocado. A luta contra o totalitarismo exigia o estabelecimento de novos patamares éticos e jurídicos – que hoje já aparecem codificados no Direito Internacional e na criação do Tribunal Penal Internacional.

O julgamento de Eichmann não podia ser investigado fora de um contexto nitidamente definido. David Ben-Gurion, chefe de governo de Israel, o concebera como um ato simbólico de legitimação do Estado judeu, mas o enquadrara na moldura das conveniências políticas do momento. Tudo indica que fizera um acordo específico com o primeiro-ministro da República Federal Alemã, Konrad Adenauer: em troca do envio de material militar para Israel, o julgamento não tentaria expor a cumplicidade abrangente da elite alemã com o Holocausto. Arendt não se esquivou do tema:

> *A lógica do julgamento de Eichmann, como Ben-Gurion o concebeu, com a sua ênfase nas questões gerais, em detrimento de sutilezas legais, teria demandado a exposição da cumplicidade de todas as agências e autoridades alemãs na Solução Final – de todos os funcionários públicos nos ministérios, das forças armadas regulares, com seu Estado-Maior, do Judiciário, do mundo empresarial. Mas (...) evitou-se cuidadosamente tocar nesse problema explosivo – sobre a quase ubíqua cumplicidade, que se estendeu muito além das fileiras de integrantes do Partido.*[8]

Estupefata mediante a pessoa terrivelmente comum de Eichmann, Arendt concluiu que aquele homem era incapaz de pensar, e questionou como aquilo podia acontecer. Mas o problema era ainda maior, pois a corrupção moral provocada pelo nazismo também atingia suas vítimas – este sim um problema para o presente e um desafio sem precedentes para a humanidade. Mais uma vez ela retomava a questão da responsabilidade individual e da incapacidade, ou recusa, em julgar os fatos e assumir decisões. Discutir esse ponto implicou pôr o dedo na ferida sem rodeios: os judeus se acomodavam na confortável posição de vítimas absolutas do mal absoluto, sem questionar seu próprio papel naquela desgraça. Arendt lembrou que muitos líderes religiosos aceitaram colaborar com as autoridades nazistas, imaginando assim reduzir os danos sobre suas comunidades, mesmo quando já era mais do que evidente que os nazistas não poupariam ninguém.

O inflamado discurso nacionalista de Ben-Gurion e o crescente militarismo do país trouxeram para Arendt uma triste sensação de *déja vu*. A saraivada de críticas foi inevitável. A filósofa foi acusada de ter pouco apreço pelos judeus. Respondendo a um de seus acusadores, ela escreveu uma carta, publi-

---

8 ARENDT, Hannah. *Eichmann in Jerusalem: A report on the banality of evil*. Nova York, Penguin Books, 1994, p. 18.

cada em diferentes jornais europeus, na qual comentava – sem mencionar o nome do interlocutor – uma conversa mantida com um alto dirigente de Israel durante o julgamento de Eichmann.

O interlocutor era Golda Meir, então ministra das Relações Exteriores, que era contra a separação entre Estado e religião em Israel. Meir disse: "Você irá compreender que, como socialista, eu, naturalmente, não acredito em Deus; acredito no povo judeu." Arendt comentou:

> Considerei isso uma afirmação chocante e, por isso, não repliquei na época. Mas poderia ter respondido: a grandeza desse povo foi outrora o fato de acreditar em Deus, e acreditava Nele de tal maneira que sua confiança e amor por Ele eram muito maior que seu medo. E agora esse povo acredita apenas em si mesmo? Que bem pode resultar disso? Ora, nesse sentido eu não amo os judeus, nem **acredito** neles; meramente pertenço a eles por uma questão de fato, além da controvérsia e da argumentação.[9]

"Uma questão de fato", meramente: a ruptura de Arendt com o sionismo representou um gesto filosófico decisivo. Para ser leal aos direitos humanos, denunciando as sementes totalitárias espalhadas por todas as sociedades, ela não seria leal a nenhuma corrente doutrinária particular.

---

9   YOUNG-BRUEHL, Elizabeth. *Hannah Arendt: Por amor ao mundo*. Rio de Janeiro, Relume Dumará, 1997, pp. 298-9.

IV
VISÕES DO FUTURO, EM MEIO À DESTRUIÇÃO
1939-1945

Paz perpétua

Grandes expectativas, em meio à destruição:

Partíamos para Paris não só para dar fim à guerra, mas para buscar uma nova ordem para a Europa. Não preparávamos a Paz e sim a Paz Eterna. Pairava no ar um halo de uma missão divina. Teríamos que permanecer alertas e nos manter rigorosos, corretos, ascéticos. Porque estávamos a fazer coisas grandes, permanentes, nobres.[1]

Assim, um dos representantes britânicos na Conferência de Paz em Paris, Harold Nicolson, expressou o sentimento que embalava os homens reunidos com a missão de definir os tratados que encerrariam a experiência traumática da Primeira Guerra Mundial. Mais do que isso, tratava-se de restabelecer o equilíbrio do sistema de poder europeu, essencial à manutenção de uma ordem duradoura. Todavia, em vez da proposta de "paz sem vencedores" formulada nos "14 Pontos" de Wilson

---

1   MACMILLAN, Margaret. P*az em Paris,* Nova Fronteira, 2004, p. 102.

pelo governo dos Estados Unidos, foi a paz revanchista conduzida pela França e apoiada pela Grã-Bretanha que prevaleceu.

Naquele momento os ânimos ainda estavam dominados pelos nacionalismos e pelo desejo de vingança contra a potência agressora. Nos vinte anos seguintes, um misto de remorso e pacifismo ditaria as ações políticas anglo-francesas, mas seria tarde demais. A hora de restaurar o equilíbrio de poder europeu havia sido perdida e a Alemanha, humilhada, retornaria ao campo de batalha para conquistar pela força um lugar de destaque na ordem política mundial.

Frequentemente rotulada de idealista, a concepção diplomática americana manifestou-se claramente na proposta de criação de um organismo que congregasse o maior número possível de países independentes, com o intuito de manter a paz mundial – a Liga, ou Sociedade, das Nações. Em sentido oposto, a diplomacia europeia, alcunhada realista, não encarou com muito entusiasmo a proposta americana, aceitando-a por conveniência política. Afinal, não convinha contrariar o aliado que definira o destino do conflito e, ainda por cima, era o credor de todos. Georges Clemenceau, o primeiro-ministro francês, chegou a dizer: "Gosto da Liga, mas não acredito nela."[2]

De todo modo, por insistência de Wilson, criá-la foi a primeira ação concreta da Conferência de Paz. A minuta de sua fundação foi aprovada em 13 de fevereiro, definindo sua estrutura de funcionamento e atribuições. No entanto, já nos primeiros debates surgiram discordâncias quanto à criação de um exército para a organização que fosse capaz de conter futuras agressões, sobre o estabelecimento de um tribunal de arbitragem compulsória e, também, quanto aos meios para a promoção do desarmamento geral. Para dificultar ainda mais, decidiu-se que qualquer ação da Liga dependeria de aprovação unânime de seus integrantes.

O primeiro grave revés da nova instituição foi a recusa do Congresso americano em ratificar os tratados de paz, optando pela retomada do isolacionismo expresso na Doutrina Monroe. Concretamente, a Liga das Nações se converteria em instrumento de negociação de interesses essencialmente europeus. Em 1921, os Estados Unidos assinaram um acordo de paz em separado com a Alemanha, ao mesmo tempo que convidaram os governos da França,

---

2   MACMILLAN, Margaret. Op. cit., p. 102.

Na conferência de Paz em Paris, homens de grandes ambições sonharam com a paz eterna. Mas não puderam sustentá-la por mais de duas décadas.

Grã-Bretanha, Itália, Holanda, Bélgica, Portugal, Japão e China para uma conferência em Washington destinada a discutir o desarmamento naval e as relações políticas no Extremo Oriente e no Pacífico. O principal objetivo era conter o expansionismo japonês, freando os gastos na construção naval. Para tanto, as duas potências oceânicas ocidentais estabeleceram a paridade de suas forças e concordaram em destruir as naves de maior poder bélico, enquanto o Japão aceitava uma cota inferior de navios de guerra.

Iniciava-se o que o historiador francês Jean-Baptiste Duroselle batizou como "era da pactomania". Na Europa, só de imaginar a ocorrência de uma nova guerra todas as vozes se levantavam em protesto e, na era da democracia de massas, ouvir a voz do povo se tornou parte essencial da vida política. Com isso, ganhou força a convicção de que o desarmamento imposto à Alemanha pelo Tratado de Versalhes deveria ser a etapa inicial para um processo de desarmamento coletivo. A nova perspectiva fez aumentar o interesse das potências europeias pela Liga das Nações.

O pesado valor das reparações impostas à Alemanha levou o país à hiperinflação, em 1923, e à ocupação da região do Ruhr pelo exército francês, agravando a crise. Coube aos Estados Unidos liderar a negociação de um plano de emergência para recuperar a economia alemã, evitando-se que o comércio internacional fosse muito afetado, o que impossibilitaria o pagamento dos débitos de guerra. O Plano Dawes, assinado em 1924, estabeleceu uma moratória de cinco anos para a dívida germânica e reorganizou o sistema financeiro do país. Ao mesmo tempo, Washington pressionou a França para desocupar o Ruhr e devolver aos alemães o controle de sua principal área siderúrgica.

Nesse ínterim, Gustav Stresemann assumia a pasta das Relações Exteriores da República de Weimar, cargo que ocuparia até 1929. Sua linha de ação se pautava pela revisão do Tratado de Versalhes e pelo reconhecimento da paridade com as outras potências, sem contudo romper com os princípios pacifistas. As ideias de Stresemann encontraram correspondência em Aristides Briand, que conduziu a política externa francesa de 1925 a 1932.

Buscando reduzir a animosidade do país vizinho, Stresemann propôs a assinatura de um acordo pelo qual a Alemanha reconheceria a legitimidade das suas fronteiras ocidentais, tal como definidas em Versalhes. As negociações avançaram na Conferência de Locarno, na Suíça, no início de outubro de 1925. A intenção do ministro alemão era "evitar um pacto franco-britânico, facilitar a desocupação antecipada da Renânia e, sobretudo, 'internacionalizar' o problema renano, a fim de conter uma nova ação unilateral da França, análoga à do Ruhr".[3]

França, Alemanha, Grã-Bretanha, Itália e Bélgica firmaram documentos confirmando as fronteiras franco-belgas, enquanto os britânicos se comprometeram a socorrer a França em caso de agressão alemã. O governo francês, por sua vez, negociou dois tratados de ajuda mútua com os governos da Polônia e da Tchecoslováquia, países com os quais a Alemanha fazia fronteira a leste. Mas a principal decisão da Conferência de Locarno foi o estabelecimento de uma aliança militar defensiva envolvendo Alemanha, França, Grã-Bretanha e Itália. Nas palavras de Winston Churchill:

Criou-se assim um equilíbrio baseado na eliminação das causas de atrito entre a França e a Alemanha. E desceu sobre os homens a visão

---

3   DUROSELLE, Jean-Baptiste. *Histoire diplomatique de 1919 à nos jours*. Paris, Dalloz, 1993, p. 86.

de uma paz duradoura. Somente haveria perigo se a Alemanha vol-
tasse a ter força e, mais ainda, se tivesse poder maior do que a França.
Tudo isso, porém, estava impedido por obrigações solenemente assumi-
das. Era o que se pensava...[4]

A retomada geral das relações diplomáticas com a Alemanha expressou-se também pelo ingresso desta na Liga das Nações, em 1926, como desejava o governo francês. E, por exigência alemã, na condição de membro permanente do Conselho, Briand saudou o fato como o advento de uma era de paz universal.[5]

A guerra fora da lei

Embora Briand e Stresemann seguissem estimulando a reaproximação dos dois países, havia um grande problema à espera de solução: a retirada das tropas francesas que ocupavam a Renânia desde o final da Grande Guerra. Para os alemães, aquela fora uma das piores imposições do Tratado de Versalhes; para os franceses, era a garantia de que a Alemanha pagaria as reparações. Alguns anos e muitas conversas ainda ocorreriam antes que a França se retirasse.

Enquanto isso, uma ação mais efetiva de colaboração foi empreendida com a criação da Entente Internationale de l'Acier, um cartel reunindo França, Alemanha, Bélgica e Luxemburgo. Era, segundo uma interpretação posterior, o embrião da Comunidade Europeia do Carvão e do Aço (CECA), que surgiria no segundo pós-guerra como pedra fundamental do projeto de integração europeia. Mas dessa realização os dois ministros não participaram.

Nada, porém, representa tão bem a "era da pactomania" do que o Pacto Briand-Kellogg, firmado em 27 de agosto de 1928. Tudo começou com uma proposta convencional do francês, que almejava um pacto bilateral de segurança mútua com os Estados Unidos. Frank Kellogg, o secretário de Estado

---

4   CHURCHILL, Winston. *A Segunda Guerra Mundial.* São Paulo, Cia. Editora Nacional, 1948, vol. 1, p. 27.

5   O Brasil também pretendia ingressar no Conselho, mas o pleito não foi acatado. Então, declarando-se contrário à aceitação da candidatura alemã ao Conselho e criticando o desrespeito à regra de decisão unânime, o país retirou-se da Liga.

americano, recusou a ideia, sugerindo um tratado geral de renúncia à guerra. Voltava à tona a noção kantiana da "Paz Perpétua", que inspirara Wilson a formular o conceito da Liga das Nações. Briand, sem alternativa melhor, acabou aceitando um pacto cuja natureza idealista se evidencia no seu primeiro artigo: "As Partes Contratantes solenemente declaram, em nome de seus respectivos povos, que condenam o recurso à guerra para a solução das controvérsias internacionais e renunciam a ela como instrumento de política nacional nas suas relações com as demais."[6]

A guerra acabava de ser, solenemente, declarada ilegal. Os 48 membros da Liga das Nações assinaram o tratado, além de outros nove países, incluindo a URSS. A própria França, contudo, fez uma série de ressalvas, definindo que o pacto só teria validade, do seu ponto de vista, após a adesão de todos os países do mundo. Curiosamente, o Pacto Briand-Kellogg continua em vigor, pois jamais foi denunciado.

No início do ano seguinte, com o encerramento da moratória prevista pelo Plano Dawes, os países aliados formaram uma comissão destinada a elaborar um novo plano de pagamento para as reparações alemãs. Em junho, o Plano Young foi apresentado: a Alemanha pagaria a dívida em 36 anuidades. Na prática, o país recuperava a sua autonomia financeira, deixando de estar submetido à Comissão de Reparações. Aceito o plano, Stresemann voltou a pedir a desocupação da margem esquerda do Reno, em nome do "espírito de Locarno". Pressionado pela Grã-Bretanha, o governo francês iniciou a evacuação das tropas em agosto de 1929, completando-a em julho de 1930. Para garantir sua defesa, a França iniciou a construção da Linha Maginot.

Na décima Assembleia da Liga das Nações, um mês após o início da evacuação, Briand propôs a criação de uma federação europeia. A ideia, que refletia o espírito de colaboração em voga, deveria facilitar as relações econômicas entre os países do continente e afastar qualquer tipo de discurso belicista. Ele disse:

> Penso que os povos que são geograficamente agrupados como os povos da Europa deveriam ser ligados por uma espécie de união federal; estes povos deveriam ter a todo instante a possibilidade de entrar em contato, de discutir seus interesses, de tomar decisões comuns, de estabelecer

---

6   *Kellogg-Briand Pact 1928*. The Avalon Project.

entre eles laços de solidariedade, que lhes permitissem fazer frente nos momentos necessários, às circunstâncias graves, caso surgissem. É este laço que eu desejo estabelecer.[7]

Stresemann apoiou entusiasticamente a proposta. Contudo, ele morreu logo depois, no início do mês de outubro, e os efeitos devastadores do *crash* nos Estados Unidos acabaram redirecionando dramaticamente a política alemã rumo ao nazismo. Antes, porém, em maio de 1930, decididos a avançar a discussão, os franceses elaboraram um projeto de federação. Os Estados europeus membros da Sociedade das Nações responderam com críticas mais ou menos abertas à proposta, mas constituíram uma comissão, dirigida por Briand, para estudar a criação de uma União Europeia.

Aquele primeiro ensaio europeu, como o projeto que seria posto em marcha duas décadas mais tarde, já fazia da ideia federal um antídoto contra a rivalidade entre os nacionalismos francês e alemão. A proposta original priorizava aspectos políticos, deixando em segundo plano as relações econômicas que funcionariam como estopim da integração no segundo pós-guerra. Entretanto, o baile durou pouco. A demissão de Briand da chancelaria francesa, como fruto da derrota na disputa à presidência contra Pierre Laval, seguida de sua morte, resultariam no abandono do projeto da federação.

Em julho de 1931, com a economia mundial entrando em depressão, Herbert Hoover, presidente dos Estados Unidos, decretou moratória de um ano para os pagamentos referentes às reparações (dívida alemã) e aos débitos de guerra (dívidas dos Aliados). Encerrado o prazo, surgiu um intenso debate sobre a capacidade alemã de pagar as reparações, mesmo após o reescalonamento estabelecido pelo Plano Young. A fim de discutir o problema, as potências credoras convocaram a Conferência de Lausanne, no verão de 1932. Decidiu-se suspender os pagamentos por mais três anos. A ascensão de Hitler, no ano seguinte, provocaria a suspensão pura e simples de qualquer pagamento. No fim das contas, dos 132 milhões de marco-ouro devido pelos alemães, foram pagos somente 23 milhões.

A crise econômica contribuía para acirrar mais uma vez os nacionalismos. Apesar disso – ou, talvez, por isso mesmo – a fé no desarmamento

---

7   DUROSELLE, Jean-Baptiste. Op. cit., p. 140.

Aristide Briand e Gustav Streseman receberam o Prêmio Nobel da Paz em 1926 por seus esforços em solucionar as pendências entre França e Alemanha decorrentes do Tratado de Versalhes. Mas os seus ideais políticos pacifistas foram superados pela força do nacionalismo revanchista.

como garantia de paz conduziu à realização de uma grande conferência em Genebra a partir de fevereiro de 1932, com representantes de 64 países. Contraditoriamente, o governo alemão exigia, em nome do princípio da igualdade entre as nações, o direito de se rearmar. As discussões revelaram o afastamento entre Grã-Bretanha e França, com a primeira pressionando a segunda a reduzir seus armamentos e a rediscutir os tratados de 1919 em nome da restauração do equilíbrio de poder. Para a França, então a maior força militar da Europa, os tratados eram inegociáveis e o rearmamento alemão só poderia ser admitido mediante a efetiva criação de um sistema de segurança continental.

Os olhos de um mundo embevecido pelo pacifismo se fixaram na França, que aparecia como a vilã, interessada em provocar uma nova guerra. Internamente, o país também se encontrava dividido, com os partidos de esquerda, cujo pacifismo aumentava à medida que se aproximavam as eleições gerais, criticando a intransigência do governo Laval. Em Londres, *The Times* afirmava tratar-se de uma "oportuna correção das desigualdades".[8] Apenas Churchill

---

8   CHURCHILL, Winston. Op. cit., vol. 1, p. 71.

apoiava o posicionamento francês, observando que a paridade era uma quimera, uma vez que a população alemã somava 70 milhões, contra 39 milhões de franceses.

No mês de julho, a delegação alemã decidiu abandonar a conferência, alegando não ser tolerável que seu país continuasse a ser tratado como inimigo. Dois meses depois, Édouard Herriot, o sucessor de Briand, proferiu um discurso que continha a seguinte passagem:

> *A França (...) constata com amargura que a opinião alemã não reconhece nenhum grau dos sacrifícios consentidos na evacuação da Renânia antes do prazo, na aceitação do plano Young, nos acordos de Lausanne, no favorecimento do comércio alemão pelos tratados (...) Ela se inquieta com as questões militares que parecem preparar uma nova guerra.*[9]

Diplomatas sem rumo

Palavras vãs. Isolado interna e externamente, o governo francês acabou reconhecendo o direito da Alemanha ao rearmamento. Um esboço de acordo, formulado em dezembro, permitia que o contingente militar germânico passasse de 100 mil para 200 mil homens, enquanto o francês seria reduzido de 500 mil para 200 mil. O desfecho foi celebrado como um notável esforço para a preservação da paz. Na Alemanha, a interpretação foi menos simpática: era um sinal da decadência das raças inglesa e francesa. Churchill não deixou de apontar o egoísmo da política britânica, que pressionava a França pela paridade de forças terrestres enquanto mantinha a proibição do rearmamento naval alemão.

Quando, finalmente, o documento foi apresentado em uma nova rodada da Conferência de Desarmamento, em outubro de 1933, a resposta do governo nazista foi deixar a reunião e anunciar que a Alemanha estava abandonando a Liga das Nações. Ao mesmo tempo, as relações entre os países europeus e os

---

9   BAUMONT, Maurice. *Les origenes de la Deuxième Guerre Mondiale*. Paris, Payot, 1969, p. 46.

Estados Unidos se tornavam cada vez mais tensas, uma vez que o governo americano não admitiu vincular a suspensão do pagamento das reparações ao perdão dos débitos de guerra. Hoover declarou que os devedores deveriam cortar seus orçamentos militares e honrar suas dívidas. Roosevelt, ao ser empossado, manteve a mesma postura.

Uma curta era de grandes expectativas chegava ao fim. A diplomacia da paz geral dava lugar à afirmação fragmentária dos interesses nacionais:

> *Esses eventos tiveram extrema importância. Não somente marcaram o fim de um período no qual os tratados de paz eram basicamente aplicados e havia um engajamento internacional efetivo, como também provocaram o descontentamento dos Estados Unidos, no mesmo momento em que se iniciava uma era de crises e golpes de força na Europa, que os americanos compreendem mal e cujas ações os deixam indignados.*[10]

O primeiro golpe contra a paz veio do Japão, com a invasão da Manchúria, em 1931. Apesar dos protestos da Liga das Nações e da exigência de retirada, o governo japonês praticamente impôs os termos de um acordo com o governo da China. No fim de março de 1933 o Império do Sol Nascente anunciou que abandonava a Liga das Nações. Sem os Estados Unidos, a Alemanha e o Japão, a organização se convertia em pouco mais que um diretório franco-britânico.

A Alemanha não havia esperado o consentimento das potências ocidentais para reorganizar suas forças armadas. De modo mais ou menos sutil, isso vinha ocorrendo desde o início dos anos 1920. Enquanto os vencedores mantiveram as tecnologias militares empregadas na Grande Guerra, desenvolvendo táticas puramente defensivas e acreditando-se protegidos pelo pacifismo, os alemães trabalharam sobre as experiências da derrota, inovando suas estratégias e armamentos. Eles perceberam que precisavam organizar ataques fulminantes que impedissem qualquer resposta do inimigo. Para tanto, a motorização de todas as Armas era crucial, e a velocidade alcançada se tornou cinco vezes superior à empregada na guerra encerrada em 1918.

Em 1922, com a assinatura do Tratado de Rapallo com a URSS, novas fábricas e pesquisas foram desenvolvidas em território soviético em troca da

---

10 DUROSELLE, Jean-Baptiste. Op. cit., p. 147.

transferência de tecnologia. Em solo alemão foram criados grupos ilegais que reuniam os ex-oficiais do exército e que eram sustentados pelo Ministério da Guerra, enquanto a Força Aérea foi recomposta sob a camuflagem de pequenos campos de aviação civil para lazer e transporte regional.

Após a Conferência de Locarno, num gesto de boa vontade, Grã-Bretanha e França aceitaram substituir a Comissão Interaliada de Controle, que fiscalizava o cumprimento das cláusulas militares de Versalhes, por um comitê da Liga das Nações. Em 1927, os membros desse comitê saíram da Alemanha sabendo que o tratado era violado de diferentes formas, sem que nenhuma sanção fosse aplicada.

Assim, a autorização para o rearmamento em 1933 só serviu para eliminar qualquer possibilidade de condenação moral sobre o que já era um fato. Até então, porém, o predomínio das alianças de centro-esquerda na República de Weimar havia contido os ímpetos revanchistas dos grupos de direita. Tudo mudou com a chegada de Hitler ao poder. E, no entanto, nenhum líder europeu ou americano tinha o direito de se dizer surpreso com o rumo que as coisas tomaram: tudo estava previsto e escrito no *Mein Kampf*. É verdade que o *Führer* foi extremamente favorecido pela sorte, ou pela tibieza dos líderes anglo-franceses. Em mais de uma oportunidade ele agiria contrariando frontalmente as orientações de seu Estado-Maior, que avaliava que a Alemanha só estaria pronta para um nova guerra a partir de 1943. Mas seus ultimatos acabaram sempre aceitos pelas potências ocidentais, ajudando assim a criar o mito de Hitler como grande estrategista.

Se por um lado o governo nazista ganhava tempo reafirmando o compromisso alemão de respeitar as fronteiras franco-belgas, por outro o mesmo não ocorria em relação ao Leste Europeu e à proibição de união com a Áustria (*Anschluss*). A partir de 1934, Hitler começou a pavimentar o caminho que levaria à formação de um novo império. O passo inicial foi enfraquecer a aliança franco-polonesa, expressa no pacto de ajuda mútua assinado em Locarno. Para tanto, o governo nazista firmou um pacto de não agressão com a Polônia. O pacto pressupunha a aceitação das fronteiras estabelecidas em 1919, um compromisso que Hitler não tinha a menor intenção de honrar.

O renascimento do nacionalismo alemão não provocava reações entre os franceses e os britânicos, mas se desenrolava à vista de todos. Uma parte da história ficou oculta pelo hábito de olhar a história "de frente para trás", revisitando o passado a partir de suas consequências. Como depois se saberia que Hitler e Mussolini partilhavam as mesmas ambições totalitárias, quase nada se escreveu sobre o artigo publicado pelo *Duce* no jornal *Popolo d'Italia* do dia 13 de maio de 1934. Naquele texto, o ditador italiano alertou para o perigo das ambições alemãs e conclamou a França e a Grã-Bretanha a uma guerra preventiva contra o velho inimigo – uma proposição ignorada, especialmente em Londres.

Na raiz da divergência ítalo-alemã estavam as pretensões italianas sobre a região dos Bálcãs e do Danúbio. Na Áustria, o governo de Engelbert Dollfuss estava alinhado com Mussolini, primeiro pela identidade católica, segundo pela oposição ao *Anschluss*. Em julho, os nazistas austríacos, estimulados pelo governo alemão, tentaram dar um golpe de Estado que, mesmo frustrado, custou a vida de Dollfuss. A pronta reação de protesto italiano e sua mobilização diplomática levaram Hitler – desde o início um admirador do líder italiano, seu declarado modelo – ao recuo.

Internacionalmente, o golpe fracassado contribuiu para a definitiva dissolução do Comitê Permanente de Desarmamento, evento comemorado por um Churchill cada vez mais alarmado com a miopia do Parlamento britânico. Ele disse: "Alegra-me ver que a Conferência de Desarmamento deixa de viver para ingressar na História. Era um grande erro confundir o desarmamento com a paz."[11]

Na França, as correntes de opinião se dividiam entre o temor ao rearmamento alemão e o crescente ressentimento contra os britânicos, cada vez mais germanófilos. O governo de Laval decidiu empreender uma política de acordos bilaterais. Assim, iniciaram-se aproximações com o governo soviético, que resultaram em um pacto de defesa mútua, em maio de 1935. Poucas semanas depois, URSS e Tchecoslováquia se ligaram por um tratado de semelhante teor. Ambos os acordos, porém, não conseguiram aprofundar seus aspectos militares de modo a serem realmente eficazes.

A França também buscou ampliar seus vínculos com a Itália, até então marcados por certa tensão decorrente das ambições concorrentes no Mediterrâneo

---

11 CHURCHILL, Winston. Op. cit., vol. 1, p. 100.

e no norte da África. Mussolini interpretou a atitude de aproximação francesa como sinal de que eles aceitariam discutir a partilha colonial da África em troca da preservação da paz e da sua segurança na Europa. Assim pensando, o governo fascista italiano, que há tempos buscava criar um império, ordenou a invasão da Etiópia no início de 1935. O governo britânico, entretanto, não admitiu a agressão e endureceu sua política em relação à Itália, rejeitando qualquer ação que fortalecesse aquelas pretensões ou pudesse representar algum tipo de hostilidade contra a Alemanha. Por esse motivo, na Conferência de Stresa, em abril, Londres rejeitou a proposta italiana da coalização das três potências.

A lógica dos pactos bilaterais sabotava uma ação conjunta contra o rearmamento alemão. Sob o argumento de que o acordo franco-soviético ameaçava a Alemanha, Hitler deu curso à remilitarização da Renânia. Os franceses protestaram, mas nada fizeram, porque os britânicos se recusaram a reagir. O argumento para a inação, vocalizado por Lloyd George, era de que o líder alemão se limitara a responder à falta de um esforço maior dos Aliados na via do desarmamento. No fundo, obviamente, a posição de Londres equivalia a culpar a França pela violação de tratado cometida por Hitler.

A remilitarização da Renânia e o fracasso da Conferência de Stresa convenceram Mussolini de que o poder da França e da Grã-Bretanha estava em declínio – e de que estas estavam prontas para a capitulação. O tempo de conter a Alemanha parecia expirado. Agora, o *Duce* girava o leme para unir-se ao *Führer*. Em maio de 1936, a Itália anexou a Etiópia a seu império. Novamente, fracassaram as tentativas de intermediação e pressão da Liga das Nações, uma instituição agonizante. Naquele mesmo mês, o governo nazista denunciou o Tratado de Locarno. A diplomacia já não produzia nada, exceto uma densa nuvem de fumaça.

A "paz para a nossa época"

A eclosão da Guerra Civil Espanhola, em julho de 1936, selou a falência dos ideais pacifistas na Europa. A eleição da Aliança Republicana repetia, como na França no mesmo ano, a tática da Frente Popular de centro-esquerda para conter o avanço das forças de extrema direita. A fracassada tentativa de golpe de Estado organizada por setores do exército evoluiu para o conflito aberto contra o governo republicano.

Prontamente, os governos de Léon Blum, na França, e de Stalin, na URSS, declararam seu apoio às forças de esquerda. Na Grã-Bretanha, o governo conservador oscilou entre o apoio ao governo legítimo e o temor da radicalização revolucionária, que crescia com o desenrolar do conflito. Mussolini e Hitler passaram a dar suporte às forças rebeldes, enviando homens e armas para lutar ao lado do general Francisco Franco, com quem se identificavam pelo anticomunismo. Além disso, para a Alemanha, a intervenção na Espanha permitia testar e aperfeiçoar a nova máquina de guerra, com a aplicação prática da *Blitzkrieg*, a guerra-relâmpago. Permitia também avaliar a reação das potências ocidentais mediante a primeira ação militar alemã após a Grande Guerra – nada aconteceu.

Entretanto, o governo francês, mais uma vez refém das divisões internas, acabou propondo que nenhum Estado europeu interviesse na Espanha e que fossem bloqueadas as vendas de material bélico como forma de interromper a

Resposta alemã à política de não intervenção franco-britânica.

escalada do conflito. Ao mesmo tempo, seguindo a orientação de Moscou, os comunistas espanhóis dedicaram mais esforços à repressão das demais correntes de esquerda alinhadas com o governo republicano que a combater as forças do franquismo. A combinação foi fatal para a causa republicana, ajudando Franco a conquistar o poder.

A eleição da Frente Popular na França dificultou ainda mais a tentativa italiana de formar uma coalizão para conter Hitler. Ao mesmo tempo, mantendo tropas na Etiópia e na Espanha, Mussolini percebeu que não poderia sustentar suas pretensões de influência sobre a Áustria em caso de confronto com a Alemanha. Foi a partir de então que o *Duce* tratou de reorganizar sua política externa, abrindo mão da Áustria para se aproximar da Alemanha. Em outubro de 1936, Hitler e Mussolini negociaram um pacto antibolchevique. Nascia o Eixo.

Em maio de 1937, Neville Chamberlain se tornava o novo primeiro-ministro britânico. Meio-irmão de Austen Chamberlain, o ministro das Relações Exteriores artífice do Tratado de Locarno e ganhador do Nobel da Paz em 1925, Neville talvez tenha se tornado prisioneiro dessa figura tão admirada da política dos anos 1920, a ponto de manter uma obstinada e tola política de apaziguamento que, ao invés de evitar a guerra, trouxe-a para cada vez mais perto. O fato é que o único a contestar a política de Chamberlain era seu ministro das Relações Exteriores, Anthony Eden, que só contava com o apoio sistemático do não menos desprestigiado Churchill. Em fevereiro de 1938, Eden acabou pedindo demissão, dando lugar a lorde Halifax. Churchill discursou no Parlamento:

> *A renúncia do ministro das Relações Exteriores pode bem ser um marco na história. Grandes polêmicas, já se disse com razão, nascem de pequenos eventos mas raramente a partir de pequenas causas. O ex-ministro apoiava a velha política esquecida por nós durante muito tempo. O primeiro-ministro e seus colegas têm sustentado uma nova política. A velha política era um esforço para estabelecer a vigência da lei na Europa, e construir através da Liga das Nações mecanismos efetivos para deter o agressor. A nova política consiste em firmar compromissos com os poderes totalitários na esperança de que a paz possa*

*ser presevada por meio de grandes atos de submissão, de vastas impli-
cações não apenas em sentimentos e orgulho mas também em fatores
materiais.*

Na sequência, ele responsabilizou a "nova política" pela crescente influência da Alemanha nazista:

> *Uma posição firme da França e da Grã-Bretanha, sob a autoridade
> da Liga das Nações, teria sido seguida pela imediata evacuação da
> Renânia sem derramamento de uma gota de sangue; e os efeitos disso
> poderiam ter fortalecido os elementos mais prudentes do exército ale-
> mão, evitando a enorme ascendência que permite ao líder político da
> Alemanha tomar a ofensiva. A Áustria foi submetida à servidão e não
> sabemos se a Tchecoslováquia não sofrerá ataque similar.*[12]

No dia 5 de novembro de 1937, enquanto crescia a influência das correntes germanófilas nos governos da Grã-Bretanha e da França, Hitler reuniu
a Câmara do Reich para anunciar sua política pan-germânica: "O futuro da
Alemanha depende da expansão territorial."[13] Com o argumento de unir a
"raça alemã" sob o mesmo Reich, o *Führer* lançava suas garras sobre a Áustria
e a Tchecoslováquia.

Um dia depois, Alemanha, Itália e Japão assinaram o Pacto Anti-Comintern, dirigido contra a Internacional Comunista mas não contra a URSS, com
quem Japão e Itália mantinham relações cordiais. Nessa ocasião, Joachim von
Ribbentrop, então embaixador alemão em Londres, falou abertamente sobre
a Áustria com Mussolini, que deixou claro que a reconheceria como área de
influência alemã, prometendo não intervir na hipótese de um conflito decorrente do *Anschluss*.

Agindo através do Partido Nazista austríaco, Hitler começou a pressionar
o primeiro-ministro Kurt Schuschnigg para que ele indicasse Arthur Seyss-
Inquart, o líder nazista, para o Ministério do Interior da Áustria. Enquanto
tentava resistir, Schuschnigg consultou os governos da Itália e da Grã-Breta-

---

12 CHURCHILL, Winston. Speech in the House of Commons on the resignation of Anthony Eden as Foreing Secretary (22nd February, 1938).

13 DUROSELLE, Jean-Baptiste. Op. cit., p. 209.

nha, de ambos recebendo o conselho de negociar e evitar o enfrentamento. O Conselho de Ministros da Áustria acabou cedendo à exigência alemã no dia 11 de março. Horas depois, Goering exigiu a demissão do primeiro-ministro, que renunciou. Outra ameaça e Seyss-Inquart foi nomeado chefe do governo. Dois dias depois as fronteiras entre os dois países foram abertas e o *Anschluss* se tornou realidade sem o disparo de um único tiro.

Hitler fortaleceu sua liderança e as poucas correntes de oposição interna, inclusive no exército, ficaram cada vez mais isoladas. Imediatamente o Partido Alemão dos Sudetos, controlado por Berlim, enviou uma carta à Câmara dos Deputados da Tchecoslováquia exigindo a federalização do país, a fim de obter a máxima autonomia para a região. O presidente tcheco, Edvard Benes, imaginando-se protegido pelos acordos com a França e a URSS, recusou a federalização, oferecendo em troca a concessão de ampla autonomia para a população dos Sudetos.

Enquanto isso, na França, Édouard Daladier, um defensor do apaziguamento, assumia o comando de um novo Conselho de Ministros. Confrontado com a crise tcheca, Daladier consultou Chamberlain sobre a disposição britânica de auxiliar a França em seu compromisso com o país do Leste. A resposta foi que a Grã-Bretanha não se envolveria em nenhum conflito no Leste Europeu. Por seu lado, os soviéticos, partidários da mobilização das tropas tchecas e da resistência, reafirmaram que o tratado existente estava vinculado à ação francesa em caso de guerra.

Naqueles anos o governo soviético buscou se aproximar diplomaticamente das potências ocidentais, embora convicto de que a política de apaziguamento tivesse por objetivo provocar uma guerra entre alemães e russos. Mas o governo britânico, controlado pelo Partido Conservador, sempre rejeitou essa aproximação. Na França, a situação era oscilante e não produziu muito mais do que palavras.

Hitler orientava o Partido Alemão dos Sudetos a não aceitar nenhuma negociação com o governo tcheco, até que uma grave crise se instalasse e justificasse a intervenção em nome da defesa da população alemã e do direito de autodeterminação. A tática também incluía expedientes como forjar atentados e provocar conflitos de rua com muitos feridos e mortos. Em 19 de julho, o ministro do Exterior francês, Georges Bonnet, enviou mensagem ao presidente

Benes informando-lhe que uma recusa a negociar com os alemães não teria o apoio da França.

A "questão dos Sudetos" atingiu o ápice em setembro. Tentando evitar o pior, Chamberlain se ofereceu para ir à Alemanha negociar diretamente com Hitler, o que ocorreu no dia 15. O *Führer* anunciou que os Sudetos seriam anexados e exigiu o reconhecimento do fato. Chamberlain alegou que precisava consultar o Parlamento e o governo da França. De volta a Londres, o primeiro-ministro recebeu Daladier. O francês, apesar de bastante vacilante, acabou aceitando a proposta de revisão das fronteiras tchecas para contemplar a exigência alemã – sem levar em conta que os governos da Polônia e da Hungria também se aproveitavam da fragilidade tcheca para reclamar territórios do país. No dia 21, Benes aceitou a perda dos Sudetos. Então, previsivelmente, Hitler passou a falar em nome da autodeterminação dos poloneses da região de Teschen e dos húngaros da Eslováquia.

A valsa do apaziguamento parecia não ter fim. Dia 22, Chamberlain retornou à Alemanha para o encontro com Hitler em Godesberg e declarou ao anfitrião que a nova investida contra a Tchecoslováquia seria inaceitável perante a opinião pública britânica, francesa e mundial. Menos de uma semana depois, Hitler lançou um novo ultimato: ou as exigências alemãs seriam plenamente satisfeitas ou ele iniciaria a mobilização do exército na tarde do dia seguinte. Nesse ínterim, Stalin tentou organizar um encontro com as potências ocidentais, inclusive a Itália, mas de novo foi ignorado.

Chamberlain propôs a Hitler e Mussolini uma reunião de emergência, e o *Duce* viu a chance de mediar o conflito e evitar o envolvimento da Itália em uma guerra para a qual o país ainda não estava preparado. No dia 29, Chamberlain, Daladier, Mussolini e Hitler reuniram-se na Conferência de Munique. Benes não estava presente, ao contrário do que queriam os britânicos. Daladier deixou claro que a França não aceitaria o desmembramento da Tchecoslováquia e Hitler, momentaneamente, recuou. O acordo, firmado no dia 30, dispunha que a Liga das Nações redefiniria as fronteiras tchecas. Desse modo, a organização se transfigurava em instrumento para a traição dos solenes compromissos assumidos pelas potências ocidentais.

No mesmo dia, sem consulta ao tradicional aliado, Chamberlain assinou um pacto de não agressão com a Alemanha. Em seu retorno a Londres, foi

Chamberlain, Daladier, Hitler e Mussolini reunidos para a Conferência de Munique, em setembro de 1938. Nessa conferência as potências Aliadas capitularam perante seu próprio temor de enfrentar uma nova guerra, a insatisfação da opinião pública e a ameaça revolucionária.

recebido em triunfo e pronunciou sua mais famosa frase: "Creio que essa é a paz para a nossa época."[14] Todavia, dentro do Partido Conservador cresciam as críticas ao apaziguamento. Para Daladier, a situação foi mais aflitiva, pois ele sabia que a França perdia seu prestígio internacional ao trair a Tchecoslováquia. Mesmo assim, arrostando uma grave crise econômica, o governo francês assinou seu próprio pacto de não agressão com a Alemanha.

Como previsto, a sujeição do governo tcheco ao Acordo de Munique acirrou as reivindicações territoriais da Polônia e da Hungria, provocando o desmoronamento do governo e a desagregação da Tchecoslováquia. Era o que Hitler esperava. A pretexto de preservar a estabilidade na região, tropas alemãs invadiram o país no dia 15 de março. Chamberlain, tomado de toda a indignação que um cavalheiro inglês podia manifestar, fez um discurso declarando ser impossível negociar com Hitler, pois suas ambições territoriais iam muito além das áreas ocupadas por alemães. Só então foram iniciadas conversações de caráter militar com o governo francês.

---

14 DUROSELLE, Jean-Baptiste. Op. cit., p. 227.

Os anos de apaziguamento conduziam a um desfecho que já não podia ser evitado. Em outubro de 1938, Ribbentrop apresentou o problema do controle sobre o porto de Danzig (a atual Gdansk). O governo polonês admitiu algumas concessões aos alemães, mas não a reanexação. Por segurança, decidiram aproximar-se da URSS, o que levou o governo alemão a jogar com as inúmeras ambições territoriais da Polônia, acenando-lhe com o apoio às reivindicações sobre a Ucrânia de modo a afastá-la de Moscou. Alcançado o objetivo, em março de 1939 foram retomadas as reivindicações sobre o porto. No dia 31 daquele mês, Chamberlain e Daladier anunciaram garantias à Polônia.

No meio-tempo, o governo Roosevelt tentava obter um compromisso ítalo-germânico no sentido de não promoverem nenhuma ação militar na Europa pelos dez anos seguintes. Hitler respondeu que estava farto de ameaças e aproveitou para denunciar o acordo naval com a Grã-Bretanha e o pacto de não agressão com a Polônia. No final de abril, a Câmara dos Comuns aprovou a primeira lei de alistamento obrigatório na Grã-Bretanha.

Nem todos os atos finais seguiram um roteiro previsível. Preparando-se para a guerra, a Alemanha assinou o Pacto de Aço com a Itália e o Japão no mês de maio. Na prática, sem surpresa, a Itália entrava de uma vez na órbita da política alemã. Contudo, pouco depois, Stalin fazia o mais surpreendente movimento no xadrez geopolítico europeu.

O pacto dos totalitarismos: Hitler e Stalin

Hitler chegara a Zoppot depois de inspecionar o avanço das tropas alemãs na frente polonesa. A invasão tinha menos de um mês, mas já se conduziam massacres de civis poloneses e judeus nas áreas ocupadas. No leste da Polônia, em coordenação com as forças alemãs, avançavam as tropas soviéticas, compostas por quase meio milhão de soldados e cerca de 4 mil tanques e blindados. Nas cidades de Lvov e Brest-Litovsk, faziam-se até mesmo paradas militares conjuntas de alemães e soviéticos, celebrando uma incomum unidade de propósitos.

Naquele final de setembro de 1939, tudo corria segundo os planos e Hitler provavelmente usufruiu de uma noite tranquila em Zoppot, um subúrbio de Danzig cuja vida girava ao redor do cassino. Danzig tornara-se uma Cidade Livre sob os auspícios da Liga das Nações, por determinação do Tratado de Versalhes de 1919. A Polônia, que recobrara a independência após a derrota alemã na

Grande Guerra, não obtivera a pretendida soberania sobre a cidade, habitada quase exclusivamente por alemães. Desde as eleições de 1933 os nazistas controlavam o parlamento local, e a reivindicação de retorno da antiga cidade à soberania alemã contava com intenso apoio popular. O discurso do *Führer* era aguardado numa atmosfera de jubilosa excitação, aquecida ainda pela expectativa de um próximo armistício com as potências ocidentais.

O povo da cidade preparara uma recepção triunfal. Na semana anterior, recolhera flores do campo para forrar os 16 quilômetros que separavam Zoppot da praça da guilda medieval. Sob um sol brilhante de inverno, Hitler falou das "bênçãos da paz", invectivou contra os "fanáticos traficantes da guerra" e chegou ao ponto crucial de sua mensagem, destinada aos homens de Estado da Grã-Bretanha e da França. Então, referiu-se à URSS de Stalin como um aliado e um parceiro na reorganização geopolítica da Europa:

> *Eu agora estou feliz (...) em refutar (...) as autoridades britânicas que sustentam incessantemente que a Alemanha planeja dominar a Europa até os montes Urais. (...) Contudo, cavalheiros do Império Britânico, os objetivos alemães são bastante limitados. Nós discutimos o tema com a Rússia (...) e se vocês nutrem a opinião de que chegaremos a um conflito sobre isso – não chegaremos (...). A Alemanha não pretende, e não pretendeu, conquistar a Ucrânia. (...) Eu não tenho, nem a nação alemã tem, nenhuma reivindicação de guerra em relação à Inglaterra ou à França (...) A Polônia jamais se erguerá novamente na forma do Tratado de Versalhes. Isso é assegurado não apenas pela Alemanha, mas também (...) pela Rússia.*[1]

Alemanha e URSS juntas – isso é o que estava escrito, em termos fracos, na parte pública do Pacto Molotov-Ribbentrop, datado de 23 de agosto de 1939, na qual as duas potências se comprometiam com um princípio de não agressão e com uma postura de neutralidade na hipótese de uma delas sofrer ataque de um terceiro país. O tratado continha, porém, um protocolo secreto, no qual se delineava uma divisão de esferas de influência alemã e soviética.

---

1 "Germany – seven years war?". *Time*, 2 de outubro de 1939.

VISÕES DO FUTURO, EM MEIO À DESTRUIÇÃO

Hitler, de certo modo, proclamava em Danzig aquilo que fora pactuado em segredo apenas uma semana antes da invasão da Polônia.

O artigo IV, final, do protocolo, determinava que o acerto seria mantido em sigilo. Os demais artigos continham os termos da partição. No primeiro, referente aos Estados bálticos e à Finlândia, ficava estabelecido que "a fronteira setentrional da Lituânia deve representar o limite entre as esferas de influência da Alemanha e da URSS".[2] O significado disso é que à URSS caberiam a Finlândia, a Estônia e a Letônia. No segundo, dividia-se a Polônia segundo a linha dos rios Narev, Vístula e San, deixando-se em aberto a questão da manutenção de uma independência formal polonesa. No terceiro, a Alemanha se declarava desinteressada na Bessarábia e reconhecia o interesse soviético sobre a região.

O pacto assinado pelos ministros do Exterior Molotov, da URSS, e Ribbentrop, da Alemanha, atendia às necessidades militares alemãs. Hitler extraíra da derrota de seu país na Grande Guerra a lição estratégica de que deveria evitar a repetição de uma guerra simultânea em duas frentes. A neutralização temporária da URSS decorria daquela conclusão. Por meio do pacto, a Alemanha assegurava o controle da Polônia ocidental e a estabilidade no Leste, podendo concentrar-se na etapa seguinte de seu plano estratégico, que era a conquista da França.

As coisas funcionaram mais ou menos de acordo com as expectativas, para os alemães. Em maio de 1940, começou a ofensiva na frente ocidental. A capitulação da Holanda e a queda de Bruxelas demoraram uma semana. Os blindados alemães rolaram sob o Arco do Triunfo no 13 de junho. Hitler imaginava que os britânicos, sob o impacto das vitórias alemãs, seriam levados a solicitar o armistício, o que não aconteceu. Mesmo assim, depois de uma longa reflexão pontuada de dilacerantes interrogações, decidiu seguir o curso e deflagrar a Operação Barbarossa, de invasão da URSS.

A história oficial soviética do pós-guerra empregou-se a fundo na construção de justificativas para o pacto firmado com a Alemanha nazista. As forças soviéticas que tomaram Berlim em 1945 encontraram a versão original

---

2   Internet Modern History Sourcebook: The Molotov-Ribbentrop Pact, 1939.

em alemão do pacto e a transferiram para os arquivos sigilosos do Estado, em Moscou. Para efeitos internos e internacionais, a URSS precisava proteger sua imagem heroica de protagonista principal no triunfo contra o nazismo. Até 1989, contra todas as evidências, os governos soviéticos negaram a existência do protocolo secreto. Molotov, pessoalmente, nunca se desviou dessa linha oficial, mesmo no intervalo em que conheceu o ostracismo, durante o governo de Khruschov. Ele morreu, em 1986, dois anos após sua reabilitação, na condição de último remanescente da geração que viveu a Revolução Russa, sem admitir a existência daqueles quatro terríveis artigos.

Ao longo de quatro décadas, os manuais históricos soviéticos explicaram o pacto de não agressão como um lance diplomático magistral: o instrumento que evitou uma aliança antissoviética das potências ocidentais com a Alemanha e ganhou tempo para a URSS preparar seu dispositivo militar de defesa. A versão soviética filtrou-se para o público ocidental por meio de textos de historiadores comunistas que exercitaram, uma vez mais, a completa ou parcial suspensão do ânimo crítico. Mesmo um intelectual da classe de Eric Hobsbawm,

Stalin, entre Ribbentrop e Molotov, em Moscou, na conclusão do Pacto Germano-Soviético de 1939. No dia seguinte, como por encanto, os partidos comunistas cessaram a crítica à Alemanha, girando as baterias contra os liberais e os social-democratas. Durante mais de um ano, em toda a etapa inicial da guerra, a URSS forneceria as matérias-primas para o esforço militar nazista.

escrevendo após o encerramento da Guerra Fria, oferece um álibi para a aliança expansionista entre Hitler e Stalin:

> *A relutância pura e simples dos governos ocidentais em entrar em negociações efetivas com o Estado vermelho, mesmo em 1938-9, quando a urgência de uma aliança anti-Hitler não era mais negada por ninguém, é demasiado patente. Na verdade, foi o temor de ter de enfrentar Hitler sozinho que acabou levando Stalin, desde 1935 um inflexível defensor de uma aliança com o Ocidente contra Hitler, ao Pacto Stalin-Ribbentrop de agosto de 1939, com o qual esperava manter a URSS fora da guerra enquanto a Alemanha e as potências ocidentais se enfraqueciam mutuamente, em proveito de seu Estado, que, pelas cláusulas secretas do pacto, ficava com uma parte dos territórios ocidentais perdidos pela Rússia após a revolução.[3]*

A análise contém motivos diversos, que são organizados numa hierarquia ajustada para justificar a política do ditador soviético. Sem dúvida, Stalin temia enfrentar sozinho a Alemanha nazista, especialmente numa conjuntura em que a URSS se encontrava debilitada pelos grandes expurgos nas forças armadas, e obviamente pretendia, por meio do pacto, restaurar as fronteiras da Rússia imperial. Mas atribuir a nova estratégia soviética, que punha um ponto final na etapa das frentes populares antifascistas, à "relutância (...) dos governos ocidentais em entrar em negociações efetivas com o Estado vermelho" é apostar tudo na ignorância histórica do público.

A valsa da aliança

No entreguerras, o isolamento internacional aproximou a URSS bolchevique da Alemanha derrotada na Grande Guerra. O primeiro passo consistiu no Tratado de Rapallo, de 1922, pelo qual os dois países renunciaram mutuamente a reivindicações territoriais ou reparações financeiras. O segundo foi o

---

3   HOBSBAWM, Eric J. *A era dos extremos: O breve século XX (1914-1991)*. São Paulo, Companhia das Letras, 1996, p. 152.

Tratado de Berlim, de 1926, pelo qual ambos se comprometeram a conservar neutralidade na hipótese de um ataque contra qualquer um deles. Na sequência, firmaram-se acordos comerciais que impulsionaram o intercâmbio de produtos básicos soviéticos por maquinário industrial alemão.

O comércio bilateral retrocedeu com a crise que acompanhou a coletivização forçada na URSS. Um acordo de crédito, assinado em 1935, já com Hitler à frente do gabinete alemão, propiciou a retomada do intercâmbio, que contribuía para os planos soviéticos de industrialização acelerada e para o programa nazista de rearmamento. Nada disso, contudo, se assemelhava ao pacto de cooperação estratégica e militar estabelecido às vésperas da eclosão da Segunda Guerra Mundial.

À primeira vista, nada poderia ser mais surpreendente que o Pacto Molotov-Ribbentrop. No final de 1936, Alemanha e Japão firmaram o Pacto Anti-Comintern, ostensivamente dirigido contra a Internacional Comunista mas representando, de fato, o ensaio de uma coalizão militar antissoviética. Pouco antes, começara a Guerra Civil Espanhola, que foi, ao menos em parte, um conflito militar indireto entre Alemanha e URSS. A guerra na Espanha terminou em abril de 1939, quando já estavam em andamento as negociações que produziram o pacto de agosto.

No *Mein Kampf* encontrava-se a linha estratégica inflexível de Hitler, que enxergava na Rússia o inimigo principal – o alvo a ser conquistado e destruído. O erro de Guilherme II na Grande Guerra teria consistido em entrar em guerra com a Grã-Bretanha, no lugar de concentrar todos os esforços na expansão para o Leste. Desde que chegou ao poder, o *Führer* traçou uma orientação destinada a evitar a reprodução de tal equívoco. Em 1935, por meio do acordo naval anglo-germânico, ele deu garantias de que a marinha alemã não ultrapassaria 35% da tonelagem da marinha britânica. Para conservar a Grã-Bretanha fora da futura guerra, a Alemanha não deveria ameaçar o Império Britânico.

Os cálculos hitleristas se baseavam na relutância predominante na política britânica de envolver-se em novo conflito com os alemães. O primeiro-ministro Chamberlain representava essa inclinação ao apaziguamento, reforçada por uma heteróclita corrente de admiradores de Hitler. No fim das contas, pelo menos até o trauma de Munique, muitos britânicos influentes acreditavam que os interesses de seu país seriam bem servidos por uma Alemanha poderosa em

VISÕES DO FUTURO, EM MEIO À DESTRUIÇÃO 371

choque com a Rússia vermelha. O ponto fora da curva era Churchill, um político mais ou menos marginalizado desde a Grande Guerra que não se cansava de alertar contra o perigo nazista.

O ano de 1938 provocou uma mudança crucial nas percepções britânicas. Naquele ano, sem um único tiro, o Reich alemão anexou a Áustria e, na Conferência de Munique, incorporou uma porção fundamental da Tchecoslováquia, que tinha uma aliança com a França e a URSS. Os franceses recuaram de seu compromisso pois não lutariam sem o apoio dos britânicos. Os soviéticos, que não foram convidados para a conferência, desistiram ao saber da abjuração francesa. Pouco antes do desonroso desfecho, Churchill escreveu, em correspondência privada: "Parecemos estar muito próximos da sombria escolha entre a Guerra e a Vergonha. Minha impressão é que escolheremos a Vergonha, então teremos a Guerra de quebra um pouco depois, em condições ainda mais adversas do que atualmente."[4]

Sob o impacto de Munique, iniciaram-se em março de 1939 as articulações para um acordo entre Grã-Bretanha, França e URSS. Maxim Litvinov, então ministro do Exterior soviético, apresentou um esboço de pacto tripartite de segurança coletiva em meados de abril. Duas semanas mais tarde, o judeu Litvinov foi afastado de seu posto e substituído por Molotov, que recebeu instruções de eliminar os funcionários judeus do ministério. O cosmopolita Litvinov acreditava sinceramente na segurança coletiva e estava profundamente convencido da ameaça representada por Hitler. Molotov não acreditava em nada, exceto na autoridade suprema de Stalin. A mudança no comando da política externa indicava que o ditador tendia na direção de um pacto com a Alemanha, não com as potências ocidentais. Contudo, os sinais eram deliberadamente dúbios, como ficou claro quando Molotov apontou o judeu Solomon Lozovski como um dos vice-ministros.

O jogo duplo de Moscou se acentuou ao longo de maio e junho. Os franceses deram indícios de que aceitariam até mesmo entregar a Polônia oriental à URSS em troca do pacto tripartite, mas os britânicos não aceitaram ir tão longe. Ao mesmo tempo, diante de uma sugestão alemã para a ampliação do acordo comercial com a URSS, Molotov retrucou que os so-

---

4 LUKACS, John. *O duelo: Churchill x Hitler*. Rio de Janeiro, Jorge Zahar, 2002, p. 30.

viéticos estariam dispostos a negociar um tratado mais ousado, de caráter estratégico. Era tudo o que Hitler queria ouvir. A neutralização temporária da URSS estabeleceria o cenário ideal para uma guerra-relâmpago de conquista da França, seguida por um armistício ou mesmo um acordo de paz com a Grã-Bretanha.

Stalin tinha objetivos territoriais definidos no jogo perigoso das negociações que precederam a eclosão da guerra. Ele faria o pacto com o parceiro que lhe assegurasse uma esfera de influência sobre a Polônia, a Finlândia e os Estados bálticos. Na hora da redação do esboço de um pacto tripartite, os soviéticos mencionaram esses países entre os que ficariam cobertos pelas garantias de segurança. Os líderes poloneses e bálticos reagiram, temendo serem colocados sob uma espécie de protetorado soviético. Os poloneses se negaram a cooperar militarmente com Moscou; os segundos estonianos e letões firmaram pactos de não agressão com a Alemanha. Em julho, mesmo sem uma solução para tais impasses, franceses e britânicos receberam o rascunho soviético de uma convenção militar preventiva contra uma agressão alemã.

O rascunho era um ardil destinado a iludir as potências ocidentais e a fortalecer a posição soviética junto aos alemães. Dias depois de sua apresentação, enquanto concluíam o acordo comercial, alemães e soviéticos se envolveram nas negociações do pacto estratégico bilateral. Ribbentrop conduziu pessoalmente as conversações, assegurando que a Alemanha respeitaria os interesses soviéticos no Báltico e na Polônia. Ele foi mais longe, garantindo que a antiga hostilidade alemã contra a URSS se dissolvera com a renúncia soviética à revolução mundial e enfatizando que os dois Estados compartilhavam a aversão às democracias capitalistas.

Em agosto, as coisas se aceleraram. No dia 10, chegou a Moscou uma delegação anglo-francesa com poderes limitados para discutir os princípios gerais de um tratado, exasperando Stalin. No dia 14, Hitler decidiu enviar Ribbentrop à capital soviética para finalizar o pacto. No dia 19, Molotov apresentou ao embaixador alemão o esboço do texto do pacto. No dia 20, URSS e Alemanha firmaram o novo acordo comercial. No dia 21, um telegrama de Hitler pousou sobre a mesa de Stalin com a solicitação de visita de Ribbentrop. Horas depois, a infeliz delegação ocidental foi praticamente dispensada e Stalin comunicou a Hitler que receberia o ministro alemão.

A 23 de agosto, Ribbentrop desembarcou no aeroporto de Moscou orna-

VISÕES DO FUTURO, EM MEIO À DESTRUIÇÃO

Soldados finlandeses na "guerra de inverno" contra a URSS, no início de 1940. Stalin enxergou o Pacto Germano-Soviético como uma oportunidade para a expansão geopolítica soviética na Europa centro-oriental e na Finlândia.

mentado de suásticas. Horas depois, Stalin o recepcionou no Kremlin e o pacto foi firmado. O alemão sugeriu que se acrescentasse ao texto uma passagem exaltando a amizade germano-soviética. O ditador soviético rejeitou a ideia nos seguintes termos: "Você não acha que temos de dar um pouco mais de atenção à opinião pública de nossos países?"[5]

Ribbentrop retornou a Moscou a 27 de setembro, pouco antes do discurso de Hitler em Danzig e quase um mês após o início da dupla invasão, alemã e soviética, da Polônia. Stalin lhe pediu uma modificação no protocolo secreto original, que seria a entrega da Lituânia à URSS. Consultado por telégrafo, Hitler aquiesceu imediatamente. Um jantar de gala no Kremlin oferecido à delegação alemã celebrou a conclusão da partilha. Sem alternativas, os representantes dos três Estados bálticos permitiram a entrada das forças soviéticas.

A Finlândia resistiu sozinha, conduzindo uma guerra desesperada contra a URSS. A ofensiva soviética de inverno, prevista para durar menos de duas

---

5 MONTEFIORE, Simon Sebag. *Stalin, a corte do czar vermelho*. São Paulo, Companhia das Letras, 2006, p. 351.

semanas, demandou meses, concluindo-se apenas em março de 1940. Deixou quase 50 mil finlandeses e mais de 120 mil soviéticos mortos. Nas geladas florestas boreais, soldados finlandeses utilizaram garrafas cheias de gasolina para incendiar os tanques russos. Batizaram a arma improvisada de "coquetéis Molotov", numa amarga homenagem ao ministro que costurara a aliança entre a URSS e a Alemanha.

O nacionalismo soviético

No discurso de Danzig, Hitler enfatizou a cooperação geopolítica e militàr entre seu país e a URSS mas registrou que uma diferença política essencial o separava de Stalin: "Eu quero dar aqui uma explicação: a Rússia permanece sendo o que é e a Alemanha também permanece sendo o que é."[6] Cerca de um mês antes, Molotov expusera os termos do pacto aos altos dirigentes do Estado soviético e, igualmente, traçara uma nítida linha demarcatória entre União Soviética e Alemanha.

A exposição de Molotov concentrou-se em oferecer explicações para o fracasso das negociações com britânicos e franceses. A Grã-Bretanha foi acusada de não se esforçar para contornar as objeções polonesas à "assistência militar" da URSS, uma forma eufemística de dizer que os britânicos se recusaram a avalizar as pretensões soviéticas na Polônia. Às duas potências ocidentais, ele imputou, corretamente, o envio de uma delegação sem poderes para as negociações finais em Moscou – mas não disse que, àquela altura, a URSS já escolhera a Alemanha. Essencialmente, repetindo palavras de Stalin, o ministro do Exterior afirmou que Grã-Bretanha e França "envenenavam a atmosfera" a fim de provocar um conflito artificial entre URSS e Alemanha.

Molotov criticou a "propaganda antifascista super-simplificada" que negava qualquer possibilidade de cooperação entre a URSS e o Estado nazista, invocando Lenin para falar de um "princípio de coexistência pacífica" com os "países capitalistas". Abordando o ultraje provocado pelo pacto na esquerda democrática, acusou "certos jornais 'socialistas', diligentes serviçais dos 'seus'

---

6 "Germany: Seven years war?". *Time*, 2 de outubro de 1939.

capitalismos nacionais" de instigarem uma "guerra europeia geral". Calculada-mente, não mencionou a cláusula secreta do tratado, definindo-o como apenas um "pacto de não agressão" que protegeria os interesses nacionais soviéticos. Eis a passagem decisiva:

> *A principal importância do Pacto de Não Agressão Soviético-Germâ-nico repousa no fato de que os dois maiores Estados da Europa con-cordaram em pôr fim à inimizade entre eles, para eliminar a ameaça de guerra e viver em paz entre si, estreitando desse modo a zona de conflito militar potencial na Europa. Mesmo se conflitos militares na Europa se comprovem inevitáveis, a dimensão das hostilidades será agora restringida.*[7]

Nos tempos de Lenin, os bolcheviques não pensavam em nenhum inte-resse nacional, mas apenas no imperativo internacional da revolução prole-tária. Sob Stalin, contudo, o internacionalismo original dera lugar a um tipo especial de nacionalismo no qual os interesses da pátria se identificavam com o poder absoluto da direção comunista da URSS.

O novo nacionalismo soviético era a fonte das sucessivas reviravoltas estra-tégicas formuladas em Moscou e impostas à Internacional Comunista. No "ter-ceiro período", a social-democracia fora definida como principal inimigo, junto com os fascistas. Em 1935, sob o impacto da ascensão de Hitler, a linha das fren-tes populares antifascistas substituía bruscamente a orientação anterior e a URSS procurava um lugar na constelação do sistema internacional. No ano anterior, por uma coincidência plena de significados, enquanto a URSS era admitida na Liga das Nações, a Alemanha se retirava da organização de segurança coletiva.

A Conferência de Munique convenceu Stalin de que britânicos e france-ses não enfrentariam Hitler. A mente do ditador soviético, propensa a enxer-gar tanto as conspirações reais quanto, especialmente, as imaginárias, traduziu a política vacilante do "apaziguamento" como uma estratégia calculada para produzir uma guerra devastadora entre Alemanha e URSS. A linha da seguran-ça coletiva de Litvinov esboroou-se naquele momento. Dali em diante, a ideia de um pacto com Hitler se instalou no pensamento estratégico de Stalin.

---

7   MOLOTOV, Viatcheslav. *The meaning of the Soviet-German Non-Agression Pact*. Nova York, Workers Library Publishers, 1939, p. 12.

A política das frentes populares definia o nazifascismo como inimigo existencial da URSS e do proletariado. Os partidos comunistas se acostumaram com esse conceito, muito mais razoável e verossímil que o esquerdismo do "terceiro período". A nova reviravolta causada pela celebração moscovita da aliança entre a "pátria do socialismo" e a "pátria do nazismo" caiu como uma montanha de gelo sobre a opinião pública de esquerda. George Orwell exprimiu um sentimento muito difundido ao escrever, numa carta a seu editor inglês, o socialista Victor Gollancz, em 1940: "Os intelectuais que estão, hoje, argumentando que democracia e fascismo são a mesma coisa me deprimem horrivelmente."[8]

Muitos se sentiram deprimidos, inclusive velhos e fiéis comunistas. Harry Pollitt, o líder do pequeno Partido Comunista britânico, colocara à venda, a 12 de setembro de 1939, 50 mil cópias de seu panfleto intitulado "Como vencer a guerra", que era um chamado aos trabalhadores para se unir na guerra enfim declarada contra a Alemanha. Menos de duas semanas mais tarde, na toada do pacto firmado em Moscou, seu partido já denunciava o governo britânico e apresentava a guerra como um conflito entre desprezíveis imperialistas. Pollitt não engoliu e foi retirado da liderança, enquanto o partido pedia ao governo que considerasse as sugestões de paz emanadas de Hitler. Um ano mais tarde, um amargo Pollitt se dirigiu a seus colegas do Comitê Central nos seguintes termos: "Eu não invejo camaradas que conseguem, tão levemente, no intervalo de uma semana, transitar de uma convicção política a outra."[9] Mas ele também acabou por se curvar.

De modo geral, os partidos comunistas, há muito domesticados, adaptaram-se celeremente à reviravolta. Walter Ulbricht, o líder do partido alemão, definiu a Grã-Bretanha como a mais reacionária das potências imperialistas. O partido tcheco denunciou como provocadores os participantes de protestos antialemães em Praga. Maurice Thorez, líder do partido francês, desertou do exército de seu país em nome do "derrotismo revolucionário" e exilou-se em Moscou. Os jovens intelectuais britânicos Raymond Williams e Eric Hobsbawm

---

8   RAI, Alok. *Orwell and the politics of despair: A critical study of the writings of George Orwell*. Cambridge, Cambridge University Press, 1988, p. 86.

9   BRADLEY, Michael. "A band of brothers?". *International Socialism*, n° 103, novembro de 2004.

assinaram um panfleto apoiando o Pacto Molotov-Ribbentrop e a invasão da Finlândia pela URSS. Mas, entre os intelectuais e militantes de esquerda já decepcionados com o stalinismo, começou um debate sobre a natureza da URSS.

Não teria o Estado soviético cruzado a última fronteira, convertendo-se num poder hostil à classe trabalhadora e ao socialismo? Trotski, do exílio no México, condenou o pacto com Hitler num texto escrito apenas um mês após a assinatura do vergonhoso tratado. Contudo, opinou que, apesar de todas as monstruosas deformações, a URSS continuava a figurar como Estado operário. A casta stalinista não representaria uma nova classe exploradora, como sugeriam alguns de seus próprios seguidores na recém-fundada Quarta Internacional, mas uma "oligarquia parasitária" ou uma "burocracia totalitária" que seria expelida numa futura revolução política.[10]

A abertura dos arquivos soviéticos secretos, após o colapso final da URSS, eliminou as interrogações remanescentes sobre as motivações de Stalin para firmar a aliança com Hitler. Num discurso pronunciado perante o Bureau Político do PCUS, a 19 de agosto de 1939, o ditador fez uma extensa análise da situação da URSS no cenário da guerra iminente. Se o país formasse uma aliança com britânicos e franceses, os alemães teriam de abandonar suas pretensões na Polônia e a guerra poderia ser adiada ou evitada. Contudo, mais adiante, a posição soviética ficaria vulnerável a um ataque alemão, pois as potências ocidentais não honrariam os compromissos de segurança coletiva. Por outro lado, na alternativa de aliança da URSS com a Alemanha, um ataque alemão contra a Polônia seria inevitável, deflagrando a guerra europeia. Nessa hipótese, o Estado soviético seria beneficiado pelo confronto militar entre Hitler e as potências ocidentais.

O discurso não poderia ser mais claro. Os interesses da URSS seriam mais bem servidos por uma guerra de longa duração e, portanto, tratava-se de assegurar à Alemanha as condições de lutar pelo maior tempo possível. A neutralidade soviética deveria ser combinada com uma consistente ajuda material aos alemães, na forma de exportações de produtos básicos e alimentos. A Alemanha nazista executaria a missão que os marxistas ima-

---

10 TROTSKI, Leon. "The USSR in war". *The New International*, vol. 5, n° 11, novembro de 1939.

ginaram caber ao proletariado revolucionário: "Hitler não compreende ou almeja isto, mas ele está debilitando o sistema capitalista", explicou Stalin à seleta audiência.[11]

Sob o signo do pacto, URSS e Alemanha engajaram-se em estreita cooperação nos campos do comércio e da inteligência militar. Entre setembro de 1939 e março de 1940, altos oficiais da Gestapo e da NKVD, as polícias políticas alemã e soviética realizaram quatro conferências na Polônia para tratar do combate à resistência polonesa e de detalhes sobre a ocupação do país. Há indícios controversos de que no terceiro desses encontros, em fevereiro, discutiu-se tanto a Ação-AB, operação alemã de eliminação da elite política e intelectual polonesa, quanto o Massacre de Katyn, o assassinato de cerca de 22 mil oficiais poloneses conduzidos pela NKVD dois meses depois de aprisionados.

Pouco antes da terceira conferência Gestapo-NKVD, Berlim e Moscou firmaram um novo tratado comercial, mais amplo que o anterior. O acordo, que conseguiu anular os efeitos do bloqueio britânico da Alemanha, envolvia o aumento do fornecimento de matérias-primas soviéticas, trocadas por armas, munições e maquinário industrial alemães. Os soviéticos cumpriram sua parte, suprindo o parceiro com petróleo, minérios, borracha, madeira e grãos. Na outra ponta, os alemães retardaram ao máximo os envios de armas e violaram seguidamente os compromissos assumidos. Ao longo do segundo semestre de 1940, a URSS se converteu em fornecedora de algo entre metade e dois terços das importações totais da Alemanha.

Fontes de inteligência soviética no Japão informaram previamente Stalin sobre as negociações para o Pacto do Eixo, firmado entre Berlim, Roma e Tóquio em setembro de 1940. O pacto tripartite se destinava a dissuadir os Estados Unidos de se envolver na guerra europeia, mas Stalin desconfiava da existência de um protocolo secreto concernente à URSS. Não existia um tal protocolo, mas Hitler já oscilava entre as ideias de invasão das Ilhas Britânicas e da URSS. Em outubro, o ditador soviético solicitou que Molotov fosse recebido para discutir o ingresso de seu país no Eixo. Ribbentrop respondeu positivamente e a cúpula nazista ensaiou uma proposta de divisão de esferas de

---

11 "Stalin's bid for a new world order". BBC News, 25 de agosto de 2009.

interesses no sudeste europeu pela qual os soviéticos se contentariam com uma zona de influência a leste do mar Negro.

O trem de Molotov chegou a Berlim a 12 de novembro. Uma banda tocava *A Internacional* na plataforma, onde Ribbentrop o aguardava. Seguiram-se dois dias de negociações com o próprio Ribbentrop e com Hitler. Os alemães sugeriram a divisão da Eurásia e da África em quatro esferas de influência. O soviético indicou que seu país não abriria mão de um controle indireto sobre a Bulgária e de uma influência decisiva sobre os estreitos de Bósforo e Dardanelos, na entrada ocidental do mar Negro. Hitler, que não pretendia discutir aquelas demandas, enfatizou que o prêmio maior seria a futura partilha do Império Britânico. Na mesma noite, findo o encontro, ele emitiu uma instrução sigilosa sobre os preparativos para a invasão da URSS.

No encontro, os alemães chegaram a apresentar um esboço de acordo, que concederia à URSS uma esfera de influência meridional, na direção do golfo Pérsico e do oceano Índico. Molotov não se impressionou com a proposta, ciente de que Hitler rejeitava discussões sobre os interesses soviéticos na Europa, especialmente nos Bálcãs. Duas semanas depois, Moscou enviou contraproposta para um pacto quadripartite, adocicada pela garantia de amplos fornecimentos soviéticos de matérias-primas e alimentos. Stalin queria que as tropas alemãs se retirassem da Finlândia e pedia a inclusão da Bulgária e dos estreitos turcos na sua esfera de influência.

A contraproposta soviética jamais recebeu resposta, apesar de nervosas e insistentes cobranças de Molotov em dezembro e janeiro. A 5 de dezembro Hitler confirmou os planos de invasão da URSS, prevista inicialmente para maio. A 18 de dezembro a projetada invasão ganhou o nome codificado de Operação Barbarossa. Por decisão de Berlim, Moscou não ingressou no Pacto do Eixo.

"Um ato sábio e clarividente"

O primeiro registro público da dissolução da crença soviética na manutenção da paz com a Alemanha data do início de maio de 1941, quando Stalin proferiu o discurso de formatura para oficiais das academias militares de Moscou em que qualificou a guerra como inevitável. A Operação Barbarossa foi deflagrada em 22 de junho. As forças da URSS não estavam preparadas para a monumental ofensiva que envolveu 4,5 milhões de soldados do Eixo ao longo de uma frente de quase 3 mil quilômetros de extensão. Não se sustenta a alegação, forjada retroativamente, de que o pacto de não agressão tinha a finalidade de ganhar tempo para organizar a defesa contra a futura ofensiva de Hitler.

Os tratados firmados entre URSS e Alemanha em 1939 e 1940, inclusive os protocolos secretos, vieram à luz em 1948, quando os Estados Unidos publicaram os documentos diplomáticos recuperados no Ministério do Exterior nazista. Em resposta, por ordens de Stalin, o *Pravda* publicou na sequência uma série de artigos que foram reunidos no livro *Falsificadores da história*, editado pessoalmente pelo ditador e distribuído em várias línguas. O livro se destinava a organizar a narrativa oficial soviética sobre a eclosão da Segunda Guerra Mundial.

Na introdução, qualificava-se a publicação americana dos arquivos nazistas, "cheia de documentos inventados por funcionários diplomáticos hitleristas", como uma "atitude desleal" voltada para "apresentar uma visão distorcida dos acontecimentos" e "debilitar a influência internacional da URSS como um combatente convicto e verdadeiramente democrático contra forças agressivas e antidemocráticas".[12] O restante do livro se dedicava a montar um álibi para o Pacto Molotov-Ribbentrop, que seria constituído apenas pelos artigos relativos à não agressão.

A narrativa histórica apresentava a URSS como vítima de uma estratégia de isolamento conduzida pelas potências ocidentais, que conspiravam desde o Tratado de Versalhes para reconstruir a máquina de guerra alemã e lançá-la contra os soviéticos. Na linha de frente estariam os "monopólios americanos capitaneados pelas famílias DuPont, Morgan, Rockefeller e Lamont", estreitamente associados à elite alemã.[13] A política franco-britânica de apaziguamento figurava como evolução dessa estratégia, cujo ápice teria sido alcançado na Conferência de Munique. A traição ocidental dos princípios da segurança coletiva não deixara à URSS outra alternativa senão a conclusão do pacto bilateral

---

12 SOVIET INFORMATION BUREAU, *Falsificators of history*. Embaixada da URSS em Washington, 1948, p. 5.

13 SOVIET INFORMATION BUREAU. Op. cit., p. 8.

VISÕES DO FUTURO, EM MEIO À DESTRUIÇÃO

de não agressão, "um ato sábio e clarividente" que "em larga medida predeterminou o favorável desenlace da Segunda Guerra Mundial para a URSS e para todos os povos amantes da paz".[14]

A retificação do passado recente passava por cima de todas as evidências factuais. O livro soviético não admitia a veracidade dos documentos que revelavam os artigos sigilosos do Pacto Molotov-Ribbentrop. Quando firmou o tratado de não agressão, "a URSS não duvidava nem por um momento de que seria atacada cedo ou tarde por Hitler".[15] Nessa certeza residiria a justificativa da invasão soviética da Polônia e dos Estados Bálticos, que teria sido uma manobra militar de construção de um *front* avançado para a guerra contra o nazismo.

Fora e dentro da URSS, a imagem de Stalin sofreu um golpe letal com a denúncia do stalinismo, por Khruschov, no XX Congresso do PCUS. Contudo, se o tirano morto não tinha mais quem o defendesse, a versão fabricada por Moscou sobre a Segunda Guerra Mundial disseminou-se no mundo inteiro, sob a influência dos intelectuais comunistas. Essa versão não apenas soterrava a aliança germano-soviética como ainda se organizava ao redor do argumento de que o terror e a violência stalinistas funcionaram como instrumento para a modernização industrial da URSS e, por consequência, para a vitória sobre o nazismo.

A fonte original do argumento, tantas vezes repetido, se encontra nos artigos do jornalista Walter Duranty do início dos anos 30. Contudo, um raciocínio similar, ainda que exposto de modo menos brutal, aparece na obra de Hobsbawm. Nascido meses antes da tomada do poder pelos bolcheviques, o futuro historiador aclamado já era um militante comunista durante os Processos de Moscou. Ele nunca ofereceu seu apoio ao terror stalinista, mas conservou a carteirinha do Partido Comunista britânico até o final da existência da URSS e, mesmo depois da abertura dos arquivos secretos de Moscou, continuou a atribuir ao sistema totalitário soviético a responsabilidade pelo triunfo contra o nazismo:

> *A vitória da URSS sobre Hitler foi uma realização do regime lá instalado pela Revolução de Outubro, como demonstra uma comparação do desempenho da economia russa czarista na Primeira Guerra Mundial com a economia soviética na Segunda Guerra (...). Sem isso,*

---

14 SOVIET INFORMATION BUREAU. Op. cit., p. 41.

15 SOVIET INFORMATION BUREAU. Op. cit., p. 43.

o mundo hoje (com exceção dos Estados Unidos) provavelmente seria um conjunto de variações sobre temas autoritários e fascistas, mais que de variações sobre temas parlamentares liberais.[16]

Ribbentrop foi preso semanas depois da rendição alemã, declarado culpado em Nuremberg por crimes de guerra e crimes contra a humanidade e executado em outubro de 1946. Ele relacionou como causas centrais da derrota alemã a obstinada, inesperada, resistência soviética, os suprimentos maciços de armas e equipamentos dos Estados Unidos para a URSS e, finalmente, o sucesso dos Aliados no embate pela supremacia aérea. Seu dignóstico contrasta com a narrativa usual dos manuais históricos, que tendem a atribuir à URSS um papel absolutamente preponderante no desenlace da guerra.

Na URSS, a guerra mundial ganhou a denominação de "Grande Guerra Patriótica" e a imagem do país foi largamente definida pela narrativa de um triunfo heroico e quase solitário contra a ameaça nazista. Em 1989, no auge da abertura política de Mikhail Gorbatchov, um parlamento semidemocrático soviético aprovou uma resolução de condenação do Pacto Molotov-Ribbentrop, que completava meio século. Duas décadas mais tarde, uma declaração publicada pelo SVR, a agência de inteligência exterior da Rússia, praticamente reproduziu a tradicional versão stalinista sobre o tratado.

A marcha a ré não se circunscreve ao serviço de espionagem. Um mês antes daquela declaração, o presidente Dmitry Medvedev anunciara a criação de uma Comissão da Verdade Histórica, encarregada de combater a falsificação da história soviética, que estaria adquirindo feições "graves, perversas e agressivas".[17] O tema da Segunda Guerra Mundial ocupava o lugar mais alto na pauta da comissão estatal, deliberadamente constituída às vésperas do aniversário de setenta anos do pacto germano-soviético. O novo regime autoritário russo erguido por Vladimir Putin reconhecia a si mesmo no espelho do nacionalismo soviético stalinista.

---

16 HOBSBAWM, Eric J. *A era dos extremos: O breve século XX (1914-1991)*. São Paulo, Companhia das Letras, 1996, p. 17.

17 RODGERS, James. "Russia acts against 'false' history". BBC News, 24 de julho de 2009.

O Japão e a "esfera de coprosperidade" do Leste

Na manhã de 7 de dezembro de 1941, sem nenhum aviso prévio e em meio a negociações diplomáticas bilaterais, 353 caças japoneses decolaram de seis porta-aviões em duas ondas consecutivas e bombardearam a frota americana baseada em Pearl Harbor. A "data que viverá na infâmia", como a qualificou o presidente Roosevelt, assinalou a entrada dos Estados Unidos na Segunda Guerra Mundial e definiu o futuro do Japão. Seis meses antes, altos oficiais da marinha imperial japonesa haviam estabelecido contatos com os filósofos da Escola de Kyoto, numa tentativa de articular um polo político contrário à guerra. O ataque a Pearl Harbor foi o fruto do fracasso daquele esforço para contrabalançar os ânimos beligerantes que predominavam no exército.

Um mês antes do bombardeio da base americana no Pacífico, por iniciativa do mensário cultural *Chuokoron*, uma publicação venerada que já tinha mais de meio século, começara um ciclo de mesas-redondas com quatro jovens acadêmicos da Universidade Imperial de Kyoto. Keiji Nishitani, Masaaki Kosaka, Shigetaka Suzuki e Iwao Koyama discutiram, em três sessões distribuídas ao longo de um ano, as perspectivas da história mundial, o sentido histórico e ético da esfera de coprosperidade do leste asiático e a filosofia da guerra total. Os debates, publicados pela revista, não fizeram bem para a carreira dos participantes. Depois da rendição, eles foram apontados como formuladores de um fascismo japonês. Nishitani, o mais destacado dos quatro, detentor da cátedra de religião em Kyoto, foi proibido de exercer cargos públicos pelas forças americanas de ocupação.

A Escola de Kyoto nasceu com Kitaro Nishida, nos últimos anos do século XIX, quando as reformas modernizantes da Era Meiji alcançavam o seu ápice e o Japão se convertia numa poderosa força militar no Extremo Oriente. Nishida desenvolveu o conceito de *basho*, pelo qual a dualidade aristotélica entre polos opostos não se coagula numa síntese, mas persiste e configura os fenômenos reais, que são sempre intrinsecamente contraditórios. O pensador revisou fontes clássicas do pensamento asiático à luz da filosofia ocidental, percorrendo no campo das ideias uma trajetória paralela à que o novo regime realizava nos terrenos da economia e da tecnologia. Ele também fez o elogio do nacionalismo japonês e sustentou a noção de que o Japão estava destinado a ocupar o lugar de potência líder da Ásia.

Nishitani foi aluno de Nishida. Como o mestre, e quase toda a elite de seu país, acreditava no "Destino Manifesto" do Japão. Contudo, nem um nem outro mereciam ser apontados, depois da derrota na guerra, como expoentes intelectuais do ultranacionalismo radical. Nishida admitia sem problemas a prerrogativa do Estado autoritário de comandar a sociedade mas, escrevendo sob um poder imperial cercado pela auréola do expansionismo militar, fez uma ambígua defesa filosófica do individualismo e rejeitou, não sem hesitações, a noção de superioridade cultural.

Na sua perspectiva, a religião, que figuraria como o núcleo da cultura, é essencialmente uma tomada de posição individual diante da vida e da morte. As nações afirmam suas culturas singulares no palco do mundo histórico, mas todas devem estar atentas para a presença legítima das demais nações e culturas. A pluralidade do mundo não pode ser organizada numa hierarquia de culturas nem tende a uma racionalidade crescente. Uma cultura mundial emanaria não da anulação das culturas nacionais, mas da sua preservação e evolução através do diálogo intercultural.

A teoria política de Nishida está envolta numa linguagem deliberadamente escorregadia. Seus críticos são capazes de encontrar nela a tese de que, em virtude de seu impulso de modernização, o Japão tinha a missão de liderar a Ásia num inevitável confronto contra a hegemonia do Ocidente. Numa outra direção, pode-se ler os textos do fim da vida do filósofo, escritos depois do ataque a Pearl Harbor, como uma crítica da perspectiva imperial japonesa e uma proposta de integração do Japão numa ordem global de nações iguais entre si.

Nishitani é menos ambíguo. Nas discussões do *Chuokoron*, ele afirmava a superioridade da cultura japonesa ancestral na constelação das culturas asiáticas, fazia o elogio do Japão medieval e, ecoando o nacionalismo romântico europeu, lamentava em tons nostálgicos uma modernização que significava ocidentalização. Contudo, seu verdadeiro tema era outro. Nas palavras que usou,

> *O problema mais básico é a "consciência de China" dos chineses, a consciência de sempre terem sido o centro da Ásia e de o Japão ter sido educado por uma concessão da cultura chinesa. Nessa situação, o principal é, de algum modo, fazê-los ver e reconhecer que o Japão é hoje o líder na construção da Ásia Oriental Maior – e deve ser o líder em virtude de uma necessidade histórica.*[1]

Não é verdadeira a percepção generalizada de que o Japão Meiji configurou sua visão de mundo numa relação de polaridade com o Ocidente. O moderno nacionalismo japonês se configurou numa geometria triangular definida pela presença da China e pela disputa com os Estados Unidos em torno do controle do espaço oceânico.

---

1   TU, Xiaofei. "The fascist next door? – Nishitani Keiji and the *Chuokoron* discussions in perspective". *Electronic Journal of Japanese Studies*. Discussion Paper 6, 27 de julho de 2006.

Regeneração e salvação

Shinto significa "o caminho dos deuses". Ironicamente, a expressão que designa a espiritualidade tradicional japonesa derivou de ideogramas chineses. Os rituais Shinto ganharam codificações nos séculos VII e VIII, mas apenas como registros mitológicos e folclóricos. Desde aquela época, complexos sincretismos entrelaçaram as práticas Shinto ao budismo, adotado inicialmente na corte e logo difundido entre a população do arquipélago.

O xogunato Tokugawa, ou período Edo, prolongou-se de 1603 até a Restauração Meiji. Na etapa final daquele período, uma reação representada pelo movimento *kokugaku* estimulou o renascimento de tradições japonesas supostamente limpas de impurezas, como alternativa aos textos clássicos chineses, confucianos e budistas. Os "estudos japoneses" adquiriram novo brilho, enquanto os intelectuais faziam a crítica da visão sinocêntrica prevalecente, expressa no *kangaku*, o estudo do confucionismo. Norinaga Motoori, o mais influente sábio do *kokugaku*, se concentrou nas distinções entre a cultura japonesa e a chinesa e, depois, entre a cultura japonesa e a ocidental. Nessa reação romântica se encontram as raízes do moderno nacionalismo japonês e da elevação do Shinto à condição de religião oficial.

Em meados do século XIX, o comércio do Japão com o Ocidente se limitava ao porto de Nagasaki e a um restritivo acordo de intercâmbio com os holandeses. Os Estados Unidos pressionavam pela abertura comercial do arquipélago e, em 1853, uma esquadrilha de quatro navios, comandada pelo comodoro Matthew Perry, ancorou nas proximidades de Edo (a atual Tóquio) para conversações com o governo japonês. Como suas demandas foram rejeitadas, Perry deu ordens de bombardeio de edificações da baía. O canhonaço dos "navios negros" americanos dobrou a frágil resistência japonesa. Meses depois, firmava-se o tratado comercial. O xogunato, humilhado, ingressava nos seus estertores.

Meiji, o Grande, ascendeu ao trono no início de 1867. No final daquele ano, o último xogum Tokugawa devolveu o poder ao imperador e ofereceu sua renúncia. Na sequência, os senhores da guerra aliados ao imperador bateram as forças do xogum e abriram caminho para a restauração oficial das prerrogativas do trono. O novo sistema político organizou-se como uma fusão original entre o absolutismo moderno e o xintoísmo reinterpretado.

VISÕES DO FUTURO, EM MEIO À DESTRUIÇÃO   387

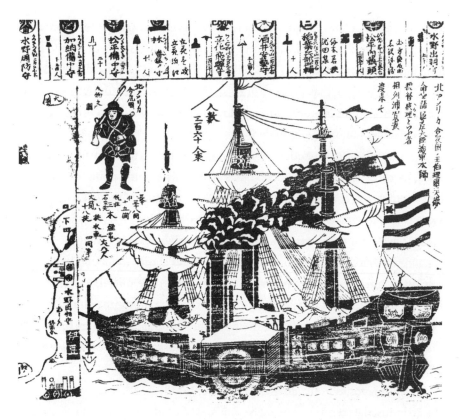

Representação japonesa dos "Navios Negros" do comodoro Perry. O nacionalismo japonês emergiu como reação à humilhação imposta pelos Estados Unidos em 1853. Contudo, sob uma camada de mitos ancestrais, ele se organizou pela importação das ideias ocidentais sobre a nação e o Estado.

Na hora da restauração imperial, os intelectuais japoneses concluíram pela necessidade de uma religião estatal. De modo geral, como reflexo de uma incompreensão básica do sistema político ocidental, acreditava-se que o cristianismo era a solda que assegurava a unidade das nações europeias. Uma minoria sustentava a proposta de conversão do Japão ao cristianismo, como forma de assegurar a coesão política indispensável para a modernização social e econômica. A maioria, porém, defendia a ideia de transformação da espiritualidade tradicional numa religião de Estado.

A antiga espiritualidade adquiriu uma nova natureza, convertendo-se na doutrina social imperial. A invenção de tradições se processou em ritmo acelerado. Proibiram-se as práticas mais obviamente sincréticas, numa tentativa de purificar o Shinto. Criou-se um Ministério da Religião, dedicado a expurgar as influências budistas e confucionistas e a supervisionar sacerdotes apontados pelo Estado. Uma pedagogia xintoísta foi difundida no sistema de ensino com a finalidade de uniformizar a apresentação do dogma nuclear da religião: o mito das origens divinas do território japonês e do imperador. Erigiu-se, em 1869, o templo de Yasukuni, consagrado aos espíritos dos guerreiros que perderam a vida lutando pelo imperador.

A centralização do poder criou as condições para a modernização econômica, baseada na adoção de tecnologias ocidentais e numa política industrial de estímulo aos conglomerados monopolistas familiares (*zaibatsu*). *Fukoku kyohei*, "enriquecer o país, fortalecer as forças armadas", o lema oficial Meiji evidenciava a conexão entre a arrancada industrial e os investimentos militares. O privilégio exclusivo dos samurais de portar armas foi abolido em 1873 e criou-se um exército de conscritos, sob um corpo de oficiais inspirado no modelo prussiano. Os dispêndios militares logo atingiram um quinto do orçamento total. A cúpula militar, estreitamente relacionada ao trono, tornou-se uma poderosa força política, que favorecia a expansão externa e a constituição de uma esfera semicolonial no leste asiático.

O PIB japonês praticamente triplicou entre 1885 e 1920, enquanto a produção industrial crescia seis vezes. No início da Grande Guerra, todos os navios da esquadra se originavam de estaleiros japoneses. No fim da guerra, a esquadra do país só ficava atrás da americana e da britânica. A política de isolamento do Japão (*sakoku*) se dissolveu junto com o xogunato. O movimento de reação ao expansionismo americano no Pacífico prolongou-se sob a forma do expansionismo Meiji. Na Guerra Sino-Japonesa (1894-5), o imperador conquistou Taiwan. A vitória na Guerra Russo-Japonesa (1905), travada na Manchúria meridional e nos mares da Coreia e do Japão, deflagrou o chamado "ensaio geral" da Revolução Russa e propiciou a anexação da Coreia. Apesar disso, no tratado de paz mediado pelo presidente americano Theodore Roosevelt, os japoneses viram rejeitadas suas demandas por indenizações e não obtiveram mais que o sul da ilha Sakhalina e dois portos na península manchu de Liaodong.

As conquistas diplomáticas exigiram contrapartidas palpáveis. O reconhecimento da hegemonia japonesa sobre a Coreia custou a aceitação do domínio dos Estados Unidos sobre as Filipinas e das prerrogativas coloniais britânicas na Índia e na Malásia. Uma vitória sem fruição ou honra – assim foi interpretado no Japão o Tratado de Portsmouth. O evento revelou-se uma encruzilhada na história imperial. A elite do exército, triunfante no campo de batalha, adquiriu influência política ainda maior e traçou os novos objetivos estratégicos japoneses. Apenas um esforço renovado de expansão seria capaz de assegurar um lugar entre as grandes potências.

Um tratado bilateral com a Grã-Bretanha, direcionado contra a Alemanha e a Rússia, levou o Japão a participar, marginalmente, da Grande Guerra. O tratado não foi renovado, caducando em 1923. Antes disso, porém, firmou-se o Tratado das Quatro Potências, entre britânicos, americanos, franceses e japoneses, destinado a conservar o equilíbrio de poder naval no Pacífico. Por essa época, contudo, a ideia do "perigo amarelo", originalmente alemã, se disseminava no mundo anglo-saxônico. No Japão, reativamente, os arautos de um pan-asiatismo articulado em torno da hegemonia japonesa adquiriam influência quase avassaladora.

Mitsuru Toyama, nascido num clã de samurais pobres em 1855, lutou com 19 anos na Rebelião Saga, um dos levantes da antiga casta de guerreiros inconformados com o novo regime Meiji, e pouco mais tarde fundou a Genyosha, uma sociedade secreta ultranacionalista que deflagrou uma campanha de terror contra políticos liberais e estrangeiros. Toyama também coordenou uma milícia que, agindo sob ordens do exército, preparou o desembarque das forças japoneses na Coreia em 1894. Suas últimas ações notáveis se deram na China, onde colaborou com Sun Yat-sen na revolução republicana de 1911. Sua Genyosha deu origem à Sociedade do Dragão Negro, centro intelectual do ultranacionalismo expansionista japonês.

Shumei Okawa graduou-se como linguista no ano da revolução de Sun Yat-sen e emergiu como destacado doutrinário do pan-asiatismo no final da Grande Guerra. Então se convenceu de que o Japão precisava cultivar sua singularidade política (*kokutai*, ou essência nacional) e separar-se decisivamente do capitalismo ocidental. Ikki Kita, apenas três anos mais velho que Okawa, quando estudante participou como estudante de correntes socialistas, mas logo derivou para um estatismo de direita, romântico e anticapitalista. Foi também atraído pelo Kuomintang chinês, participou da revolução de 1911 e tornou-se discípulo de Ryohei Uchida, o fundador da Sociedade do Dragão Negro.

Os caminhos paralelos de Okawa e Kita se encontraram em 1917, quando se juntaram a intelectuais socialistas, liberais e populistas no grupo Rosokai, um fórum de discussão da ordem internacional e da sociedade japonesa naquela etapa de mudanças drásticas. O grupo durou apenas um ano, ao fim do qual Okawa e Kita formaram a Yuzonsha, organização radical dedicada a promover o estatismo, internamente, e o pan-asiatismo como orientação de política externa imperial. As duas metas estavam ligadas por uma relação bem definida. O Japão precisava regenerar-se, expurgando as influências cosmopolitas e socialistas para poder salvar a Ásia. Nas palavras de Okawa,

> Se o Japão continuar a ser como é, não poderá assumir a grande responsabilidade de salvar a Ásia (...). A espada em nossas mãos é uma espada de dupla lâmina: enquanto deve ser muito afiada contra as injustiças na Ásia, precisa ser muito forte contra a perversidade que constrói seu ninho no Japão. Portanto, um guerreiro pelo renascimento da Ásia deve, sem a menor hesitação, ser um guerreiro pela reforma do Japão.[2]

Na Ásia, as "injustiças" decorriam do imperialismo ocidental. A Rússia bolchevique, nos primeiros anos, não era vista como inimigo por Okawa, que nisso divergiu amargamente de Kita. Mais tarde, no final dos anos 1920, com a expansão da presença militar soviética na Sibéria e na Manchúria setentrional, a URSS ingressou no rol das ameaças. Contudo, o núcleo dutrinário do pan-asiatismo japonês não residia no domínio da estratégia, mas no da cultura. O verdadeiro perigo seria o movimento de ocidentalização cultural da Ásia, classificado como o evento mais relevante da história moderna.

A ocidentalização minava o próprio Japão, destruindo-o por dentro. Num livro publicado em 1919, Kita criticou a elite política que girava em torno do parlamento e a aliança entre o Estado e os *zaibatsu*, advogou pela nacionalização das indústrias estratégicas, defendeu a reforma agrária e a imposição de limites à acumulação de riquezas e propriedades. O livro repercutiu amplamente entre os jovens estudantes e fez seu caminho até a

---

2   AYDIN, Cemil. *The politics of anti-westernism in Asia*. Nova York, Columbia University Press, 2007, p. 148.

Levante de Xangai, em novembro de 1911. O nacionalismo chinês de Sun Yat-sen e do Kuomintang intercambiou influências com os intelectuais nacionalistas japoneses. Dessa ponte entre Japão e China surgiu o pan-asianismo, doutrina da expansão imperial japonesa no Oriente.

baixa oficialidade das forças armadas. Sob o impacto do *crash* da Bolsa de Nova York, em 1929, as ideias de Kita passaram a fermentar a insatisfação militar com a pobreza rural e com a corrupção política, alimentada pelos interesses empresariais.

O Tratado Naval de Londres, firmado em 1930 pelo Japão e pelas potências ocidentais, renovou as restrições à expansão da armada de guerra japonesa. Um circuito de causas distintas, mas entrelaçadas, entrou em ação. Em 1932, oficiais da marinha descontentes com o tratado se articularam com fanáticos ultranacionalistas, tentaram promover um golpe de Estado e assassinaram o primeiro-ministro Inukai Tsuyoshi. Em 1934, dois oficiais e alguns cadetes do exército ligados a uma facção ultradireitista ensaiaram um novo golpe de Estado.

Finalmente, em fevereiro de 1936, eclodiu em Tóquio uma insurreição de quase 1,5 mil oficiais de baixa patente e soldados do exército. Os amotinados atacaram as residências do primeiro-ministro, do ministro das Finanças e de altos chefes militares, responsabilizando-os pela corrupção no governo e por cortes no orçamento militar. O manifesto da insurreição inspirava-se nas ideias de Kita, que foi acusado de cumplicidade com o movimento, condenado por uma corte militar e executado em agosto do ano seguinte.

Ásia *versus* Ocidente

O tema da raça ocupou lugar destacado na configuração do nacionalismo expansionista japonês. O imperador alemão Guilherme II parece ter sido o criador da expressão "perigo amarelo", que utilizou numa conversa com o czar da Rússia na hora do triunfo japonês contra a China, em 1895. Dali em diante, a expressão apareceu incontáveis vezes em jornais europeus e japoneses, contribuindo para o crescimento da hostilidade ao Ocidente entre a elite nacionalista do Japão Meiji.

A China, porém, não poderia ficar ausente da equação do nacionalismo japonês, tanto em virtude das antigas e complexas relações entre os dois países quanto do avanço das potências ocidentais sobre um Império do Centro em vias de colapso. De um lado, os japoneses se ressentiam da longa hegemonia cultural chinesa e engajavam-se na restauração de uma mítica cultura Shinto purificada. De outro, preocupavam-se com os efeitos do imperialismo ocidental, numa época em que a instalação de enclaves comerciais na China desenhava no horizonte a hipótese de fragmentação do país. Como resultado, os republicanos chineses de Sun Yat-sen passaram a contar com a solidariedade ativa de notórios ultranacionalistas japoneses. Naqueles círculos, contudo, a ideia de um bloco sino-japonês era imaginada como uma aliança desigual, assentada na liderança do Japão.

A primeira formulação da ideia por uma autoridade do Japão Meiji partiu de Atsumaro Konoe, oriundo de família da alta nobreza, que presidia a Câmara Alta em 1898, quando publicou um artigo profetizando o conflito entre as raças branca e amarela na Ásia e pedindo uma aliança com a China para enfrentar o imperialismo euro-americano. Nos anos seguintes, com a deflagração nos Estados Unidos de um movimento contrário à imigração asiática, a questão racial se tornou ainda mais sensível para a opinião pública nipônica, e nos jornais japoneses começou a aparecer a expressão "perigo branco".

Enquanto o Japão firmava o tratado com os britânicos, Atsumaro Konoe delineava o que viria a ser a Doutrina Amau. O Japão, ligado à China pela proximidade estratégica e por laços culturais e raciais, deveria protegê-la do colonialismo ocidental. Para tanto tinha a obrigação de intermediar as relações entre o Ocidente e a China, vetando avanços que pudessem corroer a solidariedade pan-asiática. Atsumaro criou uma Sociedade de Cultura Comum da Ásia Oriental, com sede em Xangai, e uma Sociedade Anti-Rússia. Ele encarava o impulso de expansão russa na Sibéria e no Pacífico como ameaça às soberanias do Japão, da Coreia e da China e pressionava por uma declaração de guerra à Rússia. A guerra eclodiu de fato, em 1904, ano de sua morte.

O pan-asiatismo coloriu fortemente as diversas correntes ultranacionalistas japonesas, mas demorou para se converter em doutrina oficial de política externa. No final da Grande Guerra, em 1917, o estado-maior japonês optou por não enviar tropas à Europa para assegurar a futura "proteção" da China contra as potências ocidentais. Mas a prudência imperial começou a ser rompida efetivamente na Conferência de Paz de Paris, em 1919. Os japoneses, orgulhosos por terem anexado na guerra as colônias insulares alemãs no Pacífico Norte e invadido os enclaves comerciais da Alemanha na China, não gostaram nada de ficar de fora do Conselho dos Quatro, o seleto grupo de potências que tomou as decisões cruciais. Muito mais grave, porém, foi a rejeição da proposta japonesa de uma "cláusula da igualdade racial" no pacto da Liga das Nações.

A delegação do Japão em Paris era discretamente liderada pelo príncipe Kinmochi Saionji, que servira duas vezes como primeiro-ministro e alinhava-se com as correntes liberais da elite política japonesa. "Não me preocupa alguma falta geral de patriotismo", declarara certa vez, "mas temo onde possa nos conduzir uma abundância de patriotismo".[3] Saionji, contudo, como seus compatriotas, se encolerizava com as humilhações sofridas por homens de negócios e imigrantes japoneses no exterior, especialmente nos Estados Unidos e na Austrália. E seu assistente direto, Fumimaro Konoe, filho de Atsumaro, se inclinava na direção dos nacionalistas, denunciando as ambições hegemônicas anglo-americanas.

A "cláusula da igualdade racial" foi apresentada pela delegação japonesa como uma necessidade para a realização dos objetivos da Liga das Nações. Afinal, indagaram, como esperar que nações fizessem sacrifícios por outras que não as tratavam como iguais? O argumento esbarrou nas reticências americanas, que temiam abrir uma brecha na sua legislação contra a imigração asiática, e na resoluta oposição de delegados do Império Britânico, especialmente australianos e neozelandeses. Um diplomata da Austrália identificou o problema

---

3 MACMILLAN, Margaret. *Paz em Paris, 1919*. Rio de Janeiro, Nova Fronteira, 2004, p. 346.

Diplomatas japoneses na Conferência de Paz de Paris de 1919. Na hora do encerramento da Grande Guerra, os liberais japoneses, defensores da aliança com as potências ocidentais, começaram a perder a opinião pública para os ultranacionalistas.

doméstico ao escrever que "nenhum governo ficaria de pé um só dia se mexesse com a Austrália Branca".[4]

Os japoneses foram em frente, pondo a cláusula em votação no comitê dedicado à Liga das Nações. Conseguiram maioria, mas se curvaram à decisão de Woodrow Wilson de não inscrevê-la no pacto em decorrência das objeções da minoria. A imprensa japonesa fez um escândalo bem compreensível. As lideranças políticas liberais e moderadas no Japão decepcionaram-se com o Ocidente e perderam pontos com a opinião pública de seu país. No lugar das ideias de cooperação e igualdade de raças, os japoneses passariam a exprimir-se em termos de conflito e pureza de sangue.

As raízes do clã Yamato, fonte da dinastia imperial japonesa, podem ser traçadas até o século IV. No século VI, o clã fundou um Estado inspirado na dinastia chinesa Sui e expandiu seu domínio pelas ilhas nucleares do arquipélago (Honshu, Kiushu e Shikoku). Na hora da Restauração Meiji, o Japão imperial já compreendia, além dos Yamato, outros grupos étnicos – como os Ainu da ilha de Hokkaido e os Ryukyuan das ilhas meridionais. O pensamento racial chegou ao Japão nas últimas décadas do século XIX, entre tantas outras importações do Ocidente. Com ele, o termo Yamato deixou de designar apenas um grupo étnico para identificar uma raça, isto é, uma estirpe de sangue. No compasso das teorias raciais, os Yamato figurariam como os japoneses legítimos, de "sangue puro". A ideia ajudaria a moldar o pan-asiatismo.

---

4   MACMILLAN, Margaret. *1919*. Op. cit., p. 354.

O conceito de pureza racial provocou controvérsias curiosas. De modo geral, as diferentes correntes da elite nacionalista japonesa concordavam com a ideia de que os japoneses legítimos formavam o eixo cultural das "raças amarelas" e estavam destinados a liderá-las. Mas o eugenismo, então em voga na Europa e na América do Norte, gerava acirradas dissensões. Os moderados queriam adotar ambiciosas políticas eugênicas, a fim de melhorar a raça e prepará-la para a competição com as "raças brancas". Os ultranacionalistas, por outro lado, se opunham visceralmente ao eugenismo sob o argumento de que, como explicava a religião Xinto, os japoneses eram um povo de origem divina e não um material biológico sujeito à manipulação científica.

A radicalização da elite nacionalista japonesa se acentuou com a criação da Sociedade Fundação Nacional (Kokuhonsha), em 1924, pelo então ministro da Justiça e presidente da Câmara Alta, Kiichiro Hiranuma. A organização pôs no centro de sua visão de mundo o conceito de *kokutai*, formulado por Okawa, e articulou-se como uma rede política de empresários e chefes militares. O moderado Saionji a criticou, alertando para os riscos de um fascismo japonês. A Kokuhonsha abriu-se para as massas e estabeleceu seções em quase todas as cidades do país, funcionando como trampolim para a ascensão de seu criador. Hiranuma, contudo, a dissolveu em 1936, quando já ocupava um posto no conselho de assessoria do imperador, usando como pretexto o apoio de alguns dirigentes notáveis à insurreição militar em Tóquio.

No entreguerras, a cena política japonesa era dominada por dois partidos principais. O Seiyukai, burocrático, conservador e militarista, enfrentava a concorrência do Minseito, constitucionalista, que pregava o controle civil das forças armadas e uma política externa moderada. No início dos anos 1930, sob a influência da Itália de Mussolini, Kenzo Adachi liderou uma dissidência no Minseito e juntou-se ao ultranacionalista Seigo Nakano para constituir a Aliança Nacional (Kokumin Domei). O novo partido defendia a estatização das indústrias estratégicas, o corporativismo e a expansão imperial sobre a Manchúria chinesa.

A colaboração entre Nakano e Adachi durou pouco. Em 1935, o primeiro deixou a Aliança Nacional para formar o Tohokai, partido ainda mais radical, inspirado na doutrina de Ikki Kita, no fascismo italiano e no nazismo. O Tohokai, com seus bandos de camisas negras, sua bandeira reminiscente da suástica e sua idolatria dos samurais rebelados no início da Era Meiji, figurou como corrente marginal mas não insignificante nos anos anteriores à guerra mundial.

A proliferação de correntes ultranacionalistas e fascistas era um sintoma de uma tendência mais importante, de deslocamento para a direita da elite intelectual do Japão Meiji. A Associação de Pesquisas Showa, um *think tank* criado em 1930 por Ryunosuke Goto com a ajuda de Fumimaro Konoe, servia como termômetro daquela tendência. Da Showa participavam intelectuais ideologicamente diversos, inclusive socialistas, empresários, acadêmicos e líderes de organizações sociais. O pan-asiatismo figurou, desde o início, como sua doutrina consensual, e em poucos anos tendeu a uma reforma política interna autoritária e corporativista e a uma reorganização estatizante da economia. No interior da Showa, em 1936, surgiu um Grupo de Estudos de Problemas da China. As principais iniciativas de política externa dos anos seguintes foram calcadas nas teses dali emanadas.

Rumo a Pearl Harbor

Um ato de sabotagem contra uma ferrovia de propriedade japonesa na China, em setembro de 1931, serviu como pretexto para a intervenção militar e a criação de Manchukuo, um semiprotetorado do Japão na Manchúria governado nominalmente por Puyi, o último imperador Qing. A recusa da Liga das Nações em reconhecer Manchukuo provocou a retirada japonesa da organização. Começava ali a longa marcha que conduziria os caças japoneses até a baía da base americana de Pearl Harbor.

Pouco após a ruptura com a Liga das Nações, Eliji Amau, porta-voz do Ministério do Exterior japonês, anunciou a doutrina que seria batizada com seu nome. Segundo a Doutrina Amau, o Japão tinha a responsabilidade de preservar a ordem na Ásia Oriental, especialmente na China ameaçada pela URSS e pelos comunistas de Mao Tsé-tung. Em entrevista ao jornalista Gareth Jones, Amau interpretou do seguinte modo a posição de seu país: "A política japonesa para a China é de manter a paz e relações amistosas. O Japão vem agindo como sentinela na Ásia Oriental. Combatemos muitas vezes por isso. Outras potências têm um interesse na China, mas o nosso é mais vital. A questão chinesa é, para nós, um assunto de vida ou morte."[5]

O ataque a Pearl Harbor não foi o resultado final de um projeto imperial japonês na Ásia, mas produto do colapso do frágil consenso interno do Japão Meiji. A crise se desenvolveu ao longo de quatro anos, sempre em torno da "questão chinesa", dissolvendo o controle civil sobre a cúpula militar, provocando sucessivas rupturas políticas e propiciando a ascensão da facção ultranacionalista.

O capítulo inicial foi escrito no primeiro governo de Fumimaro Konoe. A nomeação de Fumimaro para a chefia do gabinete se deveu à interferência de Saionji, que acreditava na capacidade do antigo assistente de controlar os ímpetos dos militares. Mas Fumimaro, dividido entre crenças conflitantes, preferiu não enfrentar o alto comando do Exército e, no fim, perdeu a queda de braço.

Em agosto de 1937, um incidente entre forças chinesas e japonesas perto de Pequim ofereceu o pretexto para uma invasão da China. Fumimaro tentou limitar o alcance das operações, mas sucumbiu à pressão dos militares. Em outubro, o imperador Hirohito criou o Quartel-General Imperial, conferindo aos chefes das forças armadas uma ampla autonomia em relação ao governo. Logo começou a guerra total contra os chineses e Tóquio declarou que derrubaria o governo de Chiang Kai-shek para proporcionar a "coprosperidade" entre o Japão, Manchukuo e a China. Fumimaro renunciou em janeiro de 1939, explicando que não continuaria a agir como marionete dos militares.

O capítulo seguinte foi escrito no governo de Hiranuma, o fundador da Kokuhonsha, que durou apenas sete meses mas coincidiu com o debate sobre a conveniência de uma aliança com a Alemanha. O chefe do gabinete favorecia um pacto anticomunista, voltado contra a URSS, mas não estava pronto para um compromisso definitivo com Hitler, que poria o Japão em rota de colisão com os Estados Unidos e a Grã-Bretanha. Naqueles meses, as tropas japonesas na Mongólia foram fragorosamente batidas pelas forças soviéticas e, em agosto, para desalento do Japão, Alemanha e URSS firmaram o Pacto Molotov-Ribbentrop. Os dois eventos provocaram a renúncia do gabinete.

---

5 Interviews with Amau (Amô). Taken from Gareth Jones notes, fevereiro de 1935. http://www.garethjones.org/articles_far_east/amau.htm

Um terceiro capítulo se desenrolou durante os governos de Nobuyuki Abe e Mitsumasa Yonai, entre agosto de 1939 e e julho de 1940. Abe, apoiado pela marinha, foi uma escolha de conciliação entre os candidatos da elite civil e os dos ultranacionalistas do exército. Ele tentou conservar a neutralidade japonesa diante da guerra na Europa, mas não durou muito pois lhe faltava um apoio firme em qualquer dos polos em que se dividia o país. Seu sucessor, o almirante Yonai, expressando o ponto de vista da marinha, entrou em choque frontal com os ultranacionalistas, que pressionavam pela assinatura do pacto tripartite com a Alemanha e a Itália. Em setembro de 1940, logo após a queda do gabinete, completou-se o pacto do Eixo.

O capítulo final se desenvolveu no segundo governo de Fumimaro Konoe. Fumimaro não queria a guerra contra os Estados Unidos mas, no seu estilo oscilante, nomeou Yosuke Matsuoka, um arauto das posições do exército, para o cargo estratégico de ministro do Exterior e proclamou que a Indochina francesa e a Indonésia holandesa deveriam fazer parte da "esfera de coprosperidade do Leste Maior Asiático". Matsuoka operou competentemente a política

Invasão japonesa da Indochina Francesa, em 1941. No caminho rumo a Pearl Harbor, a cisão histórica entre ocidentalistas e arautos do pan-asianismo provocou crises devastadoras na elite política do Japão. A guerra contra os Estados Unidos refletiu o triunfo circunstancial da posição do Exército sobre a da Marinha.

ultranacionalista, firmando um pacto bilateral de não agressão com a URSS e definindo os anglo-americanos como principais ameaças ao Japão imperial. Fumimaro, agindo com propósitos distintos, tentou abrir negociações com os Estados Unidos, imaginando que Roosevelt cederia a Ásia Oriental ao Japão em troca da garantia de uma independência nominal da China.

No verão de 1941, a invasão alemã da URSS embaralhou as cartas de uma política externa japonesa já imersa em confusão. Fumimaro, Matsuoka e o Quartel-General divergiam sobre o próximo passo. O primeiro-ministro renunciou, foi reconduzido ao cargo e formou um gabinete sem Matsuoka. Depois de alguma hesitação, Tóquio assegurou a Moscou que o pacto bilateral seria honrado. Forças japonesas ocuparam a Indochina, provocando um embargo petrolífero anglo-americano contra o Japão. Alarmado, Fumimaro dirigiu a Roosevelt o pedido de uma conferência.

O imperador e a marinha não queriam a guerra desejada ardentemente pela cúpula do exército, mas as pontes já estavam dinamitadas. O chefe do governo ainda conseguiu formular uma proposta de negociação tolerada pelo exército, que previa a aceitação americana da hegemonia japonesa sobre toda a Ásia Oriental, inclusive a China e a Indochina. Contudo, obviamente Roosevelt não acataria aquela rendição quase indisfarçada. Em outubro, na ausência de uma resposta americana à insistente solicitação de Fumimaro por uma conferência, o ministro do exército Hideki Tojo informou ao gabinete de governo que o Japão iria à guerra.

Dois dias depois da reunião fatal do gabinete, convencido de que a marinha não se ergueria contra a deliberação do exército, Fumimaro apresentou sua renúncia. Hirohito, que se inclinava aos poucos na direção dos ultranacionalistas, nomeou Tojo para o seu lugar. Pearl Harbor se tornara inevitável.

Ocidente *versus* Ocidente

Os ataques camicases de caças japoneses contra belonaves americanas começaram em outubro de 1944, quando a derrota assomava no horizonte. Menos de um ano antes, num comício para estudantes, Tojo antecipou o sentido daquele recurso desesperado: "Um combate deve ser travado por almas contra almas; armas servem apenas como meios para lutar, mas pode-se lutar sem elas."[6] O Japão lutaria com o "espírito japonês" (*Yamato-damashii*), uma expressão antiga, recuperada e reinventada pelo ultranacionalismo Meiji.

Tojo falava uma linguagem comum a quase todos os líderes japoneses. O romancista Naoya Shiga, que não era um arauto do regime, escreveu em 1942, na hora da conquista de Cingapura: "Os americanos vangloriam-se de seu poder econômico e vastos orçamentos militares (...). Mas como são muito mais pobres em poder espiritual, comparados ao Japão!" Na mesma época, um general encarregado do planejamento militar explicou a jornalistas: "A chave para a vitória final não reside na força material de guerra da nação, mas no espírito que infunde força em todas as direções."[7]

O "espírito" japonês tinha uma nítida orientação política e racial. No verão de 1942, após uma sequência de triunfos militares, o Japão alcançou seu avanço máximo no Pacífico, controlando a Indochina, a Indonésia, a Malásia e as Filipinas. Num discurso triunfalista, pronunciado por ocasião da abertura dos trabalhos do parlamento imperial, o primeiro-ministro Tojo celebrou as vitórias nas batalhas marítimas e terrestres, enfatizou a autossuficiência conquistada pelo Império japonês em matérias-primas e proclamou a unidade "das várias raças da Ásia Oriental Maior que tanto sofreram com o tratamento infligido pelos Estados Unidos, a Grã-Bretanha e outros países no passado".[8]

Enquanto Tojo falava aos parlamentares, acadêmicos e burocratas conduziam um vasto estudo, encomendado pelo Ministério da Saúde e Previdência. O trabalho, de mais de três mil páginas, completou-se no verão de 1943 e foi intitulado "Uma investigação de políticas globais baseadas no estatuto nuclear da raça Yamato". O conceito de espaço vital (*Lebensraum*), exposto pela primeira vez pelo geógrafo alemão Friedrich Ratzel em 1901, servia como pilar da doutrina da Grande Alemanha, de Karl Haushofer, o líder do Instituto de Geopolítica de Munique. O documento japonês se inspirava nele para sustentar o projeto da "esfera de coprosperidade da Ásia Oriental Maior", que constituiria

---

6   SHILLONY, Ben-Ami. *Politics and culture in wartime Japan*. Oxford, Oxford University Press, 2001, p. 135.

7   SHILLONY, Ben-Ami. Op. cit., p. 134.

8   TOJO, Hideki. "Adress by Tojo Hideki, premier of Japan, at the opening of the Imperial Diet, Tokyo – may 27, 1942". UCLA Center for East Asian Studies.

Pilotos camicases japoneses. Na etapa final do confronto com os Estados Unidos, da "combinação de ciência e espírito" invocada por Nishitani, restava apenas o segundo termo. O sacrifício final destruiria o ultranacionalismo expansionista, abrindo a via para uma segunda invenção da nação japonesa.

o espaço de expansão da estirpe Yamato. As "raças amarelas" formariam um conjunto solidário, mas hierarquizado como uma família confuciana e liderado pelo núcleo racial Yamato.

O Japão em guerra não contava em absoluto com um consenso político interno. Antes, pelo contrário, Pearl Harbor abrira a etapa derradeira da crise do regime oriundo da Restauração Meiji. Tojo e os ultranacionalistas estavam no leme de uma nau que fazia água. Os nacionalistas moderados não haviam conseguido evitar a guerra total com o Ocidente e estavam relegados a uma influência marginal. Entretanto, quase todos se mantiveram leais ao imperador e à nação. Essa lealdade derivava de um fundo ideológico compartilhado por toda a elite japonesa.

Nas conferências do *Chuokoron*, um dos participantes indagou sobre os meios de conciliar a ciência ao "espírito japonês" no "Novo Japão". Nishitani replicou referindo-se ao ataque a Pearl Harbor: "A batalha do Havaí já deu a resposta. É a combinação de ciência e espírito que assegurou aqueles maravilhosos resultados (...). Não se podem separar os dois e pretender que foi o resultado apenas da ciência ou do espírito. Foi o fruto de ambos."[9]

O Japão enxergava-se como líder do Oriente na guerra total contra o Ocidente mas, ironicamente, toda a sua linguagem estava impregnada até o âmago por conceitos e ideias importados do Ocidente. A "ciência", na resposta de Nishitani, indicava as tecnologias ocidentais assimiladas pelo Japão Meiji no seu esforço de modernização industrial, enquanto o "espírito", supostamente referenciado no passado folclórico japonês, não era mais que uma tradução do romantismo nacionalista europeu. O próprio projeto de unidade das "raças amarelas" contra as potências ocidentais refratava uma curiosa combinação de doutrinas formuladas no Ocidente: o pensamento racial e o anti-imperialismo leninista.

Uma investigação das cartas escritas por voluntários camicases para familiares e amigos esclarece quase tudo sobre o "espírito" do Japão imperial e expansionista. Antes de partir para suas missões, os camicases entoavam uma canção melancólica inspirada num poema do século VIII: "No mar, cadáveres encharcados, Nas montanhas, sobre os cadáveres, a relva germina./ Mas firme é o meu desejo de morrer junto a nosso imperador./ Não olharei para trás."[10] Contudo, a maioria dos pilotos era constituída por estudantes de humanidades das melhores universidades japonesas que conheciam a filosofia alemã e a literatura francesa. Muitos enxergavam a economia e a política pelas lentes, mais ou menos desfocadas, do marxismo. Nesse sentido, aqueles jovens patriotas eram os frutos maduros de sete décadas de reinvenção ocidental do Japão.

---

9   SHILLONY, Ben-Ami. Op. cit., p. 137.

10   BURUMA, Ian & MARGALIT, Avishai. *Ocidentalismo: O Ocidente aos olhos de seus inimigos*. Rio de Janeiro, Jorge Zahar, 2006, p. 65.

W. Churchill e a aliança das potências marítimas

Winston Churchill viajou aos Estados Unidos no final de 1930 para proferir uma série de conferências. O tráfego em Nova York era muito mais intenso do que em Londres e as regras de trânsito não coincidiam, como ocorre até hoje. "No dia 13 de dezembro, quando me dirigia à procura de Mr. Baruch, desci do carro pelo lado errado e atravessei a Quinta Avenida sem me lembrar que, na América, prevalecem diferentes orientações de trânsito e sem reparar nos sinais vermelhos, ainda não usados, nessa época, na Inglaterra. Fui violentamente atropelado."[1]

Marx pensava que os homens fazem a história, embora em circunstâncias que não controlam. Se ele tem razão, como parece razoável, a história do século XX pode ter sido parcialmente moldada pelo feliz desenlace do acidente banal de 13 de dezembro de

---

[1] CHURCHILL, Winston. *A Segunda Guerra Mundial*. São Paulo, Companhia Editora Nacional, 1948, vol. 1, p. 75.

1930. Menos de dez anos depois, nas mais dramáticas circunstâncias, Churchill emergiu como um obstáculo quase solitário no caminho do triunfo de Hitler.

Maio de 1940 foi um mês de provações. No dia 10, as forças alemãs avançaram sobre as florestas das Ardenas, deflagrando a Batalha da França. Ao mesmo tempo, mas por outros motivos, Neville Chamberlain apresentou sua renúncia, dando lugar a Winston Churchill. No dia 13, quando os alemães rompiam a supostamente inexpugnável Linha Maginot, o novo primeiro-ministro prometeu apenas, perante o Parlamento, "sangue, trabalho, lágrimas e suor". No dia 15, a Holanda se rendeu. No 17, caiu Bruxelas. No 26, começou a evacuação das forças expedicionárias britânicas acuadas na baía e nas praias de Dunquerque. Churchill falou na Câmara dos Comuns dois dias depois, enquanto 850 embarcações operavam no canal da Mancha retirando soldados britânicos e franceses:

> *A situação dos exércitos britânico e francês engajados nesse momento na mais severa batalha e assediados em três flancos e pelo ar é, evidentemente, de extrema gravidade. (...) a Câmara deve se preparar para notícias duras, pesadas. Devo apenas adicionar que nada do que ocorra nesta batalha pode, de algum modo, nos aliviar de nossa obrigação de defender a causa do mundo com a qual nos comprometemos, nem deve destruir a confiança em nosso poder de, como em outras ocasiões em nossa história, abrir caminho através do desastre e da dor até a derrota final de nossos inimigos.*[2]

Churchill tinha um aguçado sentido histórico e uma evidente inclinação por discursos épicos. Ele estava no seu meio quando encarava circunstâncias excepcionais, que pediam nada menos que heroísmo. A "causa do mundo" pode parecer uma expressão exagerada, mas não o era naquela ocasião dramática. E Churchill acreditava profundamente no que dizia: o "mundo" tinha uma causa, cuja defesa, naquele momento, recaía nos ombros solitários da Grã-Bretanha.

Chamberlain caiu após três dias de debates na Câmara dos Comuns. Quando começaram os debates, nada indicava que o chefe do governo per-

---

2   CHURCHILL, Winston. "War situation". Commons, 28 de maio de 1940. Hansard, UK Parliament.

deria seu cargo. A Grã-Bretanha fracassara na campanha da Noruega, mas a responsabilidade direta cabia a Churchill, o primeiro lorde do Almirantado (ministro da marinha). Contudo, por trás dos argumentos sobre o fracasso, assomava uma revisão implícita do desastre da política do apaziguamento. O apoio da bancada conservadora a Chamberlain ruiu aos poucos, até sofrer um golpe fatal, representado pela intervenção de Lloyd George, o antigo primeiro-ministro cercado pela auréola do triunfo na Grande Guerra. Falando sobre as garantias oferecidas à Polônia, ele fulminou: "Nossas notas promissórias agora são lixo no mercado." Em seguida, sugeriu que o ministro da marinha não deveria assumir a culpa pela derrota na Noruega e jogou na cara de Chamberlain o pedido de sacrifícios nacionais: "Nada poderia contribuir mais para a vitória do que fazer ele o sacrifício do cargo."[3]

O candidato natural ao lugar de Chamberlain não era Churchill, mas lorde Halifax, que ocupava o cargo de ministro do Exterior e tinha o apoio da maioria da bancada conservadora, a preferência do rei e a anuência do Partido Trabalhista, convidado a ingressar num governo de coalizão nacional. Halifax, porém, era um nobre, num país que seguia a regra de reservar a chefia do governo a integrantes da Câmara dos Comuns. Além disso, nada entendia de assuntos militares.

A guerra trouxe para o centro do palco um Churchill que parecia definitivamente descartado. Os anos 1930 não haviam sido bons para o antigo ministro que, na década anterior, supervisionara o desastroso retorno da Grã-Bretanha ao padrão ouro. Desde 1930, ele começou a experimentar um isolamento político que se prolongaria até quase a eclosão da guerra. Seus pontos de vista eram conservadores demais, mesmo para o Partido Conservador. Ele chegara a defender o abandono do sufrágio universal, opusera-se à concessão de um estatuto de autonomia para a Índia e criticara o governo por aceitar conversar com Mahatma Gandhi. Contudo, naqueles anos de depressão econômica e desalento com os sistemas parlamentares, revelara-se mais perspicaz que quase todos os estadistas ocidentais sobre o tema de Hitler.

Não era uma aversão especial ao autoritarismo, mas uma apreciação sagaz dos riscos inerentes ao rearmamento alemão e à linguagem de vingança em-

---

3   ROBERTS, Andrew. *Hitler & Churchill: Segredos da liderança*. Rio de Janeiro, Jorge Zahar, 2004, p. 96.

pregada por Hitler. Churchill elogiara Mussolini muitas vezes, e continuou a fazê-lo até 1937. Também caracterizara o governo republicano espanhol como uma máscara sob a qual se ocultava a face do comunismo. A URSS lhe parecia uma ameaça permanente e os líderes autoritários ou fascistas surgiam aos seus olhos como antídotos, talvez eficazes, contra os "vermelhos". Entretanto, a Alemanha rearmada era coisa inteiramente diferente.

Os primeiros alertas de Churchill sobre o rearmamento alemão datam de 1932. Sua voz, junto com a de George Lloyd, outro conservador contrário à autonomia da Índia, ergueu-se quase sozinha num tempo em que a depressão global apagava a memória da Grande Guerra. Três anos mais tarde, ele publicou um ensaio intitulado "A verdade sobre Hitler", que provocou uma reclamação diplomática formal do governo alemão e a proibição de circulação da revista na Alemanha. O Ministério do Exterior britânico também não aprovou o texto e sugeriu a Churchill, sem sucesso, que não o republicasse no livro *Great contemporaries*, em que foi publicado sob o título "Hitler e sua escolha".

O ensaio tornou-se, bem depois da Segunda Guerra Mundial, uma fonte para citações descontextualizadas pelas quais se procura fabricar um Churchill simpático a Hitler. De fato, no texto, o britânico examina a hipótese de que Hitler passasse à história como o restaurador da economia de seu país e como o estadista responsável pelo reingresso da Alemanha na família das nações europeias. Contudo, essa hipótese surge como alternativa improvável, numa ascensão marcada por violentas correntes de ódio e por um programa organizado em torno da preparação para a guerra. Hitler, explicava o autor, era fruto da letargia e dos erros das potências europeias após a Grande Guerra. Não estava descartada a possibilidade de que o belicoso ultranacionalismo hitlerista se diluísse com o tempo, mas existia um risco real iminente e ignorá-lo poderia revelar-se fatal.

Muitos, à época, preferiam ignorar a ameaça nazista. Churchill nunca se alinhou com aquela maioria.

A marinha e o Império

O historiador John Lukacs, numa pequena obra notável, delimitou o período de oitenta dias, entre 10 de maio e o 1º de agosto de 1940, classificando-o

Churchill discursa perante o Parlamento, a 13 de maio de 1940. Logo depois de aceitar o cargo de chefe do governo, ele comentou com o general Hastings Ismay: "Pobre povo, pobre povo. Eles confiam em mim, e eu não posso lhes dar nada senão desastres durante um longo tempo."

como "o duelo" entre Churchill e Hitler. Nesse intervalo, anterior à decisão de Hitler de marcar uma data para a invasão da URSS, a Grã-Bretanha se ergueu solitariamente contra a máquina de guerra nazista. Os Estados Unidos conservavam a neutralidade, a URSS mantinha o seu pacto com a Alemanha, a França ruía. Churchill se equilibrava precariamente, à frente de um governo que prometia lutar até o fim contra um inimigo mais poderoso. Se a Alemanha triunfasse na Batalha da Inglaterra, os rumos da guerra mundial e do restante do século XX provavelmente seriam muito diversos do que foram.

Segundo Lukacs, uma "luta triangular" dominou os quase trinta anos que separam a Revolução Russa do encerramento da Segunda Guerra Mundial. Num dos vértices, estava a democracia liberal, encarnada nos países anglo-saxônicos. Num outro, o comunismo, representado pela URSS. O terceiro correspondia ao nacionalismo, nas suas variantes extremadas do fascismo e do nazismo. A força do nazismo, não apenas militar, mas sobretudo ideológica, não deveria ser desprezada: "Sabemos, e muitas vezes esquecemos, que afinal foram necessárias as forças combinadas da aliança (em muitos aspectos inusitada e efêmera) da Grã-Bretanha, Estados Unidos e Rússia soviética para derrotar a Alemanha."[4]

Nos anos 30, a crença na democracia liberal retrocedia em todo o mundo. Stalin consolidava sua ditadura totalitária e a URSS se fortalecia, mas o comunismo, enquanto doutrina revolucionária, também recuava. A força em ascensão eram os autoritarismos nacionalistas. Na Europa, fortes correntes de opinião se opunham à guerra contra a Alemanha não porque admirassem o nazismo, mas porque desprezavam a democracia liberal e enxergavam em Hitler um resoluto inimigo do comunismo. A política do apaziguamento, embora conduzida por estadistas liberais, encontrava nessas correntes uma base de sustentação. Nos Estados Unidos, sentimentos difusos não muito diferentes concorriam para reforçar um isolacionismo tradicional. Churchill não se deixou arrastar pelos ventos predominantes, identificando em Hitler o inimigo existencial que era preciso derrotar a qualquer custo.

O senso comum esvazia as palavras de seus significados próprios, produzindo diagnósticos anacrônicos. Como explica Lukacs: "Poucas coisas são tão equivocadas quanto a tendência a encarar Hitler como um reacionário. Ele era a própria antítese disso. O verdadeiro reacionário era Churchill." O britânico encarnava "a resistência de um mundo antigo, de liberdades antigas, de padrões antigos" contra o líder que comandava apoio popular e personificava uma força "assustadoramente eficiente, brutal e nova".[5] O contraste não poderia ser mais aparente: Hitler foi um pioneiro do moderno marketing político e um dos primeiros líderes a se deixar fotografar com crianças; Churchill, com sua inseparável bengala e seu chapéu-coco, era a imagem de um tempo extinto de certezas sólidas.

A carreira parlamentar de Churchill começou em 1900, como integrante da bancada conservadora. Quatro anos depois, ele se transferiu para o Partido Liberal, em virtude de suas divergências com a política de preferências tarifárias que favoreciam o comércio com o Império Britânico. Em discurso na Escócia, em 1908, ele cotejou o liberalismo com o socialismo:

> *O socialismo busca reduzir a riqueza. O liberalismo busca diminuir a pobreza. O socialismo pretende destruir os interesses privados; o libe-*

---

4   LUKACS, John. *O duelo: Churchill x Hitler*. Rio de Janeiro, Jorge Zahar, 2002, p. 18.

5   LUKACS, John. Op. cit., p. 21.

ralismo quer preservar os interesses privados do único modo como estes podem ser segura e justamente preservados, isto é, conciliando-os com os direitos públicos. O socialismo mataria a livre iniciativa; o liberalismo se destina a resgatar a livre iniciativa dos estorvos dos privilégios e preferências. O socialismo ataca a precedência do indivíduo; o liberalismo procura, e deve procurar mais no futuro, erguer um padrão mínimo para as massas. O socialismo exalta a norma; o liberalismo exalta o homem. O socialismo ataca o capital; o liberalismo ataca o monopólio.[6]

O livre comércio não era, para Churchill, um artigo de fé ideológica, mas o pilar da força econômica britânica e da segurança geopolítica do Império Britânico. Na hora da ruptura que o levou ao Partido Liberal, o jovem parlamentar registrou que a "história da marinha mercante britânica" desenvolveu-se a partir da "influência combinada de importações livres aqui e tarifas hostis no estrangeiro".

A Grã-Bretanha, argumentou, funcionava como um porto livre num sistema comercial contaminado pelo protecionismo. Isso não decorria de alguma vantagem natural, como o clima ou a profundidade dos portos, mas de uma decisão política. A condição de entreposto era o fundamento de uma diversificada indústria naval e de inúmeros serviços relacionados. Os ganhos resultantes ultrapassavam a esfera da economia, evidenciando-se no campo estratégico. Churchill falava do poder, não exatamente da riqueza:

Nós transportamos mais de metade das importações de cada país do mundo e construímos anualmente a mesma quantidade de navios que o resto do mundo (...) a concentração do comércio marítimo e da construção naval nestas ilhas é um fator a ser considerado não apenas no tocante à nossa saúde financeira e à nossa prosperidade comercial, mas também à segurança de nosso Império.[7]

---

6 CHURCHILL, Winston. "Liberalism and socialism". Dundee, 4 de maio de 1908. The Churchill Centre and Churchill War Rooms, Londres.

7 CHURCHILL, Winston. "The Free Trade League". Manchester, 19 de fevereiro de 1904. The Churchill Centre and Churchill War Rooms, Londres.

O Império e a marinha sempre figuraram como os pontos cardeais na visão de mundo de Churchill. Em 1911, ele foi guindado pela primeira vez ao posto de Primeiro lorde do Almirantado. Sob sua direção, começou a modernização da marinha de guerra britânica. No centro da revolução estava a substituição do carvão pelo óleo combustível.

As novas embarcações militares alemãs empregavam óleo. Na frota britânica, utilizava-se derivado de petróleo apenas em destróieres e submarinos, mas as grandes embarcações de combate dependiam do carvão, que requeria uma rede global de estações de abastecimento e o uso intensivo de mão de obra para as operações de embarque de combustível. Como era impossível reabastecer no mar, cerca de um quarto da frota estava sempre paralisada nas estações. Os navios a petróleo tinham, também, vantagens táticas significativas. Como o óleo tem o dobro da eficiência térmica do carvão, as caldeiras podem ser menores e os navios mais leves, mais velozes e com maior flexibilidade de manobra. Além disso, a queima de combustível produz menos fumaça, o que diminui a visibilidade das embarcações e proporciona condições para o emprego do elemento surpresa.

A opção pelo óleo combustível era defendida insistentemente pelo almirante John Fisher, comandante da marinha entre 1904 e 1910 e assessor de Churchill nos anos seguintes. Fisher almejava velocidade, que enxergava como único substituto viável para as anacrônicas couraças. Os navios britânicos deveriam alcançar 25 nós, quatro a mais que as embarcações alemãs da época. Só o óleo combustível permitiria projetar navios tão velozes. Por decisão de Churchill, os superencouraçados da classe *Queen Elizabeth*, concebidos para queimar óleo, se tornaram o paradigma na renovação da frota.

Renunciar ao carvão implicava encontrar fontes abundantes e seguras de fornecimento de petróleo a longo prazo. A solução encontrada foi o envolvimento britânico com a então modesta Anglo-Persian Oil Company, que atuava no Irã. O governo adquiriu 51% das ações da empresa, apontou dois de seus diretores e firmou um contrato sigiloso de fornecimento privilegiado por vinte anos. A estratégia deflagrou a moderna geopolítica do petróleo, que orientou as operações do agente britânico T. E. Lawrence nos domínios otomanos durante a Grande Guerra, ajudou a definir as fronteiras políticas no Oriente Médio e resultou na unificação dos territórios que constituem o Iraque.

Encouraçado *HMS Queen Elizabeth*, movido a óleo, na Primeira Guerra Mundial. A decisão estratégica de Churchill de renovar a Marinha, renunciando ao carvão mineral, inaugurou a moderna geopolítica do Oriente Médio.

A glória britânica – eis o norte imutável de Churchill. Sua célebre aversão à tirania não era variável independente, mas uma decorrência da identificação que estabelecia entre a Grã-Bretanha e as liberdades tradicionais. Ele não se preocupava com tiranos menores, incapazes de projetar influência além das fronteiras de seus países. Mas se erguia como um leão contra as tiranias que ameaçavam a estabilidade do sistema internacional. A Rússia bolchevique, primeiro, e a Alemanha nazista, mais tarde, foram catalogadas por Churchill como inimigos existenciais da Grã-Bretanha.

A "causa do mundo"

"A Fortuna fica justificadamente indignada com aqueles que rompem com os costumes do passado", escreveu uma vez Churchill, sintetizando o cerne de sua visão de mundo.[8] Os "costumes do passado" eram, para ele, as liberdades inglesas e a ordem internacional sobre a qual se assentavam. A revolução, na versão bolchevique ou na hitlerista, representava o espectro a ser conjurado. No fim das contas, de acordo com seu ponto de vista, elas constituíam um mal único. Mas o que fazer quando as duas versões do mal único colidiam?

No 22 de junho de 1941, o dia da invasão da URSS pela Alemanha, Churchill dirigiu aos britânicos um discurso radiofônico. Muitos, especialmente entre os conservadores, resistiam a uma aliança com os soviéticos. Churchill, porém, não nutria dúvidas:

> *O regime nazista é indistinguível dos piores traços do comunismo. (...) Ninguém, nos últimos 25 anos, tem sido um oponente mais coerente do comunismo do que eu. Não desmentirei uma única palavra que pronunciei sobre isso. Mas tudo se dissolve diante do espetáculo que agora se desenrola. O passado se apaga, com seus crimes, suas loucuras e suas tragédias. (...) Devo fazer a declaração, mas pode-se duvidar de qual será nossa política? Nós temos um único, singular e irrevogável propósito. Estamos decididos a destruir Hitler e qualquer vestígio do regime nazista. (...) Todo homem ou Estado que luta contra o reino nazista terá nossa ajuda. Todo homem ou Estado que marcha com Hitler é nosso inimigo. (...) Esta é a nossa política e esta é a nossa declaração. Dela decorre, então, que devemos dar toda a ajuda que pudermos à Rússia e ao povo russo.[9]*

De fato, ninguém podia reivindicar uma oposição mais feroz ao comunismo. No início de 1919, apontado ministro da Defesa, Churchill se engajou a fundo na intervenção ocidental na guerra civil russa. O comunismo, dizia, precisava ser exterminado no berço. No ano seguinte, quando as forças britânicas foram retiradas do conflito, ele conseguiu superar as resistências ao fornecimento de armas para os poloneses que invadiam a Ucrânia. Num discurso direcionado contra o Partido Trabalhista, declarou que se acostumara a julgar

---

8 LUKÁCS, John. *O duelo: Churchill x Hitler*. Op. cit., p. 51.

9 CHURCHILL, Winston. "The Fourth Climacteric". Londres, 22 de junho de 1941. The Churchill Centre and Churchill War Rooms, Londres.

as tendências do cenário mundial sob o ponto de vista de favorecer ou não o avanço do bolchevismo.

O verdadeiro lar político de Churchill sempre foi o Partido Conservador. O hiato de duas décadas no Partido Liberal se encerrou formalmente em 1925. Nessa época, o comunismo continuava a figurar na sua mente como o inimigo a ser derrotado, e os regimes autoritários de tipo fascista, na Itália e na Polônia, lhe pareciam aliados circunstanciais contra a Rússia soviética. A ascensão de Hitler, a princípio, não alterou esse enfoque, algo que só ocorreu nos anos seguintes, sob o impacto do rearmamento alemão, e se completou na hora da vergonhosa rendição em Munique.

Mas a mudança de perspectiva lhe propiciou uma clareza estratégica singular, expressa num discurso duro, incisivo, pronunciado cinco dias após a assinatura dos Acordos de Munique. Perante a Câmara dos Comuns, ele pronunciou um veredicto bastante impopular, mas totalmente verdadeiro, sobre a política de Chamberlain. Munique significara uma derrota absoluta, que não apenas destruíra a independência da Tchecoslováquia como desmantelara todo o sistema de segurança na Europa Central. Não se tratava apenas de uma hipotética devolução das antigas colônias alemãs ou da perda de influência na Europa, mas de uma ameaça iminente à própria independência da França e da Grã-Bretanha. O apaziguamento conduzira franceses e britânicos à condição de "satélites do sistema da Alemanha nazista de dominação da Europa". As exigências nazistas cresceriam sem parar, atingindo as liberdades e a democracia:

> *Tais demandas podem significar a entrega de território ou a entrega de liberdade. Eu antevejo e prognóstico que a política de submissão trará com ela restrições à liberdade de palavra e debate no Parlamento, em espaços públicos e discussões na imprensa, pois será dito – e, de fato, já ouço ser dito algumas vezes – que não podemos permitir que o sistema ditatorial nazista seja criticado por políticos ingleses comuns.*[10]

---

10 CHURCHILL, Winston. "The Munich Agreement". Londres, 5 de outubro de 1938. The Churchill Centre and Churchill War Rooms, Londres.

O primeiro encontro pessoal entre Churchill e Stalin se deu na segunda Conferência de Moscou, em agosto de 1942, quando as forças alemãs se encontravam às portas de Stalingrado, na batalha que viria a ser considerada a mais decisiva da guerra mundial. Na vasta sala de conferência com vista para o rio Moscou, o primeiro-ministro britânico disse que os Aliados não tinham meios para abrir uma segunda frente na França no horizonte previsível. Tentou amenizar a frustração mencionando a campanha aérea de bombardeio sistemático das cidades alemãs. O ditador soviético ocultou sua ira, mas não deixou de observar, ironicamente, que "um homem que não está pronto a assumir riscos não pode vencer uma guerra".[11]

O segundo encontro se deu no final de novembro de 1943, na Conferência de Teerã, na presença também de Roosevelt, a primeira reunião dos "Três Grandes". Nada saiu como o britânico queria. A Conferência do Cairo, realizada dias antes, não servira para coordenar as posições britânicas e americanas, como pretendia Churchill, pois Roosevelt parecera desinteressado em abordar o tema, concentrando-se nas negociações com o presidente chinês Chiang Kai-shek e com o turco Ismet Inonu. Em Teerã, de acordo com a narrativa de Churchill, um Stalin triunfante, saboreando o avanço irresistível das forças soviéticas, "soprava seu cachimbo e, com os olhos semicerrados, emitia uma torrente de insultos".[12] A Operação Overlord, de abertura da segunda frente, foi inicialmente programada para maio, coincidindo com uma ofensiva soviética na fronteira oriental alemã. Graças a Roosevelt, Stalin prevalecera sobre Churchill, que preferia uma operação conjunta com os americanos no Mediterrâneo oriental.

A "causa do mundo" pusera a Grã-Bretanha numa aliança tripartite não apenas estranha mas também muito assimétrica. "Que nação pequena somos", resmungou Churchill referindo-se ao encontro de Teerã, "lá estava eu com o enorme urso russo de um lado(...) e do outro o enorme búfalo americano, e entre os dois o pobre burrinho inglês".[13]

---

11 HASTINGS, Max. "Churchill believed he could charm anyone – even Stalin. Yet the dictator humiliated him with insults, lies and foul-mouthed jokes". *Mail Online*, 25 de agosto de 2009.

12 HASTINGS, Max. Op. cit.

13 ROBERTS, Andrew. Op. cit., p. 123.

Stalin, Roosevelt e Churchill, em Teerã. O "pobre burrinho inglês" bem que tentou fazer prevalecer sua visão de uma guerra periférica, articulada sobre a base de operações navais e anfíbias. Ele, porém, teve de ceder à coalizão entre o "búfalo americano" e o "urso russo".

Entre a Europa e o mar aberto

Segundo uma narrativa de André Malraux, Charles de Gaulle teria dito, no final de sua vida: "Eu ergui o cadáver da França com meus braços, fazendo o mundo acreditar que ela estava viva."[14] O general fez praticamente isso mesmo no 18 de junho de 1940, por meio de uma mensagem radiofônica transmitida pela BBC na qual denunciava o governo colaboracionista do marechal Pétain e exortava o povo francês a resistir aos invasores. O gabinete britânico tentara evitar a transmissão, uma decisão revertida por Churchill. Daquele momento em diante, o chefe do governo britânico e o líder exilado francês se converteram em companheiros de armas.

A cooperação entre eles nunca atenuou a profunda diferença de perspectivas. De Gaulle encarnava o ponto de vista da França, uma potência so-

---

14 ASH, Timothy Garton. "De Gaulle and Churchill have a message for Sarkozy and Cameron". *The Guardian*, 17 de junho de 2010, p. 31.

lidamente fincada no chão da Europa continental. Churchill personificava a Grã-Bretanha, potência marítima com horizontes globais quase indiferente às intermináveis querelas entre os poderes continentais. A queda da França os conduzira a conclusões conflitantes, que moldariam a política das duas potências no pós-guerra. De Gaulle extraiu a lição de que a França deveria conservar autonomia completa diante dos Estados Unidos e da Grã-Bretanha, perseguindo a liderança da Europa continental. Churchill concluiu que a França era um aliado menor, pouco confiável, e que a segurança britânica passaria a depender de uma parceria estratégica com os Estados Unidos.

Pouco antes do Dia D, o líder francês expressou ao primeiro-ministro britânico sua gratidão pela operação planejada. Churchill retrucou com um registro que ficou célebre: a Grã-Bretanha, sempre que tivesse que "decidir entre a Europa e o mar aberto, escolheria o mar aberto". Daí decorria que "todas as vezes que eu tiver que decidir entre você e Roosevelt, deverei optar por Roosevelt".[15] De Gaulle guardou aquelas palavras e as mencionou mais tarde, quando consolidou a parceria franco-alemã e rejeitou o ingresso britânico na Comunidade Europeia.

Logo depois do ataque alemão à URSS, diplomatas britânicos e americanos entabularam conversações com seus pares em Moscou. Já naquele momento, para surpresa dos mais ingênuos, Stalin demandava de seus novos aliados a promessa de que os tratados do pós-guerra lhe garantiriam os ganhos territoriais iguais aos obtidos por meio do Pacto Molotov-Ribbentrop. Tal demanda, além do mais, surgia sempre associada à da abertura de uma segunda frente, em solo francês. A segunda frente logo se converteu em perene ponto de atrito entre o ditador soviético e Churchill.

Depois da guerra, o ministro do Exterior, Molotov, reconheceu que a abertura da frente na França, em 1942, teria sido "uma operação de todo impossível para eles". Contudo, explicou, "nossa demanda era politicamente necessária e tínhamos que exercer pressão sobre eles por tudo".[16] As duas coisas estavam ligadas, sob o ponto de vista de Moscou. A solicitação da operação

---

15 ASH, Timothy Garton. Op. cit., p. 31.

16 GADDIS, John Lewis. *We now know: Rethinking Cold War history*. Oxford, Clarendon Press, 1997, p. 16.

impossível se destinava a pôr britânicos e americanos na defensiva, enfatizando o enorme peso militar que recaía sobre os ombros da URSS. As concessões territoriais no pós-guerra figurariam como preço pelo descomunal esforço das tropas soviéticas.

A impossibilidade da segunda frente em 1942 decorria de realidades estratégicas gritantes. Durante mais de um ano, como efeito do pacto germano-soviético, a Grã-Bretanha suportara sozinha o fardo da guerra. Os Estados Unidos estavam envolvidos, desde o desastre de Pearl Harbor, numa campanha quase desesperada contra o avanço japonês na imensa frente do Pacífico. Um desembarque anfíbio, como foi feito a partir do Dia D, era uma operação de alto risco, pontilhada de desafios táticos e logísticos, que dependia de longos preparativos. Não é muito mais do que propaganda política a tese, difundida pela historiografia pró-soviética, segundo a qual os Aliados ocidentais retardaram a abertura da segunda frente para beneficiar-se do esgotamento mútuo da Alemanha e da URSS.

O tema da segunda frente gerou prolongadas divergências entre Churchill e Roosevelt. Na segunda Conferência de Washington, em junho de 1942, o presidente americano sugeriu focalizar a estratégia na organização do desembarque na França, mas o britânico considerou a ideia prematura e propôs uma campanha conjunta no Mediterrâneo, que prepararia um ataque à Itália. No fim, os dois concordaram em deflagrar os preparativos para a campanha na África do Norte.

Em 10 de julho de 1943 começou a invasão aliada da Sicília. A operação atendia à linha estratégica de Churchill, que pregava ataques periféricos baseados no poder naval. Mussolini foi afastado e substituído pelo marechal Pietro Badoglio no final de julho. Quatro meses mais tarde, quando os "Três Grandes" se encontraram em Teerã, as forças aliadas avançavam lentamente pelas montanhas dos Apeninos, na direção de Roma, e enfrentavam forte resistência de tropas alemãs e italianas. Na conferência, a promessa de Roosevelt, de abertura da frente na França na primavera de 1944, pôs um ponto final na estratégia de Churchill. O britânico queria estender para leste a ofensiva no Mediterrâneo com o intuito de consolidar as posições de seu país no Oriente Médio e na Índia.

De Teerã, Roosevelt e Churchill partiram para o Cairo, onde concluíram a conferência Sextante, encontrando-se com o presidente turco, Inonu. Quase um ano antes, em janeiro, o britânico se reunira secretamente com o turco num vagão ferroviário nos arredores de Adana, na Anatólia, tentando convencê-lo a entrar na guerra e atacar as forças alemãs nos Bálcãs. Inonu resistira à pressão, argumentando com a redução da ajuda financeira anglo-americana recebida por seu país. No Cairo, Churchill fez mais uma tentativa, mas esbarrou na oposição de Roosevelt, que se concentrava nos preparativos da Operação Overlord e enxergava a ideia britânica como uma distração. A neutralidade da Turquia foi mantida, como queria Inonu.

A visão de Churchill não decorria de um projeto maligno de assistir ao desgaste mútuo de alemães e soviéticos, mas de suas prévias inclinações e de um cálculo geopolítico sobre o pós-guerra. O britânico era um convicto navalista, propenso a favorecer operações anfíbias em pontos diversos da periferia estratégica do principal teatro de guerra. Essa profissão de fé o levou a deflagrar a fracassada operação na Noruega, no início da guerra, e a defender como prioridades as operações na África do Norte e na Itália. No fim das contas, sua grande estratégia foi cortada pela decisão de Roosevelt de abertura da segunda frente na França.

As dissensões anglo-americanas também refletiam diferenças na apreciação do pós-guerra. Churchill imaginava um cenário no qual os britânicos controlariam a orla marítima, do mar do Norte ao Mediterrâneo, permanecendo ausentes da massa continental europeia. Era a expressão de uma posição estratégica tradicional, que deveria perdurar após a imensa tormenta. Roosevelt, por seu lado, atribuía escassa importância aos interesses britânicos nos mares que circundam a Europa, e seus generais preferiam a via mais rápida e direta para derrotar o inimigo.

Desde meados de 1943, Churchill teve de ceder a precedência a Roosevelt, passando a ocupar papel coadjuvante nas grandes decisões estratégicas. Ele já sabia que seria assim quando tentava arrastar os Estados Unidos para o engajamento total na guerra. Realista, em troca da aliança militar, concedeu a Washington o controle absoluto sobre a guerra no Pacífico, ciente de que a Grã-Bretanha se retrairia para o seu entorno mais próximo. No pós-guerra, embora acalentasse o sonho impossível de manutenção do Império, não nutria dúvidas de que a potência britânica seria o parceiro menor dos Estados Unidos na aliança das potências navais.

Lorde Louis Mountbatten com Mahatma Gandhi, em Nova Delhi, 1948. A hora de grandeza de Churchill encerrou-se em 1945. Depois da vitória sobre Hitler, ele assistiria ao desmantelamento do Império Britânico e à formação da Comunidade Europeia, impulsionada pela parceria franco-germânica.

Churchill, de certo modo, era um homem do passado. Mas ele pilotou a transição que conferiu a seu país um lugar destacado no futuro. Mais que seus contemporâneos, soube identificar a "causa do mundo" na hora decisiva.

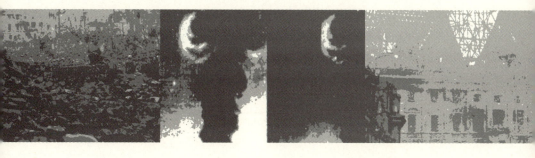

Os significados de Hiroxima

Hiroxima ardia, consumida pelo fogo e contaminada pela radiação, quando aviões americanos lançaram sobre as cidades japonesas um curto panfleto aterrador. Sua principal passagem dizia:

Possuímos o explosivo mais destruidor já idealizado pela humanidade. Uma única de nossas recém-desenvolvidas bombas atômicas é, na verdade, o equivalente em poder explosivo ao que podem transportar dois mil de nossos gigantescos B-29 numa só missão. Esse fato terrível deve ser ponderado por vocês, e nós asseguramos, solenemente, que ele é cruelmente preciso. Começamos a usar tal arma contra a sua terra natal. Se vocês ainda têm alguma dúvida, investiguem o que aconteceu a Hiroxima quando apenas uma bomba atômica caiu sobre a cidade.[1]

"Little Boy" caiu sobre Hiroxima a 6 de agosto de 1945. "Fat Man" caiu sobre Nagasaki três dias depois. No instante das detonações, o clarão da explosão emitiu uma radiação de calor que se deslocou à velocidade da luz. As pessoas que se encontravam em lugares abertos foram extensivamente

---

1 Translation of leaflet dropped on the Japanese (AB-11), August 6, 1945. Miscellaneous Historial Documents Collection. Harry S. Truman Library & Museum. The Decision to Drop the Atomic Bomb.

queimadas: a pele carbonizou-se em tons de marrom-escuro ou preto e elas pereceram depois de minutos ou horas. A radiação térmica se deslocou em linha reta, como a luz, de modo que as áreas queimadas corresponderam à exposição direta a ela. Indivíduos que estavam no interior de edifícios e casas experimentaram queimaduras nas partes expostas através das janelas. Um homem que escrevia diante de uma janela teve as mãos completamente carbonizadas màs, devido ao ângulo de entrada da radiação, seu pescoço e sua face sofreram apenas queimaduras superficiais.

Sob os cogumelos atômicos, morreram no dia dos bombardeios algo em torno de 150 mil pessoas. Quatro meses depois, como efeito da radiação e das queimaduras, o saldo de mortes havia dobrado. O panfleto lançado sobre as cidades japonesas incentivava a população a pedir ao imperador que encerrasse a guerra: "Nosso presidente delineou para vocês as 13 consequências de uma rendição honrosa." Os representantes do Japão assinaram, a 2 de setembro, a bordo do *USS Missouri*, o Instrumento de Rendição. "Nós, por este, proclamamos a rendição incondicional aos Poderes Aliados do Quartel-General imperial japonês e de todas as forças armadas japonesas e das forças armadas sob controle japonês, onde quer que estejam situadas."

Um símbolo de rendição incondicional: eis o primeiro significado de Hiroxima. O princípio da rendição incondicional das potências do Eixo foi estabelecido, por iniciativa de Roosevelt, na Conferência de Casablanca, em janeiro de 1943, por acordo do presidente americano com Churchill. O britânico resistiu à ideia, e conseguiu suprimir a expressão do comunicado final, mas o presidente a transmitiu ao mundo como uma decisão dos Aliados na entrevista coletiva de imprensa realizada no final do encontro. Stalin, que não foi à conferência, também parece não ter gostado da ideia, que bem mais tarde ajudou a liderança nazista a propagandear entre os alemães a necessidade de prosseguir a guerra além do limite da esperança na vitória.

O conceito de rendição incondicional é uma invenção tipicamente americana. Foi exposto pioneiramente na Guerra Civil Americana pelo general Ulysses S. Grant, em 1862, que replicou a uma solicitação de termos de rendição de um comandante confederado negando-se a expor condições e exigindo uma rendição imediata. A ideia era essencialmente estranha ao pensamento europeu, um indício das diferenças de fundo entre as experiências históricas das nações da Europa e dos Estados Unidos.

Na Europa, a guerra era vista como um nexo normal na dinâmica das relações internacionais. Desde a "fundação" do moderno sistema de Estados, na Paz da Westfália, em 1648, os Estados guerreavam pelos seus interesses particulares, que eram interpretados como interesses legítimos. Os estadistas não procuravam, pela guerra, a destruição do inimigo, mas apenas, nos casos extremos, a derrota cabal de suas forças armadas. Os tratados de paz se baseavam em termos de rendição previamente negociados. Eram instrumentos pelos quais o inimigo derrotado voltava a se converter em participante pleno do sistema de Estados.

Os Estados Unidos surgiram como nação independente num movimento de ruptura com o sistema europeu. A aversão ao "cínico" realismo europeu – isto é, à *Realpolitik* praticada no Velho Mundo – percorre o discurso político americano. A guerra, tal como vista da América do Norte, constituía uma aberração, um cancro das relações internacionais. Deveria ser extirpada pela razão ou pela força, de uma vez por todas. O agressor, veículo da guerra, deveria ser destruído, para que a semente do mal não renascesse jamais. A rendição incondicional funcionaria como ato prévio no empreendimento de "reforma do mundo" e de abolição da guerra.

Na Primeira Guerra Mundial, Wilson vencera o isolacionismo americano, justificando o engajamento na guerra como um meio para acabar com todas as guerras. Sua Liga das Nações foi imaginada como principal ferramenta de "reforma do mundo" – a fiadora de uma paz perpétua. Roosevelt seguia as pegadas de Wilson. A primeira Conferência de Washington, aberta em dezembro de 1942, servira como ocasião para a divulgação da Declaração pelas Nações Unidas. A ideia da ONU, como sucessora da Liga das Nações, enfeixava a visão rooseveltiana para o pós-guerra. Do ponto de vista do presidente americano, a rendição incondicional das três potências do Eixo figurava como pilar da reconstrução do sistema internacional.

Roosevelt forçou quase sozinho a adoção do princípio da rendição incondicional. Ele teve o apoio de conselheiros, como Henry Morgenthau, um velho amigo, mas não dos generais americanos, inclusive Eisenhower, o supremo comandante das forças aliadas na Europa. No raciocínio dos chefes militares, aquilo praticamente eliminava a hipótese de um golpe da cúpula militar alemã contra Hitler.

A convicção de Roosevelt na sua linha de ação não decorria apenas de uma visão sobre a história: reforçava-a um cálculo estratégico acerca das relações com a URSS no pós-guerra. A exigência de rendição incondicional adiava as inevitáveis negociações sobre o futuro da Alemanha para o fim das hostilidades, quando ele imaginava ter as forças americanas posicionadas em território alemão e, além disso, dispor da bomba atômica. O cronograma da bomba não acompanhou com exatidão a evolução da guerra, mas serviu aos propósitos geopolíticos americanos. A Alemanha se rendeu incondicionalmente a 8 de maio de 1945. O teste pioneiro da bomba, no Novo México, se deu no 16 de julho, um dia antes da abertura da Conferência de Potsdam, que definiu os termos da ocupação da Alemanha.

Há uma ironia histórica marcante em tudo isso. Wilson e Roosevelt almejavam o mesmo grandioso objetivo, mas empregaram instrumentos opostos para atingi-lo. Wilson fez dos seus Quatorze Pontos, uma generosa proposta de termos de paz, a plataforma para a Liga das Nações. Roosevelt fez da exigência de rendição incondicional o trampolim para a edificação das Nações Unidas. Há uma explicação para opções tão distintas: o fracasso de Wilson. Como registrou Robert Sherwood, "o fantasma de Woodrow Wilson" perseguia o presidente americano na Segunda Guerra Mundial:

> Roosevelt estava dizendo que não haveria paz negociada, nenhuma transigência com o nazismo e o fascismo, nenhuma "cláusula de escape" propiciada por outros Quatorze Pontos que poderiam dar nascimento a outro Hitler. (...) O presidente quis afirmar que, quando ganhasse a guerra, ganharia para valer.[2]

O estadista que alçou a rendição incondicional ao estatuto de princípio sagrado dos Aliados morreu semanas antes da rendição alemã e não deu a ordem para o bombardeio nuclear de Hiroxima e Nagasaki. Mas "Little Boy" e "Fat Man" estavam inscritos na política que ele formulou.

---

2   SHERWOOD, Robert E. *Roosevelt e Hopkins: Uma história da Segunda Guerra Mundial*. Nova Fronteira/UnB/Faculdade da Cidade, Rio de Janeiro-Brasília, 1998, p. 705.

Noite nuclear

"Por que já é noite? Por que nossa casa caiu? O que aconteceu?".[3] A sra. Nakamura não tinha as respostas para as insistentes perguntas de Myeko, sua filha de cinco anos. Naquela hora da manhã de 6 de agosto de 1945, os sobreviventes de Hiroxima não sabiam o que os atingira e apenas começavam a vislumbrar a extensão do desastre. Nakamura acabara de retirar seus filhos pequenos dos escombros e retornara ao interior da casa destruída para encontrar agasalhos. A manhã de verão deveria ser quente, mas fazia um frio inexplicável e a cidade estava coberta por uma névoa úmida e escura. Ninguém ouvira o ruído característico das esquadrilhas de bombardeiros B-29, mas tudo era um monte de ruínas, até onde a vista alcançava. Nas horas seguintes, em meio ao caos, os sobreviventes descobririam que eram as testemunhas da inauguração da era nuclear.

O que aconteceu em Hiroxima na manhã inaugural logo se tornou objeto de acesas discussões políticas e éticas. Contudo, durante quase um ano, a voz das vítimas permaneceu inaudível. Em maio de 1946, a revista *The New Yorker* enviou o jornalista John Hersey ao Japão ocupado com a missão de entrevistar sobreviventes e oferecer-lhes a palavra. Ele colheu material durante um mês. A edição da revista de 31 de agosto foi inteiramente dedicada à longa reportagem com a narrativa das experiências de seis pessoas que estavam na cidade na hora da explosão. Hersey escreveu um texto comedido, econômico, sóbrio. Não usou nenhum artifício ou enfeite: o relato das horas e dias seguintes das vítimas não precisava de mais nada. Hiroxima significa a destruição total. O fim de uma cidade, de um mundo e de uma época.

O panfleto lançado por aviões americanos em 6 de agosto de 1945 comparava o poder destruidor da bomba atômica ao das bombas convencionais transportadas pelos B-29. A comparação é exata, do ponto de vista técnico, mas completamente absurda do ponto de vista histórico. As explosões em Hiroxima e Nagasaki assinalaram um salto tão notável na "produtividade" das tecnologias de destruição em massa que delinearam o horizonte da aniquilação da própria civilização. Raymond Aron captou o sentido do evento: "Nun-

---

3 HERSEY, John. *Hiroshima*. Londres, Penguin Books, 1946, p. 35.

ca a fórmula banal de que a diferença de quantidade cria uma diferença de qualidade foi ilustrada de modo tão dramático. A aceleração da história nunca apareceu de forma tão clara."[4]

Diferença de quantidade, não a invenção do novo. O conceito básico empregado nos ataques nucleares às duas cidades japonesas era o do bombardeio estratégico, ensaiado na Primeira Guerra Mundial e utilizado extensivamente, com poder de fogo crescente, contra a Alemanha. Os alemães realizaram os primeiros bombardeios urbanos de saturação, em Londres e Coventry, em 1940. Churchill idealizou o Comando de Bombardeios da Força Aérea Real (RAF), que mais tarde agiria em conjunto com os bombardeios americanos. Ele chegou perto de pensar que a guerra poderia ser vencida a partir dos ares. "Um poderoso incêndio em seu próprio quintal", dizia o primeiro-ministro, para concluir: "Faremos da Alemanha um deserto, um verdadeiro deserto."[5]

Na guerra da era industrial, toda e qualquer indústria é considerada uma indústria bélica. As populações civis que habitam ao redor das zonas industriais são definidas como componentes do esforço militar do inimigo. As cidades, como campos de batalha recuados. O "bombardeio moral", uma dimensão do bombardeio estratégico, se destina a quebrar, pela destruição das cidades, a vontade de lutar. A Operação Gomorra, de bombardeio aéreo de Hamburgo, no verão de 1943, mobilizou 3 mil aviões e 9 mil toneladas de bombas, causou um incêndio devastador, produzindo 50 mil vítimas fatais e deixando mais de um milhão de desabrigados. O célebre bombardeio de Dresden, em fevereiro de 1945, gerou um incêndio que devastou todo o centro barroco da cidade e provocou mais de 20 mil mortes.

Durante toda a guerra, a Alemanha foi alvo de mais de 1,5 milhão de toneladas de bombas lançadas pelos aviões aliados. As estimativas indicam que o bombardeio estratégico fez algo entre 300 mil e 400 mil vítimas civis. Os ataques contra ferrovias, canais, fábricas de armas e refinarias limitaram o aumento da produção bélica alemã. Mas os bombardeios contra cidades não tiveram o efeito moral desejado. Na verdade, os indícios sugerem que

---

4   ARON, Raymond. *Paz e guerra entre as nações*. Brasília, UnB, 1986, p. 512.

5   FRIEDRICH, Jorg. *O incêndio*. Rio de Janeiro, Record, 2006, p. 73.

Ruínas da cidade alemã de Dresden, após a campanha anglo-americana de bombardeios aéreos, em 1945. A guerra moderna, total, borrou a distinção entre combatentes e civis. O "bombardeio moral" destinava-se a quebrar a coesão nacional do inimigo. Hiroxima representou uma experiência extrema, singular, de "bombardeio moral".

o "bombardeio moral" ajudou a tornar os alemães coesos em torno de sua liderança, fortalecendo a vontade de lutar.

Os Estados Unidos conduziram o bombardeio estratégico do Japão durante três anos. Nos meses derradeiros, o uso de bombas incendiárias produziu destruições calamitosas. Nas quase setenta cidades atingidas, o total de mortos provavelmente ultrapassou as cifras combinadas de Hiroxima e Nagasaki. A campanha aérea contra Tóquio, em março de 1945, parece ter convencido o imperador Hirohito a buscar negociações de paz. Mas a resistência psicológica do Japão só foi quebrada em definitivo com o emprego da bomba atômica.

A diferença de quantidade, na escala verificada nas duas cidades japonesas, teve o condão de mudar todo o cenário das relações internacionais. Hiroxima marca o momento em que as grandes potências (isto é, as potências nucleares) se separaram radicalmente das demais pela posse de uma capacidade de dissuasão quase absoluta. Na história militar anterior, nenhuma potência era realmente invulnerável e a guerra se apresentava como alternativa viável para a solução de divergências cruciais: a continuação da política por outros meios, na célebre definição de Carl von Clausewitz. O poder nuclear modificou os parâmetros do cálculo estratégico. A agressão contra detentores da nova arma se tornou uma hipótese aterradora. O confronto militar direto entre potências nucleares se converteu em algo próximo de uma impossibilidade. A guerra (nuclear) despontou como o espectro da abolição da pólis – e, portanto, da política.

De Gaulle afirmou muitas vezes que as armas nucleares tornaram obsoletos os tradicionais sistemas de alianças militares. De fato, a Organização do Tratado do Atlântico Norte (Otan), a coligação liderada pelos Estados Unidos no pós-guerra, não era uma aliança tradicional, mas um tratado de garantia. Por outro lado, como a "guerra improvável" não é uma hipótese sobretudo impossível, a segurança coletiva se transformou num imperativo, sobretudo para as superpotências nucleares. A ONU, tantas vezes paralisada pelo uso da prerrogativa de veto, não teve o fim inglório da Liga das Nações. Entre os motivos de sua sobrevivência se encontra o interesse existencial das superpotências na manutenção de um canal de diálogo num mundo sobre o qual pesa a ameaça da destruição mútua.

A bomba provocou um efeito singular sobre o Japão, distinguindo-o de todas as demais nações. No pós-guerra, o domínio sobre o ciclo nuclear completo e a produção de arsenais nucleares se tornaram obsessões para as potências médias e também para inúmeras ambiciosas potências regionais. O Tratado de Não Proliferação Nuclear (TNP), firmado em 1968, conteve a difusão geral da nova arma, mas não suprimiu as pretensões nucleares mais ou menos ocultas em diversos países. O Japão, contudo, inscreveu na sua constituição o princípio da renúncia à guerra.

A Constituição japonesa de 1946 foi aprovada no contexto da ocupação americana do país. A nova estrutura política do Estado refletia, em larga medida, a vontade do ocupante. Mas o Capítulo II, composto apenas pelo Artigo 9, expressava um verdadeiro consenso nacional. "Aspirando sinceramente a uma paz internacional baseada na justiça e na ordem, o povo japonês renuncia para sempre à guerra como um direito soberano da nação", diz o texto, que conclui do seguinte modo: "O direito do Estado à beligerância não será reconhecido."

UMA HISTÓRIA FINITA E DESINTEGRADA

Desde o fim da Guerra Fria, o Artigo 9 da Constituição japonesa entrou na mira de tiro, sofrendo a crítica cerrada da corrente nacionalista que voltava a emergir. Os aliados do Japão, especialmente os Estados Unidos, também pressionavam por uma mudança capaz de transformar o país num fator estratégico e militar de peso no cenário do Oriente. Em 2004, o escritor Kenzaburo Oe, agraciado com o Nobel de Literatura dez anos antes, se juntou publicamente ao movimento de opinião contrário à alteração constitucional.

Oe é, talvez, o melhor representante intelectual da resistência ao nacionalismo japonês. Seu ensaio *Hiroshima notes*, de 1965, aborda a vida e as memórias dos sobreviventes do ataque nuclear. *Okinawa notes*, de 1970, volta seu olhar para os habitantes do mais meridional grupo de ilhas japonesas, no qual se instalou uma grande base militar americana. O texto narra a ação de oficiais militares japoneses que, durante a invasão aliada daquelas ilhas, coagiram centenas de civis a cometer suicídio. A passagem lhe custou um processo por difamação, concluído por uma sentença judicial que reconheceu a verdade da narrativa.

Os trágicos eventos de 1945 tinham tudo para fertilizar um revanchismo ultranacionalista japonês, mas a vigilância de intelectuais e ativistas se revelou eficaz. No aniversário de quarenta anos dos bombardeios nucleares de Hiroxima e Nagasaki, Oe editou uma coletânea de histórias de escritores da primeira e da segunda geração de sobreviventes da catástrofe. Na introdução, explicou a trajetória de uma ruptura ideológica crucial:

Nem todas as abordagens literárias dos danos e sofrimentos provocados pela bomba atômica adotaram unicamente o ponto de vista da "vítima" para interpretar os bombardeios. Os "sobreviventes de segunda geração" (filhos dos diretamente atingidos) foram os primeiros a reconhecer com clareza que o Japão e os japoneses eram agressores na Guerra do Pacífico – e, antes disso, na guerra japonesa contra a China – que resultou nos bombardeios atômicos. Então, eles tentaram compreender os bombardeios em relação àquilo que os japoneses denominam a "Guerra dos Quinze Anos" (1931-1945).[6]

A ruptura com o paradigma da vitimização só poderia se dar no quadro da ruptura paralela, com os dogmas do nacionalismo japonês. Essa "segunda geração", explica Oe, moldou uma nova atitude das organizações de sobreviventes da bomba atômica, ajudando a estabelecer as responsabilidades

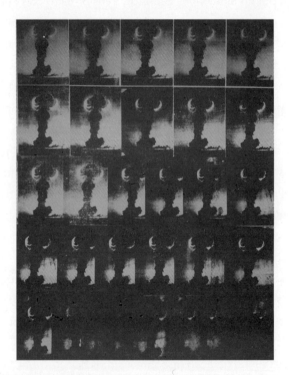

Atomic Bomb (1965), de Andy Warhol. A "crise dos mísseis", em Cuba, anos antes, reativara o espectro da aniquilação nuclear.

---

6 OE, Kenzaburo. *The crazy iris and other stories of the atomic aftermath*. Nova York, Grove Press, 1985, p. 9.

compartilhadas dos Estados Unidos e do Japão e a esculpir os valores que orientam os protestos de povos do Pacífico contra a contaminação radioativa da área. A mudança de atitude também está na raiz do movimento global pela erradicação das armas nucleares.

Um mundo precário, uma história finita – eis a percepção instaurada nas consciências pelos eventos de agosto de 1945. O espectro do fim da civilização, como obra do novo poder destrutivo da humanidade, se disseminou pela cultura, inspirando ensaios literários, filmes, peças teatrais, músicas e uma vasta iconografia. As primeiras imagens estilizadas das ogivas nucleares só apareceram em 1960. Antes disso, o cogumelo atômico se sedimentou como símbolo da nova era.

Godzilla, o monstro concebido em 1954 por Tomoyuki Tanaka para o filme homônimo de Ishiro Honda, nasceu de explosões nucleares. O personagem se fixou como metáfora do horror causado no Japão pelos bombardeios de Hiroxima e Nagasaki. A inspiração original se prolongou numa variada estirpe de seres ficcionais mutantes moldados pelos efeitos da radioatividade. Uma década depois de Godzilla, apareceu *Dr. Strangelove*, o célebre filme de Stanley Kubrick cuja trama se articula em torno de uma "máquina do juízo final". A máquina funciona como instrumento de prevenção da guerra, conferindo uma materialidade mecânica ao conceito estratégico da Mútua Destruição Assegurada (MAD).

Símbolo da campanha pelo desarmamento nuclear, concebido por Gerald Holtom em 1958. O *Sputnik* 2 acabara de colocar a cadela Laika em órbita terrestre. A "corrida espacial" deflagrada pelas superpotências redefinia a ameaça nuclear por meio do desenvolvimento dos mísseis balísticos intercontinentais.

O tema do "dia seguinte" à hecatombe nuclear configurou incontáveis visões pós-apocalípticas. O melhor, e um dos pioneiros, ensaios do gênero surgiu da pena de George Orwell: *1984*, romance publicado em 1949, o ano do primeiro teste nuclear soviético. *1984* combina dois elementos centrais: o totalitarismo de uma sociedade gerida por um partido único coletivista e o ambiente de divisão tripolar do mundo em esferas de influência das potências oriundas de uma guerra atômica. O romance *Planeta dos macacos*, do francês Pierre Boulle, de 1963, que se desdobrou em vários filmes, ofereceu uma nova versão da sociedade totalitária emanada da guerra total. Nessa visão, a classe dirigente dos chimpanzés utiliza técnicas pavlovianas de resposta condiciona-da para amestrar os servos humanos.

Na base das montanhas Sangre de Cristo, perto de Santa Fé (Novo México), em meio a uma paisagem árida, pontilhada de arbustos, erguem-se misteriosos robôs reluzentes, construídos com metais reciclados prove-nientes do Laboratório Nacional de Los Alamos, no qual foram construídos "Little Boy" e "Fat Man". As esculturas, de Tony Price, levam títulos de um humor cáustico relacionados ao espectro nuclear e sugerem ícones das re-ligiões cristã, budista e dos índios americanos. O escultor, que tinha oito anos em 1945, recordou com as seguintes palavras o impacto das explosões nucleares sobre a sua geração: "No minuto em que a bomba foi introduzida, projetou-se uma imensa nuvem sobre o mundo. Desde aquele momento, vivemos como reféns nucleares."[7]

Price expressa uma percepção poderosa, mas disseminada além do pon-to da banalização. Um artigo do crítico literário Alan Filreis contesta a ideia de que o "minuto em que a bomba foi introduzida" provocou uma completa transformação cultural. Mais que a noção de finitude potencial da história, a era nuclear veicularia as ansiedades ligadas à noção de fragmentação incon-trolável das coisas e das ideias. Entretanto, tais ansiedades não eram uma novidade: estavam presentes já antes da eclosão da Primeira Guerra Mundial. Eis o que ele escreve:

---

7   NEARY, John. "A heavy metal message: Scraps from atomic weapons are used to make antinuclear sculptures". *Life*, março de 1989.

Desde o momento das disjunções linguísticas nas linhas quebradas de versos livres de Gertrude Stein, das fraturas visuais exibidas no cubismo de Braque e Duchamp, do estado balcanizado em que os nacionalismos europeus emergiram da Primeira Guerra Mundial, do "atomismo" filosófico de Bertrand Russell e do primeiro Ludwig Wittgenstein, a vida moderna já parecia bem caracterizada pela desintegração. Não havia mais totalidades, coerências. A bomba A não trouxe algo novo. No lugar disso, tomou aspectos culturais ou estéticos da vida moderna – um "modernismo" que podia ser imaginado, de modo reconfortante, como alguma coisa ameaçadora mas muito distante ou, ao menos, contido em Nova York ou Paris – e pareceu, agora, transportar dramaticamente aquela incoerência até os lares ou, na verdade, para dentro dos lares.[8]

Agosto de 1945: o trágico fim da Segunda Guerra Mundial reiterou e amplificou agosto de 1914, a deflagração efetiva da Primeira Guerra Mundial. Esse intervalo, que contém uma metade política do século XX, destruiu para sempre um mundo de antigas certezas e seguranças. O século ingressou no seu segundo pós-guerra sob os signos da finitude e da desintegração.

---

8   FILREIS, Alan. "Cultural aspects of atomic anxiety". Penn Reading Project. Universidade da Pensilvânia, 1999.

Bibliografia

AÇÃO INTEGRALISTA BRASILEIRA. Manifesto de Outubro. 7 de outubro de 1932. http://www.integralismonosul.net/o_integralismo/doutrina/manifesto_32/

AGUIAR, Ronaldo Conde. *O rebelde esquecido: tempo, vida e obra de Manoel Bomfim*. Rio de Janeiro: Topbooks, 2000.

ALIANÇA NACIONAL LIBERTADORA. Manifesto da Aliança Nacional Libertadora. *A Platéa*, 6 de julho de 1935. http://www.marxists.org/portugues/prestes/1935/07/05.htm

ALMEIDA, Angela Mendes de. *A República de Weimar e a ascensão do nazismo*. São Paulo: Brasiliense, 1987.

ALVES Filho, Aluizio. *As metamorfoses do Jeca Tatu: A questão da identidade do brasileiro em Monteiro Lobato*. Rio de Janeiro: Inverta, 2003.

ARENDT, Hannah. *Origens do totalitarismo*. São Paulo: Companhia das Letras, 1990.

_____. *Eichmann in Jerusalem – A report on the banality of evil*. Nova York: Penguin Books, 1994.

ARON, Raymond. *Paz e guerra entre as nações*. Brasília: UnB, 1986.

ART: SOVIET PALACE. *Time*, 19 de março de 1934. http://www.time.com/time/magazine/article/0,9171,747172,00.html

ARTHUR, Anthony. *Radical innocent: Upton Sinclair*. Nova York: Random House, 2006.

ASH, Timothy Garton. "De Gaulle and Churchill have a message for Sarkozy and Cameron". *The Guardian*, 17 de junho de 2010, p. 31.

AVRICH, Paul. *Anarchists portraits*. Princeton, Princeton University Press, 1988.

AYDIN, Cemil. *The politics of anti-westernism in Asia*. Nova York: Columbia University Press, 2007.

BALFOUR, Michael. "Another look at 'Unconditional Surrender'". *International Affairs*, vol. 46, n. 4, outubro de 1970.

BAUMONT, Maurice. *Les origenes de la Deuxiéme Guerre Mondiale*. Paris: Payot, 1969.

BERLIN, Isaiah. *Limites da utopia*. São Paulo: Companhia das Letras, 1991.

BERNHARDI, Friedrich von. *Germany and the next war*. Nova York: 1914. http://www.h-net.org/~german/gtext/kaiserreich/bernhardi.html

BERNSTEIN, Eduard. "On the Russian and German revolutions". In: *Justice*, 7 de dezembro de 1922. http://www.marxists.org/reference/archive/bernstein/works/1922/xx/rusgerrev.htm

BRADLEY, Michael. "A band of brothers?". *International Socialism*, n° 103, novembro 2004. http://www.isj.org.uk/index.php4?id=38&issue=103

BRETON, Andre & RIVERA, Diego. "Por uma arte revolucionária independente". In: FACIOLI, Valentim (org.). *Breton-Trotski*. São Paulo: Paz e Terra/Cemap, 1985.

BRYAN, William Jennings. "Cross of Gold" speeech, 9 de julho de 1896. http://historymatters.gmu.edu/d/5354/

BUKHARIN, Nikolai. "Last Plea – Evening Session March 12". Moscow Trials. The Case of Bukharin. Nikolai Bukharin Archive. Marxists Internet Archive. http://www.marxists.org/archive/bukharin/works/1938/trial/3.htm

BURRIN, Philippe. *Hitler e os judeus*. Porto Alegre, L&PM, 1990.

BURUMA, Ian & MARGALIT, Avishai. *Ocidentalismo: O Ocidente aos olhos de seus inimigos*. Rio de Janeiro: Jorge Zahar, 2006.

CHURCHILL, Winston. *Great contemporaries*. Londres: L. Cooper, 1990.

_____. *A Segunda Guerra Mundial*. São Paulo: Companhia Editora Nacional, 1948.

_____. Speech in the House of Commons on the resignation of Anthony Eden as Foreign Secretary (22nd February, 1938). www.spartacus.schoolnet.co.uk

_____. Winston. "War situation". Commons, 28 de maio de 1940. Hansard, UK Parliament. http://hansard.millbanksystems.com/people/mr-winston-churchill/1940

_____. Winston. "Liberalism and socialism". Dundee, 4 de maio de 1908. The Churchill Centre and Churchill War Rooms, Londres. http://www.winstonchurchill.org/learn/speeches/speeches-of-winston-churchill

_____. Winston. "The Free Trade League". Manchester, 19 de fevereiro de 1904. The Churchill Centre and Churchill War Rooms, Londres. http://www.winstonchurchill.org/learn/speeches/speeches-of-winston-churchill

_____. Winston. "The Fourth Climacteric". Londres, 22 de junho de 1941. The Churchill Centre and Churchill War Rooms, Londres. http://www.winstonchurchill.org/learn/speeches/speeches-of-winston-churchill

_____. Winston. "The Munich Agreement". Londres, 5 de outubro de 1938. The Churchill Centre and Churchill War Rooms, Londres. http://www.winstonchurchill.org/learn/speeches/speeches-of-winston-churchill

COMITÊ EXECUTIVO DA TERCEIRA INTERNACIONAL. "To the IWW. A special message from the Communist International". Proletarian Publishing Association, Melbourne, 1920. http://www.marxists.org/history/international/comintern/sections/australia/iww/open-letter.htm

CONSTANTINO, Rodrigo. *Economia do indivíduo: O legado da Escola Austríaca*. São Paulo: Instituto Ludwig von Mises Brasil, 2009.

CONSTITUIÇÃO DA REPÚBLICA DOS ESTADOS UNIDOS DO BRASIL (de 16 de julho de 1934). Presidência da República. Casa Civil. Subchefia para Assuntos Jurídicos. https://www.planalto.gov.br/ccivil_03/Constituicao/Constituição34.htm

CONSTITUIÇÃO dos Estados Unidos do Brasil (de 10 de novembro de 1937). Presidência da República. Casa Civil. Subchefia para Assuntos Jurídicos. http://www.planalto.gov.br/ccivil_03/constituicao/Constituição37.htm

CORREDINI, Enrico. "Report to the First Nationalist Congress". Florence. December, 1919. http://cambridgeforecast.wordpress.com/2007/07/20/nations-versus-classes-enrico-corradini/

COSTA, Lúcio. "Relatório do Plano Piloto de Brasília". In: *Brasília*: IPHAN. http://portal.iphan.gov.br/portal/baixaFcdAnexo.do?id=280

CULLEN, Jim. *The American Dream: A short history of an idea that shaped a nation*. Nova York: Oxford University Press, 2003.

CUNHA, Euclides da. *Os sertões*. In: SANTIAGO, Silviano (coord.). Intérpretes do Brasil, vol. 1. Rio de Janeiro: Nova Aguilar, 2000.

DAWIDOWICZ, Lucy S. *The war against the Jews 1933-1945*. Nova York: Random House, 1986. http://members.surfbest.net/shsaltzman/Dawidowicz.html

DEBS, Eugene V. "Revolutionary Unionism". Discurso em Chicago, 25 de novembro de 1905. E. V. Debs Internet Archive, 2001. http://www.marxists.org/archive/debs/works/1905/revunion.htm

DEUTSCHER, Isaac. *Trotski, o profeta armado (1879-1921)*. Rio de Janeiro: Civilização Brasileira, 2005.

_____. *Trotski, o profeta desarmado (1921-1929)*. Rio de Janeiro: Civilização Brasileira, 2005.

_____. *Trotski, o profeta banido (1929-1940)*. Rio de Janeiro: Civilização Brasileira, 2005.

DURANTY, Walter. "Lenin modified marxism and Stalin now turns practical trends of people to his own policy". *The New York Times*, 14 de junho de 1931. http://www.colley.co.uk/garethjones/soviet_articles/duranty_1931_1.htm

_____. "Bolshevism invokes stern authority, something the people understand". *The New York Times*, 20 de dezembro de 1931. http://www.garethjones.org/soviet_articles/duranty_1931_13.htm

_____. "Industrial success emboldens Soviet in new world policy". *The New York Times*, 19 de junho de 1931. http://www.garethjones.org/soviet_articles/duranty_1931_4.htm

DUROSELLE, Jean-Baptiste. *Histoire diplomatique de 1919 à nos jours*. Paris: Éditions Dalloz, 1993

ECO, Umberto. "Ur-Fascism". *The New York Review of Books*, 22 de junho de 1995. http://www.pegc.us/archive/Articles/eco_ur-fascism.pdf

EISNER, Will. *O complô: A história secreta dos Protocolos dos sábios do Sião*. São Paulo: Companhia das Letras, 2006.

FAORO, Raymundo. *Os donos do poder: Formação do patronato político brasileiro*. Porto Alegre, Globo: 1979.

FERGUSON, Niall. *A ascensão do dinheiro*. São Paulo: Planeta do Brasil, 2009.

FERREIRA, Marieta de Moraes. "Getúlio Vargas: Uma memória em disputa". Rio de Janeiro: Centro de Pesquisa e Documentação de História Contemporânea do Brasil – CPDOC/FGV, 2006.

FEST, Joachim. *Hitler*. Winston: Harcourt Brace Jovanovich, 1974.

FILREIS, Alan. "Cultural aspects of atomic anxiety". Penn Reading Project. Universidade da Pennsylvania, 1999. http://writing.upenn.edu/~afilreis/50s/atomic-anxieties.html

FITZGERALD, F. Scott. *The great Gatsby*. Nova York: Columbia University Press, 1999.

FREYRE, Gilberto. *Casa-grande & senzala*. In: SANTIAGO, Silviano (coord.). *Intérpretes do Brasil*, v. 2. Rio de Janeiro: Nova Aguilar, 2000.

FRIEDRICH, Jorg. *O incêndio*. Rio de Janeiro: Record, 2006.

FURHAMMAR, Leif & ISAKSSON, Folke. *Cinema e política*. Rio de Janeiro: Paz e Terra, 1976.

GADDIS, John Lewis. *We now know: Rethinking Cold War history*. Oxford: Clarendon Press, 1997.

GAHYVA, Helga. "Brasil, o país do futuro: uma aposta de Arthur de Gobineau?". *Alceu*, Departamento de Comunicação Social da PUC-Rio, vol. 7, nº 14, janeiro-junho 2007.

GALBRAITH, John Kenneth. *Moeda: De onde veio, para onde foi*. São Paulo: Pioneira, 1983.

GAZIER, Bernard. *A crise de 1929*. Porto Alegre: L&PM, 2009.

GERMANY – SEVEN YEARS WAR?. *Time*, 2 de outubro de 1939. http://www.time.com/time/magazine/article/0,9171,789000-2,00.html

BIBLIOGRAFIA

GILBERT, Martin. *A noite de cristal: a primeira explosão de ódio nazista contra os judeus*. Rio de Janeiro: Ediouro, 2006.

GOLDMAN, Emma. *My disillusionment in Russia*. Nova York: Doubleday, Page & Company, 1923. http://dwardmac.pitzer.edu/Anarchist_Archives/goldman/disillusion/toc.html

GRANT, Madison. *The passing of the great race*. Charles Scribner's & Sons, Nova York: 1916. http://www.churchoftrueisrael.com/pgr/pgr-toc.html

GREENSPAN, Alan. "Gold and economic freedom". In: RAND, Ayn. Objectivist newsletter, 1966. http://www.constitution.org/mon/greenspan_gold.htm

GRILLI, Marco. "La Carta Del Carnaro: Analisi della costituzione dannunziana per Fiume". *Rivista online di storia e informazione*, n° 21, fevereiro de 2007. http://www.instoria.it/home/carta_carnaro.htm

GROPIUS, Walter. Bauhaus Manifesto 1919. http://www.artifexbalear.org/etextes/bauhaus.pdf

_____. *The new architecture and the Bauhaus*. Cambridge: The MIT Press, 1965.

GUERIN, Daniel. *Fascismo y gran capital*. Madri: Editorial Fundamentos, 1973.

HASTINGS, Max. "Churchill believed he could charm anyone – even Stalin. Yet the dictator humiliated him with insults, lies and foul-mouthed jokes". *Mail Online*, 25 de agosto de 2009. http://www.dailymail.co.uk/debate/article-1208754/Churchill-believed-charm--Stalin.html

HAUSER, Arnold. *História social da literatura e da arte*, vol. 2. São Paulo: Mestre Jou, 1982.

HAYEK, Friedrich von. *The road to serfdom*. Nova York: Routledge, 2005.

HERSEY, John. *Hiroshima*. Londres: Penguin Books, 1946.

HITLER, Adolf. *Mein Kampf*. Londres/Nova York/Melbourne, Hurst & Blackett, 1939. http://www.archive.org/details/MeinKampf_483

HOBSBAWM, Eric J. *A era do capital (1848-1875)*. Rio de Janeiro: Paz e Terra, 1982.

_____. *A era dos impérios (1875-1914)*. Rio de Janeiro: Paz e Terra, 1998.

_____. *A era dos extremos: o breve século XX (1914-1991)*. São Paulo: Companhia das Letras, 1996.

HOFMANN, Irene E. *Documents of Dada and Surrealism: Dada and surrealist journals in the Mary Reynolds Collection*. Ryerson and Burnham Libraries, The Art Institute of Chicago. http://www.artic.edu/reynolds/essays/hofmann.PDF

HOLSTON, James. *A cidade modernista: Uma crítica de Brasília e sua utopia*. São Paulo: Companhia das Letras, 1993.

HUBERMAN, Leo. *História da riqueza dos EUA (Nós, o povo)*. São Paulo: Brasiliense, 1987.

INTERNET MODERN HISTORY SOURCEBOOK: THE MOLOTOV-RIBBENTROP PACT, 1939. http://www.fordham.edu/halsall/mod/1939pact.html

JDÁNOV, Andrei. "Soviet Literature: The richest in ideas, the most advanced literature". Soviet Writers Congress, agosto de 1934. http://www.marxists.org/subject/art/lit_crit/sovietwritercongress/zdhanov.htm

JEFFERSON, Thomas. *Notes on the state of Virginia*. Chapel Hill: University of North Carolina, 2006.

JUDT, Tony. *Reappraisals: reflections on the forgotten twentieth century*. Nova York: Penguin, 2008.

KEEGAN, John. *História ilustrada da Primeira Guerra Mundial*. Rio de Janeiro: Ediouro, 2004.

KELLOGG-BRIAND PACT, 1928. The Avalon Project. http://www.yale.edu/lawweb/avalon/imt/kbpact.htm

KEYNES, John M. *The economic consequences of the peace*. Nova York: Harcourt, Brace and Howe, 1920. http://www.gutenberg.org/files/15776/15776-h/15776-h.htm

_____. *The end of laissez faire*. Londres: Hogarth Press, 1926. http://www.panarchy.org/keynes/laissezfaire.1926.html

_____. *The means to prosperity*. Londres: Macmillan, 1933. http://www.gutenberg.ca/ebooks/keynes-means/keynes-means-00-h.html#Page_23

_____. *The general theory of employment, interest and money*. Cambridge: Macmillan Cambridge University Press, 1936. http://www.marxists.org/reference/subject/economics/keynes/general-theory/

_____. "Economic possibilities for our grandchildren". In: Keynes, John M. *Essays in persuasion*. Nova York: W. W. Norton & Co., 1963. http://www.econ.yale.edu/smith/econ116a/keynes1.pdf

KITARO, Nishida. "Fundamental principles of a New World Order". IN: DILWORTH, David & VIGLIELMO, Valdo (org.). *Sourcebook for modern japanese philosophy: Selected documents*. Westport: Greenwood Press, 1998.

KLEMPERER, Victor. *LTI: A linguagem do Terceiro Reich*. Rio de Janeiro: Contraponto, 2009.

KLEIN, Claude. *Weimar*. São Paulo: Perspectiva, 1995.

KOESTLER, Arthur. *O zero e o infinito*. São Paulo: Globo, 1987.

KUN, Bela. "Discipline and centralised leadership". IN: *The Communist Review*. Londres, vol. 3, nᵒˢ 9-10, janeiro/fevereiro 1923. http://www.marxists.org/history/international/comintern/sections/britain/periodicals/communist_review/1923/09-10/dis_and_leader.htm

LA CARTA DEL LAVORO (1927). http://msdfli.wordpress.com/2009/12/02/la-carta-del-lavoro/

LAMOUNIER, Bolívar. "A terceira morte de Getúlio Vargas". *Jornal do Brasil*, 21 de agosto de 1994, p. 11.

LENIN, Vladimir Ilicht. "Theses on the Constituent Assembly". In: *Pravda*, nᵒ 213, 26 de dezembro de 1917. http://www.marxists.org/archive/lenin/works/1917/dec/11a.htm

_____. "Terms of admission into Communist International". In: *The Second Congress of the Communist International, Verbatum Report*. Petrogrado, Communist International, 1921. http://www.marxists.org/archive/lenin/works/1920/jul/x01.htm

_____. "Conference of the foreign sections of the R.S.-D.L.P.". *Sotsial-Demokrat*, n. 40, 29 de março de 1915. IN: *The imperialist war: the struggle against social chauvinism and social pacifism*. International Publishers, 1930.

LEWIS, Sinclair. *Babbitt*. São Paulo: Abril Cultural, 1972.

LIEBKNECHT, Karl. "The main enemy is at home!". Panfleto, maio 1915. Karl Liebknecht Internet Archive. http://www.marxists.org/archive/liebknecht-k/works/1915/05/main-enemy-home.htm

LONDON, Jack. *O povo do abismo: Fome e miséria no coração do império britânico: uma reportagem do início do século XX*. São Paulo: Editora Fundação Perseu Abramo, 2004.

LORDS OF FINANCE. *The Economist*, 8 de janeiro de 2009. http://www.economist.com/books/displaystory.cfm?story_id=E1_TNRRQJPJ

LUKACS, Georg. "Eulogy for Maxim Gorky: a great proletarian humanist". *International Literature*, nᵒ 8, agosto de 1936. http://www.marxists.org/archive/lukacs/works/1936/gorky.htm

LUKACS, John. *O duelo: Churchill x Hitler*. Rio de Janeiro: Jorge Zahar, 2002.

_____. *O Hitler da História*. São Paulo: Jorge Zahar, 1998.

LULA ELOGIA GETÚLIO E DEFENDE MUDANÇAS NA CLT. *O Globo*, 24 de agosto de 2007. http://oglobo.globo.com/pais/mat/2007/08/24/297424074.asp

LUXEMBURGO, Rosa. *The Russian Revolution*. Nova York: Workers Age Publishers, 1940. http://www.marxists.org/archive/luxemburg/1918/russian-revolution/index.htm

_____. Women's Suffrage and Class Struggle. Second Social Democratic Women's Rally, Stuttgart, May-12-1912. http://www.marxists.org/archive/luxemburg/1912/05/12.htm

MACMILLAN, Margaret. *Paz em Paris: 1919*. Rio de Janeiro: Nova Fronteira, 2004.

MADSEN, Jakob B. "Trade barriers and the collapse of world trade during the Great Depression". *Southern Economic Journal*, vol. 67, nº 4, abril de 2001. http://findarticles.com/p/articles/mi_qa5421/is_4_67/ai_n28836940/

MAGNOLI, Demétrio. *Uma gota de sangue: História do pensamento racial*. São Paulo: Contexto, 2009.

_____(Org.). *História das guerras*. São Paulo: Contexto, 2006.

MAIAKOVSKI, Vladimir. *Plays*. Evanston: Northwestern University Press, 1995.

MAKHNO, Nestor. "My visit to the Kremlin". Kate Sharpley Library, 1993. http://www.nestormakhno.info/english/krem/kremind.htm

MALEVICH, Kasimir. *The non-objective world – the Manifesto of Suprematism*. North Chelmsford: Courier Dover, 2003.

MARTINHO, Francisco Carlos Palomanes & PINTO, António Costa (orgs.). *O corporativismo em português*. Rio de Janeiro: Civilização Brasileira, 2007.

MARTIUS, Karl Friedrich von. "Como se deve escrever a história do Brasil". *Revista do Instituto Histórico e Geográfico Brasileiro*, ano 6, nº 24, janeiro de 1845.

MARX, Karl. "Carta da Associação Internacional dos Trabalhadores a Abraham Lincoln, presidente dos Estados Unidos da América". Marx & Engels Internet Archive. http://www.marxists.org/history/international/iwma/documents/1864/lincoln-letter.htm

MARX, Karl & ENGELS, Friedrich. *The Communist Manifesto*. Londres: W. Reeves, 1888. http://www.gutenberg.org/files/61/61.txt

MATTOSO, Kátia M. de Queirós. *Textos e documentos para o estudo da história contemporânea (1789-1963)*. São Paulo: Hucitec/Edusp, 1977.

McCLOSKEY, Deirdre N. "Talking capitalism: Schumpeter and Galbraith". http://www.deirdremccloskey.com/docs/talk.pdf

McCRAW, Thomas K. "Schumpeter's business cycles as business history". In: *Business History Review*, nº 80. The President and Fellows of Harvard College, verão de 2006.

MENGER, Carl. *Principles of Economics*. Auburn: Ludwig von Mises Institute, 2007.

MEYER, Karl E. "The editorial noteboook; trenchcoats, then and now". *The New York Times*, 24 de junho de 1990. http://mises.org/article.aspx?Id=1702http://www.nytimes.com/1990/06/24/opinion/the-editorial-notebook-trenchcoats-then-and-now.html

MESQUITA, Julio. *A guerra (1914-1918)*. São Paulo: O Estado de S. Paulo: Editora Terceiro Nome, 2002 (4 v.)

MICHELET, Jules. *História da Revolução Francesa. Da queda da Bastilha à festa da federação*. São Paulo: Companhia das Letras/Círculo do Livro, 1989.

MISES, Ludwig von. *Socialism: An economic and sociological analysis*. New Haven, Yale University Press, 1951.

_____. "Mises on Keynes (1927)". Ludwig von Mises Institute, 16 de dezembro de 2004. http://mises.org/article.aspx?Id=1702

MOLOTOV, Vyacheslav. *The meaning of the Soviet-German Non-Agression Pact*. Nova York: Workers Library Publishers, 1939.

MONTANELLI, Indro. *L'Italia in camicia nera*. Milão: Rizzoli Editore, 1977.

MONTEFIORE, Simon Sebag. *Stálin, a corte do czar vermelho*. São Paulo: Companhia das Letras, 2006.

MUMFORD, Lewis. *A cidade na história*. São Paulo: Martins Fontes, 1982.

MUSSOLINI, Benito. "The doctrine of fascism". In: *Fascism doctrine and Institutions*. Rome, Ardita Publishers, 1935, pp. 7-42. http://www.worldfuturefund.org/wffmaster/Reading/Germany/mussolini.htm

NEARY, John. "A heavy metal message: Scraps from atomic weapons are used to make antinuclear sculptures". *Life*, março de 1989. http://studiopassport.com/atomicartist/media2.html

OE, Kenzaburo. *The crazy iris and other stories of the atomic aftermath*. Nova York: Grove Press, 1985.

ORWELL, George. *1984*. Jackson Hole: Archeion Press, 2007.

PARIS: Robert. *As origens do fascismo*. São Paulo: Perspectiva, 1993.

PRADO, Paulo. *Retrato do Brasil*. In: SANTIAGO, Silviano (coord.). *Intérpretes do Brasil*, v. 2. Rio de Janeiro: Nova Aguilar, 2000.

PROUDHON, Pierre-Joseph. *General idea of the revolution in the nineteenth century*. Londres: Freedom Press, 1923. http://fair-use.org/p-j-proudhon/general-idea-of-the-revolution/

RACIAL INTEGRITY ACT OF 1924. http://www.vcdh.virginia.edu/encounter/projects/monacans/Contemporary_Monacans/racial.html

RAI, Alok. *Orwell and the politics of despair: A critical study of the writings of George Orwell*. Cambridge: Cambridge University Press, 1988.

REED, John. *Ten days that shook the world*. Nova York: International Publishers, 1919. http://www.marxists.org/archive/reed/1919/10days/10days

ROBERTS, Andrew. *Hitler & Churchill: Segredos da liderança*. Rio de Janeiro: Jorge Zahar, 2004.

RODGERS, James. "Russia acts against 'false' history". BBC News, 24 de julho de 2009. http://news.bbc.co.uk/2/hi/europe/8166020.stm

ROOSEVELT, Franklin "First Inaugural Adress", 4 de março de 1933. http://www.americanrhetoric.com/speeches/fdrfirstinaugural.html

_____. "Speech upon signing the Social Security Act", 14 de agosto de 1935. http://www.americanrhetoric.com/speeches/fdrsocialsecurityact.htm

_____. "The Four Freedoms", 6 de janeiro de 1941. http://www.americanrhetoric.com/speeches/fdrthefourfreedoms.htm

ROSENBERG, Alfred. *The myth of the twentieth century*. Newport Beach: Noontide Press, 1982.

SCHIVELBUSCH, Wolfgang. *Three New Deals: Reflections on Roosevelt's America, Mussolini's Italy and Hitler's Germany, 1933-1939*. Nova York: Metropolitan Books, 2006.

SCHWARTZ, Gilson. *O capital em jogo: Fundamentos filosóficos da especulação financeira*. Rio de Janeiro: Campus, 2000.

SERGE, Victor. *O ano I da Revolução Russa*. São Paulo: Ensaio, 1993.

_____. *Memórias de um revolucionário*. São Paulo: Companhia das Letras, 1987.

_____. *S'il est minuit dans le siècle*. Paris: Le Livre de Poche, 1976.

SHADES OF SMOOT-HAWLEY. *Time*, 7 de outubro de 1985. http://www.time.com/time/magazine/article/0,9171,960038,00.html

SHERWOOD, Robert E. *Roosevelt e Hopkins: Uma história da Segunda Guerra Mundial*. Nova Fronteira/UnB/Faculdade da Cidade, Rio de Janeiro-Brasília: 1998.

SHILLONY, Ben-Ami. *Politics and culture in wartime Japan*. Oxford: Oxford University Press, 2001.

SKIDELSKY, Robert. "Ideas and the world". *The Economist*, vol. 357, n° 8198, 25 de novembro de 2000.

SOLJENÍTSIN, Alexander. *The Gulag Archipelago, 1918-1956: an experiment in literary investigation*. Nova York: Harper&Row, 1985.

SOUZA, Ricardo Alexandre Santos de. *Agassiz e Gobineau: As ciências contra o Brasil mestiço*. Dissertação de Mestrado, Rio de Janeiro: Fiocruz, 2008. http://www.fiocruz.br/ppghcs/media/dissertacaoricardoalexandre.pdf

SOVIET INFORMATION BUREAU, *Falsificators of history*. Embaixada da URSS em Washington, 1948. http://ia311324.us.archive.org/1/items/Falsificators OfHistoryAnHistoricalNoteTextOfCommuniqueIssued/FOH2_text.pdf

STALIN'S BID FOR A NEW WORLD ORDER. BBC News, 25 de agosto de 2009. http://news.bbc.co.uk/2/hi/europe/8218887.stm

STEINBECK, John. *As vinhas da ira*. Rio de Janeiro: BestBolso, 2010.

STRASSER, Otto. *Hitler and I*. Boston: Houghton Mifflin Company, c1940. http://mailstar.net/otto-strasser-hitler.html

SULLIVAN, Rosemary. *Villa Air-Bel, 1940: O refúgio da intelectualidade europeia durante a Segunda Guerra Mundial*. Rio de Janeiro: Rocco, 2008.

THE NUREMBERG LAWS ON CITIZENSHIP AND RACE. http://frank.mtsu.edu/~baustin/nurmlaw2.html

TOJO, Hideki. "Adress by Tojo Hideki, premier of Japan, at the opening of the Imperial Diet, Tokyo – may 27, 1942". UCLA Center for East Asian Studies. http://www.international.ucla.edu/eas/documents/19420527-tojo.htm

TRANSLATION OF LEAFLET DROPPED ON THE JAPANESE (AB-11), August 6, 1945. Miscellaneous Historial Documents Collection. Harry S. Truman Library & Museum. The Decision to Drop the Atomic Bomb. http://www.trumanlibrary.org/whistlestop/study_collections/bomb/large/index.php

TROTSKI, Leon. "How Mussolini triumphed". What next? Vital Question for the German Proletariat, 1932. http://www.marxists.org/archive/trotsky/works/1944/1944-fas.htm#p1

_____. "Fascism – What is it? Extracts from a letter to an English comrade". *The Militant*, 16 de janeiro de 1932. http://www.marxists.org/archive/trotsky/works/1944/1944-fas.htm#p1

_____. "Ninety years of the Communist Manifesto". In: *Fourth International*. Nova York: vol. IX, n° 1, janeiro/fevereiro de 1948. http://www.marxists.org/archive/trotsky/1937/10/90manifesto.htm

_____. "Manifesto of the Communist International to the workers of the world". In: TROTSKI, Leon. *The first five years of the Communist International*, vol. I. Londres, New Park, 1973. http://www.marxists.org/archive/trotsky/1924/ffyci-1/index.htm

_____. *Literature and Revolution*. Nova York: Russell & Russell, 1957. http://www.marxists.org/archive/trotsky/1924/lit_revo/

_____. *A História da Revolução Russa: A queda do tzarismo*. Rio de Janeiro: Paz e Terra, 1977.

_____. *Revolução e contrarrevolução na Alemanha*. São Paulo: Ciências Humanas, 1979.

_____. "Thirtheenth Session (part I)". The Case of Leon Trotski. Leon Trotski Archive. Marxists Internet Archive. http://www.marxists.org/archive/trotsky/1937/dewey/session13_a.htm

_____. "The USSR in war". *The New International*, vol. 5, n° 11, novembro de 1939. http://www.marxists.org/archive/trotsky/1939/09/ussr-war.htm

TU, Xiaofei. "The fascist next door? – Nishitani Keiji and the *Chuokoron* discussions in perspective". *Electronic Journal of Japanese Studies*. Discussion Paper 6, 27 de julho de 2006. http://www.japanesestudies.org.uk/discussion papers/2006/Tu.html

VILLA, Dana Richard (org.). *Hannah Arendt. Contributions in political science*. Cambridge: Cambridge University Press, 2000.

WAACK, William. *Camaradas: Nos arquivos de Moscou, a história secreta da revolução brasileira de 1935*. São Paulo: Companhia das Letras, 2004.

WALTZ, Kenneth N. *Teoria das relações internacionais*. Lisboa: Gradiva, 2002.

WRIGHT, John G. "The truth about Kronstadt". In: *The New International*, vol. IV, n° 2, fevereiro de 1938. http://www.marxists.org/history/etol/writers/wright/1938/02/kronstadt.htm

YAR, Majid. "Hannah Arendt (1906-1975)". Internet Encyclopedia of Philosophy. www.iep.utm.edu/arendt/

YERGIN, Daniel. *O petróleo: Uma história de ganância, dinheiro e poder*. São Paulo: Scritta, 1992.

YOUNG-BRUEHL, Elizabeth. *Hannah Arendt: Por amor ao mundo*. Rio de Janeiro: Relume Dumará, 1997.

ZARUR, George. "A mãe morena: Nossa Senhora no simbolismo religiosa latino-americano". George Zarur – Antropologia e Economia Política. http://www.georgezarur.com.br/artigos/180/a-mae-morena-nossa-senhora-no-simbolismo-religioso-latino-americano.

Créditos das imagens

P. 19: National Prtg. & Engr. Co.

P. 24: Getty Images

P. 27: Hulton-Deutsch Collection/Corbis/
Latinstock

P. 30 (*esquerda*) : Bettmann/Corbis/Latinstock

P. 30 (*direita*): Getty Images

P. 32: Fac-simile revista Dada

P. 36: Arquivo de fotografias de navios da
Marinha russa e soviética.

P. 39: Hulton-Deutsch Collection/Corbis/
Latinstock

P. 43: Library of Congress/George Grantham
Bain Collection

P. 48: Bettmann/Corbis/Latinstock

P. 50: Vladimir Tatlin: Monumento a III
Internacional (projeto, 1917)

P. 54: Library of Congress/George Grantham
Bain Collection

P. 56 (*esquerda*): Getty Images

P. 56 (*direita*): Bettmann/Corbis/Latinstock

P. 59: Getty Images

P. 63: Autor desconhecido

P. 65: STR/Corbis/Latinstock

P. 71: Autor desconhecido

P. 75: Hulton-Deutsch Collection/Corbis/
Latinstock

P. 79: Bettmann/Corbis/Latinstock

P. 83: Poster do filme Metropolis

P. 87: Vladimir Maiakovski

P. 88: Alexandr Mikhailovich Rodchenko

P. 92: Visualrian Photo. The Felix Dzerzhinski
monument. Author: A. Lobov, STF

P. 96: Hulton-Deutsch Collection/Corbis/
Latinstock

P. 100: Getty Images

P. 102: Bettmann/Corbis/Latinstock

P. 105: Visualrian Photo. Author: RIA Novosti,
STF Photo

P. 107: Bundesarchiv. Photo: Thomas Lehmann

P. 110: Library of Congress/Bain News Service,
publisher

P. 111: Hulton-Deutsch Collection/Corbis/
Latinstock

P. 114: Getty Images

P. 116: Underwood & Underwood/Bettmann/
Corbis/Latinstock

P. 126: Ford Model T Propaganda, 1911

P. 129: Ludwig von Mises Institute

P. 135: Bettmann/Corbis/Latinstock

P. 138: Library of Congress/Highsmith, Carol M.

P. 140: Bettmann/Corbis/Latinstock

P. 141: Underwood & Underwood/Bettmann/
Corbis/Latinstock

P. 144: Getty Images

P. 151: Library of Congress/Dorothea Lange

P. 155: Autor desconhecido

P. 159: Nantucket Historical Association
Library

P. 163: Library of Congress/Prints and
Photographs Division, Detroit
Publishing Company Collection.

P. 168: Bettmann/Corbis/Latinstock

P. 170: Bettmann/Corbis/Latinstock

P. 174: Hulton-Deutsch Collection/Corbis/
Latinstock

P. 176: Getty Images

P. 179: Kazimir Malevich, "Running man"

P. 183 (*esquerda*): Hulton-Deutsch Collection/
Corbis/Latinstock

P. 183 (*direita*): Getty Images

P. 188: Library of Congress/Bain News Service,
publisher

P. 190: Bettmann/Corbis/Latinstock

P. 192: Bettmann/Corbis/Latinstock

P. 197: Autor desconhecido

P. 201: Bettmann/Corbis/Latinstock

P. 205: Hulton-Deutsch Collection/Corbis/
Latinstock

P. 207: Le Corbusier

P. 210 (*alto*): Le Corbusier

P. 210: Orlando Brito/Ag. O Globo

P. 218: Underwood & Underwood/Bettmann/
Corbis/Latinstock

P. 222: Minnesota Historical Society/Corbis/
Latinstock

P. 226: Bettmann/Corbis/Latinstock

P. 231: N.Y. : Printed & publd. by H.R.
Robinson, 1836;

P. 238: Umberto Boccioni

P. 242: Alinari Archives/Corbis/Latinstock

P. 245: Underwood & Underwood/Bettmann/
Corbis/Latinstock

P. 249: Hulton-Deutsch Collection/Corbis/
Latinstock

P. 257: Getty Images

P. 262: Otto Dix.

P. 266: Bettmann/Corbis/Latinstock

P. 271: Corbis/Latinstock

P. 274: Getty Images

P. 278: Visualrian Photo. Author: RIA Novosti,
STF

P. 281: Bukharin Dzerjinsky

P. 286: Eufrosinia Kersnovskaya

P. 289: Cartaz de "A Mãe", de Bertolt Brecht

P. 292: Swim Ink 2, LLC/Corbis/Latinstock

P. 295: CPDOC/FGV. Arquivo: Sadi Vale
Machado (SVM)

P. 297: CPDOC/FGV. Arquivo: Ildefonso
Simões Lopes (ISL)

P. 304: CPDOC/FGV. Arquivo: Oswaldo
Aranha (OA)

P. 308: CPDOC/FGV. Arquivo: Getúlio Vargas
(GV)

P. 312: IRMO CELSO/Editora Abril

P. 315: Bettmann/Corbis/Latinstock

P. 319: Poster do filme "Olympia"

P. 324: Gilberto e Magdalena Freyre. Sessão
de autógrafos no lançamento do livro
Obra escolhida: Casa-grande & senzala,
Nordeste e Novo mundo nos trópicos,
na Casa Rui Barbosa. Rio de Janeiro,
1977. Acervo da Fundação Gilberto
Freyre.

P. 330: CPDOC/FGV. Arquivo: Gustavo
Capanema (GC)

P. 333: Getty Images

P. 340: Bettmann/Corbis/Latinstock

P. 347: Getty Images

P. 352 (*esquerda*): Austrian Archives/Corbis/
Latinstock

P. 352 (*direita*): Bettmann/Corbis/Latinstock

P. 358: Bundesarchiv, Bild 1011-379-0015-18 /
Photo: Rübelt

P. 363: Bettmann/Corbis/Latinstock

P. 368: Bettmann/Corbis/Latinstock

P. 373: Hulton-Deutsch Collection/Corbis/
Latinstock

P. 387: Library of Congress/Chadbourne
collection of Japanese prints

P. 391: Autor desconhecido

P. 394: Autor desconhecido

P. 398: Getty Images

P. 401: Hulton-Deutsch Collection/Corbis/
Latinstock

P. 407: Corbis/Latinstock

P. 411: Getty Images

P. 415: Bettmann/Corbis/Latinstock

P. 419: Hulton-Deutsch Collection/Corbis/
Latinstock

P. 427: Bettmann/Corbis/Latinstock

P. 430: The Andy Warhol Foundation/Corbis/
Latinstock

Índice onomástico

ABE, Nobuyuki, 398

ADACHI, Kenzo, 395

ADAMS, James Truslow, 135

ADENAUER, Konrad, 341

AGASSIZ, Louis, 321

AKHMATOVA, Anna, 177

ALBERTO, João, 299, 300

ALEXANDRE II (czar), 91

ALEXANDRE III (czar), 91

ALPARI, Julius, 101

ALLILUYEVA-STALINA, Nádia, 275, 276

ALVES, Francisco de Paula Rodrigues, 323

AMAU, Eliji, 396

ANDRADA, Antonio Carlos de, 297

ANDRADA, José Bonifácio de, 208, 320

ARAGON, Louis, 284

ARENDT, Hannah, 6, 12, 331, 332, 333, 335, 336, 337, 338, 339, 340, 341, 342

ARON, Raymond, 425

ARP, Hans, 30

BABEL, Isaac, 86

BADOGLIO, Pietro, 417

BALBO, Italo, 244

BALL, Hugo, 31

BARUCH, Bernard, 403

BARBUSSE, Henri, 284

BEN-GURION, David, 341

BENÁRIO, Olga, 306

BENES, Edvard, 361

BENGA, Ota, 313

BENTHAM, Jeremy 185

BERLIN, Isaiah, 102

BERNHARDI, Friedrich von, 25

BERNSTEIN, Eduard, 38

BERRY, Chuck, 137

BIANCHI, Michele, 244

BISMARCK, Otto von, 22

BLUCKER, Heinrich, 331

BLUM, Léon, 358

BOAS, Franz, 283, 324

BOGDANOV, Alexander, 85

BOHM-BAWERK, Eugen von, 127

BOMFIM, Manoel, 323

BONAPARTE, Napoleão, 166, 268

BONNET, Georges Étienne, 362

BORDIGA, Amadeo, 243

BORGES DE MEDEIROS, Antonio Augusto, 294, 300

BOULLE, Pierre, 432

BRANDLER, Heinrich, 99, 100

BRAQUE, Georges, 433

BRECHT, Bertolt, 104, 284, 289

BRETON, Andre, 13, 33, 160, 291, 332, 436

BRIAND, Aristides Pierre Henri, 348, 349, 350, 351, 352, 353

BRIK, Lily, 103

BRIK, Osip, 86, 104

BRYAN, William Jennings, 170, 230, 231, 436

BRYANT, Louise, 55, 56

BRODIE, Deacon William, 17

BRÜNING, Heinrich, 263

BUKHARIN, Nikolai, 95, 276, 282, 436

BURKE, Edmund, 186

BURRIN, Philippe, 274, 436

CÂMARA, Hélder, 303

CAMPOS, Francisco, 307

CÂNDIDO, João, 303

CARDOSO, Fernando Henrique, 311, 330

CASCUDO, Luís da Câmara, 303

CASTILHOS, Julio de, 293

CHAGALL, Marc, 332

CHAMBERLAIN, Houston Stewart, 316, 269

CHAMBERLAIN, Joseph Austen, 359

CHAMBERLAIN, Arthur Neville, 359, 404

CHURCHILL, Winston, 7, 167, 188, 189, 348, 349, 352, 353, 356, 359, 360, 370, 371, 403, 404, 405, 406, 407, 408, 409, 410, 411, 412, 413, 414, 415, 416, 417, 418, 419, 422, 426, 435, 436, 438, 441, 444

CLAUSEWITZ, Carl von, 428

CLEMENCEAU, Georges, 114, 182, 346

COCTEAU, Jean, 33

COLE, Nat King, 137

COLLOR, Fernando, 299

COLLOR, Lindolfo, 299

CORBUSIER, Le, 6, 199, 200, 201, 202, 203, 205, 206, 207, 209, 210

CORREDINI, Enrico, 235

COSTA, Lúcio, 206, 207, 208

COSTA, Miguel, 300, 304

CROCE, Benedetto, 234

CROMWELL, Oliver, 74

CRUZ, Oswaldo, 323

CUNHA, Euclides da, 322, 323

CUNLIFFE, Walter, 181

D'ANNUNZIO, Gabrielle, 235

DALADIER, Édouard, 361

DALÍ, Salvador, 160

DAN, Fiodor, 81

DARWIN, Charles Robert, 338

DAVISON, Emily, 115

DE AMBRIS, Alceste, 241

DE BONO, Emílio, 244

DE GASPERI, Alcide, 237

DE GAULLE, Charles, 415

DE VECCHI, Cesare Maria, 244

DEBS, Eugene V., 220, 437

DENIKIN, Anton, 64

DEWEY, John, 283

DICKENS, Charles, 21

DIMITROV, Georgi, 305

DISNEY, Roy, 138

DISNEY, Walt, 138

DODD, William, 229

DOLLFUSS, Engelbert, 356

DORNELLES, Serafim, 293

DORNELLES, Cândida, 293

DOS PASSOS, John, 283

DREXLER, Anton, 255, 256

DUCHAMP, Marcel, 33

DURANT, William C., 134

DURANTY, Walter, 175, 176, 381

DUROSELLE, Jean-Baptiste, 347, 348, 351, 354, 360, 363, 437

DUTRA, Eurico Gaspar, 311

DYLAN, Bob, 137

DZERZINSKI, Felix, 63, 92, 281

EASTMAN, Max, 53

EBERT, Friedrich, 41, 258

ECKART, Dietrich, 255

EDEN, Robert Anthony, 359

EHRENBURG, Ilia, 284

EICHMANN, Otto Adolf, 339, 340, 341, 342, 435

EISENHOWER, Dwight, 244, 423

EISENSTEIN, Sergei, 86, 87

EKSTER, Aleksandra, 87

ENGELS, Friedrich, 18, 36

ERNST, Max, 332

EWERT, Arthur, 306

FAORO, Raymundo, 298

FERDINANDO, Francisco, 21

FEDER, Gottfried, 255

FICHTE, Johann Gottlieb, 268, 269

FILREIS, Alan, 432

FINERTY, John F., 283

FISCHER, Ruth, 100

FISCHER, Irving, 152

FITZGERALD, F. Scott, 139, 437

FORD, Henry, 125, 172

FRANCO, Francisco, 249, 250, 358

FRANKFURTER, Felix, 191

FREUD, Sigmund, 32, 33

FREYRE, Gilberto, 324

FRIEDMAN, Milton, 131

FRUNZE, Mikhail, 291

FRY, Varian, 332

GALBRAITH, John Kenneth, 132, 143

GALLIENI, Joseph, 29

GANDHI, Mahatma, 405, 419

GAUGUIN, Paul, 113

GENTILE, Giovanne, 246, 248, 251, 333

GEORGE, David Lloyd, 181, 182, 357, 405, 406

GHIOLDI, Rodolfo, 306

GIDE, André, 284

GIOLITTI, Giovani, 233, 243, 244

GOBINEAU, Arthur de, 316, 321, 325, 438, 443

GODDARD, Robert H., 137

GODWINN, William, 112

GOEBBELS, Joseph, 318

GOERING, Herman, 270, 361

GOETHE, Johann Wolfgang von, 17, 24

GOGOL, Nikolai, 176

GOLDMAN, Emma, 147, 67

GOLLANCZ, Victor, 376

GORBATCHOV, Mikhail, 382

GORKI, Maximo, 284, 287, 288, 289, 290, 291

GOTO, Ryunosuke, 396

GOULART, João, 311

GRAMSCI, Antonio, 243

GRANT, Madison, 313, 324, 325

GRANT, Ulysses S., 217

GREENSPAN, Alan, 165

GREY, Edward, 24

GRIFFITH, D. W., 138

GROPIUS, Walter, 105, 161

GUILHERME II, (imperador da Alemanha), 30, 370, 392

HALIFAX, Lorde (Edward Frederick Wood), 359, 405

HAMILTON, John Andrew, 181

HARDING, Warren Gamaliel, 145

HAUSHOFER, Karl, 400

HAUSSMANN, Georges-Eugène, 204

HATRY, Clarence Charles, 154

HAWLEY, Willis C., 173

HAYEK, Friedrich von, 130, 131, 187, 439, 450

HENNINGS, Emmy, 31

HERSEY, John, 425, 439

HERRIOT, Édouard, 353

HEYDRICH, Reinhard, 339

HINDENBURG, Paul von, 264, 265

HIMMLER, Heinrich, 260, 270, 272

HIRANUMA, Kiichiro, 297, 395

HIROHITO (imperador do Japão), 397, 399, 427

HITLER, Adolf, 355, 356, 357, 358, 359, 360, 361, 362, 363, 364, 365, 366, 367, 369, 370, 371, 372, 373, 374, 375, 376, 377, 378, 379, 380, 381, 397, 404, 405, 406, 407, 408, 412, 413, 419, 424, 436, 438, 439, 441, 443, 444

HOBSBAWM, Eric, 124, 175, 195, 368, 369, 376, 381, 382, 439

HOLLERITH, Herman, 136

HOLSTON, James, 204, 206, 208, 209, 210, 211, 439

HONDA, Ishiro, 431

HOOVER, Herbert Clark, 137, 150, 156, 158, 169, 172, 173, 225, 351, 354

HOPKINS, Harry, 215, 216, 217, 226, 443

HUELSENBECK, Richard, 31

HUME, David, 185

IVAN IV, o Terrível (czar), 178

INONU, Ismet, 414, 417, 418

IOFAN, Boris, 203

JACKSON, Andrew, 230, 231

JANCO, Marcel, 32

JASPERS, Karl, 332

JDANOV, Andrei, 288, 439

JEFFERSON, Thomas, 223, 314

JEVONS, William Stanley, 123, 124

JOÃO VI (rei de Portugal), 320

JOFFRE, Joseph, 25, 28

JOHNSON, Hugh, 229

JOHNSON, Lyndon, 224

JONES, Gareth, 396, 397, 179

JORGE V (Rei da Inglaterra), 115

JOYCE, James, 128

KAGANOVITCH, Lazar, 175, 176, 277

KAHN, Dorothy, 158

KAI-SHEK, Chiang, 397, 414

KALININ, Mikhail, 70

KAMENEV, Liev, 93, 95, 276, 279, 280

KANDINSKI, Wassily, 84, 105, 106

KANT, Immanuel, 24

KAPP, Wolfgang, 258

KÁROLYI, Mihaly, 45, 46

KAUTSKY, Karl, 38

KAYUROV, Vasily, 109

KELLOG, Frank, 349, 350, 439

KERENSKY, Alexander, 58, 59, 74, 81

ÍNDICE ONOMÁSTICO

KEYNES, John M., 6, 12, 126, 132, 152, 166, 167, 171, 174, 181, 182, 183, 184, 185, 186, 187, 188, 189, 190, 191, 192, 193, 194, 195

KIROV, Sergei, 276, 277, 278, 281, 288, 290

KITA, Ikki, 389, 395

KLEE, Paul, 12, 106

KLEMPERER, Victor, 259, 267, 268, 440

KOESTLER, Arthur, 13, 284, 285, 286, 441

KOLLONTAI, Alexandra, 118, 119

KONDRATIEFF, Nikolai, 132, 133

KONOE, Atsumaro, 392

KONOE, Fumimaro, 393, 396, 397, 398, 399

KORNÍLOV, Lavr, 58, 60

KOSAKA, Masaaki, 384

KOYAMA, Iwao, 384

KROPOTKIN, Pyotr, 63

KRUGMAN, Paul, 131

KRUPP, Gustav, 264

KRUSCHEV, Nikita, 282

KUBITSCHEK, Juscelino, 208, 311

KUBRICK, Stanley, 431

KUN, Béla, 45, 46, 47, 48, 49, 97

LACERDA, Carlos, 303

LAGARDELLE, Hubert, 203

LAPOUGE, Gilles, 29

LARINA, Anna, 285

LAVAL, Pierre, 351, 352, 356

LAWRENCE, Thomas Edward, 410

LAZARUS, Emma, 140

LENIN (Vladimir Ilicht), 5, 10, 22, 35, 36, 39, 40, 41, 47, 48, 49, 56, 59, 60, 61, 62, 63, 64, 65, 68, 69, 70, 73, 74, 76, 77, 78, 80, 81, 89, 90, 91, 92, 93, 95, 96, 97, 99, 101, 149, 175, 176, 177, 191, 195, 203, 242, 261, 279, 281, 287, 288, 290, 374, 375, 437, 441

LEWIS, Jerry Lee, 137

LEWIS, John L., 416, 438

LEWIS, Sinclair, 145, 146

LIEBKNECHT, Karl, 39, 41, 43, 44, 51, 55, 441

LIMA, Manuel de Oliveira, 324

LINCOLN, Abraham, 38, 441

LINDBERGH, Charles, 137

LISBOA, José da Silva (visconde de Cairu), 320

LITVINOV, Maxim, 371

LLOYD, George, 406

LOBATO, José Bento Monteiro, 323, 435

LOBO, Roberto Jorge Haddock, 320, 322

LOCKE, John, 185

LOMBROSO, Cesare, 21

LONDON, Jack, 18

LOZOVSKI, Solomon, 371

LUDENDORFF, Erich, 256, 257

LUÍS, Washington, 294, 297, 298

LUIS XVI (rei da França), 77, 110

LUKACS, Georg, 289

LUKACS, John, 406

LUNACHARSKI, Anatoly, 69, 84

LUTERO, Martinho, 267

LUXEMBURGO, Rosa, 5, 39, 73, 77, 79, 92, 99, 115, 117.

LVOV, Georgy, 58

MADISON, James, 223

MAIAKOVSKI, Vladimir, 86, 87, 103, 104, 442

MAKHNO, Nestor Ivanovich, 62, 63, 64, 65, 66, 67, 442

MALEVICH, Kasimir, 84, 103, 104, 179, 442

MALRAUX, André, 284, 415

MARINETTI, Filippo, 239

MARSHALL, Alfred, 187

MARTIUS, Karl von, 327

MARTOV, Julius, 81

MARX, Karl, 36, 37, 38, 44, 45, 49, 94, 95, 127, 134, 177, 183, 237, 270, 338, 403, 441

MATSUOKA, Yosuke, 398, 399

MATTEOTTI, Giacomo, 247

MCCOY, Horace, 159

MEDVEDEV, Dmitry, 382

MEIJI, O GRANDE (imperador do Japão), 386

MEIR, Golda, 342

MENDELSOHN, Erich, 106, 203

MENGER, Carl, 123, 126

MEYERHOF, Otto, 332

MEYERHOLD, Vsevolod, 104, 105

MESQUITA, Julio, 24

MICHEL, Louise, 113, 114, 119

MICHELET, Jules, 110

MILL, John Stuart, 113, 123

MISES, Ludwig Von, 12, 126, 127, 129, 186, 436, 442

MOLOTOV, Vyacheslav, 104, 225, 366, 367, 368, 370, 371, 372, 374, 375, 378, 379, 380, 381, 382, 397, 416, 443

MOREAU, Émile, 171

MOREIRA, Juliano, 322

MORET, Clément, 190

MORGAN JR., John Pierpont, 154, 380

MORGENTHAU, Henry, 423

MOTOORI, Norinaga, 386

MOURÃO FILHO, Olímpio, 306

MUGGERIDGE, Malcolm, 179

MÜLLER, Hermann, 236

MUSSOLINI, Benito, 6, 102, 203, 204, 228, 229, 230, 232, 233, 234, 235, 236, 237, 238, 239, 240, 241, 242, 243, 244, 245, 246, 247, 248, 251, 261, 271, 301, 307, 309, 332, 333, 356, 357, 358, 359, 360, 362, 363, 395, 406, 417, 443

MYEKO (sobrevivente de Hiroshima), 425

NAKAMURA (sobrevivente de Hiroshima), 425

NAKANO, Seigo, 395

NAPOLEÃO III (imperador da França), 204

NASCIMENTO, Abdias do, 303

NICOLAU II (czar), 28, 270

NICOLSON, Harold, 345

NIEMEYER, Oscar, 206, 208

NIKOLAIEV, Leonid, 277

NISHIDA, Kitaro, 384, 385

NISHITANI, Keiji, 384, 385, 401, 402

NIXON, Richard M., 224

NORMAN, Angell, 20

NORMAN, Montagu, 169, 190

OE, Kenzaburo, 429

OKAWA, Shumei, 389, 390, 395

OLIVEIRA, Armando de Sales, 300

O'NEILL, Eugene, 55

ORIANI, Alfredo, 235

ORWELL, George, 13, 284, 376, 432, 443

OWEN, Robert, 112

OZENFANT, Amédée, 199

PAINE, Tom, 224

PAPEN, Franz Von, 264, 265, 279

PARETO, Vilfredo, 236

ÍNDICE ONOMÁSTICO

PARIS, Robert, 234

PASTERNAK, Boris, 86

PEDRO I, o Grande (czar da Rússia), 57, 177

PEDRO II (Imperador do Brasil), 321

PERRY, Matthew, 386

PESSOA, Epitácio, 295

PESSOA, João, 297

PÉTAIN, Henri Philippe, 331, 415

PETOFI, Sándor, 45

PIATAKOV, Iùri, 99, 280

PICABIA, Francis, 33

PICQ, Charles Ardant du, 25, 26

PILNIAK, Boris, 291

PILSUDSKI, Josef Klemens, 48, 307

PIO XI (papa), 248

PITT, William (O Filho), 166

PLEKHANOV, Georgi, 74, 76

POE, Edgard Allan, 18

POLLACK, Sydney, 159

POLLIT, Harry, 376

PRADO, Paulo, 325

PRESTES, Júlio, 297, 298

PRESTES, Luís Carlos, 299

PRICE, Tony, 432

PRINCIP, Gravrilo, 22, 23

PROUDHON, Pierre-Joseph, 197, 198, 203, 443

PUGACHEV, Emelian, 64

PUSHKIN, Alexander, 177

PUTIN, Vladimir, 382

PUYI (imperador da China), 396

RADEK, Karl, 40, 66, 67, 99, 280, 282

RATZEL, Friedrich, 400

RAZIN, Stenka, 64

REALE, Miguel, 303, 308

REED, John, 5, 10, 53, 54, 56

RIBBENTROP, Joachim von, 225, 226, 360, 364, 366, 367, 368, 369, 372, 373, 377, 378, 379, 380, 382, 397, 416

RICARDO, David, 123, 127, 166

RIÚTIN, Martemian, 276

RIVERA, Diego, 291

ROCCO, Alfredo, 236

RODCHENKO, Alexander, 84, 87

RODRIGUES, Raimundo Nina, 322

ROHM, Ernst, 256, 278

ROLLAND, Romain, 284

ROMERO, Sílvio, 323

ROOSEVELT, Franklin D., 12, 226, 227, 228, 229, 230, 231, 232, 266, 254, 264, 383, 388, 399, 414, 415, 416, 417, 418, 422, 423, 424

ROOSEVELT, Theodore, 217, 388, 414

ROQUETTE-PINTO, Edgar, 323, 325

ROSENBERG, Alfred, 270, 313, 316, 317

ROUSSEAU, Jean-Jacques, 185

RUSSEL, Bertrand, 433

SACCO, Ferdinando Nicola, 140, 141, 147, 283

SAIONJI, Kinmochi, 393, 395, 397

SALAZAR, Antonio de Oliveira, 249, 250, 308, 309

SALGADO, Plínio, 302, 303, 304, 306, 308, 309

SAND, George (Armandine Aurore Lucile Dupin), 113, 119

SCHACHT, Hjalmar, 171, 264

SCHIAPARELLI, Elsa, 160

SCHUMPETER, Joseph, 131, 132, 133, 134

SCHUSCHNIGG, Kurt Alois J. J. E. von, 360, 361

SERGE, Victor, 13, 14, 96, 101, 332

SEYSS-INQUART, Arthur, 360, 361

SHAW, Bernard, 284

SHELLEY, Mary, 112

SHERWOOD, Robert, 424

SHIGA, Naoya, 400

SILVA, Lula da, 311, 312, 330

SINCLAIR, Upton, 141

SKIDELSKY, Robert, 183, 187, 194

SKOBELEV, Martvey, 81

SLOAN, Alfred, 134

SMITH, Adam, 6, 121, 123

SMOOT, Reed, 172, 173

SOLJENÍTSIN, Alexander, 282

SOREL, Georges, 203, 237

STALIN, Josef, 6, 7, 13, 47, 81, 82, 90, 92, 93, 95, 97, 98, 99, 103, 104, 132, 175, 176, 177, 178, 179, 195, 203, 227, 260, 261, 275, 276, 277, 278, 279, 280, 281, 282, 283, 284, 285, 287, 288, 290, 291, 305, 358, 362, 364, 365, 366, 369, 371, 372, 373, 374, 375, 377, 378, 379, 380, 381, 408, 414, 416, 422

STANISLAVSKI, Konstantin, 104, 105

STEIN, Gertrude, 201, 433

STEIN, Michael, 201

STEINBECK, John, 150

STEVENSON, Robert Louis, 17

STRASSER, Gregor, 258, 265

STRASSER, Otto, 259, 265

STRESEMANN, Gustav, 348

STRONG, Benjamin, 171

SUZUKI, Shigetaka, 384

SVERDLOV, Iakov, 76

SWEEZY, Paul, 284

TAIROV, Alexander, 104

TANAKA, Tomoyuki, 431

TATLIN, Vladimir, 50, 84

TCHEKOV, Anton, 176

THALMANN, Ernst, 264

THOREZ, Maurice, 376

THYSSEN, Fritz, 264

TOGLIATTI, Palmiro, 243

TOJO, Hideki, 399

TOLSTOI, Alexei, 289, 290

TOLSTOI, Leon, 288

TORRES, Alberto de Seixas, 296, 324

TOYAMA, Mitsuru, 389

TRETIAKOV, Sergei, 104

TRISTAN, Flora, 113, 119

TROTSKI, Leon, 14, 35, 36, 37, 39, 40, 49, 50, 51, 59, 61, 65, 66, 68, 69, 70, 73, 77, 80, 81, 82, 85, 86, 87, 91, 92, 93, 94, 95, 96, 97, 99, 100, 109, 221, 243, 244, 261, 263, 270, 276, 279, 280, 281, 283, 284, 285, 291, 333, 377

TROUP, Bobby, 137

TSERETELI, Irakli, 76, 81

TSÉ-TUNG, Mao, 396

TSUYOSHI, Inukai, 391

TUKACHEVSKI, Mikhail, 280

TURATI, Fillipo, 243

TZARA, Tristan, 13, 31

UCHIDA, Ryohei, 389

ULBRICHT, Walter, 376

VANZETTI, Bartolomeo, 140

ÍNDICE ONOMÁSTICO

VARGAS, Evaristo José, 293

VARGAS, Getúlio Dornelles, 293, 294, 297, 298, 308, 311, 319, 330

VARGAS, Manuel do Nascimento, 293

VERTOV, Dziga, 86, 87

VIANA, Francisco de Oliveira, 323

VIANA, Hélio, 303

VITÓRIA (rainha Alexandria Vitória), 125

VITORIO EMANUEL III (rei da Itália), 237, 243, 244

VILLA, Pancho, 54

VICHINSKI, Andrei, 279

VOROSHILOV, Klement, 290

WAGNER, Richard, 269

WAGNER, Robert F., 222

WALLACE, Henry A., 230

WALRAS, Léon, 123

WARREN, George, 171

WEIL, Simone, 254

WELLS, H. G., 53, 284

WILLIAMS, Raymond, 376

WILLKIE, Wendell, 225

WILSON, Edmund, 283

WILSON, Woodrow, 41, 55, 142, 145, 217, 253, 394, 424

WITTGENSTEIN, Ludwig, 433

WLADIMIRSKIJ, Boris, 292

WOLLSTONECRAFT, Mary, 112

WOOLF, Virginia, 183

WRANGEL, Piotr, 66

WRIGHT, Frank Lloyd, 202

WRIGHT, John G., 68

YAGODA, Genrikh, 277, 281

YAT-SEN, Sun, 389, 391, 392

YONAI, Mitsumasa, 398

YOUNG-BRUEHL, Elizabeth, 339

ZAPATA, Emiliano, 54

ZAMYATIN, Yevgeni, 291

ZETKIN, Clara, 115

ZINOVIEV, Grigory, 66, 93, 95, 97, 99, 101, 261, 276, 279, 281, 293

ZOLA, Émile, 288

ZORIN, Lisa, 67

Este livro foi composto na tipologia Minion e Avenir
e impresso na Gráfica Markgraph.